NATIONAL GEOGRAPHIC TRAVELER

MEXIKO

NATIONAL GEOGRAPHIC TRAVELER

MEXIKO

Jane Onstott

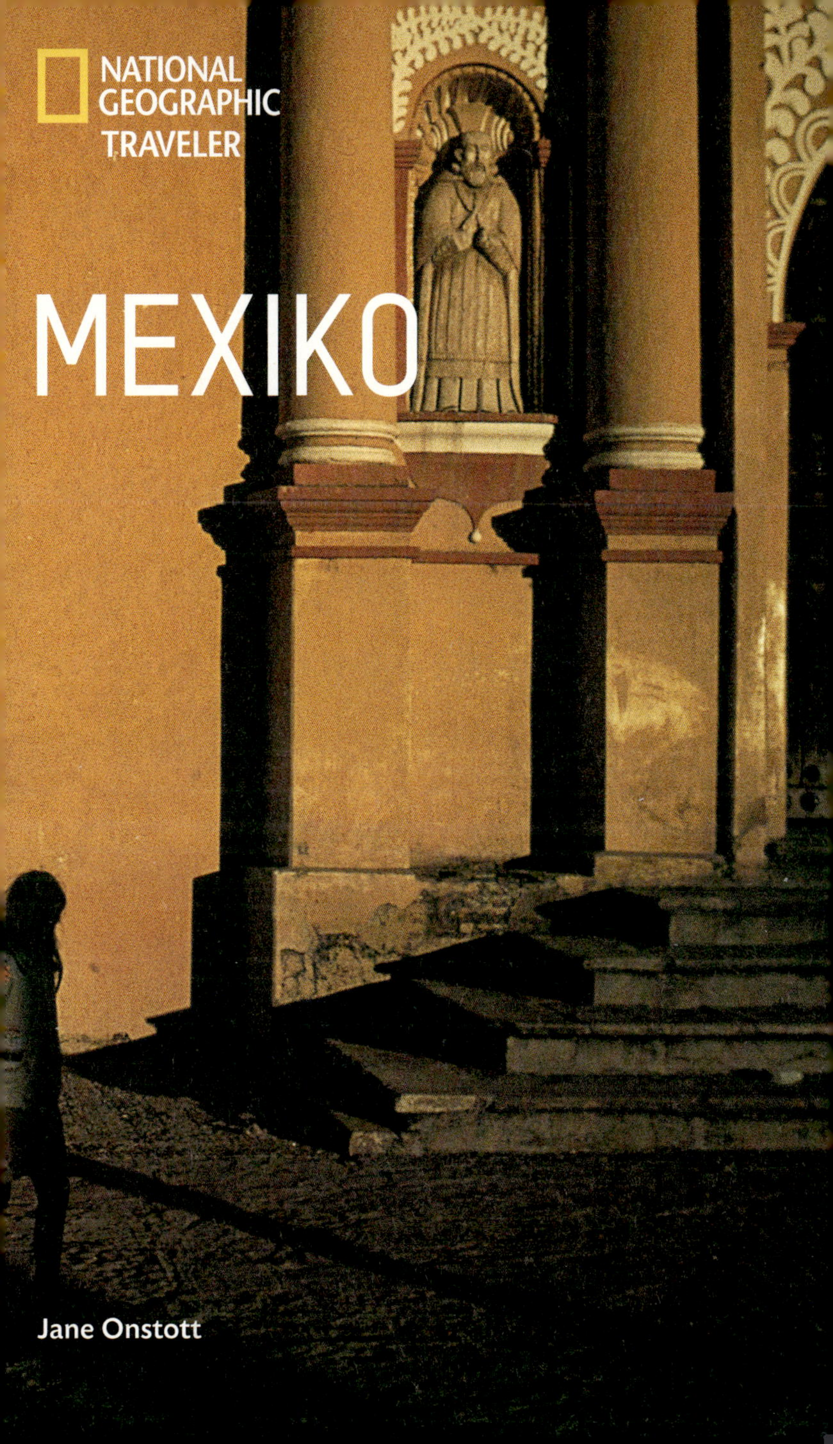

INHALT

Seiten 2–3: Catedral, San Cristóbal de las Casas; links: Kakteen, Baja California

RÜCKSICHTSVOLL REISEN

Umsichtige Urlauber brechen voller Neugierde auf und kehren reich an Erfahrungen nach Hause zurück. Wer dabei rücksichtsvoll reist, kann seinen Teil zum Schutz der Tierwelt, zur Bewahrung historischer Stätten und zur Bereicherung der Kultur vor Ort beitragen. Und er wird selbst reich beschenkt mit unvergesslichen Erlebnissen.

Möchten nicht auch Sie verantwortungsbewusst und rücksichtsvoll reisen? Dann sollten Sie folgende Hinweise beachten:

- Vergessen Sie nie, dass Ihre Anwesenheit einen Einfluss auf die Orte ausübt, die Sie besuchen.

- Verwenden Sie Ihre Zeit und Ihr Geld nur auf eine Weise, die dazu beiträgt, den ursprünglichen Charakter eines Ortes zu bewahren. (Auf diesem Weg lernen Sie ein Land auch sehr viel besser kennen.)

- Entwickeln Sie ein Gespür für die ganz besondere Natur und das kulturelle Erbe Ihres Urlaubslandes.

- Respektieren Sie die heimischen Bräuche und Traditionen.

- Zeigen Sie den Einheimischen ruhig, wie sehr Sie das, was den besonderen Reiz ihres Landes ausmacht, zu schätzen wissen: die Natur und die Landschaft, Musik, typische Gerichte, historische Dörfer oder Bauwerke.

- Scheuen Sie sich nicht, mit Ihrem Geldbeutel Einfluss zu nehmen: Unterstützen Sie möglichst solche Einrichtungen oder Personen, die sich um die Bewahrung des Typischen und Althergebrachten bemühen. Entscheiden Sie sich für Läden, Restaurants, Gaststätten oder Reiseanbieter, denen offensichtlich an der Bewahrung ihrer Heimat gelegen ist. Und meiden Sie Geschäfte, die den Charakter eines Ortes stören.

- Wer auf diese Weise reist, hat mehr von seinem Urlaub, und er kann sicher sein, dass er seinen Teil zum Erhalt und zur Verbesserung eines Ortes oder einer Landschaft beigetragen hat.

Diese Art des Reisens gilt als zeitgemäße Form eines sanften, auf Nachhaltigkeit bedachten Tourismus; National Geographic verwendet dafür auch den Begriff des „Geo-Tourismus". Gemeint ist damit ein Tourismus, der den Charakter eines Ortes – seine Umwelt, seine Kultur, seine natürliche Schönheit und das Wohlergehen seiner Bewohner – nicht aus den Augen verliert. Weitere Informationen zum Thema gibt es im National Geographic's Center for Sustainable Destinations unter www.nationalgeographic.com/travel/sustainable.

NATIONAL GEOGRAPHIC TRAVELER

MEXIKO

DIE AUTORIN

Jane Onstott schloss ihr Studium der spanischen Sprache und hispanischen Literatur, zu dem auch ein einjähriger Aufenthalt an der Universidad Complutense, Madrid, gehörte, an der San Diego State University mit dem Bachelor-Diplom ab. Seitdem bereist sie Mexiko und Lateinamerika. Sie war als Chefin der Pressestelle im Charles Darwin-Forschungszentrum auf den Galápagos-Inseln, Ecuador, tätig und arbeitete als Übersetzerin und Dolmetscherin in Mexiko sowie in den Vereinigten Staaten von Amerika. Seit 1986 hat sie viele Beiträge zu Reiseführern über Mexiko, Ecuador und die USA geschrieben. Auf ihrer Website www.mexicoguru.com bietet sie Informationen über Mexikos Reiseziele, Geschichte und Kultur.
www.travelguidebooks.com.

Die Reise planen

Klischees über Mexiko zu finden ist einfach, das Land zu verstehen wesentlich schwieriger. Mexiko ist vielfältig. Spanische Eroberer, europäische Immigranten und indigene Völker mit vielerlei Traditionen schufen über die Jahrhunderte einen komplexen nationalen Charakter und eine abwechslungsreiche Kultur. Sie spiegeln sich in Volkskunst und Musik, in Gemälden und Gedichten wider.

Mit einer Hauptstadt voller faszinierender kultureller und historischer Stätten, mit tropischen Meeren im Osten und im Westen ist Mexiko ein Magnet für Urlaubsreisende. Viele Besucher verbringen einige Tage in Mexiko-Stadt und entscheiden sich dann für einen Badeort oder für das koloniale Landesinnere. Für einen Strandurlaub besteht die Auswahl zwischen eleganten Orten wie Cancún oder Los Cabos, einem facettenreichen Ziel wie Puerto Vallarta oder einem bescheideneren Ort wie Ixtapa oder Huatulco. Weniger touristische Städte und Dörfer eignen sich für Besucher mit Wohnmobil und Reisende, die Wert auf günstigere Preise und weniger Touristen legen.

Als Schwellenland mit einer relativ guten Infrastruktur besitzt Mexiko ein ausgezeichnetes Busnetz (siehe „Busse in Mexiko", S. 10) und eine wachsende Anzahl mautpflichti-ger Straßen zwischen den großen Städten. Es sind viele kleine Fluglinien entstanden, die Städte ohne Zwischenstopp in Mexiko-Stadt verbinden und so das Fliegen billiger und bequemer machen.

NICHT VERSÄUMEN

- Einen Grauwal in der Laguna San Ignacio streicheln **68**
- Mit dem Zug durch die Barranca del Cobre fahren **90**
- Sportfischen vom Boot im Golf von Kalifornien **72**
- Ein Fest am Día de los Muertos besuchen **225**
- Das fantastische Museo Nacional de Antropología in Mexiko-Stadt ansehen **198**
- Die weniger stark besuchten Mayastätten von Uxmal und der Ruta Puuc besichtigen **341**
- Schnorcheln oder tauchen in einem *cenote* (Doline) in Yucatán **324**

Mexiko-Stadt & Umgebung

Ziel der meisten internationalen Flüge ist Mexiko-Stadt. Mexikos überbevölkerte Hauptstadt hat sehr viel zu bieten, und Sie sollten wenigstens drei Tage dort einplanen und, wenn Sie so viel Zeit haben, weitere vier Tage für die Umgebung. Dank der vielen großartigen Restaurants, der kolonialen Kirchen, der ausgezeichneten Museen und der Ruinen der aztekischen Hauptstadt Tenochtitlán direkt hinter dem riesigen Hauptplatz werden sie ihre Zeit hier genießen und viel über das faszinierende Land und seine Geschichte erfahren.

Zwischen den Gipfeln der Sierra, die Mexiko-Stadt umgeben, werden Sie die bezaubernden Städte **Puebla, Cholula,**

Beste Reisezeit

Wann Sie reisen, hängt stark davon ab, was Sie tun und sehen wollen, und wie gut Sie nasses, heißes oder feuchtheißes Wetter vertragen. Von Juni bis einschließlich Oktober ist die feuchteste Zeit; wenn Sie Regenschauer am späten Nachmittag nicht abschrecken, können Sie auch in der Nebensaison buchen. Der Regen in dieser Zeit kann einem Strandurlaub einen Dämpfer verpassen, doch Mexikaner lieben Reisen in die Badeorte in den heißesten Monaten des Jahres, Juli und August. Die meisten Reisenden meiden die Küste im September und Oktober wegen der Hurrikangefahr. Wer sowohl die Regenzeit als auch die Hauptsaison meiden möchte, ist mit dem späten Frühling (nach Ostern) oder mit dem Spätherbst gut beraten. Buchen Sie rechtzeitig für die Oster-, Weihnachts- und regionalen Feiertage.

Tlaxcala und **Tepotzotlán** entdecken, die schon früh von den Spaniern gegründet wurden, außerdem faszinierende archäologische Stätten der vorkolumbischen Kulturen. Besuchen Sie die rätselhafte Stätte **Teotihuacán,** direkt nördlich von Mexiko-Stadt, oder die toltekischen Ruinen von **Tula,** 98 Kilometer nordwestlich. Erkunden Sie die riesige Pyramide von **Tepanapa** in Cholula, 130 Kilometer östlich der Hauptstadt. Selbst **Xalapa,** die in den Bergen gelegene Hauptstadt des Bundesstaats Veracruz, liegt nur vier Stunden entfernt, Richtung Osten über die mautpflichtigen MEX 190 (über Puebla) oder die MEX 136.

Die meisten Ziele können von Mexiko-Stadt aus mit organisierten Ausflügen, mit dem Taxi oder dem Mietwagen besucht werden.

Die Strände

Wenn Relaxen am Strand für Sie genauso wichtig ist wie kulturelle Ziele, bieten sich **Cancún** und die **Riviera Maya** an der Karibikküste Yucatáns als bekannteste Touristenziele Mexikos an. Cancún eignet sich perfekt, wenn Sie Badeorte mit vielfältigen (wenn auch teuren) Restaurants und schicken Diskos mögen. 68 Kilometer südlich liegt das kleinere elegante **Playa del Carmen.** Resorts wie das luxuriöse Maroma Resort & Spa und die einfachen Cabañas Paamul (mit benachbartem Tauchladen) bieten

Statue des Chac Mool am Strand von Cancún

Busse in Mexiko

Mit Bussen kann man in Mexiko gut herumkommen. Erster-Klasse-Busse verfügen über Toiletten, Sitze, die sich zurücklehnen lassen und Klimaanlagen. In manchen werden Snacks angeboten. Spitzenklassebusse bieten mehr Platz und Fußstützen. Die folgenden Busunternehmen akzeptieren Kreditkarten und nehmen Reservierungen an.

ADO/GL/UNO (Golfküste, südliches und südöstliches Mexiko), www.ticketbus.com.mx

Grupo Flecha Amarilla/Primera Plus (Pazifisches und Zentralmexiko), www.primeraplus.com.mx

TAP (Nördliches und Zentralmexiko), www.gruposenda.com

sich jenen an, die entlegenere Orte an der Karibikküste suchen. Zu den Sehenswürdigkeiten der Gegend zählen **Xcaret,** ein Naturpark mit Mayathemen an einer schönen Bucht direkt südlich von Playa del Carmen und die vorkolumbische archäologische Stätte **Tulum,** 130 Kilometer südlich von Cancún, sowie **Chichén Itzá,** 179 Kilometer westlich. Von Mexiko-Stadt aus fliegt man zwei Stunden nach Cancún.

Auf der anderen Seite des Landes eignen sich alle größere Badeorte von **Mazatlán** bis **Huatulco** für einen Pazifikurlaub; der Flug ab Mexiko-Stadt dauert rund eine Stunde. Jeder Ort besitzt einen eigenen Charakter – Mazatlán mit seiner kürzlich restaurierten Innenstadt aus dem frühen 20. Jahrhundert; Huatulco mit seinen neun herrlichen Buchten; das moderne, aber kleine **Ixtapa;** der typische mexikanische Strandort **Zihuatanejo** und das verlockende **Puerto Vallarta** mit seiner schönen Bucht vor den großen grünen Bergen.

Verhältnismäßig isoliert von Mexiko-Stadt und dem restlichen Land lockt **Baja California** Wüsten- und Meeresliebhaber an. Haupttouristenort ist **Los Cabos** an der Spitze der Halbinsel, das gute Angelmöglichkeiten ebenso bietet wie Nachtleben. Von Mexiko-Stadt aus gibt es Direktflüge.

In Mexiko mit dem Handy telefonieren

Die meisten europäischen Handys funktionieren in Nordamerika, also auch in Mexiko, nicht.

Falls Sie ein Handy besitzen, das auch dort funktioniert (hohe Gebühren, kein flächendeckender Empfang), hier einige Hinweise:

Ortsgespräch von Handy zu Handy: Ortsvorwahl (auf Spanisch, »LADA«) + Nummer

Ortsgespräch von Festnetz zu Handy: 044 + Ortsvorwahl + Nummer

Ortsgespräch vom Handy ins Festnetz: Nummer

Ferngespräch von Handy zu Handy innerhalb Mexikos: 01 + Ortsvorwahl + Nummer

Ferngespräch von Festnetz zu Handy innerhalb Mexikos: 045 + Ortsvorwahl + Nummer

Ferngspräch vom Handy ins Festnetz innerhalb Mexikos: 01 + Ortsvorwahl + Nummer

An ein Handy außerhalb Mexikos: 1 vor der Vorwahl

In andere Länder: 00 + Ländervorwahl + Ortsvorwahl + Nummer

Notrufe: 065 oder 060

Gebührenfreie Nummern (Mexiko) 01800 + siebenstellige Nummer

Sicherheit in Mexiko

In manchen Gegenden, vor allem in Grenzstädten wie Tijuana und Ciudad Juárez ist die Gewalt zwischen den Drogenkartellen mittlerweile so ausgeartet, dass der Tourismus fast zum Erliegen kommt und Geschäftsleute und ihre Angestellten große Probleme haben.

Das Innere des Landes ist im Allgemeinen sicher, doch in Mexiko-Stadt sollte man gewisse Sicherheitsregeln beachten. Tragen Sie keinen teueren Schmuck oder zeigen Sie keine Bündel von Geldscheinen. Fragen Sie Einheimische oder Hotelpersonal, welche Gegenden oder Taxiunternehmen Sie meiden sollten. Fahren Sie nicht nachts und möglichst immer auf mautpflichtigen Straßen. Busfahrten sind ebenfalls bei Tag sicherer, weil die Fahrer aufmerksamer sind, die hinteren Sitzreihen besser überblicken können und weil die Gefahr eines Überfalls geringer ist. Diese Überfälle kommen selten vor, sind aber unangenehm.

Wenn Sie mehr Zeit haben

Das hübsche **Oaxaca-Stadt,** 450 Kilometer südlich von Mexiko-Stadt bietet ausgezeichnete Museen und beeindruckende Barockkirchen ebenso wie Läden mit Volkskunst. Erfahren Sie mehr über die frühesten Kulturen Mittelamerikas in der auf einem Hügel gelegenen archäologischen Stätte von **Monte Albán.** Im nahen **Mitla** schufen vor langer Zeit Handwerker herausragende geometrische Mosaiken. Der Flug von Mexiko-Stadt nach Oaxaca dauert kaum eine Stunde, während der Bus fünf Stunden braucht. Viele Reisende verbinden einen Besuch in Oaxaca mit einigen Tagen am relativ weit entfernten Strand – von Huatulco bis Puerto Escondido.

Zwischen Oaxaca und Guatemala liegt **Chiapas**, dessen beliebtestes Touristenziel **San Cristóbal de las Casas** sich 630 Kilometer östlich von Oaxaca-Stadt befindet. Besuchen Sie auch die Mayaruinen von **Palenque**, 177 Kilometer südlich an der MEX 199.

Selten besucht wird auch **Campeche**. Fahren Sie zu den fantastischen Ruinen von **Calakmul**; sie liegen in der Reserva de la Biósfera Calakmul, wo rund 8000 Quadratkilometer Tropenwald ein Naturparadies bilden.

Acapulcos Klippenspringer beeindrucken seit Jahrzehnten

Geschichte & Kultur

Mixteken-Priester
Gegenüberliegende Seite: Die Kirche der Parroquia de San Pedro im bezaubernden Tlaquepaque

Mexiko heute

In „Das Labyrinth der Einsamkeit" bezeichnet der Nobelpreisträger Octavio Paz seine Landsleute als abweisend, zurückhaltend und entrückt. Wer Mexiko besucht hat, würde seine Gastgeber wohl eher offen, hilfsbereit und feierfreudig nennen. Mexikaner gelten als leidenschaftlich, doch sie wissen ihre Gefühle gut zu verbergen.

Das Land

Mexiko breitet sich rund um sein geographisches wie politisches Herz im Hochland des Tales von Mexiko (Tal von Anáhuac) aus, wo über ein Fünftel der Bevölkerung lebt. Mexiko-Stadt wurde 1521 auf den Ruinen der alten Azteken-Kapitale Tenochtitlán errichtet und ist von fruchtbarem Land umgeben. Auch wenn mindestens die Hälfte des Landes aus ariden oder semiariden Gebieten besteht, produziert Mexiko Mais, Weizen, Soja, Reis, Bohnen, Kaffee, Kakao, Obst und Gemüse.

Das geographisch abwechslungsreiche Land wird von mehreren Gebirgen geprägt. An die 1120 Kilometer erstreckt sich südlich der Grenze zu den Vereinigten Staaten die Sierra Madre, und zwar als Sierra Madre Oriental und Sierra Madre Occidental. Dazwischen gibt es auf dem Mexikanischen Plateau weitere Gebirgszüge und Täler sowie im Norden die Wüsten Chihuahua und Sonora.

Mexiko breitet sich rund um sein ... Herz im Hochland des Tales von Mexiko aus, wo über ein Fünftel der Bevölkerung lebt.

Die Halbinsel Baja California (Niederkalifornien) liegt am Pazifik und am Golf von Kalifornien und besteht ebenfalls aus Wüste, insgesamt acht Gebirgszügen, Dutzenden von Inseln und einer Küste von 4800 Kilometern Länge. Baja California ist eine der längsten und abgeschiedensten Halbinseln der Welt und wurde erst in den 1970er Jahren durch eine Straße ans übrige Mexiko angebunden.

Die Spanier erkundeten und besiedelten wegen der enormen Edelsteinvorkommen bald die zerklüftete und ungastliche Sierra Madre Occidental und die Sierra Madre Oriental. Bis heute sind Mineralien eine wichtige Einkommensquelle. Mexiko ist führend im Bergbau: Kupfer, Blei, Zink und Salz werden abgebaut.

Vor allem die Wälder in der Landesmitte und im Nordwesten liefern Mahagoni, Nussbaum, Rosenholz und andere wertvolle Harthölzer, außerdem Kiefern für Papier und Zellstoff. Viehwirtschaft, Brandrodung und Holzeinschlag werden allen Gesetzen aus dem Jahr 1988 zum Trotz weiterhin praktiziert, vor allem im ärmeren Süden.

Bergsteiger fühlen sich in Mexiko von den höchsten Gipfeln Südamerikas angezogen, zum Beispiel vom Pico de Orizaba, dem Iztaccíhuatl und La Malinche. Sie alle gehören zum vulkanischen Gebirge am Südende

Ein Mariachi-Musiker lässt in El Jardín, San Miguel de Allende, seine Schuhe putzen

Verkehr fließt um das Monumento a la Independenica auf dem Paseo de la Reforma in Mexiko-Stadt

der Sierra Madre Oriental. Wie der El Nevado de Colima am Pazifik ist auch der Popocatépetl ein aktiver Vulkan und deshalb für den Bergsport gesperrt.

Zu den wenigen Tiefebenen Mexikos zählt die Halbinsel Yucatán, eine ungewöhnliche Karstregion mit unterirdischen Flüssen und Dolinen, die bis in die Karibik hineinragen. Von Yucatán erstreckt sich am Golf von Mexiko ein tropisches bzw. subtropisches Flachland mit Flüssen, Sümpfen und Buchten. Insgesamt kann Mexiko mit 8560 Kilometern Küste aufwarten.

An der Pazifikküste und in Richtung Südmexiko und Guatemala ragen zwei Gebirgszüge auf, die Sierra Madre del Sur und die Sierra Madre de Chiapas. In deren Abgeschiedenheit hat sich die alte Kultur der indianischen Urbevölkerung, der *indígenas*, erhalten, allerdings fehlen grundlegende Errungenschaften wie Schulen, Krankenhäuser und Strom.

Die Menschen

Nur wenige Länder Lateinamerikas haben einen so hohen Bevölkerungsanteil an Mestizen, Nachkommen von Indianern und Europäern, sowie reinen Indígenas. Fast 30 Prozent der Mexikaner sind Ureinwohner, Mestizen gibt es doppelt so viele. Über sieben Millionen Mexikaner sprechen vor allem einheimische Idiome, nämlich Maya, Mixtekisch, Náhuatl (Aztekisch), Otomí, Purépecha und Zapotekisch.

Die immer wieder geäußerte Behauptung, dass die Weißen altspanischer Abstammung in Mexiko – neun Prozent – allein die reiche Oberschicht stellen, ist gewagt, doch zählen Mestizen und Indígenas mit Sicherheit eher zu den Armen im Lande; sie machen 40 Prozent der Bevölkerung aus.

Im 16. Jahrhundert kamen mit den Spaniern Zugtiere und das Rad ins Land, außerdem die Baukunst der Renaissance und religiöser Eifer. Dutzende von unabhängigen Kulturen wurden erobert und bekehrt, wenngleich sich einige Minderheiten bis ins 20. Jahrhundert widersetzen konnten. Kulturgruppen wie die Lakandonen und die Huicholes flohen tief in den tropischen Urwald und in die unwirtlichen Berge, um so den Kontakt mit der Gesellschaft zu meiden – was ihnen auch bis ins 20. Jahrhundert gelang. Bis heute haben die Huicholes in der westlichen Sierra Madre nur wenige katholische Riten in ihren Glauben integriert.

Daraus lässt sich nun schließen, dass die meisten indigenen Völker ihre Bräuche und Götter sehr wohl mit dem Katholizismus der Spanier vermischt haben. Und so sind auch 88 Prozent der Mexikaner Katholiken – mit mehr oder weniger indianischen Einflüssen auf ihren Glauben. Von den verbleibenden zehn Prozent ist die Hälfte evangelisch, was bisweilen zu Problemen führt. Im Hochland von Chiapas kam es in den letzten Jahrzehnten zwischen den Tzotzil-Indios und Protestanten immer wieder zu Konflikten.

Mexikos faszinierende Kulturen und Bräuche locken seit Jahrhunderten Reisende an. Die von dem Schriftsteller John Lloyd Stephens (1805–52) und dem Künstler Frederick Catherwood (1799–1854) veröffentlichten Beschreibungen der Maya-Ruinen beeindruckten bereits im 19. Jahrhundert die westliche Welt.

Neue Herausforderungen

Seit 1929 ist die Partei der Institutionalisierten Revolution (Partido Revolucionario Institucional, PRI) offizielle Regierungspartei. Umfragen vor den Wahlen im Jahr 2000 zeigten, dass die Menschen in ländlichen Regionen die PRI mit „Regierung" gleichsetzten. Und dazu hatten sie auch allen Grund. Die Partei gewann nämlich sämtliche Präsidentschaftswahlen und die meisten Gouverneursämter in den Jahren 1929–94. Von 1978 an wurden Oppositionsparteien in der Abgeordnetenkammer (Cámara de Diputados) zugelassen, um zumindest eine Illusion von Demokratie zu verbreiten, wobei allerdings nie auch nur eine Chance auf einen Wechsel bestand. Bei den Wahlen von 1997 gewannen die Oppositionsparteien dann allerdings wirklich mehr Sitze in der Abgeordnetenkammer als die PRI. Eine Folge von Ereignissen in den 1990er Jahren mobilisierte die Öffentlichkeit, die einen politischen Wechsel erreichen wollte. Der beliebte Präsidentschaftskandidat Luis Donaldo Colosio wurde 1994 ermordet. Der scheidende Präsident Carlos Salinas de Gortari, der im Lauf seiner sechsjährigen Amtszeit (1988–94) viele Fortschritte erzielt

ERLEBNIS: Freiwilligenarbeit

In Mexiko gibt es viele Möglichkeiten für Freiwilligenarbeit. Sie können in Oaxaca Englisch oder Computerwissen unterrichten (*www.travel-to-teach.org/mexico/san_isidro.html*) oder mit Habitat for Humanity (siehe S. 227) beim Bau von Häusern helfen. An beiden Küsten haben Sie Gelegenheit, die Rettung von Meeresschildkröten (siehe S. 317) zu unterstützen. Unter *www.freiwilligenarbeit.de/freiwilligenarbeit-mexiko.html* finden sich Links zu verschiedenen Organisationen, die Freiwilligenarbeit über einen kurzen oder auch längeren Zeitraum anbieten. Wofür Sie sich auch entscheiden, planen Sie im Voraus, damit Sie gut vorbereitet sind.

hatte, hinterließ auch ein Wirtschaftschaos, darunter die Abwertung des Peso und eine Verschuldung, die sich auf 93 Milliarden US-Dollar belief. Im gleichen Jahr erlangten die Zapatisten (Ejército Zapatista de Liberación Nacional, EZLN), eine Guerillatruppe, vorübergehend die Kontrolle über mehrere strategisch bedeutsame Städte im Hochland von Chiapas.

Die besonnene Wirtschaftspolitik von Salinas Nachfolger, Ernesto Zedillo Ponce de León (1994–2000), trug dazu bei, die Wirtschaft zu konsolidieren, überraschender waren jedoch die politischen Reformen des an der Yale-Universität ausgebildeten Ökonomen. Die PRI unter Zedillo hielt landesweit allgemeine Wahlen ab. Das Ergebnis dieser bahnbrechenden Reform war, dass schließlich im Juli 2000 der Kandidat der Opposition, Vicente Fox Quesada von der PAN (Partido de Acción Nacional), ins höchste Staatsamt gewählt wurde. Der PRI-Kandidat Francisco Labastida akzeptierte würdevoll seine Niederlage und trug so dazu bei, die Ruhe im Land aufrechtzuerhalten und einen friedlichen Übergang zur historischen Oppositionspartei zu ermöglichen. Die neue Regierung war jedoch weitgehend handlungsunfähig, da keine der drei großen Parteien die Mehrheit im Kongress erreichte.

Trotzdem hat sich Mexiko zu einem wichtigen Faktor in der Weltwirtschaft entwickelt. 2008 galt es als zweitdynamischste Wirtschaft Lateinamerikas.

Der Handel mit Kanada und den USA hat sich seit dem North American Free Trade Agreement (NAFTA), einem Handelsabkommen aus dem Jahr 1994, zwar verdoppelt, doch hat die zunehmende Industrialisierung zu Umwelt- und Wohnraumproblemen geführt.

Mächtige Drogenkartelle bekämpfen sich gegenseitig und bestechen Polizisten und Richter oder bringen sie um, wenn sie eine Zusammenarbeit verweigern. Die Forderungen kleiner, aber einflussreicher Guerillabewegungen müssen ernst genommen werden, um die Stabilität zu sichern.

Trotzdem hat sich Mexiko zu einem wichtigen Faktor in der Weltwirtschaft entwickelt. 2008 galt es als zweitdynamischste Wirtschaft Lateinamerikas, hinter Brasilien, mit einem Bruttoinlandsprodukt von 17 000 US Dollar pro Kopf (die Schere zwischen Reich und Arm klafft aber weit).

Am wichtigsten ist aber, dass Mexiko seit 1920 keinen Putsch mehr erlebt hat – länger als jedes andere Land in Lateinamerika. Nach Jahren der Demagogie erfreut sich Mexiko unter dem Regierungschef Präsident Felipe Calderón Hinojosa seiner politischen Freiheiten.

Feste & Fiestas

Als vorwiegend katholisches Land feiert Mexiko seine Heiligen und andere kirchliche Feiertage mit überschwänglichen

Festen. Da die Mexikaner Feuerwerk lieben, lassen sie bunte Raketen in den Himmel steigen, wann immer sich Gelegenheit bietet. Findet eine Fiesta statt, geht keiner früh zu Bett – und in der Nacht davor auch nicht.

Besonders die Küstenbewohner sind für ihre lebenslustigen Fiestas mit Musik und Tanz bekannt. Der berühmteste Karneval des Landes wird in Veracruz gefeiert: mit Maskenbällen, bombastischen Umzügen mit vielen Wagen, Kostümierten und Feiern bis zum nächsten Morgen. Ostern wird feierlicher und mit Pomp begangen. Die Zeremonien in Oaxaca, San Miguel de Allende, San Luis Potosí und Taxcao berühren stark. Weihnachten ist eine Zeit, in der die Familie zusammenkommt.

An Allerheiligen und Allerseelen schmücken die Familien die Gräber ihrer Lieben, es werden Totenwachen abgehalten und üppige Hausaltäre zu Ehren der Verstorbenen errichtet. In Pátzcuaro, Oaxaca, Campeche oder Mérida machen Kulturveranstaltungen und Altäre an öffentlichen Plätzen diesen Feiertag auch für Touristen erlebbar. ■

Mexiko-Stadt: Die Jungfrau von Guadalupe wird mit einem Fest geehrt

Mexiko damals

Große Kulturen erstanden und vergingen im alten Mexiko; einige lebten abgeschieden, doch die meisten unterhielten Beziehungen, die bis in die Ebenen Nordamerikas und zu den Bergkämmen von Peru reichten. Nicht minder faszinierend ist die neuere Geschichte Mexikos, die europäische und indianische Elemente miteinander verbunden hat.

Frühe Besiedlung

In der präkolumbischen Zeit, vor der Entdeckung Lateinamerikas durch Kolumbus und der Eroberung durch die Spanier, bestand das heutige Mexiko aus zwei verschiedenen Zonen. Nördlich von Tampico und der Spitze von Baja California erstreckten sich in Richtung Vereinigte Staaten die großen Wüsten und die weite Ebene Gran Chichimeca. Lange bevor die europäischen Forscher gekommen waren, fristeten die Chichimeken, nomadisierende Jäger und Sammler, in dieser Region ihr Dasein.

Südlich der Gran Chichimeca gen Nordhonduras und El Salvador liegt Mesoamerika. Bis zur Archaischen Periode (7000–1500 v.Chr.) hatten viele Stämme ihre nomadisierende Lebensweise aufgegeben und Dörfer gegründet. Um 3000 v. Chr. sammelten die Clans je nach Jahreszeit noch Früchte und Samen, kultivierten jedoch bereits Mais, Kürbisse, Chilis, Paprika und Avocados.

Archäologische Funde beweisen, dass die frühen Mesoamerikaner Kontakt zu südamerikanischen Stämmen hatten. Seefahrer aus der Gegend von Ecuador und Peru brachten neue, verbesserte Maissorten mit, die erfolgreich mit den einheimischen Arten gekreuzt wurden. Diese Händler machten an der Westküste auch gebrannten Ton heimisch, dazu die Metallbearbeitung, die nur von den Purépecha (Tarasken) und den Mixteken (heute um Michoacán und Oaxaca) angewandt wurde. Auch die isolierte Sprache der Purépecha ist linguistisch mit dem Quechua der Andenstaaten verwandt.

Zu den ersten Staatsbauten zählt die gewaltige künstliche Plattform oder frühe Pyramide, die rund 1350 v. Chr. in Veracruz errichtet wurde.

Während der frühen Vorklassik (1500 v. Chr. bis 150) errichteten verschiedene Gesellschaften beeindruckende Gebäude. Zu den ersten Beispielen zählt die gewaltige Plattform oder frühe Pyramide, die rund 1350 v. Chr. in San Lorenzo, Veracruz, errichtet wurde.

Die Mutterkultur

Die Pyramide von San Lorenzo wurde von den Olmeken errichtet, der ältesten Kultur Nordamerikas. Diese Gesellschaft war hierarchisch aufgebaut, mit einer Oberschicht, die über Priester und Kunsthandwerker regierte sowie über die Mehrheit des einfachen Volkes. Auch wenn es an der Südpazifikküste Spuren der olmekischen Kultur gibt, entstanden die ersten Zentren am Golf, im südlichen Veracruz und in Tabasco.

Ein riesiger olmekischer Kopf, einer von elf, die 1946 in Südmexiko entdeckt wurden

Schlachtszenen wie dieses Fresko in Bonampak widerlegten Theorien, dass die Maya friedfertig waren

San Lorenzo war die erste Olmekenstadt, die 1150 bis 900 v. Chr. ihre Blütezeit erlebte. Andere Städte in der Nähe erlangten später eine Vorrangstellung, so La Venta, Tres Zapotes und Laguna de los Cerros. In San Lorenzo wurde Regenwasser mit Hilfe einer Basaltwasserleitung von der Pyramide abgeleitet. Die Steine wurden aus den Bergen von Tuxtla in der Nähe von Laguna de los Cerros gehauen und dann nach San Lorenzo gerollt und geschleift. Es entstanden Kolossalköpfe zu Ehren der Herrscher.

Andere für die Olmeken charakteristische Kunstformen sind wunderbare Masken und Statuetten. Viele der Stücke stellen Gottheiten dar wie den Jaguar oder ein Wesen, das halb Jaguar, halb Mensch ist und ein Bindeglied zwischen dem Wildkatzengott und der Herrscherdynastie darstellt. Jade, Grünstein (Nephrit), Obsidian und andere Materialien wurden importiert, ebenfalls Agrarprodukte. Was die Olmeken exportierten, gemeißelte symbolische Beile aus Jade oder Holz- und Steinmasken und Statuetten, hat man bis in Tlatlico, im Tal von Mexiko, gefunden sowie im südlichen Hochland von El Salvador.

Als die Olmekenkultur im 10. Jahrhundert v.Chr. an Bedeutung verlor, entstanden andere Städte und Stadtstaaten in Oaxaca und in den Tälern im Hochland von Zentralmexiko. Über dem strategisch wichtigen Punkt, wo drei Täler in Oaxaca zusammentreffen, wacht Mont Albán, das um 500 v. Chr. seine Blütezeit erlebte. Bei Cuicuilco, im Süden von Mexiko-Stadt, wurde die runde Tempelpyramide etwa um 400 v.Chr. errichtet – und 500 Jahre später nach dem Ausbruch des Vulkans Xitle mit Lava umschlossen. Sie gehört zu den ungewöhnlichsten Strukturen der vorklassischen Periode.

In der Region Soconusco in Chiapas stellt Izapa eine wichtige Verbindung zwischen den Olmeken und der Kultur der Maya dar. Diese Stadt erlebte ihren Höhepunkt, was Ausdehnung und künstlerische Entwicklung anging, etwa um 300 bis 50 v. Chr. Die Einwohner schufen zu dieser Zeit unzählige Stelen mit narrativen Bildsymbolen, die der frühen Mayakunst ähnlich waren. Sie sind über die ganze Region verstreut und zeugen von Ritualen, die mit der Astronomie, mit Zyklen in der Landwirtschaft, mit Fruchtbarkeit und Naturereignissen in Verbindung standen. Eine Gemeinsamkeit beider Kulturen besteht in der Darstellung eines „Langlippen-Gottes"und der Verwendung von Zahlenglyphen.

Klassische Kulturen

Eine der frühesten und faszinierendsten Kulturen Mexikos ist die der Maya, die die Halbinsel Yucatán sowie das Hochland und die Tiefebene von Chiapas und Zentralamerika besiedelten. (Mit drei Millionen Menschen stellen die Nachfahren der Maya heute den größten Anteil der Urbevölkerung Mexikos.)

Die Kultur der Maya begann kurz vor der Epoche des Christentums zu erstarken. Ihre Städte brachten Mathematiker, Künstler und Architekten hervor. Auch gelangen den Maya im Bereich der Astronomie enorm genaue Messungen – mit welchen Instrumenten, weiß bis heute niemand. Sie hatten ferner ein Zahlen-Stelle-System für Ziffern und verwendeten verschiedene Kalender, nämlich einen Sonnenkalender mit 365 und einen Ritualkalender mit 260 Tagen. Diese beiden Kalender wurden kombiniert, um einen 52-Jahre-Zyklus hervorzubringen, in dem jeder Tag eine ganz bestimmte zukunftsweisende Bedeutung hatte. Auch wenn andere Kulturen ebenfalls solche zyklischen Kalender benutzten, verwendeten nur die Olmeken und Maya den sogenannten Long Count, einen nicht-zyklischen Kalender mit einem eindeutig definierten Anfangsdatum; man geht vom 11. August 3114 v. Chr. aus. Er diente für historische Ereignisse. Die Maya hatten auch das am höchsten entwickelte Schreibsystem in Mesoamerika.

Die herausragenden Paläste und Tempel aus Sandstein wurden mit buntem Stuck verziert. In Tür- und Fensterstürze oder Stelen ritzte man kunstfertige Botschaften in Form von Piktogrammen und Hieroglyphen. In der gesamten Welt der Maya wurde Stuck verwendet.

Temazcal Dampfritual

Wie die Lakota oder die Irokesen kannten auch die Mesoamerikaner der vorspanischen Zeit ein rituelles Dampfbad, das *temazcal* (Haus der Hitze). Obwohl einige Quellen besagen, dass das Ritual mehr der körperlichen als der geistigen Reinigung diente, gehören zu modernen Zeremonien oft rituelle Segnungen.

In Puerto Escondido lernen Temazcalli-Leiter *(www.temazcalli.com)* bei dem Meister Tlakaelel, einem Lehrer und Bewahrer der toltekisch-chichimekischen Traditionen. Immer mehr teuere Hotels und Spas haben auf ihrem Gelände die igluförmigen Bauten errichtet, darunter das Four Seasons in Punta de Mita, Nayarit *(www.fourseasons.com/puntamita)*, das Maroma (siehe S. 381) und das Ceiba del Mar *(www.ceibadelmar.com/English)* an der Maya-Riviera sowie das Marriott (siehe S. 369) in Puerto Vallarta. Direkt südlich von Tulum bietet die Posada Dos Ceibas (*www.dosceibas.com*) Yoga- und schamanische Reinigungen oder *limpias*. Dos Palmas (*www.dospalmas.info*) ermöglicht Besuchern den Genuss eines rituellen Dampfbads mit anschließendem Schwimmen im Wasser eines kristallklaren *cenote* (Karsttrichter).

Die meisten vorklassischen Mayastädte waren autonom, die Kultur der Klassik charakterisiert sich hingegen durch Kommunikation. So wurden „Weiße Straßen" (*sacbeób*) an die 4,50 Meter erhöht durch den Dschungel gebaut; sie leuchteten nachts weiß, wohl um Kurieren den Weg zu weisen. Diese Straßen waren mit Steinen und Gips gepflastert und dienten religiösen wie politischen Zwecken sowie Handel und Transport.

Recht früh schon trieben die Maya Handel mit Teotihuacán in Zentralmexiko, das von Leuten aus der Goldregion, die Totonakisch sprachen, errichtet wurde. Teotihuacán wiederum unterhielt Handelsbeziehungen, die bis nach Nordmexiko und in den Südwesten der heutigen Vereinigten Staaten führten. Wie die Maya, so brachte auch dieses Volk Mathematiker und Astronomen hervor. Hunderte von Jahren nach dem Niedergang der großartigen Stadt Teotihuacán pilgerten Aztekenherrscher noch zu den Ruinen, um sich mit den Göttern zu beraten und Stücke für die eigenen Paläste und Altäre mit nach Hause zu nehmen. Alten aztekischen Legenden zufolge kamen die Götter dort zusammen, um unsere derzeitige Epoche zu beginnen – die Fünfte Sonne –, wobei sie sich selbst opferten und so Sonne und Mond schufen. Diese Himmelskörper, die mit den beiden größten Pyramiden der westlichen Hemisphäre geehrt werden, der Pirámide del Sol und der Pirámide de la Luna, sollen dann wie alles mit dem unvermeidlichen Untergehen der Fünften Sonne verschwinden.

Hunderte von Jahren nach dem Niedergang der großartigen Stadt Teotihuacán pilgerten Aztekenherrscher noch zu den Ruinen, um sich mit den Göttern zu beraten.

Teotihuacán zerfiel etwa um 600 zu Ruinen, nachdem seine wichtigsten Gebäude offensichtlich mit Absicht niedergebrannt oder zerstört wurden. Im Bundesstaat Oaxaca wurde Monte Albán gegen 700 verlassen, der Niedergang der großen Mayastädte setzte hundert Jahre später ein.

Nachklassisches Mesoamerika

Auch wenn jüngst aufgestellte Theorien behaupten, dass die Mayastädte der Klassik Bauernaufständen zum Opfer fielen, fand doch ein relativ sanfter Übergang zur Phase der Nachklassik um etwa 900 bis 1200 statt. Wichtigstes Unterscheidungsmerkmal zwischen Klassik und Nachklassik ist die Ersetzung der Königreiche durch Städtebünde und Sippen.

Ein weiterer gängiger Irrtum hinsichtlich der Nachklassik (900–1521) besteht in der Annahme, dass sich diese Epoche durch das Zusammenbrechen der Gesellschaft und mehr Kriege auszeichnete. Viele Archäologen sind heute jedoch zur Auffassung gelangt, dass Kriegsstreitigkeiten und Opferrituale im gesamten Zeitraum vor der Eroberung durch die Spanier (1521) bestanden. Das beste Beispiel ist der Aufstieg der Méxica oder Azteken (siehe S. 184f.), eines kriegerischen Volks, das wahrlich viele Menschen opferte.

Opferrituale fanden in ganz Mesoamerika statt. Die gängige Praxis war, den Opfern mit einem Ritualmesser das Herz herauszureißen. So mancher wurde auch verschnürt die steilen Stufen einer Pyramide hinuntergerollt oder auf einer göttlichen Feuerstelle langsam verbrannt. Vor der Aussaat wurden gern Kinder geopfert, um den Gott Tláloc gnädig zu stimmen. In Form von Selbstopfern brachten Adelige eigene Körperteile als Sühne und zur Läuterung dar.

Die vorspanischen Ballspiele, die später als Zuschauersport zwischen gegnerischen Mannschaften abgehalten wurden, waren ursprünglich Mann-gegen-Mann-Wettkämpfe zweier rivalisierender Fürsten. Wichtige Kriegsgefangene mussten an einem rituellen Ballspiel teilnehmen; der Tod des Verlierers stellte dann Fortbestand und Erfolg für den siegreichen Stamm sicher.

Da die Chichimeken Menschenopfer weniger fürchteten als einen qualvollen Tod in Dürreperioden, zogen diese Stämme in regelmäßigen Abständen gen Süden. Das Ergebnis eines solchen Raubzugs war die Siedlung Tula, die nördlich des Tals von Mexiko liegt. Die Chichimeken-Tolteken, meist einfach Tolteken genannt, etablierten sich bald als gelehrtes Kulturvolk.

Statue des Gottes Chac Mool in Chichén Itzá

Jahrelang debattierte die Wissenschaft auf Ausgrabungsergebnisse gestützt, ob die Tolteken durch Handel oder Eroberung die Mayastätte Chichén Itzá auf der Halbinsel Yucatán beeinflusst haben. Es wurde jedoch schlüssig nachgewiesen, dass Tula eigentlich ein Außenhandelsposten von Chichén Itzá war und dass sich der Einfluss der Maya nach Norden zum zentralen Hochland hin ausbreitete und nicht umgekehrt.

Die letzten bedeutenden Chichimekenstämme, die nach Süden zogen, waren die Azteken, die von Aztlán („Ort der Reiher“) aus mitten im Texcoco-See im Tal von Mexiko gegen Ende des 13. Jahrhunderts eine Stadt gründeten. Innerhalb von nur ein paar hundert Jahren sollten die Azteken von einem Nomadenstamm zur dominierenden Macht in Mesoamerika aufsteigen. Die weitläufigen Marktplätze, die edlen Paläste mit prächtig gekleideten Adligen und die imposanten Tempel, die einen ganzen Götterpantheon beherbergten, beeindruckten die Spanier in Tenochtitlán. Gute Straßen verbanden die Stadt auf der Insel mit dem Festland; und die „schwimmenden Gärten", die die Stadt (siehe S. 208) umgaben, lieferten auch Nahrungsmittel. 1487, als Hernán Cortez, der zukünftige Eroberer Neuspaniens zwei Jahre alt war, wurden vermutlich bis zu 80 000 Menschen anlässlich einer Tempelweihe in Tenochtitlán geopfert. Während des viertägigen Blutbads markierte das Schlagen der Trommeln aus Schlangenhaut das Ausholen und Zustoßen der Steinmesser, wenn schwarz bemalte Priester mit langem, blutverschmiertem Haar dem Kriegsgott Huitzilopochtli die Opfer darbrachten.

Cortez bereitete der langen, erfolgreichen Herrschaft von Moctezuma II. ein Ende

Unter der Herrschaft von Moctezuma Ilhuicamina (1440–69) wurden die sogenannten Blumenkriege geführt. Auch wenn es sich bei diesen Kriegen um Pseudokonflikte handelte, waren die eigentlichen Schlachten doch real, und die Azteken verloren sie auch nur selten. Die Azteken hatten damals 370 Städte unter Kontrolle, eine Armee von 150 000 Soldaten und noch mehr in Reserve.

Ein Königreich, das die Azteken allerdings nie eroberten, war das der Purépecha oder Tarasken von Michoacán im zentralen Hochland. Die Purépecha waren nämlich eines der wenigen Völker, das Metallbearbeitung betrieb, und so hatten sie mit ihren Bronzewaffen auf dem Schlachtfeld einen Vorteil.

Eroberung & Kolonisation

In diese Welt aus Machtstrukturen, Konflikten, aber auch voll Schönheit platzte plötzlich ein nicht minder gewalttätiger Feind: Spanien. Im Namen von Kaiser Karl V. brachten Cortez (1485–1547) und seine Truppen das christliche Heil wie auch den Fluch der Leibeigenschaft nach Lateinamerika.

Als überzeugter Heerführer und Katholik wurde Cortez ebenso sehr von Abenteuerlust wie von seiner Gier nach Gold getrieben. Cortez war ursprünglich vom Gouverneur von Kuba beauftragt worden, neues Land für den Westen in Besitz zu nehmen. Er widersetzte sich dann dem Befehl, nach Kuba zurückzukehren, und verstrickte sich mit seiner relativ kleinen Armee in Auseinandersetzungen mit der einheimischen Bevölkerung, die schon durch interne Kriege und Konflikte mit den Azteken geplagt war. Im Zuge dieser ersten Schlachten ließen sich die Gegner und Vasallen der Azteken von den Pferden und Feuerwaffen der Spanier beeindrucken. All das wurde dann König Moctezuma II. (1502–20) in Tenochtitlán berichtet.

Er hatte allen Grund zur Besorgnis. Eine alte Weissagung kündigte das „Jahr 1 des Schilfrohres", in dem Cortez von Osten auftauchte, nämlich als das Jahr an, in dem Gottkönig Quetzalcóatl zurückkäme, um seinen Thron einzufordern, den er mehrere Jahrhunderte zuvor verlassen hatte.

Tenochtitlán wurde 1521 zerstört. Einzelheiten über die Schlachten der Spanier, Verbündete und schließlich die Eroberung hat Bernal Díaz aufgezeichnet und zu seinem narrativen Werk „Die wahrhafte Geschichte der Entdeckung und Eroberung Neu-Spaniens" verarbeitet. Dem akribischen Soldaten entging auch nicht die Bedeutung der beiden Übersetzer: Jerónimo de Aguilar und La Malinche. Aguilar war ein spanischer Soldat, der Maya und Spanisch sprach. La Malinche, ein junges Mädchen aus adligem Haus und spätere Geliebte von Cortez, war in Tabasco als Sklavin verkauft worden und sprach deshalb Maya und klassisches Náhuatl, die Sprache der Azteken.

Man hielt Cortez anfangs für den (Gottkönig) Quetzalcóatl und Moctezuma sandte Gold, edle Gewänder und erlesene Nahrungsmittel.

La Malinche, von den Spaniern in Doña Marina umgetauft, sollte sich als überaus nützlich erweisen; sie hatte die Gabe, in wohl gesetzten Worten zu übersetzen, bewies Sinn für Politik und hatte die Fähigkeit, aus Feinden Verbündete zu machen. Trotz der Pferde, Kanonen und anderem Kriegsgerät wäre die Eroberung durch die Spanier ohne die Azteken als Alliierte nicht möglich gewesen: Tlaxkalanen, Totonaken und gegen Ende des Feldzugs einige von den Königreichen, die Tenochitlán umgaben.

Vor den Kriegshandlungen mit den Azteken wurde ein großes Kontingent an spanischen Soldaten monatelang in der befestigen Stadt Tenochtitlán aufgenommen, und zwar als eine Art gefangene Gäste. König Moctezuma schwankte zwischen freundlichen und feindlichen Gefühlen hin und her, da immer mehr Adlige und Priester ihn drängten, die Spanier Huitzilopochtli, dem Kriegsgott, zu opfern. Bald wurde Moctezuma von seinen eigenen Gästen als Geisel genommen, von Verrätern des Amtes enthoben und schließlich in einer Schlacht von seinen eigenen Leuten ermordet. Anschließend flohen Cortez, La Malinche und einige Soldaten in einer gewagten Aktion nachts aus der Hauptstadt.

Der letzte Aztekenherrscher, Cuauhtémoc (1520–21), wurde gefangen genommen; als er sich weigerte, Gold und andere Schätze herauszugeben, erhängte man ihn nach Folterungen. La Ciudad de México, Mexiko-Stadt also, wurde auf den Trümmern von Tenochtitlán gegründet; die Besiegten setzte man als Zwangsarbeiter ein. Vom Schicksal begünstigt, durch List und durch die Tapferkeit der spanischen Soldaten war es Cortez gelungen, zwei Jahre nach seiner Ankunft in der Neuen Welt das mächtige Aztekenreich zu zerstören.

Die neue Kolonie wurde durch ein Vizekönigtum regiert. Unter dem Vizekönig, der nur dem König von Spanien unterstand, gab es Räte (*audiencias*) in Mexiko-Stadt und Guadalajara, die die Beamtenhierarchie kontrollierten. Einige Privatpersonen (*encomendados*) wurden mit riesigen Landschenkungen (*encomiendas*) belohnt; trotz aller Verordnungen war ihr Wort Gesetz.

Die besiegten Stämme wie auch die Azteken gaben den Eroberern Mädchen und Frauen, so dass sich schließlich die Gruppe der *mestizos* entwickelte, Leute halb indianischer, halb europäischer Abstammung. Die Siedler nahmen sich Indiofrauen zu Geliebten.

Die meisten Indios und Mestizen fristeten ein recht unwürdiges Dasein, doch wurden Führungspersönlichkeiten und andere Glückliche, die dem König Treue schworen, zu Lokalfürsten (*caquices*) ernannt, die dann über ihr ehemaliges Reich herrschten. Kaziken wie Encomendados forderten enorme Tributzahlungen von den Bauern und eigneten sich das Land der Indígenas an. Um der Sklaverei zu entgehen, flohen einige Ureinwohner in die Wüste oder ins absolut unwirtliche Hochland. Wer blieb, ließ sich katholisch taufen, was durch das Erscheinen der dunkelhäutigen Jungfrau von Guadalupe in der Nähe von einem Schrein der Indiogöttin Tonántzin (siehe S. 193) noch gefördert wurde.

An die drei Jahrhunderte lang brachte die Kolonialherrschaft Spanien enormen Reichtum. In der Sierra Madre machte so mancher mit Gold, Silber, Eisen und Zink ein sagenhaftes Vermögen. Religiöse Orden gründeten christliche Missionen, die sich der Bekehrung der Urbevölkerung verschrieben. Als Erste kamen die Franziskaner, dann die Dominikaner, Augustiner und andere. Die Jesuiten und Franziskaner widmeten sich dem nördlichen Hinterland und – zusammen mit den Dominikanern – dem schwierigen Gebiet Baja California. 1767 vertrieb König Karl III. die Jesuiten aus Neu-Spanien, da sie ihm zu einflussreich wurden.

In den frühen Jahren der Kolonie sah das einfache Volk, das unter der Herrschaft der Azteken gelitten hatte, eine harte Realität durch eine andere ersetzt.

Unabhängigkeit

Im Jahr 1810 sahen sich die Royalisten einer Verschwörung gegenüber. Unter dem Priester Miguel Hidalgo y Costilla (1753–1811) und Intellektuellen aus Morelia und Querétaro kam die Unabhängigkeitsbewegung dann früher als geplant in Gang. Mexiko stand allerdings nicht vereint hinter der Sache. Das abgelegene Yucatán hatte beispielsweise mehr Verbindungen nach

Europa als nach Mexiko-Stadt. So verhielten sich die Leute von der Halbinsel den Spaniern gegenüber weiterhin loyal.

Nachdem die Rebellen anfangs erste Erfolge erzielt hatten, formierten sich die Royalisten neu. Der Krieg zog sich in Form von vereinzelten Angriffen ohne jegliche Aussicht auf einen abschließenden Erfolg hin. Schließlich wurde von Agustín de Iturbide (1783–1824) und dem Rebellenführer Vicente Guerrero 1821 der Plan de Iguala unterzeichnet: Mexiko sollte als konstitutionelle Monarchie regiert werden, katholisch bleiben und allen gleiche Rechte garantieren, egal ob sie in Spanien oder in der Neuen Welt geboren waren. Spanien leistete kaum Widerstand gegen den Verlust der Kolonie und unterzeichnete noch im gleichen Jahr den Vertrag von Córdoba, der eben diese Forderungen sicherte. Schließlich genossen die Reichen weiterhin ihre

Aufgebrachte Azteken greifen nach dem Tod Moctezumas II. die Spanier an. Diese sprachen wegen der großen Verluste später von *la Noche Triste* oder der Nacht des Kummers

Der zapotekisch-sprachige Benito Juárez studierte zunächst Theologie, bevor er zu Jura wechselte

Privilegien, und auch der Katholizismus behielt seine Vorrangstellung.

Es folgten 50 Jahre politisches und wirtschaftliches Chaos. Agustín de Iturbide regierte nicht einmal ein Jahr als Kopf der neuen konstitutionellen Monarchie, dann musste er ins Exil gehen. Anschließend löste eine schwache Regierung die nächste ab. Antonio López de Santa Ana (1794–1876), ein energiegeladener General aus Veracruz, fungierte bei mehreren Gelegenheiten als Präsident und schlug sich mit diversen Aufständen im ganzen Land herum. Auf dem Land wurden die Bauern (*campesinos*) von den Großgrundbesitzern schamlos ausgebeutet, die Lokalfürsten terrorisierten jeden, der auch nur eine Beschwerde wagte.

Die Schwäche der Zentralregierung bewirkte eine Intervention aus dem Ausland. 1838 blockierten die Franzosen den Hafen Veracruz im sogenannten Bäckereikrieg, bei dem es um Schäden ging, die ein Bäcker und andere Bürger aus Frankreich bei einem Aufstand in Mexiko-Stadt verursacht hatten. 1846 erklärten die Vereinigten Staaten Mexiko den Krieg wegen der Annexion von Texas und Ländereien im Westen. Die US-Truppen landeten in Veracruz und nahmen bald die mexikanische Garnison beim Schloss Chapultepec, Mexiko-Stadt, gefangen. Das Ergebnis des mexikanisch-amerikanischen Krieges (1846–48) war, dass Texas, New Mexico, Arizona und Alta California den Vereinigten Staaten zufielen. Mexiko verlor die Hälfte seines Staatsgebiets; es behielt Baja California und das Territorium südlich vom Río Bravo.

In den folgenden politischen Wirren setzte sich der Zapoteken-Anwalt Benito Juárez (1806–72) für Reformgesetze ein, die Klerus und Staat trennen und generell den Einfluss der Kirche reduzieren sollten. Die Reformkriege (1858–61) gewannen dann wirklich die Liberalen unter Juárez. Da die Staatskasse leer war, sah er sich allerdings gezwungen, die internationale Staatsverschuldung nicht zu begleichen, was dann Frankreich einen Grund lieferte, in Mexiko einzufallen und – mit Zustimmung der Konservativen – den Österreicher Maximilian von Habsburg (1832–67) als Monarchen einzusetzen. Ein nur kurzfristiger, aber ob seines Symbolwerts wichtiger Sieg gegen die Franzosen wurde am 5. Mai 1862 erzielt. Die schlecht bewaffneten, jungen Mexikaner unterwarfen die französische Armee in einer Schlacht bei Puebla; sie wird bis heute nachgestellt und im ganzen Land gefeiert.

Das Zweite Reich dauerte nur drei Jahre an (1864–67). Maximilian verärgerte die Konservativen mit seiner Weigerung, die Reformen zurückzunehmen. Außerdem passte ein ausländischer Kaiser so ziemlich keinem.

Nachdem die französischen Truppen nach Preußen abberufen worden waren, wurde der Herrscher gefangen genommen und 1867 in Querétaro hingerichtet. Präsident Benito Juárez kam aus dem Exil zurück, um das Land fünf Jahre zu regieren, bis er 1872 einem Herzinfarkt erlag.

Dass Juárez das Kircheneigentum konfiszierte, hatte fatale Auswirkungen für die Urbevölkerung. Die Ländereien, auf denen die Leute für ihre Familien arbeiteten, fielen nämlich reichen Haziendabesitzern in die Hände.

Das Porfiriat

Juárez wird in Mexiko trotz allem als Held verehrt, umstrittener ist hingegen Porfirio Díaz, der 1876 an die Macht kam. Unter seiner Regierung erlangte das Land wirtschaftliche und politische Stabilität. Es wurde ein weitläufiges Eisenbahnnetz gebaut, so dass Waren für nationalen wie internationalen Gebrauch transportiert werden konnten, Bergbau und andere Industrien florierten und ausländische Investitionen gediehen. Als Bewunderer der europäischen Kunst und Architektur ließ der in Oaxaca geborene Mestize luxuriöse öffentliche Gebäude errichten. Seine 33-jährige Präsidentschaft war in Wirklichkeit allerdings eine mühsam kaschierte Diktatur.

Das Porfiriat (die Ära von Porfirio Díaz) belebte die Wirtschaft, sorgte für Ordnung und schuf öffentliche Einrichtungen. Die journalistische Freiheit und der politische Dialog waren dabei stark eingeschränkt, und die Polizei – *los rurales* – spürte auf dem Land jegliche Protestbewegung auf. Die erstarkende Mittelschicht profitierte zwar von dem Wirtschaftsaufschwung, doch hatten die Bauern unter der üblichen Unbill zu leiden: Ihr Land wurde unrechtmäßig beschlagnahmt, die Leute durch Leibeigenschaft an die Haziendas gebunden. Wie Sklaven mussten sie für einen Hungerlohn schuften, allein der Kauf von Seife, Mais und Kaffee führte zu immer größerer Verschuldung gegenüber den Plantagenbesitzern.

Maya-Aufstand

Während des mexikanisch-amerikanischen Krieges schufen ängstliche Weiße auf der abgelegenen Halbinsel Yucatán eine Maya-Armee, die im Krieg der Kasten sofort ihre Waffen gegen die reiche Oberschicht richtete. Die Maya hatten wenig Kriegserfahrung, schafften es aber dennoch, nach einigen blutigen Aufständen die spanischen Grundbesitzer so zu verunsichern, dass sie schließlich die wichtigsten Städte der Halbinsel einnehmen konnten.

Die Maya wollten Rache üben und ins Land ihrer Väter zurückkehren. Sie wollten nicht herrschen, so legten sie schließlich die Waffen nieder und machten sich wieder an ihre Saisonarbeit auf den Plantagen. Mit den Konsequenzen ihrer Handlungsweise hatten sie allerdings nicht gerechnet. Die Weißen und Mestizen organisierten sich neu und holten zum Gegenschlag aus. Die Hälfte der Mayabevölkerung auf Yucatán kam uns Leben.

Revolution & Reform

Unter dem Slogan »Effektives Wahlrecht, keine Wiederwahl!« mobilisierte der wohlhabende Francisco I. Madero (1873–1913) die mexikanische Öffentlichkeit gegen den Diktator Díaz, der 1911 nach Europa ins Exil ging. Trotz erster Hoffnungen auf einen friedlichen Übergang zu einem System mit mehr Gleichberechtigung spalteten Differenzen hinsichtlich der Reformen die Militärführer. Jeder verfolgte seine eigenen Ziele. Madero setzte sich für politische Reformen ein. In Morelos, südlich von Mexiko-Stadt, forderte Emilio Zapata energisch die gestohlenen kommunalen Ländereien zurück und machte sich für Agrarreformen zugunsten der enteigneten Bauern stark.

Der lange, blutige Revolutionskrieg (1911–17) war von Verrat gekennzeichnet. Als Präsident der Republik wurde Madero ins Gefängnis geworfen und von unzufriedenen Generälen ermordet. Zapata wurde in einen Hinterhalt gelockt und getötet; der Mord ging auf das Konto seines Rivalen, des Revolutionärs Venustiano Carranza (1859–1920). Der charismatische, aber oft brutale Taktiker Pancho Villa (1878–1923) fiel mehrere Jahre nach dem Ende der Kämpfe einem hinterhältigen Mord zum Opfer. Die Revolution kostete an die zwei Millionen Menschen das Leben, darunter viele unbewaffnete Zivilisten. Der Konflikt zog sich hin, bis man sich 1920 auf die Ziele der Verfassung von 1917 einigte. Das Land war wirtschaftlich am Ende. Politisch herrschten unruhige Zeiten, die Präsidenten wechselten schnell.

Emilio Zapata forderte energisch die gestohlenen kommunalen Ländereien zurück und machte sich für Agrarreformen zugunsten der enteigneten Bauern stark.

Die Verfassung versprach Agrarreformen, die Neuverteilung des Landes wurde jedoch erst vorgenommen, als General Lázaro Cárdenas del Río (1895–1970) 1934 Präsident wurde. Der Mestize aus Michoacán setzte sich wirklich für die Armen ein und verteilte an die 20 Millionen Hektar Land um, indem er 180 000 *ejidos*, Farmen in Kollektiveigentum, schuf. Zu seinen Reformen zählten die Verstaatlichung der Eisenbahn und der Ölkonzerne, was ausländische Investoren wie Konservative zu Hause beunruhigte. Er förderte die Gewerkschaften und Arbeiterorganisationen und warf die Freunde seines Vorgängers Plutarco Elías Calles hinaus.

Calles war es, der die bis dahin übergangenen Artikel der Verfassung durchsetzte, die die Macht der Kirche einschränkten. Als der aufgebrachte Klerus zum Messeboykott aufrief, lieferten sich wütende Katholiken mit ihm Straßenschlachten. Auch nachdem der sogenannte Cristero-Aufstand beigelegt war, wurden noch Kirchen geplündert und Kunst der Kolonialzeit gestohlen. Der Einfluss der Kirche auf Staatsangelegenheiten war zu Ende.

Mexiko im 20. Jahrhundert

Vor 1910 war Mexiko-Stadt eine ruhige Kapitale mit Kirchen aus der Kolonialzeit, umgeben von Dörfern der Indígenas. Die unruhigen Zeiten der Revolution ließen die Landbevölkerung jedoch die Sicherheit der Stadt suchen. Der Zweite Weltkrieg katapultierte Mexiko in die Epoche der Industrialisierung, und viele Arbeiter strömten in die Hauptstadt, um dort in Fabriken zu arbeiten. Präsident Miguel Alemán (1946–52) baute die Infrastruktur aus, ausländische wie einheimische Firmen investierten in die Industrie.

Im Jahr 1929 wurde die Nationale Revolutionspartei (PNR) gegründet; als Partei der Institutionalisierten Revolution (Partido Revolucionario Institucional, PRI) wurde sie dann offizielle Regierungspartei. Sie übernahm die mexikanische Trikolore und herrschte mit untadeligem Eifer. Interne Streitigkeiten und die Unfähigkeit, aus der Unzufriedenheit der Landarbeiter sowie der Mittelschicht Kapital zu schlagen, machten die Oppositionsparteien völlig uneffektiv und ermöglichten es so der PRI, den Status quo beizubehalten. Von 1929 bis 2000 verlor die PRI nicht eine einzige Wahl.

Als mit dem Zweiten Weltkrieg die Industrialisierung nach Mexiko kam, nahm die Wirtschaft einen Aufschwung. Die Bevölkerungsexplosion bewirkte allerdings zunehmend mehr Verarmung; die Reformen von Adolfo Ruiz Cortines (1952–58) und anderen konnten keine wirkliche Abhilfe schaffen. Man hatte vornehmlich in Öl investiert, und so war die Wirtschaft von den schwankenden Weltmarktpreisen abhängig. Die Ölkrise Anfang der 80er Jahre führte zu einer Rezession und enormer Auslandsverschuldung.

Viele Mexikaner waren erstaunt als am 2. Juli 2000 der ehemalige Coca-Cola Chef und Gouverneur des Bundesstaates Guanajuato, Vicente Fox Quesada, spät am Abend als neuer Präsident bekannt gegeben wurde – von der PAN, der Partei der Nationalen Aktion.

Die politischen Reformen kamen nur langsam voran, doch in Anbetracht der herrschenden Korruption und Vetternwirtschaft verliefen sie erstaunlich friedlich. Trotzdem Fox nicht viel erreichte, war es eine bedeutende Regierung. Auf Fox folgte 2006 der Kandidat der PAN, Felipe Calderón, der knapp über Andrés Manuel López siegte, einen gemeinsamen Kandidaten der linken Parteien. Die nächste Präsidentenwahl steht 2012 an. ■

Parade am Unabhängigkeitstag in San Cristóbal de las Casas

Essen & Trinken

Seit 5000 Jahren behauptet sich der Mais als wichtigstes Nahrungsmittel; die Pflanze hat bei den Maya und Huicholes religiöse Bedeutung. Die Mittelamerikaner machten die Welt mit dem Kürbis bekannt, auch mit Bohnen, Chili, Avocados, Tomaten, Süßkartoffeln, Truthahn und Schokolade. Die Spanier brachten Weizen – und somit Brot –, Reis, Rinder und Ziegen.

Eine Frau bereitet ihr frisches Gemüse für den Markttag in Tlacolula bei Oaxaca vor

Mit den Ziegen und Milchkühen kam dann der Käse. Es gibt unzählige Sorten, vom körnigen *cotija* bis zum cremigen *panela*. Über viele pikante Gerichte streut man den salzigen *queso fresco*, den man auch zu Süßspeisen reicht, um die Intensität des Zuckers zu reduzieren. Aus Oaxaca kommt der *quesillo*, ein milder Käse, der auch für *queso fundido* verwendet wird, ein köstliches Käsefondue, das mit wahren Stapeln von Tortillas gegessen und mit Champignons oder anderen Pilzen, Würstchen und Streifen von Chilischoten ergänzt wird.

Zu manchen Gerichten reicht man Weizen-Tortillas, typischer sind jedoch Tortillas aus Mais. Der Eroberer Cortez beschrieb diese Maisfladen als »runde Maisscheiben vermengt mit Limone, zubereitet auf dem heißen Backblech«.

Heute werden den ganzen Tag über in den Backstuben frische Tortillas produziert – Frauen auf dem Land und viele Restaurants machen sie auch selbst. Ein Essen ohne Tortillas ist für die meisten Mexikaner undenkbar. Man sagt, dass im Verhältnis zu den übrigen Speisen umso mehr Tortillas gegessen werden, je weniger Geld eine Familie hat.

Aus *masa*, fein gemahlenem Maismehl, macht man *tamales*: rechteckige Teigtaschen, die in Maishülsen oder Bananenblätter gewickelt und dann gedämpft werden. Einfache, etwas gesüßte Tamales nimmt man mit Kaffee oder Kakao als leichtes Abendessen. Zum Nachtisch gibt es Tamales mit Ananas; eine andere Variante sind pikante Tamales mit Fleisch in Chilisoße.

Eine große Auswahl an Snacks bereitet man mit Tortillas oder Masa zu. Zu den Appetithappen, *antojitos*, die auch im Ausland bekannt sind, gehören *enchiladas* (Tortillas in Chilisoße) und gefüllte *tacos* und *taquitos* sowie *chalupas*, *gorditas* und *memelas*, gebackene oder gebratene Weizenfladen, über die Käse, Soße, Zwiebeln und oft Korianderkraut gestreut werden.

Wie jede Region ihre typischen Antojitos zu bieten hat, so gibt es in jedem Viertel die beliebte *taquería*, in der man sich auf Tacos aller Art spezialisiert hat. Es handelt sich dabei um warme, weiche Tortillas, die mit gegrilltem Fleisch gefüllt sind und mit unterschiedlichen Beilagen serviert werden. Um das Fleisch gewickelt und frittiert heißen sie *taquitos*. Dazu wird *guacamole*, ein Avocadomus, oder pikante Soße gereicht.

Beliebteste Beilage zu den Tortillas sind Chilis. Es gibt viele Varianten, vom höllisch scharfen *habanero* aus Yucatán bis zum relativ milden *chile poblano*; man isst ihn frisch, gebraten oder getrocknet. Getrockneter Chili schmeckt anders. Aus *jalapeño*, der frisch auf der Zunge brennt, wird der rauchig schmeckende *chile chipotle*; der leicht orangefarbene *chile manzano* heißt getrocknet *chile cascabel*.

Roh oder gekocht, ganz oder gehackt werden Chilis gern mit Zwiebeln, Knoblauch, Koriander und Tomaten (rot oder grün) vermengt, um die Soßen zu würzen, die bei keinem Essen fehlen. Japapeño- und Serrano-Chili werden auch eingelegt (*en escabeche*) mit Möhren und Zwiebeln gegessen.

Gemahlener Chili ist eine der Hauptzutaten der *chocolate*, einem der Lieblingsgetränke der Azteken. Heute stellt man dieses köstliche heiße Getränk aus bitterer Schokolade mit gemahlenen Mandeln, Zimt und Zucker her. Alles wird mit Wasser oder Milch schaumig geschlagen und schmeckt köstlich zu *pan dulce*, süßem Brot. Kaffeeliebhaber

Gesund bleiben beim Essen & Trinken

Verwenden Sie kein Leitungswasser, nicht einmal zum Zähneputzen. In Touristenrestaurants können sie normalerweise auch Salate, Eis und ungeschälte Früchte essen. Eiswürfel mit Loch in der Mitte werden in Fabriken aus Mineralwasser hergestellt.

Fisch und Meeresfrüchte sind meist die Ursache für Lebensmittelvergiftungen, selbst in teueren Restaurants. Wenn Sie etwas bestellt haben, dass schlecht riecht oder schmeckt, essen Sie nichts davon; ein Bissen kann genügen, um einen Menschen krank zu machen. Eine Lebensmittelvergiftung holt man sich schnell.

Wenn Sie an Imbissständen auf der Straße etwas kaufen, wählen Sie einen, an dem auch Einheimische kaufen und wo die Gerichte frisch zubereitet, nicht nur aufgewärmt werden.

sollten den aromatischen *café de olla* probieren, der mit Zimt und *piloncillo*, braunem Zucker, gekocht wird. Er schmeckt besser als der *café americano*.

Auf dem Markt kann man sich gut unter die Einheimischen mischen und auch tropische Früchte kaufen, aus denen Säfte und *aguas frescas*, die Version mit Wasser, zubereitet werden. In Touristenlokalen bekommt man oft nur Orangen-, Grapefruit- und Tomatensaft aus der Dose anstatt aus frischer Mango, Papaya, Guave oder Wassermelone.

Weitere beliebte Getränke sind *atole* und *horchata*. *Atole* ist dickflüssig und süß und wird aus gemahlenem Reis oder Weizenmehl mit Zucker gemacht; man trinkt es lauwarm. *Horchata* ist ein erfrischender, kalter Drink aus gefiltertem Reiswasser, Zucker und Zimt, oft noch mit frischem Obst und Mandeln.

In Mexiko werden zahlreiche gute Biersorten gebraut. Viele sind regional wie Pacífico aus Mazatlán und Montejo und León Negro aus Yucatán, manche Sorten gibt es nur zu bestimmten Jahreszeiten wie Noche Buena an Weihnachten, doch die meisten sind landesweit stets erhältlich. In Baja California wird Wein und Brandy produziert, und zwar von guter Qualität. Vor der Eroberung durch die Spanier wurde aus Agaven bereits Pulque gewonnen, ein recht klebriges, fermentiertes alkoholisches Getränk. Die destillierten Agavenschnäpse Mescal und Tequila (siehe S. 154) sind da schon annehmbarer.

Was Cortez einst als „Maisfladen" bezeichnete, wird bis heute in vielen Varianten verspeist

An der zigtausend Kilometer langen Küste Mexikos kommt frischer Fisch auf den Tisch. In Cabo San Lucas, an der Spitze von Baja, haben die Küchenchefs Sashimi, Sushi und raffinierte Soßen entdeckt, daneben gibt es gegrillte oder gebackene Fische mit Knoblauch (*al modo de ajo*). Gerichte wie *huauchinango a la veracruzana* haben an Beliebtheit nicht eingebüßt. Die Fische werden mit Tomaten, Chili, Zwiebeln, Knoblauch, Paprika und grünen Oliven ganz gegrillt – Red Snapper à la Veracruz eben. Gern gegessen wird auch *ceviche*, weißer Fisch, der in einer Soße aus Limonen mariniert und dann mit frisch gehackten Zwiebeln, Chili, Tomaten und Koriander serviert wird.

Im Norden ist Fleisch das Grundnahrungsmittel, oft mit *frijoles charros* (Bohneneintopf) und Tortillas. Es gibt getrocknetes, gegrilltes und geschnetzeltes Rindfleisch, außerdem *cabrito*, gegrillte Ziege. Aus dem Norden kommen auch die *huevos rancheros*, köstliche Spiegeleier auf einer Mais-Tortilla mit milder Soße (*salsa*). Zu einem Frühstück gehören Bohnen und ein Korb frischer Tortillas.

Mit die ungewöhnlichsten Gerichte stammen aus Zentral- und Südmexiko. Allein in Oaxaca werden sieben verschiedene Fruchtsoßen hergestellt. Zu den Hauptzutaten von *mole verde* gehören Kürbissamen (*pipián*) und Chilis, nach

ERLEBNIS: Weinverkostung in Mexiko

Die Mönche, die in Begleitung der Konquistadoren nach Mexiko kamen begründeten die Weinbautradition des Landes. Sie legten im trockenen Klima von Nordmexiko und Baja California Weinberge an. Die ersten Weine wurden im Parras-Tal in Coahuila im 16. Jahrhundert auf Flaschen gezogen.

Im Parras-Tal können Sie den ältesten Weinberg Amerikas bei der **Casa Madero** *(Tel. 842/422-0111, www.casamadero.com.mx)* besuchen, wo die Weinproduktion aus einheimischen Reben 1597 begann. Das Weingut bietet täglich zwischen 9 und 17 Uhr kostenlose Führungen.

Die meisten Weingüter Mexikos liegen in Baja California, nur ein paar Stunden südlich der US-amerikanischen Grenze. **Bodegas de Santo Tomás** (siehe S. 57) ist das älteste Weingut auf der Halbinsel. Das größte, **L.A. Cetto** *(Tel. 646/155-2179, www.lacetto.net)*, veranstaltet Führungen und Verkostungen in seinen Weinbergen am Highway 3 im Guadalupe-Tal *(täg- lich 10.30–15.30)*. L.A. Cetto bietet auch Proben in seinen Kellern in Tijuana und Ensenada *(So geschl.)*.

Mehr als ein Dutzend Weingüter befinden sich im Guadalupe-Tal zwischen Tecate und Ensenada. Der zweitgrößte Betrieb, Pedro Domecq *(Tel. 646/155-2249)* liegt gegenüber vom L.A. Cetto und veranstaltet täglich außer Sonntag kostenlose Verkostungen. Kleinere familiengeführte Betriebe wie **Vinos Liceaga** *(Tel. 646/155-3091, www.vinosliceaga.com)* verkaufen Tischweine und Grappa; Gäste sind nach Voranmeldung zu Verkostungen willkommen. Feste anlässlich der Weinlese (Fiestas de la Vendimia) bieten einen Grund für Feiern.

Das Weinfest im Anbaugebiet von Ensenada (siehe S. 57) dauert im August drei Wochen.

deren grüner Farbe die Soße benannt wurde. Obst und Rosinen ergeben die *mole mancha manteles* in leuchtendem Rot – übersetzt bedeutet das „Tischtuchflecken“. Die klassische *mole negro* (oder *mole poblano* in Puebla) ist eine Mischung aus Tortillas vom Tag zuvor, Sesamkörnern, Chili, Schokolade, Nüssen, Pfefferschoten und Nelken.

Die Halbinsel Yucatán kann ebenfalls mit ungewöhnlichen Rezepten aufwarten, besonders in Mérida, wo Immigranten aus Frankreich, Spanien und dem Libanon leben. Saure Orangen sind der Schlüssel zu *poc chuc*, mariniertem Schweinefleisch, das mit Zwiebeln, Tomaten und Knoblauch gegrillt wird. Es gibt auch *pollo* (Huhn) und *chotinita* (Spanferkel) *pibil*, mit *achiote*-Paste in einer Erdgrube gegart.

Würmer von den Agavenfeldern (*gusanos de maguey*) und gewürzte Heuschrecken (*chapulines*) aus Oaxaca werden kross gebraten und auf dem Markt in Tüten verkauft; man bekommt sie jedoch auch in teuren Restaurants, die sich der Nouvelle Cuisine Mexikos verschrieben haben. Zu den Delikatessen zählen auch *escamoles* (Ameiseneier) und *huitlacoche*, eine schwarze Maispilzsorte, die in Crêpes und Quesadillas (Tortillas mit überbackenem Käse) vorkommen.

Und ein Stück die Straße hinunter gibt es gegrillte Kaktusstreifen – ohne Stacheln! –, zu denen man sich einen kalten Honigmelonensaft gönnt.

Kunst & Kultur

Die Kultur Mexikos ist so vielfältig wie seine Landschaften. Aus spanischer Barockarchitektur wurde rasch überschwänglicher mexikanischer Barock. Vorkolumbische Tänze werden zu neuem Leben erweckt, während die Kultur der Mestizen in den regionalen Tänzen zu bewundern ist, die europäische Instrumente und Schritte zum typisch mexikanischen Rhytmus verschmelzen.

Architektur

Vor der Eroberung durch die Spanier waren die ältesten Orte und Kultzentren Mittelamerikas wie moderne Städte angelegt. Tempel und Paläste flankierten den zentralen Hauptplatz, den *zócalo*, im Herzen der Stadt. Auf der einen Seite stand eine Kirche, an den anderen befanden sich die öffentlichen Gebäude, darunter auch die Kommunalregierung. Auf den Plätzen in der Nähe wurde der Markt abgehalten, Seitenstraßen führten zu Geschäften und zu den Wohngebieten. Stein, Adobe (luftgetrocknete Ziegel) und Mörtel waren die meistverwendeten Baumaterialien, dazu Holz und Naturfasern wie Stroh. Wichtige Gebäude wurden mit Wandmalereien und Reliefs versehen. Zierschmuck und Farbe waren ebenfalls wichtig.

Europäische Bilder ersetzten bald die indigenen. Reste der ursprünglichen Malereien sind allerdings noch an einigen Wänden in den Kirchen und Rathäusern von Mexiko-Stadt bis Mérida zu sehen.

Der europäische Geschmack, aber auch seine Techniken, üben seit dem 16. Jahrhundert ihren Einfluss auf die mexikanische Architektur aus, als die spanischen Konquistadoren indianische Sklaven heranzogen, um ihre Paläste und Kirchen auf den Trümmern der zerstörten Tempel zu bauen. Bilder von Ureinwohnern, etwa Krieger mit Federschmuck verschwanden, dafür hingen Eroberer mit Helmen an den Wänden oder waren in Steinsäulen gemeißelt. Reste der ursprünglichen Malereien sind allerdings noch an einigen Wänden in den Kirchen und Rathäusern von Mexiko-Stadt bis Mérida zu sehen.

Zu den frühesten Bauwerken der Kolonialzeit zählen Kirchen und Klöster europäischen Stils. Jahrhunderte baute man an den schönsten Kathedralen, die eine Mischung aus Barock, Gotik und platereskem Stil (eine Imitation von Silbertreibarbeiten) aufweisen und auch mexikanische Einflüsse integrieren. Strebepfeiler, Wasserspeier, Glasmalerei und Kassettendecken im Mudéjar-Stil, einer Verbindung von spanischen und arabischen Elementen, fanden in üppig ausgestatteten Kathedralen Verwendung. Im 17. Jahrhundert wurden die Fassaden mit dekorativen Hochreliefs und vielen religiösen Statuen versehen, wie sie für den Churriguerismus, den nach Benito Churriguera benannten spanischen Barock, typisch sind. Kuppeln

Tänzer mit Kopfschmuck bei den Feierlichkeiten zum Namenstag der Jungfrau von Guadalupe

im Stil der Mauren wurden im 18. Jahrhundert mit Kacheln aus Puebla geschmückt. Im ausgehenden 18. und 19. Jahrhundert kam es zu klassizistischen Stilrichtungen, bis der Unabhängigkeitskrieg eine Zäsur setzte.

Die ersten Kolonialhäuser waren Klöster und Konvente mit geschnitzten Gewölbedecken und schön gekachelten Küchen. Die europäischen Architekten entwarfen für die Oberschicht Paläste mit mehreren Innenhöfen, *patios*, die von ein- oder zweistöckigen Flügeln flankiert waren. Ein ähnliches Bauprinzip entwickelte sich auf den Haziendas von Yucatán bis Chihuahua. Mexikos Gebäude der Kolonialzeit haben Erdbeben, Überschwemmungen und Feuergefechte überdauert. San Miguel de Allende in Guanajuato zählt als Kolonialstadt zum Weltkulturerbe der Unesco. Einige Klöster in Oaxaca und Querétaro wurden restauriert, einige der nobelsten Haziendas auf Yucatán sind heute Hotelanlagen.

Die Architektur im modernen Mexiko verbindet vorspanische, koloniale und mexikanische Elemente. So weisen Regierungsgebäude oder Hotelanlagen die Form der Pyramiden von Teotihuacán oder Chichén Itzá auf. Kacheln, wie sie in Klöstern aus dem 17. und 18. Jahrhundert verwendet wurden, sind in Puebla in modernen Treppenhäusern, Bädern und Küchen zu finden. Kunsthandwerker aus Guanajuato haben sich mit ihren *bóvedas*, Gewölbedecken, die nur aus Ziegeln bestehen, einen Namen gemacht.

Das Hotel Camino Real des Architekten Ricardo Legorreta in Mexiko-Stadt

Der erste Wolkenkratzer in Mexiko-Stadt wurde von Leonardo Zeevaert entworfen und 1956 in der Nähe des Palacio de Bellas Artes (Palast der Schönen Künste) errichtet. Der schlanke Glasturm Torre Latinoamericana ist von Kolonialbauten umgeben, darunter die Iglesia de San Francisco (1524) im chiguerristischen Stil und die Casa de los Azulejos, die 1596 erbaut und 1737 mit Kacheln verkleidet wurde.

Im Spannungsfeld von Alt und Neu steht das Werk des Architekten Pedro Ramírez Vázquez, der das Museo Nacional de Antropología (Nationalmuseum für Anthropologie) im Chapultepec-Park entwarf. Der Grundriss ist wie eine alte Aztekenstadt gestaltet, die Gebäude gehen alle auf einen Patio hinaus, der von einem großen gemeißelten Steinschirm mit Aluminium überspannt wird. Auch der deutschstämmige Mathias Goeritz, der während der Nazizeit nach Mexiko emigrierte und an der Universität von Guadalajara und Mexiko-Stadt (UNAM) lehrte, bediente sich solcher natürlicher wie gefertigter Elemente. Der einflussreichste Architekt des 20. Jahrhunderts war aber wohl Luis Barragán (1902–88). Seine klare Linienführung und leuchtende Farbigkeit betonte die natürlichen Elemente wie z. B. die Sonne.

Viele Architekten traten in seine Fußstapfen; einer der erfolgreichsten war wohl Ricardo Legorreta (geb. 1931). Wie bei Barragán kombiniert sein Stil riesige Wandflächen mit lebhaft bunten Farben, um so Lichtbewegungen zu reflektieren. Aus der Zusammenarbeit der beiden Männer ging das Hotel Camino Real in Mexiko-Stadt hervor mit Wänden und Nischen in knallbuntem Pink, leuchtendem Gelb und dunklem Lavendel. Legorreta gilt seitdem als einer der bedeutendsten Architekten und hat in Mexiko und im Ausland über hundert Gebäude geschaffen.

Bunte Farbgebung ist generell ein Charakteristikum der mexikanischen Ästhetik. Schlichte Adobe- oder Stuckelemente werden kobaltblau mit gelbem Rand bemalt, oder in Limonengrün, Kanariengelb sowie *rosa mexicano*, einem dunklen Pinkton.

ERLEBNIS: Ballspiele

Obwohl *béisbol mexicano* in den 1920er Jahren in Mexiko-Stadt aufkam, ist er heute außerhalb der zentralen Hochebene am beliebtesten. Mazatlán unterstützt seine Venados (Hirsche). Als Teil der Liga Mexicano del Pacífico, kurz LMP *(www.ligadelpacifico.com.mx)*, spielen sie von Oktober bis einschließlich Dezember. Die größere Liga Mexicana de Béisbol *(www.MiLB.com)* ist der American Minor League angeschlossen; die Spiele finden von März bis Juli statt. Karten *($–$$$$$)* gibt es bei den Stadien oder unter *www.ticketmaster.com.mx*. Im Lauf der Jahre besaß Mexiko rund 90 Teams in der Minor League. Informationen unter *www.mexonline.com/sports.htm*.

Kunst

Das künstlerische Erbe Mexikos reicht weit vor die Invasion durch die Europäer zurück. 790 verschönten Mayakünstler die Wände des Tempels von Bonampak, im Südosten von Chiapas, mit Malereien, die wilde Schlachten und die harmonische Königsfamilie darstellten. Olmekenbildhauer meißelten um 1150 v.Chr. Kolossalköpfe in den Basalt, und einige der Höhlenmalereien, die in Baja California gefunden wurden, sollen 5000 Jahre alt sein.

Mit der Ankunft der Spanier veränderte sich die Kunst in Mittelamerika jedoch drastisch. Die katholische Kirche dominierte den Alltag. Heilige und die Muttergottes ersetzten die pantheistischen Götter und Göttinnen. Indigene Künstler wurden gezwungen, christliche Bilder zu malen. Künstler aus Europa brachten ihren Lehrlingen, Indigénas, bei, wie man Bibelszenen auf *retablos* malt, vergoldete Altaraufsätze, die die Kolonialkirchen schmückten. Bald ersetzte sakrale Kunst aus dem 16. Jahrhundert die Wandmalereien und Skulpturen, wobei die einheimischen Künstler ihre Ursprünge allerdings nie völlig leugneten. So sieht man in Wandgemälden Engel fliegen, die Züge der Maya, Mixteken oder Zapoteken tragen. Die alten Symbole für Wind und Feuer wurden in die Ornamentik integriert. Die besten Maler Mexikos wurden nach Sevilla oder Florenz geschickt, um dort zu studieren; unter dem Vizekönigtum wies die mexikanische Kunst deshalb europäische Züge auf.

Im 17. Jahrhundert, als Kreolen und Mestizen in der Szene auftauchten, bekam die Kunst ein anderes Flair.

Im 17. Jahrhundert, als Kreolen und Mestizen in der Szene auftauchten, bekam die Kunst ein anderes Flair. Die dunkelhäutige Jungfrau von Guadalupe, die 1531 Juan Diego erschien, einem konvertierten Indio, verbreitete sich als Bild über das ganze Land.

Die erste offizielle Kunstakademie, die Real Academia de las Bellas Artes de México, wurde 1731 in Mexiko-Stadt gegründet; Bildhauer und Maler aus Europa lehrten hier. Anfang des 19. Jahrhunderts wurde die Kunst dann durch den Unabhängigkeitskrieg behindert; dennoch konnten sich einige Künstler in dieser konfliktreichen Zeit einen Namen machen. Die Porträts von José María Estrada (1830–62) und die Landschaftsmalerei von José María Velasco (1840–1912) werden gern als Beispiele für die Kunstszene im Mexiko des 19. Jahrhunderts genannt. Velasco gilt als Meister der akademischen Malerei seiner Zeit; er spezialisierte sich auf die Landschaftsmalerei und malte die Seen und Vulkane im Tal von Mexiko oder die Kandelaber-Kakteen bei Oaxaca. Seine schönsten Bilder sind im Museo Nacional de Arte (Nationalmuseum für Kunst) in Mexiko-Stadt zu bewundern.

Das frühe 20. Jahrhundert war die Belle Époque Mexikos – zumindest für die Reichen. Unter dem Diktator General Porfirio Díaz, der ein Faible für alles Europäische hatte, begannen Mexikaner auch einen Sinn für Eigenes zu entwickeln. Selbst wenn sich der Einfluss Europas nicht leugnen ließ, nutzten

Diego Riveras Wandgemälde „Traum eines Sonntagnachmittags" *im Alameda-Park* im Museo Mural Diego Rivera in Mexiko-Stadt

sie Elemente aus Impressionismus, Symbolismus und Jugendstil für heimische Themen. Junge Künstler forderten eine Neubelebung der mexikanischen Kultur. Gerardo Murillo (1875–1964), einer der bedeutendsten Maler und Intellektuellen dieser Epoche, wandte sich gegen den Einfluss Europas, indem er seinen Familiennamen in Atl änderte, was in der Sprache der Azteken so viel wie „Wasser" bedeutet. Das Werk Dr. Atls besteht vornehmlich in seiner Landschaftsmalerei; seine Ansichten von Vulkanen dienten dem Glas-Metall-Vorhang im Palacio de Bellas Artes als Vorbild. Viele berühmte Künstler des 20. Jahrhunderts studierten bei Dr. Atl, der als spiritueller Führer fungierte. Er kam Anfang des 20. Jahrhunderts als Erster auf die Idee, öffentliche Gebäude mit Wandmalereien mexikanischer Künstler zu schmücken; die Revolution machte seine Pläne 1910 zunächst zunichte.

1921 bat der Erziehungsminister José Vasconcelos den Maler Atl, die Escuela Nacional Preparatoria mit Wandgemälden zu versehen (heute zerstört). Vasconcelos rief 1922 die Muralisten-Bewegung ins Leben, die 50 Jahre lang die Kunstszene des Landes beherrschen sollte. Atls Studenten, darunter Diego Rivera (1886–1957) und José Clemente Orozco (1883–1949) spürten auf den Wänden der wichtigsten öffentlichen Gebäude Mexikos dann die gesamte Geschichte des Landes nach: Themen aus vorspanischer Zeit, die Eroberung und die Revolution.

Der Bundesstaat Oaxaca hat eine Fülle von Handwerkskunst zu bieten, darunter bestickte Kleidung, Schmuck und Keramik

Die Muralisten wurden schnell zu den berühmtesten Künstlern Mexikos; die Politik war ihr Lieblingsthema. »Wir erkennen die sogenannte Staffeleimalerei nicht an«, erklärte David Alfaro Siqueiros (1896–1974) im Jahr 1922. »Kunst sollte nicht Ausdruck persönlicher Befriedigung sein, wie es heute der Fall ist, sondern vielmehr als didaktische Kunst auf die Erziehung aller abzielen.« Die berühmtesten Muralisten malten auch auf Leinwand, doch sie wurden von den Tragödien, die sich während der Revolution abspielten, beeinträchtigt. Nach seiner Ausbildung in Europa trat der Maler Francisco Goita (1882–1980) in die Armee von Pancho Villa ein. Seine Gemälde erinnern an die Gräuel des Krieges.

Im 20. Jahrhundert waren die Künstler in Mexiko dem Konzept der *mexicanidad* ergeben; man feierte seine Abstammung, die Natur und kulturelle Besonderheiten. Viele ihrer Arbeiten waren brutal, aufrührerisch und überaus emotional, doch selbst der politischste Künstler legte hin und wieder eine Pause ein, um einfach die Schönheit der Umgebung zu malen. Diego Riveras Gemälde von Tortillabäckern und Blumenverkäuferinnen sind ein schönes und würdevolles Porträt der indigenen Bevölkerung Mexikos. Seine Frau, die Künstlerin Frida Kahlo (1907–1954), machte sich einen Namen mit ihren extravaganten Selbstbildnissen, die sie oft in prächtigen Trachten zeigen. Der weniger bekannte Maler Antonio M. Ruíz (1895–1964) konzentrierte sich auf Alltagsszenen, denen es an Humor nicht fehlte.

Die Welt begann die mexikanische Kunst zu würdigen, allen voran die Muralisten, die zu wahren Volkshelden wurden. Orozco, Siqueiros und Rivera schufen in den Vereinigten Staaten Wandgemälde. Miguel Covarrubias (1904–57), auf den in Mexiko-Stadt ebenfalls berühmte Wandmalereien zurückgehen, arbeitete in den 1920er und 1930er Jahren als Illustrator und Cartoonist für den New Yorker und Vanity Fair. Rufino Tamayo (1899–1991), einer der wenigen Künstler, die sich auf moderne Kunst statt auf Politik konzentrierten, verbrachte viele Jahre in New York.

Heute kann Mexiko mit einer pulsierenden Kunstszene aufwarten, wie die unzähligen Galerien und Kunstschulen in Mexiko-Stadt, Oaxaca oder San Miguel de Allende belegen. Hochkarätige Kunst bekommt man im Museo José Luis Cuevas in Mexiko-Stadt zu sehen, wo neben einigen Picassos auch Cuevas erotische Skulpturen ausgestellt sind.

Volkskunst

Die frühen mesoamerikanischen Kulturen brachten Wassergefäße aus Ton hervor. Die Mixteken schufen sagenhafte Ohrgehänge aus Jade und Gold und auch anderen Schmuck, damals mit der schönste auf Erden. Einheimische Künstler eigneten sich rasch Techniken aus Europa an, sodass aus der Mischung aus natürlichem Material, einheimischem Talent und ausländischen Einflüssen eine neue Art von Volkskunst entstand. Heute zählt die Volkskunst zu den größten Schätzen Mexikos.

Die mexikanische Volkskunst ist funktional wie auch einfallsreich und greift gern auf tradierte Muster und Themen zurück. Die Weber in Oaxaca beziehen beispielsweise Mäandermuster aus den Ruinen von Mitla in ihre Läufer aus Wolle ein. Die Huichol-Indianer in Nayarit greifen bei rituellen Gefäßen und Schultertaschen auf alte Symbole wie Salamander, Sonnen und Sterne zurück. Im ganzen Land entstehen preiswerte Bilder in fluoreszierenden Farben auf Papier, das vom Feigenbaum stammt und seit vorspanischen Zeiten auch für Schreibpapier und Bücher gerne verwendet wird.

Religiöse Themen finden sich in vielen Formen, von gemalten Porträts der Jungfrau von Guadalupe bis zu handbemalten Kacheln mit den Kreuzigungsstationen. Szenen der Geburt Christi, sogenannte *nacimientos*, gibt es als Glasbläserei oder in Stroh gewoben. Die Mexikaner haben ein Faible für Makabres. So sieht man Dioramen von Skeletten und grellbunte, überlebensgroße Teufel aus Pappmaché und andere Figuren, die bei den Prozessionen in der Karwoche Furcht einflößen.

Bücher über mexikanische Kunst

In Museen und anderen Kunststätten in Mexiko gibt es oft herrliche von der Regierung unterstützte Buchhandlungen, die Librerías Educal. Viele der Bücher sind auf Spanisch, doch Artes de Mexico – die Zeitschrift feierte 2008 ihr 20-jähriges Bestehen – veröffentlicht kleine zweisprachige (Spanisch und Englisch) Monografien zu interessanten Themen. Dort können Sie alles über Kunst der *huicholes*, Maskenherstellung oder alte Kulturen erfahren. Die Taschenbücher werden einzeln verkauft oder Sie können sechs, acht, zehn oder zwölf Ausgaben abonnieren und zwar unter *www.artesdemexico.com*.

Aus Tonerde werden die fantasievollsten Figuren gebrannt. Die Lakandonen in Chiapas fertigen aus rotem Ton Krokodile und Gefäße in Menschengestalt. Mata-Ortíz-Töpferei aus Chihuahua wird geschätzt, auch die schwarz glänzenden Waren aus San Bartolo Coyotopec, Oaxaca.

Von wenigen Ausnahmen abgesehen war den vorspanischen Töpfern die Glasurtechnik nicht bekannt. Kunsthandwerker aus Spanien führten dann Majolika-Kacheln und Tafelporzellan ein. In Puebla entstanden die blau-weißen Tavalera-Stücke. Die Majolika-Technik wird bis heute in den Staaten Puebla, Tlaxcala, Guanajuato und Jalisco für handbemalte Vasen, Gefäße und Kacheln verwendet.

Ton nimmt man auch für Musikinstrumente, Spielsachen, Puppen und andere Figuren. Fast alle frühen Zivilisationen spielten auf Tonflöten und Pfeifen. Moderne Künstler lassen ihrer Fantasie freien Lauf und schaffen Szenen mit lebhaft bunten Figürchen. Adam und Eva, die Jungfrau von Guadalupe, Engel, Teufel und „normale" Menschen werden in realistischen wie auch absurden Situationen dargestellt. Einige Dioramen sind so klein wie Streichholzschachteln, manche erreichen fast Lebensgröße. Die besten Kunsthandwerker auf diesem Gebiet trifft man in Michoacán und Puebla. Töpfer aus Oaxaca fertigen lebensgroße Terrakottapuppen, die *muñecas bordadas*. In Toluca haben sich einige Künstler auf polychrome Bäume voll von Figurinen und Symbolen spezialisiert.

Die überschäumende Fantasie kommt jedoch auch in den Holzarbeiten zum Ausdruck. Aus weichem Holz werden die drachenartigen *alejibres* geschnitzt und dann in grellen Farben bemalt; sie kamen erstmals in Oaxaca in den 1980er Jahren auf den Markt, außerdem realistischere Tiere, die

ERLEBNIS: Spanisch sprechen

In Mexiko gibt es viele Möglichkeiten, um Spanisch zu lernen. Viele Schulen bieten die Möglichkeit sich mit Mexikanern eins zu eins zu unterhalten, die dem Ausländer in Gesprächen über Themen von gemeinsamem Interesse die Möglichkeit bieten, sein Spanisch zu üben, während sie im Gegenzug ihr Englisch anwenden.

Finden Sie heraus, ob die Schule, die Sie in Betracht ziehen, Kurse zu Themen (etwa Kochen oder Archäologie) anbietet, die Sie interessieren.

Wählen Sie eine Schule in einem Teil des Landes, den Sie gern kennenlernen möchten. In Veracruz oder Chiapas haben Sie mehr Gelegenheit, Ihre Spanischkenntnisse zu erproben als in Cancún.

Der Aufenthalt in einer Familie kann sehr viel bringen, aber achten Sie darauf, dass keine anderen Deutsch oder Englisch sprechenden Ausländer dort aufgenommen sind.

Unter vielen anderen Angeboten bietet die **Language Immersion School** *(Tel. 520/903-0574, www.veracruzspanish.com)* in Veracruz die Möglichkeit, in dem winzigen Ort Villa Rica Spanisch zu lernen. Das ist eine gute Gelegenheit für Leute mit Vorkenntnissen, so viel wie möglich Spanisch zu sprechen. Die Schule hat auch Wirtschaftsspanisch, Kochkurse und Ausflüge im Programm.

Die **Querétaro Language School** *(Tel. 442/171-1306, www.queretarolanguageschool.com)* bietet Kochkurse, „Survival-Spanisch" und sowohl Kurse für Senioren als auch für Kinder. Außerdem besteht für Schüler die Möglichkeit ihre Kenntnisse bei Freiwilligenarbeit anzuwenden.

animalitos. Simple Holzpuppen sind bei den meisten indigenen Stämmen beliebt. Die Bewohner der Sierra Tarahumara kleiden sie mit weißen Hemden und Hosen; in Puebla und Hidalgo fertigt man sie nach dem Vorbild der Otomí Stoffpuppen, die bortenbesetzte Röcke tragen.

Auch Masken, die seit vorspanischen Zeiten rituellen Zwecken dienen, werden aus Holz gefertigt. Als besonders talentiert gelten die Künstler aus Guerrero, Tlaxcala, Morelia, Chiapas und Oaxaca. Ihre Masken stellen Heilige, Dämonen, Dichter, Politiker, Tiere und rosawangige Konquistadoren dar; manche haben Glasaugen, die sogar auf und zu gehen. Die Masken werden bei Prozessionen und Volkstänzen benutzt.

Skelette aus Pappmaché wie dieses hier sind typisch für die mexikanische Volkskunst

Glasperlen verwendeten die Spanier als Geschenke und für den Tauschhandel. Sie machten auch die Glasbläserei in Mexiko heimisch. Glaswaren werden heute in Familienbetrieben wie auch industriell produziert, vor allem in den Staaten Puebla und México sowie in der Umgebung von Guadalajara im Gliedstaat Jalisco. In Chiapas sind die wunderschön gewebten und bestickten *huipiles* zu Hause, Blusen mit Mayamustern.

Man kann die Dorfbewohner an ihrer Kleidung erkennen, beispielsweise sind für San Juan Chamula blaue Schals charakteristisch, in Zinacantán werden bei bestimmten Feierlichkeiten breitkrempige Hüte aufgesetzt. Dorfbewohner in Oaxaca tragen Tracht und stellen schöne Schals, Blusen und Gürtel her.

Votivbilder entstanden im 18. Jahrhundert und zeigen einen verzweifelten Gläubigen, der zu einem Heiligen, der Jungfrau Maria oder Jesus Christus betet. Die wundersame Heilsgeschichte für das jeweilige Problem wird dann unter der Szenerie beschrieben. In Mexiko-Stadt ist eine Kapelle der Basílica de Nuestra Señora de Guadalupe voll von solchen *exvotivos*, die alle die mexikanischen Heiligen ehren.

Milagros, kleine Blech-, manchmal auch Silbermaskottchen in der Form von Körperteilen, Häusern, Kühen oder Autos sollen ebenfalls für göttlichen Beistand sorgen. Die Sünder stecken diese Maskottchen ihren Lieblingsheiligen ans Gewand. In jüngster Zeit haben Künstler solche *milagros* in Schmuckstücke integriert, beispielsweise Silberketten mit kleinen Herzen, Beinen oder Köpfen.

Die Silbertradition begann in Mexiko mit den Mixteken. Ihr wunderbarer Gold- und Silberschmuck wurde von der Oberschicht getragen. Während der Kolonialzeit verwendete man dann Unmengen Gold und Silber zur Ausstattung von Kirchen. Bis heute werden Silber und andere Edelmetalle abgebaut. Die meisten Arbeiten kommen aus Taxo oder Guerrero, einer Stadt, die sich völlig dem Silber verschrieben hat.

Im ausgehenden 19. Jahrhundert machten Drucke Furore, und zwar unter José Guadalupe Posada (1852–1913), der lange als bester Lithograf Mexikos galt. Seine Stiche in Metall und Holz wurden von Straßenhändlern für Plakate benutzt. Posadas Arbeiten zeigen verschlagene Politiker als Skelette. Für Allerseelen entstand eine ganze Posterkollektion von Totenschädeln, *calaveras*. Alles und jeder wurde mit Versen und Illustrationen verspottet. Posadas Poster waren ursprünglich fürs Volk gedacht, weckten Anfang des 20. Jahrhunderts dann aber die Aufmerksamkeit einiger Künstler.

Die bekanntesten Klänge sind die *rancheras*, die von Mariachi-Musikern mit Geigen, Trompeten und gitarrenartigen Instrumenten gespielt werden.

In der mexikanischen Volkskunst spielt Pappmaché eine wichtige Rolle. Es wird für so ziemlich alles verwendet, von Masken bis zu *piñatas*, Figuren, die mit Süßigkeiten gefüllt werden. Die Familie Linares aus Mexiko-Stadt hat sich mit ihren Skeletten, Schädeln, Drachen und lebensgroßen Teufeln einen Namen gemacht. Extravagante Pappmaché-Puppen aus Guanajuanto sind aufwändig geschminkt und tragen glitzernden Schmuck.

Musik

Jeder Mexikaner und jede Mexikanerin ist im Grunde der Seele ein Musiker. Wie ein Sprichwort sagt: *También de dolor se canta, cuando llorar no se puede* – »Man kann vor Schmerz singen, wenn man nicht weinen kann.«

Die bekanntesten Klänge sind die *rancheras*, die von Mariachi-Musikern mit Geigen, Trompeten und gitarrenartigen Instrumenten gespielt werden. Sie handeln von verlorener Liebe und Niederlagen und stammen aus der Zeit der Mexikanischen Revolution, als fahrende Musikanten die Balladen über den vom Krieg gebeutelten Norden spielten. Die Charro-Filme, Cowboystreifen der 1930er und 1940er Jahre, verbreiteten die Ranchero-Musik dann im ganzen Land; der Komponist José Alfredo Jiménez schrieb Dutzende von Liedern für das Repertoire der Mariachi.

Film, Fernsehen und Radio ließen die Mariachi-Klänge dann zum Nationalemblem avancieren. Nicht minder beliebt sind jedoch die Marimba-Musik von Chiapas und die romantischen Boleros des Komponisten Agustín Lara, der die sinnlichen Rhythmen von Veracruz hinzufügte.

Leidenschaftliche Balladen mit viel Herz werden in Mexiko bevorzugt gespielt. Bei Hits wie „La Paloma" oder „Cielito Lindo" legen sich die Sänger mächtig ins Zeug. In den 1950er Jahren war Lola Beltrán (1932–1996) mit ihrem innigen Gesang die Königin der Ranchera-Musik, in den 1940er Jahren erreichten die romantischen Texte der tropischen Balladen von María Félix die Tanzcafés an den Stränden von Acapulco. Bis heute greifen

Pueblos Mágicos

Die mexikanische Regierung hat Orten, die den mexikanischen Geist in Kunst, Kultur oder Tradition verkörpern den Titel „magischer Ort" verliehen. Das ansonsten eher nichtssagende Papantla, Veracruz, erhielt den Titel für seine „fliegenden Männer" *(voladores de Papantla)*, eine alte Tradition zur Erntezeit, Taxco, Guerrero, für seine Silberschmiedetradition, Tepotzotlán und Izamal für ihre Kirchen, San Cristóbal de las Casa und Pátzcuaro für ihre gut erhaltenen historischen Stadtzentren.

Hier einige Beispiele für Orte, die gegenwärtig den Titel Pueblos Mágicos tragen.

Eine vollständige Liste finden Sie unter *www.pueblomagicodemexico.com.mx.*

Álamos, Sonora
Coatepec, Veracruz
Creel, Chihuahua
Izamal, Yucatán
Pátzcuaro, Michoacán
Real de Catorce, San Luis Potosí
Real del Monte, Hidalgo
San Cristóbal de las Casas, Chiapas
San Miguel de Allende, Guanajuato
Tapalpa, Jalisco
Taxco, Guerrero
Tepotzotlán, Estado de México
Tepoztlán, Morelos
Todos Santos, Baja California Sur

berühmte Balladensänger wie Juan Gabriel, Luis Miguel und Alejandro Fernández in ihrem modernen Repertoire auf altbekannte Titel wie „Amor Eterno" zurück, um ihre Fans zu begeistern.

Liebe und Leid inspirieren auch heutzutage die Musiker in Mexiko. Neben Herz-Schmerz-Themen wird auch über Politik gesungen, und das bei einer Mischung aus traditioneller Instrumentierung und Elektronik. Carlos Santana, der in Tijuana aufwuchs, war der erste mexikanische Rockgitarrist von Weltrang. Andere sollten folgen wie die Gruppe Maná und die Rockband Café Tacuba. Die Sängerin Lila Downs aus Oaxaca wurde durch ihre Songs in dem Kinofilm *Frida* (2002) bekannt.

Jede Region hat ihren eigenen Sound. *Norteño*-Bands kombinieren Akkordeon, Bass und Gitarre mit Polka und Ranchera-Melodien und schaffen so einen Country-Stil, der besonders in Nordmexiko gefällt. Die Texte handeln oft von Immigration oder Landespolitik. Cumbia und Salsa mit ihrem heißen Rhythmus lassen in Veracruz die Leute das Tanzbein schwingen; von hier stammt auch das bekannte La Bamba. Sinaloa mutet mit seinen Blechbläsern deutsch an und geht auch wirklich auf deutsche Einwanderer in den 1920er Jahren zurück.

Tanz

Tanz basiert in Mexiko auf indianischen Kulturen und reicht heute bis *La Macarena*. Katholische Bräuche und die Traditionen der Urbevölkerung verschmolzen zu Tänzen, wie sie heute an Ostern von den Yaqui und Maya von Sonora zelebriert werden. Hirschmasken und Blumen sind aus einem vorspanischen Ritual erhalten; der Hirsch muss sich selbst zum Wohl der Menschen opfern. Heute mischen sich Hirschtänzer unter Figuren, die Jesus und Maria darstellen und die Kirche vor Unholden verteidigen – alles in kunstvollen Tänzen, die im ganzen Land zu sehen sind. *Ballet folklórico*, Volkstanzgruppen, gibt es zuhauf, vor allem aber in den Touristenzentren. Schon kleine Kinder tanzen auf den Hauptplätzen. Am beliebtesten ist sicher das Ensemble von Amalia Hernández im Palacio de Bellas Artes in Mexiko-Stadt. Wenn sich der Tiffany-Vorhang hebt, gibt es Tänzer in herrlichen Kostümen zu sehen.

Der traditionelle Volkstanz nahm in Mexiko um 1800 seinen Anfang. Die regionalen Tänze sind ein Echo der Musik der Einwanderer oder ahmen Szenen aus der Natur nach. In San Luis Potosí führen Tänzer den *huapango* auf, der den spanischen Fandango abwandelt. In Veracruz wiegen sich Paare zum *danzón*, der aus Kuba kommt. Der berühmteste Tanz Mexikos, *el jarabe tapatío* („Huttanz") geht auf die Mestizen zurück.

Die Bundesstaaten Oaxaca, Michoacán, Yucatán, Jalisco, Chiapas und Veracruz sind für ihre zahlreichen Volkstänze berühmt. In Oaxaca nehmen Tänzer aus dem ganzen Staat an der alljährlichen Guelaguetza teil, einem Fest, das zwei Wochen im Juli das ethnische Erbe pflegt. Die Kostüme der Tänzer aus Oaxaca und Chiapas sind wahre Kunstwerke. Der „Tanz der alten Männer" („Danza de los Viejitos") stammt ursprünglich aus Michocán.

Weniger bekannte Tänze werden zu religiösen Feiertagen aufgeführt, vor allem in der Karwoche (Semana santa). Die Cora-Indianer von Nayarit tanzen in Trance, während sich die Tarahumara aus der Barranca del Cobre in fingierten Schlachten zwischen Soldaten und Pharisäern ergehen.

Mexikaner aller Altersgruppen besuchen Diskotheken und Clubs, um dort Walzer, Salsa, Merengue oder zu den Klängen von *rock en español* zu tanzen. Diskotheken sind in Mexiko recht elegant. Jeder macht sich schick, um sich bis zum Morgengrauen zu amüsieren.

Literatur

Die ersten Bücher Mexikos sind die Codices aus Borkenpapier und Tierhaut mit Malereien und Symbolen. Die Maya brachten die zwei bedeutendsten vorspanischen Bücher hervor, zudem mehrere Codices, die historische Ereignisse zum Inhalt haben. Das „Popol Vuh", entstanden zwischen 1554 und 1558, ist eine Legendensammlung, das „Chilam Balam", im 17. und 18. Jahrhundert verfasst, bietet realistischere astronomische Betrachtungen und historische Ereignisse. Es sind auch zahlreiche Bücher in Náhuatl und Mixtekisch erhalten, dazu viele erzählende Stein- und Stuckarbeiten.

Auch wenn einige Spanier sich für den Erhalt einheimischer Bücher und Schriften einsetzten, gelang es anderen doch mit großem Erfolg, sie als Werk des Teufels zu zerstören. Einer der wichtigsten Berichte über die spanische Eroberung ist „La Historia Verdadera de la Conquista de la Nueva España" („Die wahrhaftige Geschichte der Entdeckung und Eroberung Neu-Spaniens") von Bernal Díal del Castillo (ca. 1492–1581), einem Konquistador, der die Geschichte mit erstaunlicher Prägnanz beschrieb.

Die herrschende Schicht hielt sich in Dichtung, Theater und Literatur an religiöse Themen. Die erste Druckerpresse, die 1537 in Mexiko ankam, wurde hauptsächlich zur Verbreitung von Informationen verwendet. Im 16. Jahrhundert entwickelte sich dann eine mexikanische Spielart von Literatur, als Mestizen und Kreolen sich der Indígena-Thematik zuwandten. Die berühmteste Autorin der Kolonialzeit war Juana Inés de la Cruz (1651–95), eine Nonne und Dichterin. Sie schrieb über die Unbill der Bürger Neu-Spaniens, die unter Restriktionen zu leiden hatten.

Im 19. Jahrhundert erschien der erste Roman, der die Gefühle der Mexikaner zum Ausdruck brachte: „El Periquillo Sarniento" von José Joaquin Fernández de Lizardi (1776–1827). Francisco I. Madero – der spätere Präsident von Mexiko – verfasste eines der ersten bedeutenden Werke im politischen Sachbuch. Sein Titel „Die Präsidentschaftsnachfolge" von 1910 war richtungweisend für den Sturz von Porfirio Díaz. Unter der Literatur des 20. Jahrhunderts ragt „El Laberinto de la Soledad" („Das Labyrinth der Einsamkeit") aus dem Jahr 1950 heraus. Autor und Nobelpreisträger Octavio Paz (1914–98) versuchte, den Charakter seiner Landsleute einzufangen und das Wesen der *mexicanidad* zu analysieren. Carlos Fuentes (geb. 1928 in Mexiko-Stadt) gilt als Meister der Moderne. Zu seinen bekanntesten Titeln zählen „Landschaft in klarem Licht" (1958), „Terra Nostra" (1975) oder „Der alte Gringo" (1985).

Das Buch „El Laberinto de la Soledad" (*„Das Labyrinth der Einsamkeit"*) ragt als Porträt der mexikanischen Psyche heraus.

Viele junge Leute studieren Volkstänze ein, wie diese Gruppe an der Universität von Guadalajara

Film

Die ersten mexikanischen Filme machten die Mariachi-Musik bekannt und auch die Lebensweise der Cowboys im Norden des Landes. Ein beliebtes Thema war die Ausbeutung durch Pancho Villa, ebenso das Leid der Familien in den Städten.

Mexikanische Filmemacher und Schauspieler profitierten von der Faszination, die die Topografie Mexikos auf Hollywood ausübte. Viele frühe US-Western wurden in Mexiko gedreht, in den 1940er Jahren vergnügten sich die Hollywoodstars in Acapulco. Dolores del Río (1905–83), die mit den Hollywoodgrößen am Strand von Caleta Partys feierte, kam auch außerhalb Mexikos zu Ruhm, als sie beim Filmfestival von Cannes internationale Aufmerksamkeit erregte. Als Star von „María Candelaria" (1944), dem Erfolgsfilm von Regisseur Emilio Fernández (1904–86), machte Dolores del Río das mexikanische Kino bekannt; Gleiches gilt für Mario Moreno (1911–93), der sich als Cantinflas, der „Charlie Chaplin von Mexiko", einen Namen machte, oder Germán Váldes, alias Tin Tan. Die Schauspielerin María Félix und die beiden Schauspieler Jorge Negrete und Pedro Infante wurden von ihren Fans in den 1940er Jahren vergöttert. Die Filme „Enamorada" (Regisseur Emilio Fernández) und „Distinto Amanecer" (Regisseur Julio Bracho) wurden zu Klassikern. Der wohl berühmteste Filmregisseur Mexikos der 1950er Jahre ist Luis Buñuel (1900–83). Sein Film „Die Vergessenen" (Los Olvidados 1950) ist ein Meisterwerk.

Die 1950er und 1960er Jahre brachten eine Vielzahl von zweitklassigen Horrorfilmen hervor. Einer davon war „Attack of the Mayan Mummy" von Jerry Warren aus dem Jahr 1963. Der größte Kultfilm kam 1970 heraus, „El Topo" von Alejandro Jodorowsky, eine Mischung aus Surrealismus und Western. In den 1980er Jahren widmete sich Regisseur Gregory Nava dem Elend der illegalen Einwanderer in seinem Film „El Norte" (1983). Roberto Rodríguez porträtierte das moderne Mexiko 1993 in „Der Mariachi", noch einmal 1995 in „Desperado" mit Antonio Banderas in der Hauptrolle und 2003 in „Irgendwann in Mexiko". Als berühmtester mexikanischer Film der 1990er Jahre gilt „Bittersüße Schokolade". ■

ERLEBNIS: Spaß im Karneval

Die Feste, die der Fastenzeit vorangehen, heißen in Mexiko *carnaval*. In den Städten gibt es Umzüge und Musik.. In Mazatlán *(www.maztravel.com)* kommen noch Dichterwettbewerbe und Ballett hinzu. In Cozumel zieht die farbenprächtige Fiesta *(http://cozumelinsider.com/carnival)* Prunkwagen und Tanzgruppen aus ganz Yucatán an. Die Feste in Playa del Carmen werden immer beliebter und raffinierter. In Guaymas, Sonora *(www.go2sancarlos.com)* wurde 1888 erstmals eine Karnevalskönigin gekrönt.

Die meisten Reisenden reservieren ein Jahr zuvor ein Hotel und genießen dann die Partys auf den Straßen und andere preiswerte Vergnügungen ohne große Planung. Reisende, die sich um möglichst wenig kümmern möchten, können bei My Mexico Tours *(http://mymexicotours.com)* eine Pauschalreise zum Karneval in Mexiko buchen.

Ein einsamer Finger aus Bergen und Wüste zwischen dem Pazifik und dem Golf von Kalifornien

Baja California

Mit Seepocken übersäter Grauwal

Baja California

Baja California ist auf den ersten Blick öd und leer, zieht aber Wissenschaftler und Abenteurer in seinen Bann. Der Schriftsteller John Steinbeck (1902–68) schrieb: »Allein die Luft hier ist wunderbar, die Realität verändert jeden Moment ihre Kontur. Über der ganzen Region schwebt ein Traum.« Ein ähnliches Gefühl inspiriert wohl die modernen Abenteurer, die Baja erkunden.

Wer die Einsamkeit sucht, ist in der Wüste von Baja California genau richtig

Die lang gestreckte, schmale Halbinsel Baja California löste sich vor fünf Millionen Jahren an der San-Andreas-Verwerfung allmählich vom Festland; es entstanden dabei eine Reihe von Gebirgszügen. An der breitesten Stelle erstreckt sich Baja über 193 Kilometer an der Grenze zu den Vereinigten Staaten. Die meisten Touristen hier besuchen Los Cabos, 1300 Kilometer weiter im Süden. Zwischen diesen beiden Fixpunkten liegen zerklüftete, dramatische und oft einsame, aber wunderschöne Wüsten- und Küstenlandschaften. In jüngster Zeit nahm der Tourismus im Bereich zwischen Tijuana und Ensenada ab, weil es Berichte über gewaltsame Auseinandersetzungen zwischen Drogenkartellen und Polizei im Grenzgebiet gab.

Als der Pater Juan María Salvatierra in Loreto 1697 die erste Mission einrichtete, lebten mindestens fünf Indianerstämme in Baja. Die Missionare und Abenteurer aus Europa kämpften sich dann die Halbinsel hinauf; die Urbevölkerung kam bei Kämpfen und durch Krankheiten ums Leben. Heute wohnen nur rund eintausend Indígenas in Baja.

Der Pazifik ist für seine gigantischen Wellen bekannt, für Schwertfische und Wale auf Wanderung. Hier leben unzählige Meerestierarten. Umweltschützer sind daran interessiert, den Golf vor Fischerei und anderen Entwicklungen, die das ökologische Gleichgewicht stören könnten, zu schützen. Ein Erfolg dieser Bemühungen war 2005 die Aufnahme in die Welt-

NICHT VERSÄUMEN:

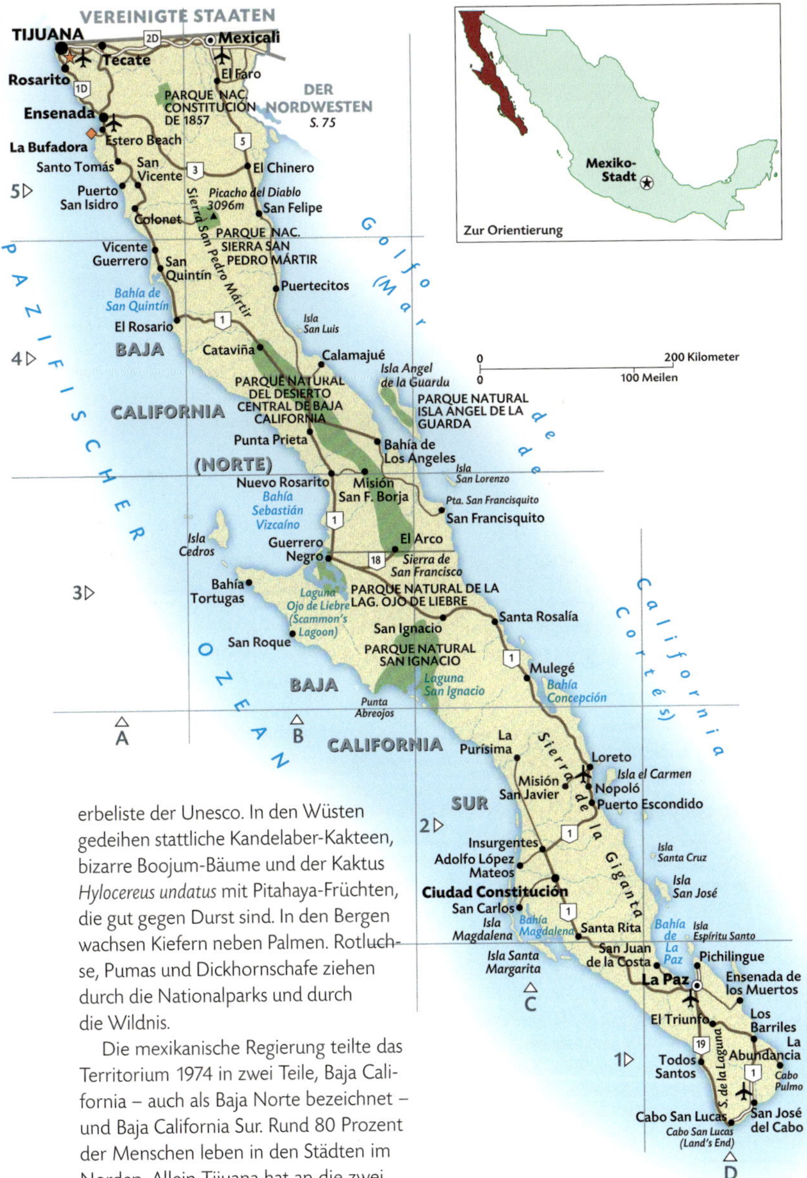

erbeliste der Unesco. In den Wüsten gedeihen stattliche Kandelaber-Kakteen, bizarre Boojum-Bäume und der Kaktus *Hylocereus undatus* mit Pitahaya-Früchten, die gut gegen Durst sind. In den Bergen wachsen Kiefern neben Palmen. Rotluchse, Pumas und Dickhornschafe ziehen durch die Nationalparks und durch die Wildnis.

Die mexikanische Regierung teilte das Territorium 1974 in zwei Teile, Baja California – auch als Baja Norte bezeichnet – und Baja California Sur. Rund 80 Prozent der Menschen leben in den Städten im Norden. Allein Tijuana hat an die zwei Millionen Einwohner. ■

Von Tijuana nach Ensenada

Zwischen Tijuana, der viertgrößten Stadt Mexikos, und Ensenada, dem wichtigsten Hafen von Baja California, liegt eine ständig wachsende Zahl von Hotels, Geschäften und Wohnblocks am Meer, zu denen einsame Fischerdörfer ebenso gehören wie die noblen Resort-Hotels. Seit den Tagen der Prohibition in den USA zieht Tijuana Tag und Nacht erlebnishungrige Touristen an.

Eine der malerischsten Ecken von Tijuana

Tijuana
55 A5
Besucherinformation
Av. Revolución zwischen Calle 3 und 4
664/685-3117
www.seetijuana.com

Tijuana

Für die einen ist Tijuana ein Shopping-Ziel, für die anderen eine Möglichkeit, einen Blick auf Mexiko zu werfen, wenn sie in Kalifornien Urlaub machen. Touristen schließen sich am besten einer zweistündigen Bustour mit Zwischenstopps *($$$)* an. Der Doppeldeckerbus hat 13 Haltestellen, darunter am Weingut, dem Kulturzentrum und an der Hauptstraße – **Avenida Revolución**. Tijuana hat eine Stierkampfarena und es lohnt sich ein Besuch des **Weingutes L.A. Cetto** *(Av. Cañón Johnson 2180, Col. Hidalgo, Tel. 664/685-3031, www.lacetto.com, So geschl., $)*.

Östlich der Innenstadt liegt das **Centro Cultural Tijuana** *(Paseo de los Héroes* in Mina, *Tel. 664/687-9600, www.cecut.gob.mx)*. In diesem futuristischen Gebäude befindet sich das **Teatro Omnimax** *($$)*, das tausend Personen Platz bietet. Zum Museum gehören ein Restaurant und zwei Stockwerke mit Ausstellungen. Das **Museo de las Californias** *(Tel. 664/687-9650, Mo geschl., $$)* illustriert die Geschichte.

Rosarito

Rund 30 Kilometer südlich von Tijuana ist Rosarito erreicht. Die Stadt ist stolz auf ihre über 32 Kilometer lange

Küste mit schönen Stränden. Rosarito ist bekannt für seine Geschäfte und Stände mit Keramik, Gusseisenwaren und geschnitzten Möbeln. Die meisten Läden liegen am **Boulevard Benito Juárez**, wo sich auch Hotels, Bars und Restaurants finden.

Weiter die Küste hinunter liegen die **Fox Studios** *(Km 32,8 Carretera Libre a Ensenada, Tel. 661/614-9444, www.foxploration.com, Mo u. Di geschl., $$$$)*, 1997 für die Dreharbeiten zum Kinofilm „Titanic" errichtet. Seither wurden hier weitere Filme produziert, etwa „Das Gewicht des Wassers" oder „Pearl Harbor". Es gibt auch Führungen.

Ensenada

51 Kilometer südlich von Rosarito liegt Ensenada am Nordende der Bucht **Bahía de Todos Santos**. Die Nähe zur Grenze, die Fischrestaurants und das Wassersportangebot machen die Stadt zu einem beliebten Wochenendziel.

Zum Einkaufen geht man in die **Avenida López Mateos**. Am **Sportfishing Pier** *(Blvd. Costero Ecke Av. Macheros)* legen von Dezember bis März die Boote zur Walbeobachtung und im Sommer zum Hochseefischen ab.

Südlich von Ensenada schießen aus einem Blowhole (Blasloch) in den Klippen, **La Bufadora**, 24 Meter hohe Wasserfontänen in die Luft. Unterhalb ist **Punta Banda** bei Tauchern, Fischern und Kajakfahrern beliebt, bei Bootfahrern die **Playa de Estero**.

Den Wein der Region probiert man in der **Bodega de Santo Tomás** oder in einem der Weingüter im **Valle de Guadelupe**. Das größte, **L.A. Cetto** *(MEX 3, Km 73,5 Richtung Tecate, Tel. 646/155-2264)* bietet täglich von 10 bis 15.30 Uhr kostenlose Weinproben und Besichtigung; für kleinere Güter wie **Monte Xanic** *(Tel. 646/174-7055)* ist unbedingt eine Voranmeldung erforderlich. ■

Rosarito

55 A5

Besucherinformation

Blvd. Juárez 907-14 an der Oceana Plaza mall

661/612-3078 oder 01800/962-2252 (innerhalb Mexikos kostenlos)

Ensenada

55 A5

Besucherinformation

Blvd. Lázaro Cárdenas 609 5

646/178-8588

www.enjoyensenada.com

ERLEBNIS: Segeltörn nach Mexiko

Es bieten sich verschiedene Möglichkeiten, um an Regatten teilzunehmen. Der **Newport Harbor Yacht Club** *(www.nhyc.org)* veranstaltet, im Allgemeinen Anfang März, ein Rennen von Newport, Kalifornien, nach Cabo San Lucas. Die Teilnahmebedingungen finden sich auf der Website des Clubs. Die Einnahmen der 1287 km langen Regatta kommen der Casa Hogar, einem Waisenhaus für Jungen zugute.

Der **Marina del Rey Yacht Club** *(www.dryc.org)* in Los Angeles und der **San Diego Yacht Club** *(www.sdyc.org)* veranstalten alljährlich gemeinsam eine Regatta von Südkalifornien zur Spitze von Baja California. Die erste Etappe geht bis Los Cedros Island, etwa 2,5 Segeltage von San Diego entfernt. Die zweite Etappe endet an der Magdalena-Bucht, wo den Seglern manchmal ein riesiger Grauwal begegnet. Auf der Website des Clubs gibt es Informationen zu den Teilnahmebedingungen. Der Sieger wird an der **Paradise Village Marina** *(www.vallartayachtclub.org)* in Nuevo Vallarta, Nayarit gefeiert.

Mit dem Auto über die Halbinsel Baja California

Bis 1974 holperten nur Naturfreunde, Angler und Abenteuerlustige die Staubstraße bis zur Spitze der Halbinsel hinunter. Dann eröffnete die Regierung die Carretera Transpeninsular (MEX 1) und machte Baja California publik.

Die hochaufragenden Gipfel der Sierra de la Giganta bei Loreto

Die Angeles Verdes (Grünen Engel, siehe S. 244), ein Straßendienst, kontrollieren die Landstraße, um bei einer Panne zu helfen. Dennoch sollte man sich auf Hitze, Schlaglöcher, Wasserläufe und Kühe, die auf der Fahrbahn herumspazieren, einstellen. Man kann nicht einfach so durch die Landschaft rasen – woran die vielen Kreuze am Straßenrand gemahnen. Es macht mehr Spaß, diese außergewöhnliche Landschaft mit Kakteen, Canyons und stillen Buchten auf sich wirken zu lassen. Die MEX 1 beginnt hinter dem Grenzübergang San Ysidro (24 Stunden geöffnet), der San Diego mit **Tijuana** ❶ (siehe S. 56) verbindet. Manche Reisenden machen hier Halt, um einzukaufen und sich die Stadt anzusehen. Andere fahren gleich weiter nach **Rosarito** (siehe S. 56f) und zur Küste bei **Cantamar**. Nicht weit ist es bis **Puerto Nuevo**.

NICHT VERSÄUMEN:

San Ignacio • Bahía de la Concepción • Loreto • Cabo Pulmo

Die Straße führt hinunter ins hügelige Weinbaugebiet um **Santo Tomás**, steigt dann steil an und schlängelt sich an Far-

KALIFORNIEN
TIJUANA
START
Mexicali
VEREINIGTE STAATEN
ARIZONA
Rosarito
Puerto Nuevo
Cantamar
El Faro
Ensenada
RESERVA DE LA BIÓSFERA SIERRA DE PINACATE
Santo Tomás
San Vicente
PARQUE NACIONAL SIERRA SAN P. MÁRTIR
Puerto Peñasco
Colonet
BAJA
Camalú
Sierra San P. Mártir
San Felipe
Vicente Guerrero
San Quintín
Bahía de San Quintín
El Rosario
CALIFORNIA
Golfo de California (Mar de Cortés)
SONORA
Cataviña
Calamajué
PARQUE NATURAL DEL DESIERTO CENTRAL DE BAJA CALIFORNIA
Isla Angel de la Guarda
Bahía de Los Angeles
Isla Tiburón
Hermosillo
(NORTE)
Nuevo Rosarito
Misión San F. Borja
Bahía Sebastián Vizcaíno
Isla Cedros
Guerrero Negro
El Arco
Guayamas
Laguna Ojo de Liebre
PARQUE NATURAL DE LAGUNA OJO DE LIEBRE
San Ignacio
Santa Rosalía
San Lucas
Ciudad Obregón
PARQUE NATURAL SAN IGNACIO
Bahía Santa Inés
Mulegé
Santispac
Coyote
BAJA
Laguna San Ignacio
Requesón
Bahía Concepción
La Purísima
Sierra de la Giganta
Loreto
PAZIFISCHER OZEAN
Misión San Javier
Isla Del Carmen
CALIFORNIA
Isla Santa Catalina
Insurgentes
Ciudad Constitución
Isla San José
Bahía de La Paz
Bahía de Palmas
SUR
La Paz
Siehe auch Karte S. 55
Tijuana
Vier Tage bis zwei Wochen
Rund 1800 km
Cabo San Lucas
El Triunfo
Los Barriles
Sierra de la Laguna
La Abundancia
San José del Cabo
Cabo San Lucas
Bahía Santa María
Playa Palmilla
Cabo Pulmo
0 200 Kilometer
0 100 Meilen

men und Weingütern bei **San Vicente** vorbei. Landwirtschaft wird um **Colonet, Camalú** und **Vicente Guerrero** betrieben. Über Seitenstraßen kommt man von Colonet zu den Gipfeln der **Sierra San Pedro Mártir** Richtung Osten.

San Quintín ❷, 185 Kilometer südlich von Ensenada, zeichnet sich durch Restaurants, Hotels, Strände aus und lädt zum Essen oder gar Übernachten ein. Über asphaltierte Straßen und Staubpisten gelangt man in die **Bahía de San Quintín** (129 km südlich von Colonet), wo im späten 19. Jahrhundert englische Weizenbauern am Wassermangel scheiterten. Muschelsuche, Vogelbeobachtung und Sportfischerei sind hier ein beliebter Zeitvertreib.

INSIDERTIPP

Setzen Sie auf mexikanischen Landstraßen den linken Blinker nur, wenn Sie überholt werden möchten.

DENISE PRICHARD
National Geographic Film

Einige der schönsten Strände von Baja liegen zwischen San Quintín und **El Rosario** (58 km Entfernung); dort gibt es Tante-Emma-Läden und eine Tankstelle. Südlich von El Rosario wendet sich die MEX 1 abrupt gen Osten ins Wüstengebiet. Viele Touristen machen hier Halt, um sich mit den riesigen Kandelaber-Kakteen oder Boojum-Bäumen, den „Kirchenkerzen", fotografieren zu lassen. So mancher hat auch schon auf den gespenstischen, oben abgeflachten Mesas kampiert, die eine gute Landebahn für UFOs abgeben würden. Diese Mesas und niedrigen Hügel werden dann bei **Cataviña** von Feldern mit Findlingen abgelöst. Ein Schild 105 Kilometer südlich von hier zeigt die Ausfahrt nach **Bahía de Los Ángeles** (siehe S. 73) an. Später ist eine weitere Abzweigung 53 Kilometer weiter südlich nach **Nuevo Rosarito** ausgeschildert, wo geländegängige Fahrzeuge einen Umweg (35 km) über die **Misión San Francisco Borja** (siehe S. 73) nehmen können.

Die nächste wichtige Station ist **Guerrero Negro** (234 km südlich von Cataviña) an der Grenze zum Bundesstaat Baja California Sur. Der Ort eignet sich zum Proviantkauf, außerdem ist hier die Zentrale für Ausflüge zur Walbeobachtung (Dez.–März, siehe S. 68f). Die **Laguna Ojo de Liebre** ist nämlich das Revier der Grauwale; sie paaren sich hier und bringen ihre Jungen zur Welt. Außerdem arbeitet hier eine Verdunstungssaline.

Südlich von Guerrero Negro führt die Straße nun ins Landesinnere und 142 Kilometer in die Berge hinein bis nach **San Ignacio** ❸, eine Oase hoch oben in der Wüste (siehe S. 62). Dann geht es wieder nach unten, zuerst zum Golf von Kalifornien bei **Santa Rosalía**. Nach einem kurzen Abstecher Richtung Süden ist **Caleta San Lucas** erreicht, eine kleine Bucht mit Mangroven, wo sich gut schnorcheln und angeln lässt, nun kommt **Bahía Santa Inés** ❹ mit seiner Bucht, die zum Tauchen, Fischen und Surfen einlädt.

Das Flussufer bei **Mulegé** (siehe S. 63) ist dicht von Palmen gesäumt. Die herrliche **Bahía de la Concepción** ❺, eine schmale Bucht mit türkisblauem Wasser, wirkt wie eine glitzernde Fata Morgana. Schön ist eine Pause an den Stränden **Coyote, Santispac** oder **Requesón**, wo man schwimmen, Kajak fahren, zelten oder einkehren kann.

Die nächste Station an der MEX 1 ist **Loreto** ❻ (siehe S. 63), 136 Kilometer südlich von Mulegé. Die **Misión San Javier** (siehe S. 73f), die man nach einer Stunde Fahrt landeinwärts auf einer passablen Piste erreicht, ist eine der beeindruckendsten Kirchen von Baja.

Nach Loreto schlängelt sich die MEX 1 in zahlreichen Haarnadelkurven die rotbraune **Sierra de la Giganta** hinauf, zweigt ins Santo-Domingo-Tal ab, nach **Insurgentes** und **Ciudad Constitución**, der drittgrößten Stadt Bajas.

Die Straße führt durch eine Mondlandschaft auf den 216 Kilometern von Constitución bis **La Paz** (siehe S. 66f).

Durch Wälder aus Säulen- und Kandelaber-Kakteen geht die MEX 1 quer durch die **Sierra de la Laguna** südlich am Ostkap. Die Asphaltierung endet in La Abundancia. Doch die Fahrt über holperige Straßen wird mit herrlichen Sandstränden belohnt. Am **Cabo Pulmo** 7 lässt es sich hervorragend angeln und in einem geschützten Unterwasserrevier am Riff tauchen.

Von Los Barriles führt die MEX 1 nun in einem Bogen landeinwärts und verbreitert sich beim Flughafen zu einer vierspurigen Autobahn. Man fährt zuerst an **San José del Cabo** (siehe S. 71) vorbei, dann an bekannten Surferparadiesen wie **Costa Azul** und **Acapulquito**. Die **Playa Palmilla** kann besonders Schwimmern empfohlen werden, während die **Bahía Santa María** sich perfekt zum Schnorcheln und Tauchen eignet. Die Fahrt endet in **Cabo San Lucas** 8 und beim bekanntesten Felsen von Baja California: El Arco an der äußersten Landspitze der Halbinsel (siehe S. 72).

Mulegé lockt als die „grünste" Oase von Baja Sur im Winter viele Touristen an

von La Paz und zieht sich durch **El Triunfo**, eine verschrobene alte Bergbaustadt. Der Golf von Kalifornien lockt bei **Los Barriles**, dem Eingang zur boomenden **Kapregion** im Osten. Hier liegen Hotels der gehobenen Klasse.

In der **Bahía de Palmas** ist Surfen ein beliebter Sport; wer einen Umweg von 17 Kilometern macht, erreicht südlich von Los Barriles die Straße zum Strand

Von San Ignacio nach Loreto

Nachdem man bei Guerrero Negro in Baja Sur angelangt ist, führt die MEX 1 Richtung Osten zum Golf von Kalifornien. Nach 145 Kilometern ist San Ignacio erreicht. Über den Palmen lugt die Missionskirche hervor. Santa Rosalía ist eine Bergbaustadt aus dem 19. Jahrhundert. Mulegé und Loreto erinnern mit ihren alten Missionen und Plätzen an Dörfer auf dem Festland.

San Ignacio
Karte S. 55
Besucherinformation
Calle Hidalgo 6
615/154-0150

San Ignacio

Die verschlafene Bergstadt San Ignacio begrüßt den Reisenden wie eine Fata Morgana. Sie wurde von den Jesuiten gegründet, die auch die Dattelpalmen, Orangen- und Feigenbäume pflanzten. Die Dominikaner vollendeten dann die aus Lavastein errichtete **Iglesia de San Ignacio de Loyola**, die Kirche beim Hauptplatz. Interessant ist hier die Messe am Sonntag, es lohnt aber auch der Besuch des Museums *(So geschl.)*.

San Ignacio eignet sich auch gut als Standort, wenn man einen Ausflug in die **Laguna San Ignacio** (siehe S. 69) unternehmen möchte, um dort die Wale zu beobachten, oder wenn man auf einer Wanderung ins Gebirge die Felsmalereien (siehe S. 64) sehen will.

Nuestra Señora de Loreto war die erste katholische Missionskirche, die 1687 in Baja California erbaut wurde

Santa Rosalía

Die MEX 1 erreicht den Golf 74 Kilometer südöstlich von San Ignacio bei Santa Rosalía, wo Ende des 19. Jahrhunderts deutsche Unternehmer eine Kupfermine schufen, die dann von den Franzosen betrieben wurde. Die gusseiserne **Iglesia de Santa Bárbara** *(Calle Obregón Ecke Plaza)* wurde von Gustave Eiffel entworfen und in Einzelteilen von Frankreich hierher verschifft.

An den schnurgeraden Straßen ziehen sich Holzgebäude entlang, die für die Bergleute aus Indien und China gebaut wurden. Die Franzosen lebten im Norden außerhalb auf der Mesa mit Blick auf die Eisenbahngleise und das Meer. Vom restaurierten **Hotel Francés** *(Av. 11 de Julio Ecke Jean M. Cousteau, Col. Mesa Francia, Tel. 615/152-2052)* genießt man genau diese Aussicht.

Mulegé

Das großartige Mulegé, 61 Kilometer südlich von Santa Rosalía, lockt viele Touristen an. Man kann in den Bergen wandern und sich dort die Höhlenmalereien in **San Borjitas, Trinidad** oder **Piedras Pintas** ansehen, angeln, Kajak fahren, schnorcheln oder an der Felsküste der Bahia Concepción entlangsurfen.

Mulegé liegt zwischen Orangenbäumen und Dattelpalmen. Kleine Hotels, Abenteueragenturen und Restaurants finden sich rund um die Plaza. Die restaurierte Missionskirche **Santa Rosalía de Mulegé** liegt südlich vom Zentrum an der Calle Zaragoza; sie wurde 1705 geweiht, 1770 von einem Hurrikan zerstört und 1828 aufgegeben. Das **Museo de Mulegé** *(Sa/So geschl.)* im Norden war früher ein Gefängnis.

Loreto

Zwischen der goldenen Sierra und dem trägen Golf von Kalifornien liegt Loreto, einst das religiöse und politische Zentrum der Halbinsel. Die **Misión Nuestra Señora de Loreto** *(Salvatierra, bei Misioneros)* wurde 1687 erbaut. Man beachte den vergoldeten Altar und die wundertätige Marienstatue. Loreto war die Hauptstadt von Baja vor dem Hurrikan im Jahr 1829. Danach wurde der Regierungssitz nach La Paz verlegt. 1974 erkor die mexikanische Regierung die Stadt dann als Haupttouristenziel und versah sie mit einem Flughafen. An der **Bahía Nopoló** entstanden ein Hotelkomplex und ein Golfplatz. **Puerto Escondido** bekam einen neuen Yachthafen.

Da heute auf dem Flughafen nur wenige Flieger landen, hat sich Loreto seinen provinziellen Charakter bewahrt. Die Doraden und Thunfische um die **Isla Coronado**, die hufeisenförmige **Isla El Carmen** und die **Isla Danzante** locken Fischer an, während Schnorchler und Taucher mit Rochen und tropischen Fischen schwimmen und Kajakfahrer um die Inseln paddeln. ■

INSIDERTIPP

Legen Sie in San Ignacio in der Zentral-Baja einen Stopp ein. Es ist eine kleine Oase in der Wüste mit einer herrlichen Mission und einem Museum, das Reproduktionen der Höhlenmalerei der Gegend zeigt.

AMY GUSICK
National Geographic-Feldforscherin

Loreto
55 C2

Besucherinformation

Palacio del Municipio, Av. Federico I. Madero s/n

613/135-0411

www.gotoloreto.com

Die Höhlenmalereien von Baja California

Prähistorische Felsmalereien finden sich überall im zentralen Baja California, meist auf einer Höhe von über 300 Metern. Einige Darstellungen zieren Felsen, andere ziehen sich über die Wände und Decken von großen und kleinen Höhlen. Es wurden meist rote und schwarze Farbpigmente verwendet.

Zu den beliebtesten Themen zählen Menschen und Hirsche; das Wild ist oft von Pfeilen durchbohrt dargestellt. Die Künstler malten jedoch auch die anderen Lebewesen ihrer Umgebung wie Vögel, Reptilien, Tintenfische, Kaninchen, Fische, Schildkröten, Wale und Mantarochen.

Die Malereien weisen einen ganz charakteristischen Stil auf. Menschliche Figuren *(monos)* sind in der Sierra de Guadalupe bei San Ignacio vorherrschend. Es handelt sich dabei um steife, zwiebelförmige Figuren mit vertikalen Streifen und ausgestreckten Armen und Beinen. In der Sierra de San Borja wurden große, rote Figuren auf gigantische Granitfindlinge gezeichnet, während im Süden, in der Sierra San Francisco, die Künstler für ihre Werke von bis zu neun Metern Höhe die Wände und Decken von Höhlen wählten. Figuren aus dieser Gebirgskette sind halb rot, halb schwarz und tragen einen raffinierten Kopfschmuck.

Nördlich und südlich von diesem Zentralbereich gibt es künstlerische Innovationen zu sehen. Die Figuren im Süden bestechen durch einen Hang zur Abstraktion. Einige sind mit einem Schachbrettmuster ausgefüllt. Nordwestlich von San Borja sind die Malereien extravaganter und weisen ein breiteres Farbspektrum auf, darunter Gelb und Rosatöne.

Im 17. Jahrhundert fielen die Malereien Jesuitenpriestern auf. Zum Katholizismus konvertierte Indígenas, die Cochimí, schrieben sie „Riesen aus dem Norden" zu. Mit Hilfe der Radiokarbonmethode wurde festgestellt, dass die Malereien in der **Cueva del Ratón** in der Sierra de San Francisco rund 5000 Jahre alt sind. Frühere Schätzungen hatten den Arbeiten ein Alter von 500 bis 2000 Jahren zugestanden. Alte Malereien sind von neuen überlagert.

Die Qualität der Felsmalereien ist von verschiedenen Faktoren abhängig: Beschaffenheit des Gesteins, Ort und Witterungseinflüssen. Zu den am häufigsten besuchten Höhlen zählt die **Cueva Pintada** im Norden von San Ignacio. Hier sind 150 Meter Wände und Decken mit Darstellungen von Männern, Frauen, Vögeln und Meerestieren bedeckt.

Die Unesco hat die Sierra de San Francisco samt Felsmalereien 1993 zum Weltkulturerbe erklärt.

ERLEBNIS: Besuch der Höhlenmalereien

In San Ignacio, Baja California Sur, hilft INAH (die Forschungsagentur der Bundesregierung, *Tel. 615/154-0222*) mit dem Papierkram und organisiert spanischsprachige Führer und Esel für Besuche der Höhlenmalereien in entlegenen Gegenden. Das Büro liegt direkt neben der Mission. In derselben Stadt führt Ecoturismo Kuyima *(Tel. 615/154-0070, www.kuyima.com)* Gruppen zu den Höhlenmalereien. In Guerrero Negro, wo Baja California und Baja California Sur zusammentreffen, ist auch Malarrimo *(www.malarrimo.com)* empfehlenswert. Die beste (kühlste) Zeit für einen Besuch der Malereien ist zwischen November und Februar.

Darstellungen von Fischen, Vögeln und Menschen bedecken die Wände der Cueva Pintada

La Paz

Obwohl die Stadt wunderbar am Golf von Kalifornien liegt und herrliche Strände sie umgeben, bestimmen in La Paz der betriebsame Hafen und die Universität das Bild. Die Hauptstadt des Bundesstaates Baja California Sur liegt am Ende einer Bucht und ist berühmt für die prächtigen Sonnenuntergänge, die sich vom Strand oder der Seepromenade bewundern lassen.

Blick vom *malecón* in La Paz auf den Golf von Kalifornien

Die Spanier erkundeten im 16. Jahrhundert kurz das Terrain, ließen die Halbinsel jedoch links liegen, bis dann 1720 von den Jesuiten eine Mission gegründet wurde. Sie sollte 30 Jahre später schon wieder aufgelassen werden. Heute steht eine Kathedrale mit dem gleichen Namen an dieser Stelle, **Nuestra Señora de la Paz** *(Revolución de 1910 Ecke 5 de Mayo)*.

Die Kathedrale geht auf die **Plaza de la Constitución** hinaus, neben der fünf Kilometer langen Promenade am Meer, dem *malecón*, dem beliebtesten Treffpunkt. Interessante Exponate zur Geologie, Geschichte und Folklore sind im **Museo Regional de Antropología y Historia** *(Altamirando Ecke 5 de Mayo, Tel. 612/122-0162, $)* zu sehen.

Über größere Hotels und Reisebüros kann man von Dezember bis März **Ausflüge zur Walbeobachtung** in der Gegend buchen.

Die schönsten Strände befinden sich im Norden der Stadt, nämlich auf dem Landzipfel, der La Paz vom Golf von Kalifornien trennt. Einfache Lokale am Strand gibt es an der **Playa Pichilingue** bei den Docks, wo auch die Fähren zum Festland – Mazatlán und Topolobampo – ablegen. Die hübsche **Playa Balandra** eignet sich gut zum Schwimmen und Schnorcheln (eigene Ausrüstung mitbringen). Es gibt Feuerstellen, und wildes Campen ist erlaubt. Verpflegungsmöglichkeit findet man etwa zwei Kilometer weiter am beliebten Strand von El Tecolote.

INSIDERTIPP

Viele Ausrüster bieten Kajaktouren oder Tauchen mit Hammerhaien auf der Isla Espíritu Santo an; ich mag Baja Expeditions am liebsten.

AMY GUSICK
NATIONAL GEOGRAPHIC-Feldforscherin

Um zur **Isla Espíritu Santo**, rund acht Kilometer vor der Küste, zu gelangen, kann man Boote mieten. Hier befindet sich auch das beste Tauchrevier von La Paz mit hervorragender Sicht das ganze Jahr über. Mit dem Kajak lässt sich die 22,5 Kilometer lange Küste der Insel erkunden. Auf **La Partida** und **Los Islotes** im Norden leben große Seelöwenkolonien. Von Juli bis September kann man bei **El Bajo (Marisla) Seamont** an der Nordküste der Insel in der Gesellschaft von Hammerhaien und riesige Mantarochen tauchen.

Über Staubstraßen gelangt man von La Paz aus zu den abgelegeneren Stränden Punta Coyote und San Evaristo; über die Carretera 286 erreicht man im Rahmen eines Tagesausflugs **La Ventana** und **Ensenada de los Muertos** im Süden der Stadt. Wer in die Sierra de la Laguna hinauffährt, sieht wie Berge sanften Hügeln um **San Juan de los Planes** weichen. Später kommen Strände, an denen man angeln, schwimmen und mit dem Boot fahren kann. ■

Die Perlen

Inspiriert von Legenden über wilde, unabhängige Frauen, entschloss sich der spanische Konquistador Cortez zu einer Expedition nach Baja California, das er irrtümlich für eine Insel hielt. Die Spanier nannten das Gebiet „California" nach einer Insel in Garci Ordónez de Montalvos bekanntem Roman aus dem Jahr 1510, „Las Sergas de Esplandian". Man sagt, dass Cortez während seines Aufenthalts hier wertvolle weiße, rosa und schwarze Perlen von der Isla de Espíritu Santo erhalten haben soll. Zu der Zeit, als John Steinbeck in seinem Roman „Die Perle" (1947) das tragische Schicksal einer Familie, die hier nach Austern tauchte, beschrieb, waren die Muscheln durch eine geheimnisvolle Krankheit bereits ausgestorben.

La Paz
55 D1
Besucherinformation
Touristen-Fähranleger, Paseo Alvaro Obregón, 16 de Septiembre
612/124-0103

Baja Expeditions
La Paz
800/221-2252 oder 612/125-3828
www.bajaex.com

Große & kleine Wale

Ob nun Literatur, Kino, Fernsehen oder persönliche Erfahrungen unsere Vorstellung von Walen beeinflusst haben – gleichgültig steht ihnen jedenfalls kaum einer gegenüber. Orcas mit ihren großen, konischen Zähnen flößen Respekt ein. Als größtes Säugetier ist der Blauwal fast ein Mythos. Man kann sich kaum ein Tier vorstellen, das bei der Geburt schon zwei Tonnen wiegt.

Grauwal in der Laguna San Ignacio: Die Wale ziehen von der nördlichen Beringsee nach Baja, um sich dort zu paaren und zu kalben. In der Regel sind sie von Januar bis Mitte April zu sehen

Wale sind intelligente, neugierige Säugetiere, deren Vorfahren vor Millionen von Jahren ins Meer zurückkehrten, wobei sie die Lunge, die sie an Land entwickelt hatten, dem Leben im Wasser anpassten. Man unterscheidet 40 verschiedene Arten. Die beiden Hauptgruppen sind Glattwale, die sich von Krill, Krabben und deren Larven sowie kleinen Fischen ernähren, die sie durch ihre Hornplatten am Oberkiefer pressen, und Zahnwale, darunter Orcas (Schwertwale), Pottwale und Delfine.

Es gibt keinen besseren Ort, um Wale zu beobachten, als Baja California. Von den zehn Glattwalarten finden sich acht im Golf von Kalifornien, mehr als irgendwo sonst. Man kann Furchenwale erspä-

INSIDERTIPP

Verengen Sie Ihren Fokus nicht, wenn Sie eine Fontäne sehen; die nächste erscheint an einer anderen Stelle.

DON MANKIN
National Geographic-Autor

Ein Wal zeigt beim Abtauchen seine breite Fluke

hen, die in der Größe gleich nach den Blauwalen kommen. Der Buckelwal hievt seinen gigantischen Körper weit aus dem Wasser. Weniger oft bekommt man den tropischen Brydewal, den Seiwal, Nordkaper oder Zwergwal zu sehen. Große Tümmler schwimmen durch das glasklare Wasser unweit der Küste; diese weit verbreitetete Delfinart ist zu akrobatischen Kunststücken fähig.

Grauwale sind weniger gesellig als Buckelwale, schwimmen aber dennoch manchmal an Boote heran, um sich streicheln zu lassen. Sie tummeln sich in den Lagunen an der Pazifikküste von Baja. Zu den bevorzugten Plätzen zählen die **Laguna Ojo de Liebre**, die **Laguna San Ignacio** sowie die **Bahía Magdalena**, die durch eine 64 Kilometer lange, vorgelagerte Insel vor dem offenen Ozean geschützt ist. Alljährlich ziehen zwischen 18 000 und 24 000 Grauwale von ihren Sommerrevieren im Süden nach Norden in die Beringsee. Einige davon paaren sich in Baja California und kalben in den relativ warmen, flachen Gewässern, Lagunen und breiten Flussmündungen der Halbinsel. Die Strecke von über 8000 Kilometern ist eine der längsten, die Säugetiere zurücklegen.

ERLEBNIS: Walbeobachtung

Viele seriöse Agenturen bieten Ausflüge von vier bis 14 Tagen an; eine ganze Reihe Touren (auch einige der unten genannten) beginnen in San Diego, Kalifornien, nicht weit von der mexikanischen Grenze. An der Pazifikküste sieht man vor allem Grauwale; die Schiffe legen von San Diego mit Ziel Lagune von San Ignacio ab und machen unterwegs in Todos Santos, San Martín, San Benito oder auf den Cedros-Inseln Halt. Ausflüge in die Bahía de Magdalena fangen oft in La Paz, ganz im Süden von Baja California, an. Man kann auch mit kleinen Sportflugzeugen nach San Ignacio und anderen Orten fliegen. Dann geht man in einer geschützten Lagune auf ein Boot, um möglichst nah an die Wale und ihre Jungen heranzukommen. Exkursionen zur Walbeobachtung werden am artenreichen Golf von Kalifornien seltener angeboten.

Zu empfehlen sind in den USA **Baja Expeditions** *(2625 Garnet Ave., San Diego, CA 92109, Tel. 858/581-3311 oder 800/843-6967)*; **Natural Habitat Adventures** *(2945 Center Green Court, Suite H, Boulder, CO 80301, Tel. 800/543-8917)* und **Searcher Natural History Tours** *(2838 Garrison St., San Diego, CA 92106, Tel. 619/226-2403)*, deren Touren alle im Pazifik stattfinden. Empfehlenswerte mexikanische Anbieter sind **Ecoturismo Kuyima** *(San Ignacio, BCS, Tel. 615/154-0070, www.kuyima.com)* und **Malarrimo** *(Guerrero Negro, BC, www.malarrimo.com)*.

Los Cabos

Kontrastreiche Wüstenlandschaft, wunderschöne Strände und die Hochseefischerei locken Touristen an die Spitze der Halbinsel, wo das türkisfarbene Wasser des Golfs von Kalifornien auf den Pazifik trifft. Heute erreicht man das Kap von vielen Flughäfen in Amerika und Mexiko. Auch die MEX 1 hat die Region aus ihrer Isolation geholt.

Boote fahren an der Landspitze am Cabo San Lucas vorbei

Cabo San Lucas
55 D1

In den 1940er Jahren kamen John Wayne und Ernest Hemingway in kleinen Privatflugzeugen zum Jagen und Fischen nach Cabo San Lucas, das damals nur aus ein paar Häusern an staubigen Straßen bestand. In den 1960er Jahren wurden zwischen Säulenkakteen und dürren Kerzensträuchern eine Handvoll komfortabler Hotels am Meer gebaut. Ein paar Dekaden später war **Cabo San Lucas** dank hoher Dollarinvestitionen herangewachsen. In den Nachtlokalen sprechen vornehmlich Amerikaner dem Tequila zu und tanzen auf dem Tresen. Die warmen Temperaturen, Sporteinrichtungen und die lockere Atmosphäre ziehen jedoch viele Touristen an.

Nördlich von Cabo San Lucas sind an der 37 Kilometer langen Küste noble Resort-Hotels und mehr als ein halbes Dutzend teuere Golfplätze entstanden. Um Verwirrungen zu vermeiden: Das Gebiet zwischen Cabo San Lucas und San José del Cabo wird als „Los Cabos" bezeichnet. Die meisten Hotelanlagen haben einen Privatstrand. Dennoch ist es keine schlechte Idee, sich mit einem Taxi durch diese abgelegene Gegend fahren zu lassen – mit 25 Euro ist man dabei. Die Ferienanlagen bieten europäischen Stil. Wer nicht nur einmal zur Bar mitten im Pool schwimmen möchte, sollte ein Auto mieten.

San José del Cabo wurde im 18. Jahrhundert von den Jesuiten gegründet. Am Hauptplatz liegt San Josés schlichte Kirche. Im weiß getünchten Gotteshaus setzen naiv anmutende Zeichnungen mit ihren Vergoldungen Akzente. Boutiquen und Restaurants ziehen sich an der Straße entlang, die in die Innenstadt führt. An den Straßen, die von der Plaza wegführen, findet man in renovierten Häusern aus dem 19. Jahrhundert Boutiquen und Restaurants. Galerien liegen an der Calle Alvaro Obregón, sind aber außerhalb der Saison oft geschlossen. Während Cabo San Lucas vor allem den Yachthafen und Nachtleben bietet, wirkt San José ruhiger und mexikanischer. Es besitzt auch einen Yachthafen: Puerto Los Cabos.

In Richtung Süden nach San Lucas bieten die Strände **Costa Azul** und **Acapulquito** besonders Surfern Spaß, während die **Playa Palmilla** des gleichnamigen Hotels der beste Platz zum Schwimmen ist. Die Buchten **Chileno** oder **Santa María** eignen sich zum Schnorcheln.

Playa Médano an der Bucht von Cabo San Lucas bietet Wassersport. Die

San José del Cabo

55 D1

Besucherinformation

Plaza San Jose, Local 3, Carr. Transpeninsular s/n

624/142-3310

Überredung von himmlischen Wohltätern

Warum hängt Mexikos beliebtester Heiliger oft mit dem Kopf nach unten? Unverheiratete Frauen in Mexiko beten zum heiligen Antonius von Padua, damit er ihnen einen passenden Partner schickt; tut der Heilige das nicht, wird sein Bild umgedreht.

Wenn eine Frau schon einen Partner hat, aber ein Stück Land, ein neues Auto oder eine teuere medizinische Behandlung braucht, benötigt sie auch ein *milagro*. Diese winzigen Zinn- oder Silberabbildungen von Häusern, Kindern oder anderen Herzenswünschen werden zur Unterstützung der Wünsche an die Kleider von Heiligen geheftet. Wird ein Gebet erhört, werden oft Votivgaben hinterlassen, in denen das gütige Eingreifen des Heiligen dargestellt wird.

Zu den ungewöhnlicheren Heiligen Mexikos zählt Jesús Malverde, der Patron der Drogendealer. Der Vatikan erkennt diesen Robin-Hood-ähnlichen Typ, der Ende des 19., Anfang des 20. Jahrhunderts gelebt haben soll, zwar nicht an. Sein Bild wird aber auf Heimaltären von *narcos* in Sinaloa und Jalisco sowie in wenigstens einer Kapelle in Mexiko-Stadt gefunden.

Blick von der Playa del Amor: Zu diesem Felsbogen am Ende des Kaps gelangt man nur mit dem Boot

INSIDERTIPP

Playa Los Cerritos ist ein hübscher Strand nördlich von Los Cabos. Bringen Sie ein Picknick und ein Surfbrett mit.

LUZ MARIA MEJIA
National Geographic-Feldforscherin

Bucht quillt schier über vor Booten aller Art. Wer sich im Sand sonnt oder in einem der Restaurants am Strand sitzt, genießt den Blick auf das **Kap**. Zum Wahrzeichen des Kaps, **El Arco** an der **Playa del Amor**, gelangt man nur mit dem Wassertaxi oder Glasbodenboot.

Die Felsaufschlüsse in der Bucht bieten ein großartiges Taucherlebnis. Eine Attraktion sind die **Sandfälle** in 27 Metern Tiefe. Sie entstehen durch eine Strömung, die feinen Sand über eine Unterwasserklippe ins tiefere Gewässer spült. Die Sportfischerei bleibt jedoch der Hauptmagnet von Los Cabos. Hier werden mehr Marline gefangen als sonst auf der Welt. Im Oktober findet alljährlich ein dreitägiges Turnier statt, der **Torneo de Pesca Bisbee**, mit einem Preisgeld von uber 1,5 Millionen Euro. Marline lassen sich am besten von Juni bis September angeln, doch ist immer Saison für Wahoo, Thunfisch, Barsch, Dorade und andere.

Die alte Missionsstadt **Todos Santos**, 65 Kilometer nördlich von Cabo San Lucas, besitzt eine gute Buchhandlung und mehrere Hotels, Restaurants und Kunstgalerien. Wanderungen in der Sierra de la Laguna bieten Hotels und Reiseagenturen in Los Cabos an. ■

Weitere Sehenswürdigkeiten

Bahía de Los Angeles

Diese Bucht am Golf von Kalifornien, umgeben von den imposanten Gipfeln der östlichen Sierra San Pedro Mártir, ist ein guter Standort. Rund 70 Kilometer vorgelagert ist **Ángel de la Guarda**, ein Eiland, das die Bucht mit ihren sieben Metern Gezeitenunterschied schützt. Richtung Süden liegt eine Kette von kleinen Inseln, darunter Isla Raza, ein Vogelschutzgebiet.

Bahía de Los Angeles bietet Unterkünfte aller Art, vom rustikalen Campingplatz bis zum **Los Vientos** mit Pool, Whirlpool und Internetzugang. Das Museum der Stadt an der Westseite der Plaza zeigt Tiere und indianische Artefakte. Am Strand gibt es Campingplätze sowie Plätze für Wohnmobile, darunter **Guillermo's** am Südende der Stadt.

Etwas weiter nördlich, über eine holprige Straße zu erreichen, ist der Strand von La Gringa. Kajakfahrer mit Angelrute können in etwa 20 Minuten nach **Smith Island** paddeln.
www.bahiadelosangeles.info
55 B4

Misión San Francisco Borja

Diese abgelegene Mission wurde 1759 gegründet. Die schöne Steinkirche, eine der imposantesten in Baja, ist von einem Garten mit Feigen-, Oliven- und Dattelbäumen umgeben. Die Mission wurde 1818 aufgegeben, nachdem eine Krankheit die bekehrten Indígenas dahingerafft hatte. 35 Kilometer östlich von Rosarito, bei Guerrero Negro – nicht mit dem Küstenort zu verwechseln – findet in der Kirche noch jeden Sonntag eine Messe statt. Von einem einheimischen Führer kann man sich die Felsmalerei in der Umgebung zeigen lassen. Diese Fahrt sollte man nur mit einem geländegängigen Kraftfahrzeug machen.
55 B4

ERLEBNIS: Naturnah mit Pronatura

Die 1981 gegründete gemeinnützige Organisation Pronatura setzt sich für Umweltschutz und nachhaltigen Tourismus ein. Regionalbüros im ganzen Land arbeiten mit Gemeinden und Freiwilligen daran, Klimawandel und Abholzung von Wäldern zu verhindern, bedrohte Arten zu schützen sowie Flüsse und Seen frei von Verschmutzung zu halten.

Besuchen Sie die regionalen Pronatura-Büros *(www.pronaturane.org)*, um sich über das Anheuern von örtlichen Führern zu informieren oder umweltfreundliche Souvenirs wie Fair-Trade-Kaffee zu kaufen.

Pronatura nimmt gern Spenden an und akzeptiert gelegentlich auch über einen längeren Zeitraum die Mitarbeit von Freiwilligen. Doch einer der besten Wege, um die Organisation zu unterstützen, ist der Besuch von Pronaturas Ökotourismus-Projekten. An der Bahía de Los Angeles, Baja California, können Sie beispielsweise in der **Reserva Natural La Única** Kajak fahren und wandern; beim Schnorcheln und Tauchen begegnet Ihnen vielleicht ein Walhai, den Sie mit Ihrem Besuch indirekt schützen.

Auf der anderen Seite des Golfs von Kalifornien können Sie in El Palmito im Bundesstaat Sinaloa in Öko-Hütten in der **Reserva Chara Pinta** übernachten. Ausgedehnte Wanderungen in der Natur und Ausritte sind möglich, aber auch die Beobachtung von Vögeln wie beispielsweise dem Schopfblauraben, der dem Naturschutzgebiet den Namen gab.

Misión San Javier

San Javier gilt als die am besten erhaltene und schönste Mission von Baja. Sie liegt ein Stück westlich von Loreto und wurde von 1699 bis 1759 als zweite auf der Halbinsel errichtet. Die Kirche im maurischen Stil steht im Kontrast zu den Adobe-Hütten, die man in der Sierra de la Giganta gefunden hat. Beachten sollte man die Kirchenfenster aus Buntglas, den Holzaltar mit Blattgold aus dem 18. Jahrhundert sowie die Statue vom heiligen Franziskus. Mit einem Geländewagen lässt sich die dreistündige Fahrt am besten schaffen. In Loreto oder im winzigen San Javier kann man sich einen Führer zu den Felsmalereien mieten. Die Stadt ist am 3. Dezember, dem Tag des Patrons, voll von Pilgern, außerdem am 15. August, wenn die Zwiebelernte gefeiert wird.
55 C2

Parque Nacional Sierra San Pedro Mártir

Der 20 000 Hektar große Nationalpark mit Granitgipfeln, Wiesen und würzig duftenden Wäldern wird nur wenig besucht. Angeln, Zelten und Wandern sind im Park gestattet. Erfahrene Bergsteiger nehmen den Picado del Diablo („Teufelsgipfel") in Angriff, den mit 3100 Metern höchsten Berg der Halbinsel. Ein herrlicher Blick auf die Szenerie bietet sich vom Observatorium der Universität von Mexiko am Ende der Straße, die zum Park führt. Wanderer sollten ausreichend Wasser, Wanderkarte und Kompass mitnehmen. Es gibt hier nämlich keine Einrichtungen und auch kaum Parkpersonal.
55 B4/B5 Eingang abseits KM 75 der MEX 1 über eine Staubstraße. Parkwache bei Corona de Abajo $

San Felipe

Bis 1951 war San Felipe ein verschlafenes Fischernest im Nordwesten am Golf von Kalifornien. Heute setzt die 25 000 Einwohnerstadt am Rand der Wüste auf den Tourismus und ist auch die Garnelenhochburg von Baja. Sie liegt an einer seichten Bucht im Schatten von Punta San Felipe mit seinen Zwillingsgipfeln von 305 Metern Höhe. Die Vegetation ist spärlich, im Sommer klettern die Temperaturen auf 46 °C.

Im Süden der Stadt legen am Pier die Garnelenboote ab. Frische Meeresfrüchte oder ein leckerer *campechana*, ein Cocktail mit Shrimps, Venusmuscheln und Tintenfisch, locken an der Promenade am Meer die meisten Gäste an. Wegen der extremen Gezeitenunterschiede wandern viele bei Ebbe über den 19 Kilometer langen Sandstrand im Süden der Stadt.
www.sanfelipe.com.mx 55 A5
Calle Manzanillo 300 und Av. Mar de Cortés 686/577-1155

Tecate

Tecate liegt in einem Tal auf 515 Metern Höhe. Die Grenzstadt ohne den üblichen Trubel lebt von einer Mischung aus Leichtindustrie und Landwirtschaft mit Getreide-, Oliven- und Weinbau. Besucher können die **Tecate-Brauerei** *(Av. Dr. Arturo Guerra 70, Tel. 665/654-9490)* kostenlos besichtigen. Das ist ab fünf Personen möglich. Erkundigen Sie sich werktags um 10 oder samstags um 11 Uhr nach den Führungen des Tages oder rufen Sie an. Eine Zugfahrt *(www.sdrm.org, $$$$)* ist eine gute Möglichkeit, die Landschaft zu sehen. Die Züge verkehren zwischen Campos, Kalifornien (USA) und Tecate. Die einfache Fahrt der San Diego & Arizona Railway aus den 1930er Jahren dauert eine Stunde. Reservierung ist obligatorisch. MEX 3 führt zwischen Tecate und Ensenada durch die Hügel des für seine Weingüter bekannten Guadalupe-Tals.
55 A5 Calle Lázaro Cárdenas 83, centro 665/654-5892 ■

Weite Wüsten in Hochlagen und Ebenen, über 1600 Kilometer Küste und das größte Vulkangebiet der Welt

Der Nordwesten

Kugelkaktus

Der Nordwesten

Rau und imposant präsentiert sich der Nordwesten Mexikos mit den Bundesstaaten Sonora, Chihuahua, Durango und Sinaloa – eine touristisch wenig erschlossene Gegend. Die bis zu 3050 Meter hohen Berge sind von Kiefern-Eichen-Wäldern bestanden, hier liegen die größte und die drittgrößte Wüste Nordamerikas, und es gibt 2090 Kilometer Küste. Abenteuerlustige zieht es in das Canyongebiet der Sierra Tarahumara mit Wasserfällen und Jesuitenmissionen.

Die einzigartige Sierra Madre Occidental verläuft von Nordwest nach Südost etwa parallel zum Golf von Kalifornien. Die steileren Abhänge führen in die wüstenartige Hochebene nach Chihuahua hinunter, während im Westen die Gipfel in sanftere Hügel zum Golf auslaufen. Ein Dutzend Flüsse bewässern die fruchtbare Küstenebene.

Im 16. Jahrhundert kamen Forschungsreisende aus Europa, Abenteurer, Kreolen und Jesuitenpater in den rauen Nordwesten. Neben dem Klima wurden sie auch mit den Chichimeken konfrontiert, einem wilden Stamm, den nicht einmal die Azteken zu erobern vermochten. Im Lauf der Jahrhunderte fielen unzählige Indígenas Krankheiten, der Sklaverei und Hinrichtungen zum Opfer, obwohl es bis ins 20. Jahrhundert zu Aufständen kam.

Trotz des Widerstands gründeten die Jesuiten Dutzende von Missionsdörfern, bis sie dann 1767 vertrieben wurden. An den Westhängen der Sierra Madre entstanden bedeutende Bergwerke. Große Viehfarmen versorgten Minen, Missionen und *presidios,* Militärposten, mit Nahrungsmitteln wie Rindfleisch und kamen so zu unglaublichem Reichtum.

Der Nordwesten hält vielfältige Landschaften bereit, allerdings sind die Entfernungen zwischen den einzelnen Sehenswürdigkeiten groß, und die touristische Infrastruktur ist wenig entwickelt. So kann man bei Paquimé (siehe S. 80f) die Ruinen der alten amerikanischen Oasenkultur besuchen oder das einsame Pinacate mit seinen Kratern und Wanderdünen. Die Infrastruktur wird an der Barranca del Cobre und auch in den preis-

NICHT VERSÄUMEN:

werten Ferienorten am Meer von Sonora ständig besser. Im einzigen hochkarätigen Urlaubsort hier, in Mazatlán, ist immer viel los.

Die beste Zeit für einen Besuch Nordwest-Mexikos ist der Herbst, wenn Regen in den Wüsten die zarten Blüten der Sukkulenten zum Wachsen angeregt hat. ■

El Pinacate

El Pinacate wirkt wie eine Mondlandschaft. Die riesigen, zerklüfteten Krater kontrastieren mit dem Flachland der Wüste, von der sie umgeben sind; im Westen des 728 460 Hektar großen Parks gibt es meterhohe Wanderdünen. Geologen und Fotografen fühlen sich von den Strukturen und dem Farbenspiel dieser trockenen Region besonders angezogen.

Der Cerro Colorado ist einer der vielen Krater, die im Gran Desierto del Altar aufragen

Reserva de la Biósfera Sierra de Pinacate

76 A6

Besucherinformation

MEX 8 Km 51

638/384-9007 (in Puerto Peñasco)

Das Ökosystem im Gran Desierto del Altar, der Wüste von Sonora, das 1993 zum Biosphärenreservat erklärt wurde, weist die größte Konzentration an Vulkankegeln und Kratern auf der ganzen Welt auf. Der Vulkanismus schuf schroffe Lavabetten.

Mehr als 400 vulkanische Aschenkegel bedecken den Wüstenboden auf 48 Kilometer Breite. Die höchsten sind der rabenschwarze **Cerro del Pinacate** und der **Cerro del Carnegie** mit 1219 bzw. 1128 Metern.

Riesige Krater entstanden, als Magma auf das Grundwasser traf, was Dampfexplosionen auslöste und Gestein und Lava in die Luft schleuderte.

Eines der besten Beispiele für so ein schwarzes Ungeheuer ist der **Cráter Elegan-**

te, rund 20 Kilometer nördlich vom Haupteingang im Osten des Parks. Er ragt 50 Meter hoch auf. Der Kraterrand ist 245 Meter tief. Zu den zehn Kratern im Park kommen noch unterirdische Lavaröhren und andere außergewöhnliche Gesteinsformationen, die entdeckt werden wollen.

Auch wenn der Naturpark auf den ersten Blick öd und leer wirkt, gibt es hier Leben. Das gefährdete Dickhornschaf, Gabelböcke (Pronghorns) und Wüstenschildkröten wie auch der endemische Pinacate-Käfer bevölkern die Wüste. Erdkuckucke (Roadrunner) und Klapperschlangen kommen vor, dazu über 550 Pflanzenarten. Im Frühling blühen nach den kurzen Regenfällen Dünenprimeln und gelbe Ringelblumen.

Besucher müssen sich am Haupteingang des Parks, 51 Kilometer südlich von Lukeville, registrieren lassen. Im Park gibt es keine Einrichtungen, man muss sich also sein Wasser und Essen mitbringen – und den Müll entsorgen. Beste Jahreszeit für einen Aufenthalt ist der Frühling; dann sind die Temperaturen nicht so extrem, und die wilden Blumen sprießen. Von Ende April bis September liegen die Tagestemperaturen bei 49 °C; im Winter kann das Thermometer auf unter null Grad fallen. Sonnenschutzmittel, Sonnenbrille, Wasser und ein Hut sind unerlässlich. Ein geländegängiges Fahrzeug ist auf jeden Fall von Vorteil.

Vom Zeltplatz **El Tecolote**, acht Kilometer östlich von Elegante, kann man die Wanderwege und Krater am besten erreichen. Der zweite Campingplatz, **Cono Rojo**, 22 Kilometer nordwestlich vom Informationszentrum, eignet sich besser, wenn man einen Vulkangipfel erklimmen will. Wildes Campen ist mit einigen Einschränkungen gestattet. ■

Kakteen

Die 1650 Kakteenarten kommen ursprünglich nur in Amerika vor. Mexiko hat dabei mehr Arten zu bieten als jedes andere Land. Die Sonora-Wüste, die trockenste und heißeste der vier Wüsten Nordamerikas, weist die größte Vielfalt auf. Die Pflanzen haben sich der Umwelt angepasst: Sie besitzen keine Blätter, haben flache, ausladende Wurzeln und die Fähigkeit, Wasser über ein Jahr lang zu speichern.

Historisch gesehen versorgen Kakteen die Wüstenbewohner mit Nahrungsmitteln, Wasser, Baumaterial – und Inspiration. Die Huicholes und andere Indianervölker nutzen den halluzinogenen Peyote-Kaktus, um mit den Göttern in Kontakt zu treten, für Visionen und um Krankheiten zu heilen. Die Opuntien, Saguaro- und Orgelpfeifenkakteen tragen süße Früchte. Der Kugelkaktus hat Wasser für den Notfall gespeichert. Andere Arten lassen sich als Treibstoff verbrennen oder werden als eine Art lebendige Zäune genutzt.

Die Strände von Sonora

Vor dem Hintergrund der rostroten bis goldenen Klippen sorgen die einfachen Fischerdörfer und schlichten Städte von Puerto Peñasco bis Guaymas für frische Meeresfrüchte, kühles Bier und lockere Atmosphäre. Hotels, Apartmentanlagen und Restaurants schießen wie Pilze aus dem Boden. Die Hochsaison liegt im Winter.

Puerto Peñasco
76 A5
Besucherinformation
Blvd. Juárez 320
Ecke V. Estrella
638/383-6122
www.gotosonora.com

Puerto Peñasco

Nur 97 Kilometer von Lukeville, Arizona, befindet sich Puerto Peñasco, der erste Badeort an der insgesamt 965 Kilometer langen Küste von Sonora. Sandstrände, Felsbuchten und enorme Gezeitenunterschiede verlocken zu langen Spaziergängen und zum Muschelsammeln.

Sandstrände und üppiges Grün an der Bahía Kino

Bahía Kino

Südlich von Puerto Peñasco liegt Bahía Kino, benannt nach dem in Italien geborenen Jesuitenpater und Abenteurer Chini (1645–1711), Kino genannt. **Kino Viejo** ist ein einfaches Fischerdorf, das sich um die Bucht mit schönen Sandstränden schmiegt, während **Kino Nuevo** eine Enklave für Urlauber und Rentner aus Amerika und Kanada ist. Früher zog sich am Meer über 13 Kilometer ein Naturpark entlang, heute entstehen hier immer mehr Hotels, Apartmentanlagen und Privathäuser. Das **Museo de los Seris** *(Blvd. Mar de Cortés Ecke Progreso, Mo geschl., $)* präsentiert die Kultur der Seri (siehe S. 84f.). Die Seri kommen jedoch auch in die Stadt, um Körbe, Keramik, Eisenholz-Figuren und Muschelketten zu verkaufen. Gegenüber von Bahía Kino liegen die **Isla Tiburón** (siehe S. 85) sowie die winzige **Isla San Esteban**, seit 1963 Naturschutzpark.

Bahía San Carlos

Die karminroten Berge der **Sierra de Bacochibampo** mit dem zerklüfteten Tetakawi (Geißzitzenberg) bieten

ERLEBNIS:
Erkundung der Ökosysteme Ozean und Wüste

Der Norden Mexikos ist weitläufig und die Infrastruktur außerhalb von Touristenorten wie Puerto Peñasco ist nicht besonders gut ausgebaut. Das in Tucson, Arizona, beheimatete CEDO (Intercultural Center for the Study of Deserts and Oceans; *Tel. 520/320-5473, www.cedointercultural.org)* macht es einfach, das einzigartige, empfindliche Ökosystem der Region zu erkunden; es bietet Spaß und lehrreiche Touren im ganzen Bundesstaat Sonora.

Schließen Sie sich einer Gruppe an oder bilden Sie eine eigene Gruppe, um die Lavaströme des Pinacate, die verblüffenden Sanddünen oder die Gezeitentümpel zu besuchen. Fahren Sie Kajak in Mündungsarmen oder unternehmen Sie eine Schiffstour zu den Inseln vor der Küste. Besuchen Sie eine Austernfarm (inklusive Kochen und Essen) und erfahren Sie einiges über ökologisch arbeitende Restaurants, die nachhaltigen Tourismus unterstützen. Das Angebot reicht von einem Spaziergang durch CEDOs botanischen Garten *($$$$)* bis zu Expeditionen ins Gran Desierto del Altar (einen Teil der Sonora-Wüste). Es gibt auch ein Sommercamp speziell für Kinder.

eine wunderbare Kulisse für **Bahía San Carlos**, einem der Touristenorte in Mexiko, die sich am rasantesten entwickeln. Dürre Ocotillo-Kakteen mit spinnenartigen, roten Blüten setzen im Herbst in der Wüste Farbtupfer. Wer gerne schnorchelt, bekommt zwischen den Felsen im Meer, die Bahía San Carlos und **Bahía Bacochibampo** trennen, farbenprächtige Fische zu sehen. Der 1500 Meter tiefe **Guaymas-Graben** mit seinen rund 700 Meerestierarten lockt die Taucher an. Die gut geschützte Bucht hat einen voll ausgestatteten Yachthafen. An der schönen **Playa los Algodones**, im Westen von San Carlos, liegen einige Hauptferienorte, dort kann man Kajak fahren, surfen und Jet-Ski fahren.

Guaymas & Miramar

Eine gebirgige Halbinsel trennt San Carlos von dem kommerzielleren **Guaymas**, rund 16 Kilometer südöstlich. Mit seiner Konservenfabrik und der PEMEX-Ölraffinerie ist Guaymas der wichtigste Hafen von Sonora. Zinnoberrote Berge ragen über dem Naturhafen auf, in dem alle möglichen Schiffe liegen, darunter Öltanker und Garnelenboote. Bei **Perlas del Mar de Cortés** *(Tel. 622/221-0136, www.perlas.com.mx)* auf dem Campus der „Tec" (Monterrey Technical University) ist es möglich, eine Perlenfarm zu besichtigen.

Der nahe gelegene Strand von **Playa Miramar** zieht am Wochenende einheimische Familien an; um die Plaza liegen mehrere schöne Kirchen aus dem 19. Jahrhundert. Reisende, die Guaymas dem benachbarten San Carlos vorziehen, suchen eine mexikanischere, weniger vom Tourismus geprägte Atmosphäre. ■

Bahía San Carlos
76 B4
Besucherinformation
Blvd. Escénico Km. 9,2
622/226-0202
www.gotosancarlos.com

Guaymas
77 B4
Besucherinformation
Malecón Malpica, bet. Calles 22 & 23

Paquimé

Paquimé, die bedeutendste archäologische Stätte in Nordmexiko, geht auf die amerikanische Oasenkultur zurück, die sich vom Nordwesten Chihuahuas und Nordostsonora bis in den Südwesten der USA erstreckte. Die mehrstöckigen Gebäude waren aus gestampfter Erde. Im Gegensatz zu den Pueblo-Dörfern gab es in Paquimé Treppenhäuser sowie ein System zur Wasserversorgung.

Die massiven, sonnenüberfluteten Plazas und Ruinen von Paquimé

Dieser Ort mit Blick auf den Casa-Grande-Fluss war um 700 bewohnt, nahm nach 1150 einen Aufschwung und erlebte von 1300 bis 1450 seine Blütezeit, bis er dann plötzlich verlassen wurde. Manche Forscher gehen von einem früheren Datum aus, den verheerenden Apachenangriffen aus dem Norden. Die 1,50 Meter dicken Mauern boten Schutz vor Hitze und Kälte. Einige Aspekte der Paquimé-Kultur zeigen den typischen Einfluss von Zentralmexiko. Dazu gehören Kunsthandwerkerkollektive, die Verehrung des Gottes Quetzalcóatl sowie Zeremonienplätze und langgestreckte Ballspielplätze.

Heute sind in den meisten Fällen nur die Außenmauern des ersten Stockwerks und eine Vielzahl von Trennwänden erhalten. »Wir müssen die bröckelnden Mauern zweimal pro Jahr instand setzen,« erklärt die Archäologin Mercedes Jiménez. »Sonne, Wind, Schnee ... dies alles schadet den fragilen Strukturen.« Besucher betreten die Ausgrabungsstätte von der Rückseite, wo die *montículos* noch besichtigt werden können, etwa der **Montículo del Pájaro, Montículo de las Ofrendas** und der **Monticulo de los Héroes**. Der **Montículo de la Cruz** ist eine Adobe-Struktur in Kreuzform, die nach den vier Himmelsrichtungen ausgerichtet und von vier runden Plattformen umgeben ist.

Im Süden sieht man in der **Casa del Ponzo** Reste des zweiten Stocks mit zum Teil rekonstruiertem Boden, Holzsäulen und Balken. Eine Treppe führt hinauf zu einem Steinaquädukt, das die Stadt mit Wasser versorgte. Man kann die Räume der ehemaligen Häuser nur von außen einsehen.

Jenseits der **Casa de los Cráneos**, die ihren Namen von den vielen Schädeln hat, die man hier gefunden hat, wurden bei der **Casa de los Muertos** (Totenhaus) 90 Gräber entdeckt. Vögel – wohl Aras aus dem Süden – wurden als Federlieferanten in Adobe-Käfigen daneben gehalten; auch in der **Casa de la Serpiente** (Schlangenhaus).

Südlich der Casa de los Muertos steht die große **Casa de los Pilares**; sie wies vier oder fünf Stockwerke auf. Gen Westen soll der **Montículo de la Serpiente** aus Stein Quetzalcóatl geweiht sein, der in Zentralmexiko seit den Tagen von Tula (siehe S. 231) verehrt wurde.

Das architektonisch schöne **Museo de las Culturas del Norte** *(Tel. 636/692-4110, Mo geschl.)* zeigt die schönsten Exponate der Oasenkultur. Die meisten Besucher kommen über Nueva Casas Grandes, fünf Kilometer nördlich, nach Paquimé. In dieser kleinen von der Landwirtschaft geprägten Stadt gibt es einige einfache Hotels und Restaurants. ■

Paquimé
77 D5
Besucherinformation
1 km außerhalb Nuevo Casas Grandes
636/692-4140
$$

Mata-Ortíz-Keramik

Keramik aus dem kleinen Dorf Mata Ortiz, 20 Kilometer südlich von Casas Grandes, ist edel, extrem dünn und hat einen sanften Schimmer. Die Technik geht auf Juan Quezada zurück. Er experimentierte 15 Jahre lang mit Ton, Pigmenten, und Glasurmethoden, bis er sein erstes Gefäß herstellte. 1976 fand Spencer MacCallum ein paar unsignierte Gefäße in einem Laden in New Mexico und suchte nach Quezada, bis er ihn in seinem Dorf schließlich aufspürte. An die 25 Jahre später stellt nun ein Sechstel der Bevölkerung diese Keramikarbeiten her, wobei weder eine Töpferscheibe noch ein Brennofen verwendet werden. Die Technik von Quezada kommt bis heute zum Einsatz, jeder Künstler hat jedoch seine individuellen Motive und Muster entwickelt.

Die Seri

Die Seri beteten Sonne und Mond an sowie die Meeresschildkröte, den Pelikan und andere Manifestationen des Göttlichen. Da sie keine Totems und Ikonen hatten, hielten die Jesuitenpriester sie für Gottlose und widmeten sich ihrer Bekehrung. Die Seri waren eine der letzten indigenen Kulturen in Nordamerika, die sich dem aus Europa eingeführten Christentum voll anpassten.

Eine Frau verbrennt die Rinde von Gerten, wie sie beim Korbmachen verwendet werden

Anfangs zahlten sie allerdings einen hohen Preis für ihren Widerstand gegen die spanische Herrschaft und das Leben in den Missionen.

Im Jahr 1662 wurde ein Aufstand der Seri niedergeschlagen, nachdem bis zum letzten Mann alle erschlagen und die Kinder in die Mission getrieben worden waren. Im 20. Jahrhundert waren von dem Volk gerade noch 150 Personen übrig; alle anderen hatte man als Viehdiebe gehenkt oder deportiert, oder sie waren Opfer von eingeschleppten Krankheiten geworden. Heute sprechen wieder an die 800 Menschen diese Sprache. Die meisten leben in den großen Städten Punta Chueca und El Desemboque, im Norden der Bahía Kino an der Küste des Golfs von Kalifornien im Bundesstaat Sonora.

Die Seri zogen über die Küste und vorgelagerte Inseln. Sie lebten mit den Gezeiten, angelten Schalentiere und suchten im Desierto del Altar, einem Wüstengebiet, nach Essbarem. Jedes Jahr fingen sie Meeresschildkröten zum eigenen Verzehr und auch zu rituellen Zwecken.

Zum Erbe der Seri gehören auch die langen Geschichten, die als Balladen gesungen werden. Der Text wird von Generation zu Generation weitervererbt. Diese Lieder preisen die Tiere, die Nahrung liefern, oder sollen vor Naturphänomenen schützen wie beispielsweise der gefährlichen Fahrt mit dem Boot zur Isla Tiburón, der Haiinsel. 1991 trat ein Regierungsbeschluss in Kraft, dem zufolge Meeresschildkröten weder erlegt noch ihre Eier gesammelt werden dürfen.

Trotz des Anpassungsdrucks singen die Comcaak, wie sie sich selbst nennen, weiterhin ihre Lieder. Sie leben von der Fischerei und vom Verkauf von Kunsthandwerk, vor allem Schmuck aus Muscheln und geschnitzten Figuren aus Eisenholz. In Zusammenarbeit mit dem Arizona-Sonora Desert Museum in Tucson katalogisieren die Seri ihre Kenntnisse über Heilpflanzen, um moderne ökologische Probleme mit den Mitteln der Vorahnen zu lösen.

Isla Tiburón

Die Isla Tiburón (Haiinsel) ist das alte Stammesgebiet der Seri; hier fanden sie einst Zuflucht vor der spanischen Armee und auch vor aggressiven Viehzüchtern. Die größte Insel Mexikos steht seit 1963 als Reservat unter Naturschutz und ist Eigentum der Seri. Kenntnisreiche Seri-Führer begleiten Touristen auf die biologisch abwechslungsreiche Insel, auf der es sich auch sehr gut zelten, wandern, Kajak fahren und schnorcheln lässt.

Vom Aussterben bedrohte Dickhornschafe bevölkern die beiden Gebirgszüge der Insel, die sich von Norden nach Süden erstrecken. Im Süden der Kun-Kaak-Bucht kann man gut ankern.

Es ist oft schwierig das Gobierno de la Comunidad Seri *(Tel. 662/242-0590 oder 662/115-3776)* telefonisch zu erreichen. Organisieren Sie Ihren Trip von Punta Chueca aus.

Fang eines Stachelrochens in den Gewässern bei Punta Chueca

Chihuahua

Aus einer Silbermine hervorgegangen und von Bergen mit vielen Bodenschätzen umgeben – so lautet die Erfolgsgeschichte von Chihuahua. Auch wenn heute Viehzucht und Industrie vorherrschen, floriert die Stadt weiter. Elegante Kolonialgebäude, hochtrabende Häuser aus viktorianischer Zeit und moderne Skulpturen machen die Stadt sehenswert.

Das Kulturzentrum in der Quinta Gameros besticht durch seine reich verzierte Fassade und sein Kupferdach

Chihuahua hat die mexikanische Geschichte geprägt. Der Held des Unabhängigkeitskriegs, Miguel Hidalgo y Costilla wurde hier 1811 exekutiert. Heute ist die Stadt, die während der Intervention durch die Franzosen und im Zweiten Reich (siehe S. 31) Benito Juárez als Hauptstadt diente, die Kapitale des größten Bundesstaates von Mexiko. Und Pancho Villa – einst Gouverneur von Chihuahua – stationierte hier mehrere Jahre lang während der mexikanischen Revolution seine División del Norte.

Die historische Altstadt hat sich erhalten. Die Reste eines Aquädukts aus dem 18. Jahrhundert verleihen dem Ort ein bisschen Flair des alten Europas. Auf der **Plaza de Armas**, dem wichtigsten Platz der Stadt, steht der schmiedeeiserne Musikpavillon.

An einem Ende steht die **Catedral Metropolitana** *(Libertad Ecke Independencia)* im churrigueresken Stil; sie ist dem heiligen Franz von Assisi geweiht. Nachdem Jesuiten, mit dem Bau 1735 begonnen hatten, verzögerte sich die Fertigstellung um fast hundert Jahre. Die Fassade schmücken Apostelstatuen; darüber ragen zwei ockerfarbene Türme auf. Innen sollte man auf die venezianischen Lüster achten und auf die Orgel aus Deutschland. Hinten in der Kirche sind im **Museo de Arte Sacro** *(Sa/So geschl., $)* religiöse Objekte und Gemälde zu sehen.

Von der revolutionären Geschichte Chihuahuas zeugen seine Museen. Nördlich vom Hauptplatz zeigt die **Casa Chihuahua** *(Calle Libertad bet. Guerrero & Carranza, Tel. 614/410-4888, Di geschl., $$)*. Exponate zur regionalen Kultur und den Ökosystemen. Im ersten Stock liegt die kleine Zelle, in der Pater Hidalgo eingesperrt war. Gegenüber steht der stattliche, dreistöckige **Palacio de Gobierno** *(Plaza Hidalgo, Aldama Ecke Guerrero, Tel. 614/429-3596)*. Hier kann man in einem Patio sehen, wo Hidalgo standrechtlich erschossen wurde.

Im Süden der Stadt werden die Revolution und die Rolle, die Chihuahuas Adoptivsohn, General Francisco „Pancho" Villa, dabei spielte, detailreich im **Museo de la Revolución Mexicana** *(Calle 10a 3014 Ecke Méndez, Tel. 614/416-2958, Mo geschl., $)* dargestellt. Das Museum ist in der **Quinta Luz** untergebracht. Das nach Villas Frau, Luz Corral de Villa, benannte Anwesen ist mit den Originalmöbeln ausgestattet, dazu gibt es den schwarzen Dodge zu sehen, den Villa fuhr, als er 1923 ermordet wurde. Ein paar Häuserblocks Richtung Norden steht die **Quinta Gameros** *(Paseo Bolívar 401 Ecke Calle 4, Tel. 614/416-6684, Mo geschl., $)*, ein schönes zweistöckiges Anwesen mit eleganten Jugendstil-Möbeln. All dieses gibt es bei einer **Busrundfahrt** *(stdl. 9–12, 15–17 Uhr außer Mo, $)* zu sehen. Der Bus fährt Ecke Calle Aldama und Calle Guerrero an der Hauptplaza ab.

INSIDERTIPP

Von der Stadt Chihuahua aus bringt Sie eine preiswerte Busfahrt zur historischen Bergbaustadt Santa Eulalia, wo ein Laden Quarz und andere Gesteinsarten verkauft.

MARAEL JOHNSON
NATIONAL GEOGRAPHIC-Autor

An Sonntagen besuchen die Bewohner von Chihuaha gern das **Museo de Arte Contemporánea Casa Redonda** *(Av. Colón bei Escudero, Col. Santo Niño, Tel. 614/414-9061, Mo geschl., $)*. Oder sie bewundern die restaurierten Gebäude im historischen **Santa Eulalia,** neun Kilometer südöstlich der Stadt, oder die Schönheit von **Las Grutas Nombre de Dios**, einem Höhlensystem an der Straße zum Flughafen. ■

Chihuahua

77 E4

Besucherinformation

Palacio de Gobierno, Plaza Hidalgo, Aldama Ecke Guerrero

614/429-3596 oder 01800/508-0111 (gebührenfrei innerhalb Mexikos)

www.chihuahua.gob.mx/turismoweb

Sierra Tarahumara (Barranca del Cobre)

Die Reihe von Schluchten, die als Barranca del Cobre oder Sierra Tarahumara bekannt ist, beeindruckt mit ihren riesigen Ausmaßen. Vier von ihnen sind tiefer als der Grand Canyon. Sie können auch noch mit Jesuitenmissionen, verlassenen Minen und Herrenhäusern aus dem frühen 20. Jahrhundert sowie indianischen Höhlenbehausungen aufwarten.

Vor der Sierra Madre wirkt der Zug auf einer der 37 Brücken in der Barranca del Cobre wie eine Modelleisenbahn

La Sierra Tarahumara

Während des Tertiärs schufen Vulkanaktivitäten und Plattenverschiebungen diesen Gebirgszug mit Gipfeln von bis zu 3650 Metern Höhe. Regen, Fließwasser und Unterwasserströmungen ließen eine Reihe von tiefen Schluchten entstehen, die als die Barranca del Cobre bekannt geworden sind. Das harte Magmagestein widerstand der Erosion, wodurch sich bizarre Felsformationen ausbildeten. Bei den sechs Hauptcanyons variiert die Tiefe von 1520 Metern der **Barranca Oteros** bis zu den 1870 Metern der **Barranca Urique**. Die **Barranca Sinforosa** weist mit 2528 Metern die höchste Erhebung auf, **Chínipas** mit 1998 Metern die geringste.

Missionare und Bergleute waren die ersten Weißen, die sich in den von Kiefern bestandenen Bergen und tiefen, zerklüfteten Schluchten der Sierra Tarahumara ansiedelten, die zur Sierra Madre Occidental westlich von Chiapas gehört. Im 17. und 18. Jahrhundert bauten die Jesuiten hier schöne Kirchen. Die rei-

ERLEBNIS: Zu Pferd durch den Canyon

Die Barranca del Cobre ist einer der letzten wirklich wilden Plätze in Mexiko und sowohl für Kultur- als auch für Abenteuertourismus geeignet. Der Abstieg in eine der tiefsten Schluchten Nordamerikas ist nichts für Angsthasen, aber der Ritt auf einem der Pferde der **Rancho del Oso** (*www.mexicohorse.com*), außerhalb des Dorfes Cerocahui, ist sicher und bequem.

Ein Ritt nach Batopilas (siehe S. 94) umfasst normalerweise einen Weg und zwei Tage auf der Rancho del Oso, zum Kennenlernen von Pferd, Sattel und dem Reiten in den Bergen. Es folgen in der Regel vier drei- bis siebenstündige Tage im Sattel nach Batopilas, dazu ein Tag für Besichtigungen dort. Alle Touren werden von einem zweisprachigen Führer begleitet. Ab Creel bietet **Noriberto Padillo** (*Tel. 656/456-0557, www.ridemexico.com*), ein professioneller Cowboy, geführte Canyontouren an. **EcoTravel** (*Tel. 614/179-0392, www.ecotravel-mexico.com*) und **Conexión a la Aventura** (*Tel. 614/413-7929, www.conexionalaaventura.com*) sind zwei empfehlenswerte Anbieter von Reittouren in der Stadt Chihuahua. Oktober bis einschließlich März ist die beste Zeit für Ritte in die tiefen Schluchten. Es gibt kaum Regen, die Tage sind meist sonnig und die Nächte am Lagerfeuer kühl. Touren in der Osterzeit bieten die einmalige Gelegenheit die Rituale der Tarahumara-Indianer zu beobachten.

INSIDERTIPP

Die Tarahumara-Indianer glauben, dass Männer drei und Frauen vier Seelen haben und dass sie nach dem Tod zu Sternen am Nachthimmel werden.

CYNTHIA GORNEY
NATIONAL GEOGRAPHIC-Autorin

chen Kupfervorkommen verliehen damals der Schluchtenreihe den Namen. In Batopilas stieß man auf Gold- und Silbervorkommen.

Die Indígenas wurden gezwungen, in den Minen der Spanier und bei der Eisenbahn, die Amerikaner und Mexikaner gebaut hatten, zu schuften; sie verloren später viel von ihrem Land.

Von den robusten Tarahumara – sie nennen sich Rarámuri, „Leute, die rennen" – gibt es noch etwa 60 000. Dieses Volk ist in der Lage, weite Entfernungen rennend zurückzulegen und dabei auch noch schwere Lasten zu tragen. Gruppenrennen, die Tage dauern, werden organisiert.

Die Rarámuri-Frauen kleiden sich mit geblümten und getupften Gewändern, langen weiten Röcken, gefältelten Blusen und einem bunten Schal um den Kopf. In der Nähe von Touristenzentren verkaufen sie duftende Kiefernkörbchen, handgearbeitete Puppen und schlichte Töpfereiwaren. Die Männer haben ihren weißen Lendenschurz (*tagora*) längst gegen westliche Kleidung getauscht.

Die Rarámuri folgen alten Wanderwegen. Sie leben im Sommer in Höhlen, an den Klippen oder in Häusern aus Holz oder Stein am Canyonrand; die Temperaturen in

ERLEBNIS: Rennen mit den „Leuten, die rennen"

Micha True *(caballoblanco.com)*, ein Ultramarathonläufer aus Colorado, läuft mit den Tarahumara der Barranca del Cobre. Er führt Wanderungen und Läufe ab Urique und hilft bei der Organisation des 77 Kilometer langen Barranca-del-Cobre-Ultramarathons. Dieses Ereignis findet im März statt und feiert die Natur – dazu gehört eine Woche mit Einführungsläufen und anderen Aktivitäten, die Läufer wirklich in Hochstimmung versetzen.

der Canyonsohle betragen dann nämlich bis zu 45 °C. Das übrige Jahr ziehen sie dann in Höhlen oder kleine Holzhütten im Canyon. Mais wird auf über 300 Metern angebaut.

Chihuahua al Pacífico Railway

Die Eisenbahn verbindet Chihuahua mit Los Mochis an der Küste von Sinaloa und führt auf einer Strecke von 670 Kilometern durch 87 Tunnel. Von den 37 Brücken hat die längste eine Spannweite von 500 Metern über eine schwindelerregende Schlucht. Wenn man die Szenerie bei Tageslicht sehen will, nimmt man den Weg, der von West nach Ost führt.

Nach 96 Kilometern fährt die Eisenbahn steil bergauf, um dann nach 241 Kilometern eine Höhe von 2286 Metern zu erreichen. Östlich von Creel weichen die Schluchten Gebirgen und Hochtälern, über denen ge-

Eine Tarahumara-Frau flicht aus Kiefernnadeln einen Korb

waltige Gipfel thronen. Der Zug fährt dann bergab bis zur Stadt Chihuahua.

Wer von dieser Exkursion wirklich etwas haben will, sollte ein oder zwei Nächte die Fahrt unterbrechen. Im Preis der Fahrt *($$, erste Klasse, einfache Fahrt)* sind drei Aufenthalte inbegriffen, die beim Kauf des Tickets festgelegt werden müssen. Creel kann mit den meisten Hotels und Restaurants aufwarten und ist für Ausflüge in die Canyons günstig. In Divisadero ist der Blick über die Canyons hervorragend. Es gibt mehrere Hotels. In der Talsohle des gleichnamigen Canyons eignet sich Batopilas als Ausgangspunkt für Exkursionen; allerdings ist der Ort relativ weit von Creel entfernt.

Von West nach Ost

Wer seinen Ausflug im Westen beginnt, sollte an Los Mochis einfach vorbeifahren und einen Tag im reizenden **El Fuerte**, 80 Kilometer östlich, verbringen. Der Ort wurde als Festung erbaut und später als Handelsposten der Arbeiter in den Gold- und Silberminen genutzt.. Wie in Álamos gibt es in der hübschen Stadt Häu-

Los Mochis
77 C3
Besucherinformation
Palacio de Gobierno, Degollado & Cuauhtémoc
668/816-4000
Bahnhof: 668/824-1167

Chihuahua Train Station
Méndez Ecke Calle 24
614/439-7210 oder 01800/122-4373 (gebührenfrei innerhalb Mexikos)
www.chepe.com.mx

ser aus dem 18. und 19. Jahrhundert und Straßen mit Kopfsteinpflaster. Einen Besuch abstatten sollte man der **Iglesia del Sagrado Corazón de Jesús** aus dem Jahr 1854, dem **Palacio Municipal** und der **Casa de la Cultura,** die alle am Hauptplatz, der **Plaza de Armas** *(Degollado bei Rosales)* liegen.

Das hübsche **Cerocahui** duckt sich auf 1525 Metern Höhe in eine tiefe Schlucht und ist von Gärten mit Apfelbäumen umgeben; der Ort liegt 16 Kilometer südlich der Bahnstation Bahuichivo. Die kleine Bergstadt wurde 1680 von den Jesuiten gegründet und dient als Tor zum Urique Cañon. In der Osterwoche und an anderen Feiertagen tanzen die Tarahumara hier den *matachines.* Man kann sich ein Pferd mieten und die Goldmine **Sangre de Cristo** (3 km) oder die **Wicochic-Fälle** (3,25 km) besuchen. Auch ein zwei- bis dreitägiger Treck nach Batopilas (siehe S. 94) bietet sich an.

38 Kilometer südlich von Cerocahui hat man in Urique eine herrliche Sicht über den gleichnamigen Canyon, außerdem kann man einen kühlen Spaziergang am Fluss entlang unternehmen. Die aufgelassene Mine **Chiflón** ist nach etwa 20 Minuten Fußmarsch erreicht und eignet sich gut für ein erfrischendes Bad.

Von **Divisadero** ist der Blick auf den Urique Cañon einfach atemraubend; viele übernachten deshalb in einem der Hotels. Einen Ausritt mit Führer bucht man im **Hotel Divisadero Barrancas.** Noch mehr tolle Aus-

Der Fall des verschwindenden *burro*

Mit sicherem Tritt und seiner stoischen Gelassenheit hat *el burro*, der Esel, seinen schlechten Ruf eigentlich nicht verdient. Ein *burro* ist in Mexiko nicht nur ein Grautier, sondern auch die Bezeichnung für einen Idioten, ein verloren gegangenes Pferd oder einen Leuteschinder. Trotz dieser negativen Konnotationen sind die *campesinos*, die Bauern, von Baja bis Yucatán von diesen Tieren, die nicht nur Lasten, sondern auch Personen befördern, abhängig.

Besonders in gebirgigem, steilem Gelände sind Esel nützlich, denn sie können mehr Gewicht tragen als Pferde und kommen mit weniger Wasser aus. Da sie Dornengestrüpp fressen, sind sie für die Wüste und Berge bestens geeignet. Zum Leidwesen der Liebhaber dieses robusten Tiers, sind *burros* in Mexiko heute eher selten geworden. Vier von fünf befragten Mexikanern setzen sie im Scherz auf die Liste der bedrohten Arten.

INSIDERTIPP

Das Wort der Tarahumara-Indianer für alle, die keine Tarahumaras sind, bedeutet „Person mit Spinnweben über dem Gesicht".

CYNTHIA GORNEY
NATIONAL GEOGRAPHIC-Autorin

sichten bekommt man bei einem Ritt nach **Wacajipare** geboten, einem Tarahumara-Dorf, das rund vier Kilometer in der Schlucht liegt.

Der Zug fährt weiter nach **Creel**, etwa 58 Kilometer von Divisadero entfernt. Heute ist Creel durch eine asphaltierte Landstraße mit Chihuahua (siehe S. 86f.) verbunden, und die Touristen profitieren von den vielen Einrichtungen, wobei der Ort allerdings nichts von seinem Cowboycharme eingebüßt hat. Führer, Pferde, Lasttiere und organisierte Touren lassen sich hier buchen.

Ein paar Kilometer südlich von Creel erreicht man über eine befestigte Straße **San Ignacio de Arareko** mit seiner Missionskirche. Außerhalb der Stadt kann man sich ein Ruderboot leihen und im **Lago Arareko** angeln, einem 40 Hektar großen Stausee mit Campingplätzen und einfachen Blockhütten. Jedes Tal der Umgebung ist nach seiner einzigartigen Gesteinsformation benannt: **Valle de los Hongos** (Pilztal), **Las Ranas** (Froschtal), **Las Chichis** (Brüstetal) und **Bisabírachi** (Penistal). Rund 25 Kilometer von Creel kann man im Rahmen eines ausgedehnten Tagesausflugs – oder besser mit einer Übernachtung auf dem Zeltplatz – die **Cascada de Cusárare** besichtigen, einen wunderschönen Wasserfall.

120 Kilometer nordwestlich von Creel gelangt man in den **Parque Nacional Basaseáchic** mit dem größten und zweitgrößten Wasserfall Mexikos. Die 453 Meter hohe **Cascada Piedra Volada** wurde erst 1995 entdeckt. Seinen Namen hat der Nationalpark aber von der **Cascada Basaseáchic**; sie wirkt direkt nach der Regenzeit (Juni bis Oktober) am imposantesten.

Creel
77 D4
Besucherinformation
Casa de las Artesanías, Zócalo
635/456-0080

Eine Yucca gedeiht auf einer Höhe von 2440 Metern

INSIDERTIPP

Blaue Tortillas (aus „blauem" Mais gemacht) sind ein absolutes Muss.

ERIC RAMIREZ BRAVO
National Geographic-Feldforscher

Das winzige **Batopilas** liegt am jadegrünen gleichnamigen Fluss in der Talsohle des Canyons. Gegründet wurde Batopilas, das erst seit 25 Jahren über eine befestigte Straße mit der Außenwelt verbunden ist, von den Spaniern Anfang des 17. Jahrhunderts, weil es hier reiche Silbervorkommen gab. Der Reichtum aus den Bergwerken schlug sich dann in der Porfiriato-Ära in eleganten Herrschaftshäusern nieder.

Von Batopilas lohnt eine Wanderung oder ein Ausritt zur aufgelassenen Mission von **Satevó** (6,5 km); oder man wählt die einfachere Tour zur ebenfalls verlassenen **Hacienda San Miguel.** In Satevó ist das Benzin teuer und die Restaurants servieren nur das Nötigste. Als Alternative zu der beeindruckenden, aber anstrengenden Auto- bzw. Busfahrt von 140 Kilometern bietet sich ein mehrtägiger Pferde- oder Maultiertreck von Ceroahui aus an. ■

Flora und Fauna der Sierra Tarahumara

In den höchsten Bergregionen der Sierra Tarahumara finden sich auf über 2440 Metern Nadelwälder mit Douglasien und Goldkiefern. Im Winter funkeln die verschneiten Gipfel unter dem strahlend blauen Himmel. Bis auf 1800 Meter gedeihen Eichen, Wacholder und der rote *madroño*, der Erdbeerbaum, neben der vorherrschenden Kiefer. Von 1800 bis 1300 Metern weicht der Kiefern-Eichen-Wald dann dem trockenen, tropischen Dornwald mit Zwergeichen, Sukkulenten, Mesquite-Sträuchern und einigen Kakteenarten. Unter 1300 Metern erstrecken sich die tropischen und subtropischen Niederungswälder. Hier sieht man Fächerpalmen neben immergrünen Pflanzen, Orchideen und wilden Feigen sowie in den Feuchtgebieten Kapokbäume, Bambus und Schilf.

Etwa 30 Prozent der in Mexiko vorkommenden Säugetiere leben in der Sierra Tarahumara; einige Arten sind überaus selten. In den höheren Regionen sind Schwarzbären, Pumas und Klapperschlangen beheimatet; Wild, Rotluchse und Wildschweine, Weißwedelhirsche und Halsbandpekaris gibt es häufig, sie werden allerdings nicht oft gesichtet. Mehr Glück hat man mit Waschbären, Skunks, Hasen, Graufüchsen, Eichhörnchen und Fledermäusen. Korallenottern und Skorpionkrustenechsen sind giftig und leben im ariden tropischen Dornwald. Auf dem Grund des Canyons sind Jaguar, Jaguarundis („Wieselkatzen") und Boa constrictor zu Hause. Das herumziehende Vieh, Ziegen und Schweine, stört das Gleichgewicht der Natur, da sie Pflanzen fressen, die sonst andere Arten brauchen. In der Region gibt es an die 50 Arten Süßwasserfische, darunter Wels, Regenbogenforelle, Karpfen, Meeräschen und den Mojarra.

Über 360 Vogelarten sieht man am Canyonrand, darunter Purpurtyrann, Rabengeier, Karakara (Geierfalke), Kiefernsittich, Mohrenbussard und Haarspecht. Unten im Canyon leben Violettscheitelamazilie und Luziferkolibri, pirolähnliche Trupiale, Tangaren und der vom Aussterben bedrohte Soldatenara. An den Flüssen kann man nach Blaukappenamazone und Kupfertrogon Ausschau halten.

Hidalgo del Parral

In einem abgeschiedenen Tal zwischen den Ausläufern der Sierra Madre und der Chihuahua-Wüste hat sich Hidalgo del Parral zu einer der reichsten Bergbaustädte des Landes entwickelt. Parral verhüttete über 350 Jahre lang Blei, Kupfer und Silber. In der Stadt wurde Pancho Villa niedergeschossen.

Die Casa de Alvarado im Stil der italienischen Renaissance

Im 16. und 17. Jahrhundert arbeiteten indianische Sklaven in den Bergwerken. Die Bergleute schufen in den Schächten Altäre, die sie häufig ihrer Schutzheiligen, Nuestra Señora de Fátima, weihten. Über Tage errichteten die reichen Edelmetallbarone Kirchen und Kathedralen.

Die **Parroquia de San José** *(Francisco Moreno Ecke General Benítez)* ist mit Mineralienklumpen geschmückt, der Barockaltar aus rosafarbenem Bruchstein ist in Gold gefasst. Drei Jahrzehnte später entstand der **Templo de Nuestra Señora de Fátima** bei der La-Prieta-Mine. Er hat eine schlichte Fassade, doch sind die Wände innen mit Silber, Gold, Kupfer und Zink überzogen.

Der Abbau des Silbers hatte Mitte bis Ende des 19. Jahrhunderts seinen Höhepunkt erreicht. Das Wohnhaus des Stadtgründers und Minenbesitzers Pedro Alvarado mit neobarockem Portal und figurengeschmückter Fassade beherbergt heute das **Museo Palacio de Alvarado** *(Lic. Verdad & Riva Palacio, Tel. 627/522-0290, Mo geschl.)*. Das **Museo del General Francisco Villa** *(Barreda Ecke Juárez, Tel. 627/525-3292)* zeigt persönliche Gegenstände von Pancho Villa. ■

Hidalgo del Parral

77 E3

Besucherinformation

Calle Estaño s/n Ecke Fátima, Col. Fátima

627/525-4400

www.parral.org

Durango

Durango schmiegt sich in das fruchtbare Guadiana-Tal in den östlichen Ausläufern der Sierra Madre Occidental. Die Stadt ist Industrie- und Landwirtschaftszentrum. Ihre koloniale Vergangenheit offenbart sich in der Innenstadt – ein Nationalmonument. Freundliche Menschen, das milde Klima, saubere und gut beschilderte Straßen machen Durango besuchenswert.

Die Sierra de Órganos im Mondschein: Auch heute noch werden hier Hollywood-Western gedreht

Die Stadt wurde 1563 gegründet und nahm als Außenposten in der Wildnis von Nueva Vizcaya ihren Anfang, der riesigen Nordprovinz von Neu-Spanien. Sowohl Durango als auch das Umland entwickelten sich nur langsam. Anfang des 19. Jahrhunderts erlebte die Stadt den Aufschwung, damals wurde nämlich die Eisenbahn nach Mexiko-Stadt fertiggestellt, und der Ort konnte sich als Umschlagplatz für Nutzholz und Erz hervortun.

Aus den Bergen in der Umgebung kommt bis heute nicht wenig Silber, Gold, Kupfer und Eisen. Im **Cerro del Mercado**, nur ein Stück nördlich der Stadt, lagert eines der größten Eisenvorkommen der Welt. Hunderte Tonnen Eisen werden von diesem „Metallberg" täglich abtransportiert.

Die historischen Gebäude von Durango ballen sich rund um den Hauptplatz zusammen, die **Plaza de Armas** *(Av. 20 de Noviembre Ecke Juárez)*.

An Donnerstag- und Sonntagnachmittagen hört man um ca. 17 Uhr vom Musikpavillon die Klänge des staatlichen Orchesters. Die **Catedral** mit ihrer Barockfassade beherrscht die Plaza im Norden. Zu den schönsten Kunstwerken der Kathedrale zählt die vergoldete *sillería*, das Chorgestühl.

Einen Block westlich der Plaza de Armas steht der **Palacio de Gobierno** *(Bruno Martínez bet. Coronado & Aquiles Serdán, Tel. 618/827-0800)* mit seinen vielen Arkaden. Er wurde von einem spanischen Minenbesitzer erbaut und fiel nach der Kolonialherrschaft an den Staat. Heute ist er Regierungssitz; innen stellen Wandgemälde die Geschichte Durangos dar.

Hübsche Häuser aus der Kolonialzeit sind in der ganzen Altstadt verstreut. Ein Beispiel ist die **Casa del Conde de Suchil** *(5 de Febrero Ecke Madero, Tel. 618/813-2601, So geschl.)* aus dem 18. Jahrhundert im churrigueresken Stil, früher die Münzstätte der Region und heute eine Bank. Im herrlichen neoklassizistischen **Teatro Ricardo Castro** *(Av. 20 de Noviembre bei Bruno Martínez, Tel. 618/811-4694)* finden Oper-, Konzert- und Tanzaufführungen statt.

Wer einen Einstieg in die Kultur und Kunst der Region wünscht, besucht das **Museo de las Culturas Populares** *(Av. 5 de Febrero 1107 Pte. zwischen Independencia & Nogal, Tel. 618/825-8827, Mo geschl., $)*, das Volkskunst der Mennoniten und Huicholes, Acaxen und Tepehuán zeigt. Moderne handgearbeitete Waren wie Leder und die typischen Wolldecken, *sarapes*, ersteht man am **Mercado-Gómez Palacio** *(Av. 20 de Noviembre bei Pasteur)*, dem Stadtmarkt. Das **Museo Regional de Durango** *(Victoria 100 Sur & Aquiles Serdán, Tel. 618/813-1094, Mo geschl., $)* heißt im Volksmund „El Aguacate" („Die Avocado"); es beherbergt Gemälde von Miguel Cabrera (1695–1768) und andere Exponate. ■

Durango
77 E2
Besucherinformation
Calle Florida 1106 Pte., Barrio del Calvario
618/811-2139 oder 01800/624-6567 (gebührenfrei innerhalb Mexikos)
www.visitadurango.com.mx

ERLEBNIS: Besuch in Filmkulissen

Seit den 50er Jahren werden rund um Durango Filme gedreht, meistens Western. Der strahlend blaue Himmel, das milde Klima und das Fehlen von Starkstromleitungen und anderen Tücken der Neuzeit machen die Gegend als Filmkulisse gut geeignet. So wurde „Auf der Jagd nach dem grünen Diamanten" (1984) hier gedreht ebenso „Die Maske des Zorro" (1997) und „Bandits" (2005).

Rund 12 Kilometer nördlich von Durango schimmert **Villa del Oeste** *(Tel. 618/149-3390, Mo geschl., $)* wie eine Fata Morgana am staubigen Horizont. Diese Filmkulissen aus den 1950er Jahren waren jahrzehntelang die wichtigsten von Durango.

Dreharbeiten sind heute hier selten, aber Sie können trotzdem Action sehen. An Wochenenden und Feiertagen präsentieren Schauspieler Sketche *(Sa 14.30 & 16.30, So; 13.30, 15.30 & 17.30)*. Busse *($)* fahren 30 Minuten vor der Show an der Kathedrale von Durango ab. An Werktagen ist von 11 bis 19 Uhr geöffnet; es gibt auch ein Restaurant und einen Souvenirladen.

Mazatlán & Umgebung

Mazatlán ist berühmt für seinen Karneval im Frühjahr, das Schwertfischangeln und die leckersten Meeresfrüchte der Westküste. Die Stadt von fast 700 000 Einwohnern wird auch als Urlaubsort geschätzt. Im Norden und Süden der Innenstadt erstrecken sich 24 Kilometer Strand, die Hotels und Restaurants sind etwa halb so teuer wie in Cancún oder Los Cabos.

In Mazatlán erhebt sich ein Hügel zwischen der Altstadt und der neuen Zona Dorada

Nur 19 Kilometer südlich vom Wendekreis des Krebses kann Mazatlán mit subtropischen Klima aufwarten. Es ist das ganze Jahr über warm; am heißesten und feuchtesten wird es in der Regenzeit im August und September.

Die meisten Besucher kommen wegen Sonne, Sandstrand und Nachtleben her. In der **Zona Dorada** (Goldene Zone) im Norden von **Punta Camarón** liegen die beliebtesten Strände. In diesem Hotelbezirk finden sich Andenkenläden mit Muscheln, Bars und Restaurants am Meer. In den Hotelanlagen kann man alle möglichen Wassersportgeräte mieten. Die Wellen in der Bucht sind sanft. Händler ziehen am Sandstrand entlang und bieten von Silberschmuck bis zu Talavera-Töpferei so ziemlich alles feil. Gleich vor der Küste liegen drei Inseln: die **Isla de Pájaros**, die **Isla de Venados** und die **Isla de Lobos**. Von den Vögeln, dem Wild und den Seelöwen bekommt man allerdings nur die Ersteren zu sehen.

Im Norden der Zona Dorada liegen die neuesten Feriensiedlungen, darunter **El Cid Mega Resort** mit Hotel, Apartments, Yachthafen und Golfplatz. Surfer kommen an der **Playa de las Brujas** (Hexenstrand) auf ihre Kosten; in strohgedeckten Restaurants isst man hier Meeresfrüchte zu Live-Tanzmusik am Sonntagnachmittag. Jogger und Spaziergänger zieht es eher an die **Playa Cerritos** (Hügelchenstrand) nördlich der Playa de las Brujas. An alle Strände gelangt man mit öffentlichen Bussen, Taxis und *pulmonías*, offenen Taxis.

Der *malecón*, die Strandpromenade der Stadt beginnt an Valentine's Disco am Südende der Zona Dorada und führt weiter nach Süden an der **Playa Norte** vorbei. Eine Querstraße landeinwärts befindet sich das **Acuario Mazatlán** *(111 Av. de los Deportes, Tel. 669/981-7815, $$)*, wo man Hunderte Arten von Meerestieren in Aquarien betrachten kann, dazu Seelöwen, Vögel und Tauchshows. Neben Andenkenläden und einem Imbiss gibt es einen botanischen Garten.

Eine große Statue – ein nackter Fischer mit seiner Frau – wacht über das südliche Ende der Bucht: Los Monos Bichis. Fischerboote legen an der **Playa los Pinos** ab, wo jeden Tag am Morgen ein Fischmarkt abgehalten wird. Weiter südlich stürzen sich bei Flut Männer von den 15 Meter hohen Klippen bei **El Mirador** in die See.

Das Herz der Stadt ist die **Plaza Revolución** *(zwischen Calle Flores, Nelson, 21 de Marzo, & Juarez)*. Mango- und Wassermelonenverkäufer rasten im Schatten der riesigen Kokospalmen und Lorbeerbäume, während im kühlen, unterirdischen Imbiss unter dem Musikpavillon Jugendliche sitzen. Auf der Nordseite des Platzes sind die Türme der **Catedral** gelb gekachelt.

Ein paar Blocks Richtung Norden liegt der quirlige **Mercado Pino Suárez** *(Juárez & Aquiles Serdán)*, ein typischer Markt, auf dem es Kleidung, Andenken und alle möglichen Gaumenfreuden gibt. Der älteste Platz von Mazatlán ist die von Straßencafés flankierte **Plazuela Machado** *(Constitución zwischen Frias & Carnaval)*. Dieser Platz war ein Geschenk von Juan Machado, einem gebürtigen Filipino, der hier zwischen 1830 und 1850 mit Handel und Bergbau reich wurde. Die umgebenden Straßen sind von Donnerstag bis Sonntag gesperrt, wenn Live-Musik gespielt wird.

INSIDERTIPP

Kosten Sie unbedingt den Mango-Likör, wenn Sie in der Gegend von Mazatlán sind.

ERIC RAMIREZ BRAVO
National Geographic-Feldforscher

Mazatlán
77 D2
Besucherinformation
Carnaval at M. Escovedo Centro
669/981-8883

Estrella del Mar
Isla de la Piedra
Km 10
669/982-3300
Nebenstelle 3010
www.estrellademar.com

Wieder am Strand schlängelt sich die Straße im Süden an mehreren Aussichtspunkten über die Bucht zu einem der höchsten Leuchttürme der Welt (152 m) auf dem **Cerro de la Crestería** hinauf, den man über einen steilen Pfad erreicht. Von hier sieht man die **Isla de la Piedra**, wo sich viele Familien am Wochenende zum Picknick treffen. Mit dem Wassertaxi kommt man schnell herüber.

Karneval

Der Karneval von Mazatlán zählt zu den ungewöhnlichsten Festen der Welt. Er nahm im 19. Jahrhundert seinen Anfang mit einem freundlichen Zwist zwischen Stauern, die sich mit mehlgefüllten Eierschalen bewarfen und dazu *comparsas* aufsagten, Verse, in denen sie sich über ihre Gegner lustig machten. Als sich die Verse und Eier in Beschimpfungen und Steine verwandelten, ersetzten die Stadtväter das bunte Treiben durch Faschingszüge, Tambora-Bands und ein regierendes Königspaar.

Heute werfen Teilnehmer Konfetti und Mehl, und die Verstradition setzt sich in Form eines Gedichtwettbewerbs fort. Am Freitagabend gibt es „Blumenspiele" mit Ballett, Orchester – und Tambora-Musik im städtischen Baseballstadion. In der „Schiffsschlacht" am Samstagabend finden – fingierte – Kämpfe statt. Die Krönung ist ein Feuerwerk in der Bucht.

Es macht Spaß, durch den einfachen Fischerort zu bummeln und einzukehren. Hier befindet sich auch der 18-Loch-Golfplatz von Mazatlán, **Estrella del Mar**. Mit kleinen Booten kann man östlich der Innenstadt von Mazatlán übersetzen *($)*.

Mazatlán ist Mexikos Ziel Nr. 1 für Sportangler. Am Fuß des Cerro de la Crestería wartet eine **Flotte von Schiffen** auf Angler, die Fächerfische, Thunfische und Zackenbarsche fangen wollen. Gleich in der Nähe, in **La Puntilla**, legen die Fähren nach La Paz, Baja California, ab.

Auf geführten Touren kann man in die Agrarstadt Quelite und in die ehemaligen Bergbauorte Concordia und Copala fahren. Die Tour nach **Quelite** führt in einen Friedhof, zu einer Ausstellung zum vorkolumbischen Ballspiel *ulloa* und zu einer Hühnerfarm. Ein Stück außerhalb von **Concordia** (48 km von Mazatlán) stehen massive geschnitzte Möbel und rohe Töpferwaren zum Verkauf. In Concordia selbst gibt es auf dem Hauptplatz die barocke **Catedral de San Sebastián**. Es lohnt ein Bummel durch die Stadt, bevor man in die Berge ins 24 Kilometer entfernte **Copala** fährt. Die einzige Straße der Stadt führt zur **Catedral de San José**, wo junge Männer Miniaturkirchen aus Pochotla-holz verkaufen. Hier sollte man die Kirche besichtigen und sich die bunten Adobe-Häuser ansehen. ■

Weitere Sehenswürdigkeiten

Alamos

In der Hochsaison kann man am Samstagmorgen eine **Haus-und-Garten-Tour** *($$$)* machen. Oder man sucht sich in der Tourismuszentrale einen Führer *($$$)* für eine Stadtbesichtigung.

An der kleinen **Plaza de Armas** liegen das bescheidene **Museo Costumbrista de Sonora** *(Tel. 647/428-0053, Mo/Di geschl., $)*, das sich der Geschichte von Sonora widmet, sowie die **Iglesia de la Purísima Concepción**, eine Kirche im spanischen Kolonialstil mit einem dreistöckigen Glockenturm. Einheimische und Touristen bummeln im Schatten von Pappeln durch den **Parque Alameda** oder gehen auf dem städtischen Markt zum Einkaufen. Wer einen schönen Blick über die Stadt genießen möchte, spaziert oder fährt die Calle Juárez in Richtung Süden zum **El Mirador** hinauf. Weiter außerhalb gibt es aufgelassene Silberminen zu besichtigen und Mayo-Dörfer, wo Holzmasken hergestellt werden.

Nur wenige besuchen die **Reserva Biosfera Cuchujaqui** *(Tel. 647/428-0875, $)*, ein Ökoreservat mit Kiefern-, Eichen-, Laub- und subtropischem Wald sowie über 200 Vogelarten, darunter der bedrohte Fleckenkauz und der Wanderfalke. Canyons, ausgetrocknete Flussbetten und Uferlandschaften ziehen Zugvögel an. Das etwa 37 000 Hektar große Reservat grenzt an Alamos und die Gemeinde Aduana.

Östlich von Alamos liegen **Arroyo Cuchujaqui** und ganz in der Nähe der Staudamm **Presa Adolfo Ruíz Cortines Mocuzarit**, abseits der Straße von Alamos nach Navojoa. Die Bergbaustadt **Aduana** lohnt mit ihrer Kirche aus dem 17. Jahrhundert einen Besuch.

77 C3 ✉ Guadalupe Victoria 5
☎ 647/428-0450

Cuauhtémoc

Die Mennonitengemeinde wurde 1921 im Bundesstaat Chihuahua gegründet. Bis heute sprechen ihre Mitglieder, die im Norden und Süden von Cuauhtémoc leben, ihren niederdeutschen Dialekt und tragen Tracht. Die Sekte floh aus Europa, dann aus Kanada, nachdem sie sich weigerte, Militärdienst zu leisten.

Die sauberen Mennonitendörfer heißen auf Spanisch *campos menonites*. Ihre Häuser mit steilen Dächern bilden einen deutlichen Kontrast zu den mexikanischen Städten in der Umgebung. Reisebüros wie **Turismo Almar** *(Tel 614/410-9232, www.copper-canyon.com)* bieten ab Chihuahua Touren, zu diesen Häusern und Käsefabriken an sowie für einen Besuch im **Museo Menonita** *(Carretera Cuautémoc – Alvaro Obregón Km 10,5, Tel. 625/583-1895, So geschl., $)*. Dabei handelt es sich um ein typisches Haus mit Einrichtung.

77 D4

Cumbres de Majalca

60 Kilometer nördlich von Chihuahuas Hauptstadt gleichen Namens (die zweite Hälfte des Weges führt über eine unbefestigte Straße) liegt der 4770 Hektar große Park mit guten Wander- und Mountainbike-Möglichkeiten. Der tiefste Punkt des Nationalparks, der aus Grasland und Kiefern-Eichen-Wäldern besteht, liegt auf 1600 Meter Höhe. Kletterer schätzen die durch Wind und Wassererosion geformten Felsen. Das Wetter ist vom späten Winter bis zum Frühsommer trocken. Von Juli bis September kommt es nachmittags zu Schauern. Im Spätherbst und Winter fällt in den höheren Lagen Schnee. Campen ist erlaubt, außerdem gibt es einfache Hütten.

77 D4

Hermosillo

Vier Stunden von der amerikanischen Grenze in Richtung Süden liegt bei Nogales Hermosillo, die mittelgroße Hauptstadt des Bundesstaates Sonora, umgeben von goldenen Ebenen und zerklüfteten Berggipfeln im Hintergrund. Wer unterwegs in Richtung Süden ist, kann hier eine angenehme Pause einlegen. Man spaziert durch das ansprechende historische Viertel, bewundert die **Plaza** *(Pino Suárez, P.E. Calles, Yañez & Monterrey)*, wo die neoklassizistische Catedral de la Asunción sich in ein paar neugotischen Spielereien ergeht. Vom **Cerro de la Campana** genießt man einen schönen Blick über die Stadt. An seinem Fuß liegt das **Museo Regional de Sonora** *(Jesús García Ecke Calle Esteban Sarmiento, Tel. 662/217-2714, Mo geschl., $)*.

Im Süden der Stadt befindet sich das staatliche **Centro Ecológico de Sonora** *(Carretera a Guaymas, Km 2,5, Tel. 662/250-1225, Mo geschl., $)*, ein Zentrum für Umweltforschung und Umweltschutz.

Fährverbindungen

Fähren verbinden Baja California Sur mit dem mexikanischen Festland. Wenn man Benzin und Maut berechnet, bieten sie eine gute Alternative. Die Fahrt von Mazatlán nach La Paz dauert 12 Stunden, während die kürzere von La Paz nach Los Mochis in Sinaloa nur fünf Stunden lang ist. Die Passagiere können zwischen einem Platz an oder unter Deck, einer einfachen Kabine oder einer Suite mit einer Toilette und einer winzigen Badewanne wählen. Sowohl die *Chihuahua Star* als auch die *California Star* nehmen auch Fahrzeuge mit. Die Fähre nach Los Mochis verkehrt einmal täglich, die nach Mazatlán sechs Mal die Woche. Weitere Informationen unter *www.bajaferries.com* oder Tel. 612/123-6600 in La Paz, Baja California Sur.

Ein drei Kilometer langer Pfad führt vorbei an 300 Pflanzen- und 240 Tierarten, von denen viele in der Region endemisch sind. Mitte Juli feiern Weinbauern und Weinliebhaber mit der **Fiesta de la Vendimia** die Ernte.
www.sonoraturismo.gob.mx 77 B4
Edificio Estatal, Calle Comonfort & Paseo del Canal 662/217-0076 Nebenstelle 122

El Rosario

Wer von ehemaligen Bergbaustädten noch nicht genug hat, der sollte El Rosario einen Besuch abstatten. An die 300 Jahre lang gaben die Minen hier Unmengen Gold und Silber her. Viel von dem Gold scheint für den barocken Altaraufsatz in der **Iglesia de Nuestra Señora del Rosario** verwendet worden zu sein. Im Gegensatz zu zahlreichen schlichten Missionskirchen der Jesuiten in Nordmexiko ist dieses Gotteshaus aus dem 18. Jahrhundert im Stil des Barock erbaut. Nachdem die ursprüngliche Kirche wegen der vielen Schächte in der Nähe abgesunken war, wurde sie an den Stadtplatz verlegt.
77 E1

Teacapán

Unweit der Südgrenze von Sinaloa liegt Teacapán. Höfe, auf denen Viehzucht betrieben wird, und Kokosplantagen ziehen sich an der 28 Kilometer langen Halbinsel entlang. Es gibt weiße Sandstrände wie **La Tambora, Las Lupitas, Las Cabras** oder **Los Ángeles.** Doch diesem ganzen Küstenstrich ist eine Entwicklung wie in Cancún bestimmt. Auf einer Tagestour von Mazatlán aus kann man die Buchten und Mangroven von Teacapán (mit einer präkolumbischen Muschelpyramide) erkunden. Hier leben Silberreiher und andere Wattvögel.
77 E1 ■

Ein arides Land, dessen Bewohner – wie die franziskanischen Missionare, die als erste Europäer kamen – kühn und unabhängig sind

Der Nordosten

Skulptur von Juan Soriano in Monterrey

Erster Überblick

Wie im benachbarten Texas scheint in Nordmexiko alles größer zu sein. Die Entfernungen sind enorm. Diese Tatsache zusammen mit dem Mangel an Bodenschätzen (außer in Zacatecas) bewirkte, dass zu Kolonialzeiten nur wenig Leute in diese Region kamen; doch gegen Ende des 20. Jahrhunderts wurde das Gebiet zwischen Monterrey und Saltillo zur führenden Industrieregion.

Ein Sturm braut sich über der Sierra del Carmen zusammen, im Vordergrund die Stadt Boquillas

Im Jahr 1547 wurde in Zacatecas eine Silbermine entdeckt – Grund genug, den Norden zu erforschen. Doch im Gegensatz zu ihrem Gegenstück im Westen fanden sich in der Sierra Madre Oriental nur wenige Edelmetalle. Damit die Leute sich dort niederließen, versprach die spanische Krone im 18. Jahrhundert wagemutigen Siedlern riesige Ländereien für ihre Farmen, auf denen Schafe und Rinder gezüchtet wurden. Dieser Überfluss an Land, aber auch die laxe mexikanische Einwanderungspolitik veranlasste dann viele US-Bürger, sich im Norden Mexikos niederzulassen. 1836, als Texas seine Unabhängigkeit von Mexiko erklärte, kamen hier auf einen Mexikaner vier US-amerikanische Einwanderer.

Südlich der Grenze leistete am Río Bravo die Viehwirtschaft einen Beitrag zu Ökonomie und Kultur. Überall im Norden ist Fleisch das Hauptnahrungsmittel, man isst Brot oder Weizentortillas dazu, nicht die Maistortillas, wie sie in Zentral- oder Südmexiko üblich sind. Neben *machaca*, getrocknetem, in Streifen ge-

NICHT VERSÄUMEN:

- **Museo del Desierto in Saltillo 106**
- **Die traditionellen *sarapes* von Saltillo 106**
- **Ein Bad in einer der Mineralquellen von Cuatro Ciénegas 107**
- **Leute beobachten auf der erholsamen Macroplaza in Monterrey 108**
- **Eine Besteigung des Gipfels von El „M" 111**
- **Die Catedral Basílica Menor, ein hinreißendes Beispiel des mexikanischen Barock 112**
- **Eine Tagestour auf einem Mountainbike in der Sierra de Organos 115**

schnittenem Rindfleisch, und gegrillter Ziege ist das beliebteste Gericht *carne a la tampiqueña*: dünne, oft auf Holzkohle gegrillte Steaks, zu denen Reis, *frijoles charros* – schwarze Bohnen, die mit Schweineschwarten und Koriander –, Grillzwiebeln, frischer Chilisoße (*salsa*) und Avocado auf den Tisch kommen. An der Küste basiert die Wirtschaft auf Fisch- und Shrimpsfang, wobei in Tampico das Öl regiert. In den Städten von Monterrey bis Saltillo entstehen immer mehr Produktionsbetriebe. Die Bewohner der Täler in der Sierra Madre Oriental betreiben neben der Viehzucht auch Landwirtschaft.

Außerhalb der dicht besiedelten Zentren lockt die Wildnis. ■

Saltillo

Saltillo, Hauptstadt von Coahuila und ältester Ort im Nordosten, wurde 1575 gegründet. Zwanzig Jahre später ließen sich konvertierte Tlaxcla aus Zentralmexiko in der Nähe nieder, um aufständische Wüstenstämme zu befrieden. Sie brachten die Weberei mit; heute gilt der *sarape de Saltillo*, eine bunte Wolldecke, als Inbegriff mexikanischer Handwerkskunst.

Erfrischend untouristisches Saltillo: Hier ist Altes und Modernes vereint

Saltillo
105 B3
Besucherinformation
Blvd. V. Carranza 8520, Col. Valle Hermoso, Via Ferre 85-B
844/432-3690 oder 01800/045-4545 (kostenlos innerhalb Mexikos)
www.ocvsaltillo.com

Auch wenn die Stadt heute von Vorstädten und Industriekomplexen umgeben ist, wirkt das historische Zentrum doch sehr ansprechend mit seinen Gebäuden in verschiedenen architektonischen Stilrichtungen. Ziegel- und Stuckbauten umgeben den Hauptplatz, die **Plaza de Armas** *(Hidalgo Ecke Juárez)*. Von den schmiedeeisernen Bänken blickt man zum **Palacio de Gobierno**.

Hinter diesem Regierungspalast liegt die **Plaza de la Nueva Tlaxcala**, ein öffentlicher Platz mit bemerkenswerten Statuen im Stil der Klassik, die die Stadtgründer darstellen: Spanier, Tlaxcalteken und Mönche. Drei Blocks in Richtung Nordwesten ist die **Plaza Acuña** *(Aldama zwischen Allende & Flores)* von Geschäften umgeben; dort kann man *sarapes* und Keramik erstehen.

Auf die Plaza de Armas hinaus geht die **Catedral de Santiago de Saltillo** *(Tel.844/414-0230)* mit der angrenzenden Kapelle. Sie wurde von 1745 bis 1800 errichtet. Ihre Fassade im churrigueresken Stil ist mit gedrehten Säulen verziert.

Am Alameda de Zaragoza Park westlich der Kathedrale kann man für eine Stadtrundfahrt in den **Tranvio Turístico** *(Fr–So, $)* einsteigen (vier Unterbrechungen möglich).

Im Osten der Stadt liegt das **Museo del Desierto** *(Prol. Pérez Treviño 3745, Parque las Maravillas, Tel. 844/410-6633, www.museodeldesier to.org, Mo geschl., $$)*, das die Natur ebenso behandelt wie regionale Indiokulturen und die Geschichte der vorspanischen Zeit. ■

Las Pozas de Cuatro Ciénegas

Viele meinen, dass Wüsten nichts als öde, vertrocknete, leblose Gebiete sind, doch sie können herrlich sein. Bei Cuatro Ciénegas blubbern Hunderte von Mineralquellen aus dem Boden, um kristalline Becken, Lagunen, Flüsse und Salzsümpfe auszubilden. Man kann durch leuchtend weiße Gipsdünen wandern und sich die weit verstreuten Becken ansehen.

Zwischen zwei Ausläufern der Sierra Madre Oriental liegt die **Área Protegida Pozas de Cuatro Ciénegas**, der Ausnahmefall eines Wüstengebiets mit Teichen in Sumpfland. Die Gras- und Strauchsteppen, Gipsdünen und Mineralquellen stehen seit 1995 unter Schutz. Hunderte von Becken – von 30 Zentimeter bis 80 Meter Durchmesser – werden von tiefen unterirdischen Wasserläufen gespeist.

Da dieses Feuchtgebiet so isoliert liegt, leben hier viele endemische Fische und Reptilien. Es ist herrlich, in den vier eigens freigegebenen Gebieten zehn bis 18 Kilometer außerhalb von Cuatro Ciénegas zu schwimmen, besonders in den Wintermonaten, wenn die Wassertemperatur bei 21–28 °C liegt.

Der **Mezquites** ist ein träger Fluss, der von mehreren Quellen gespeist wird; seine Tiefe reicht von 15 Zentimetern bis 1,80 Meter in dem vier Kilometer langen Teilstück, das zum Baden und von Booten genutzt werden darf. Ein natürlicher Kanal verbindet zwei glasklare, blaue Wasserbecken bei **Beccera**. Leider waren bei Drucklegung sowohl Beccera als auch das von Einheimischen bevorzugte **Playitas** geschlossen. Das Becken bei Shurince gehört zu einem System von miteinander verbundenen Gewässern.

Gips aus Becken wie dem von Shurince wird oft nach Westen verblasen und bildet weiße Dünen, die hoch über die Wüste aufragen. Man sollte die Dünen bei Becerra *($)* besuchen oder sich einen Führer im Rathaus von Cuatro Ciénegas *($$$$$ pro Gruppe)* mieten. ■

Cuatro Ciénegas
105 B4
Besucherinformation
Calle Juárez 101A
01800/201-0480 (kostenlos innerhalb Mexikos)

Besonders im Winter ist es ein Vergnügen, in den Mineralbecken bei Cuatrociénegas zu schnorcheln; die Wassertemperatur liegt bei 21–28 °C

Monterrey & Umgebung

Monterrey liegt auf einer Höhe von 540 Metern und ist von der zerklüfteten Sierra Madre Oriental umgeben. Der Cerro de la Silla, das Wahrzeichen der Stadt, ragt im Westen auf. Monterrey ist die drittgrößte Stadt Mexikos – nach der Kapitale und Guadalajara. Wegen seiner führenden Rolle in der Industrie ist das Durchschnittseinkommen hier am höchsten.

Monterrey zeichnet sich durch seine wichtige Universität und internationale Handelsbeziehungen aus

Monterrey ist nur langsam herangewachsen. Schuld waren Aufstände der Chichimeken, mehrere Überschwemmungen im 17. und 18. Jahrhundert sowie der mexikanisch-amerikanische Krieg, in dem die Stadt von US-Truppen besetzt wurde. Der Bau der Eisenbahnlinie im Jahr 1881 und Steuervorteile für die Industrie unter Präsident Porfirio Díaz lockten dann amerikanische, französische, britische und mexikanische Investoren an. Die Gründung der Cervecería Cuauhtémoc 1890, einer Brauerei, ließ dann eine Glasfabrik und eine Schmelzhütte entstehen.

In den 1980er Jahren fielen 40 Häuserblocks in der Innenstadt, die Regierungsgebäude und Stadtverwaltung trennten, der Abrissbirne zum Opfer, um die 40 Hektar große **Macroplaza** oder Gran Plaza *(zwischen 5 de Mayo, Av. de la Constitución, Zuazua & Zaragoza)* zu schaffen: mehrere Grünflächen, die durch Brunnen und Statuen akzentuiert werden. Der Park ist von Hitec-Gebäuden umgeben, darunter das **Condominio-Acero-Gebäude** aus Stahl und Glas sowie der rostrote **Faro del Comercio**, ein 70 Meter hoher Obelisk, der von Luis Barragán (siehe S. 41) entworfen wurde, dem Wegbereiter der modernen mexikanischen Architektur. An der Nordseite der Macroplaza betritt man an der 5 de Mayo den luxuriösen **Palacio de Gobierno**.

Am Südende des Parks erstreckt sich in Richtung Westen die **Zona Rosa**, eine Fußgängerzone mit Geschäften, Cafés, Restaurants und den schönsten Hotels der Innenstadt. An der Südostecke des Parks ragt das **Museo de Arte Contemporáneo de Monterrey** *(Zuazua bei Padre Raymundo Jardón, Tel. 81/8262-4500, Mo geschl., $$)* des Architekten Ricardo Legorreta auf; dieses Museum für zeitgenössische Kunst zeigt im Erdgeschoss Installationen und andere Avantgarde-Exponate (sowohl in Dauer-, als auch in Wechselausstellungen), außerdem gibt es ein Restaurant und ein Café. Am Mittwoch ist der Eintritt frei.

Auf der anderen Straßenseite musste die **Catedral de Monterrey** *(Zuazua 1100 Sur, Tel. 81/340-3752)* wegen Bränden und Überschwemmungen mehrfach umgebaut werden. Innen gestaltete man die Kirche im 19. Jahrhundert im Stil des Klassizismus um. In der Apsis beachte man fünf Wandgemälde aus dem Jahr 1942.

An der Nordostseite der Macroplaza präsentiert das **Museo de Historia Mexicana** *(Dr. Coss 445 Sur, Tel. 81/345-9898, www.3museos.com, Mo geschl., $$)* einen Überblick zur Landesgeschichte.

Hinter der Kathedrale ballen sich im *barrio antiguo*, dem derzeitigen Szeneviertel, in den renovierten Häusern aus dem 19. Jahrhundert Antiquitätenläden, Cafés und Bars. Das Gebiet umfasst 15 Blocks mit Gebäuden aus dem 19. und 20. Jahrhundert; hier finden sich auch die verbliebenen Zeugnisse für Kolonialarchitektur. Die

INSIDERTIPP

Meine Damen, Sie können Aufmerksamkeit erwarten. Nehmen Sie es so, wie es gemeint ist: als Kompliment.

NINA-NOELLE HALL
National Geographic-Mitarbeiterin

Casa del Campesino *(Abasolo zwischen Mina & Naranjo, Mo ge schl.)* wurde Mitte des 18. Jahrhunderts erbaut. In der Kapelle gibt es Wandmalereien zur mexikanischen Geschichte zu sehen.

El Obispado *(José Rafael Verger s/n, Tel. 81/8346-0404, Mo geschl., $$)* zählt zu dem wenigen, das dem englischen Schriftsteller Graham Greene in Mexiko gefiel. Das Barockgebäude war die Sommerresidenz eines der letzten Bischöfe unter dem Vizekönig und beherbergt heute das **Museo Regional del Nuevo León**.

Monterrey
105 C3

Besucherinformation

Calle Washington 648, Antiguo Palacio Federal Piso 2, Centro

81/2020-6789

www.visitanuevoleon.travel

Centro Cultural Alfa

Besucherinformation

Av. Roberto Garza Sada 1000

81/8303-0002

Mo geschl.

$$

www.planetarioalfa.org.mx

Westlich und südwestlich von Monterrey

Westlich der Stadt befindet sich die **Cervecería Cuauhtémoc** *(Av. Alfonso Reyes 220 Norte, Tel. 81/ 8328-5355, So geschl.)*. Man kann die Brauerei im Rahmen einer kostenlosen Führung kennenlernen *(nur nach Vereinbarung)* und im Biergarten auch das Bier probieren. Im **Salón de la Fama** *(Tel. 81/8328-5815)* nebenan kann man mehr über die Geschichte des Baseball erfahren. Amerikaner, die im ausgehenden 19. Jahrhundert in Mexiko arbeiteten, machten *el beis* hier heimisch.

Exponate aus Glas, von der einfachen Bierflasche bis zum kunstvollen Objekt, zeigt **El Museo del Vidrio** *(Majallanes 517 bei Zaragoza, Col. Treviño, Tel. 81/8863-1000, Mo geschl., $)*.

Im Südwesten der Stadt liegt an der Straße zum Parque Ecológico Chipinque (siehe gegenüberliegende Seite) das bemerkenswerte **Centro Cultural Alfa** mit seinem Planetarium, einem Omnimax-Filmtheater und einem Museum für Naturkunde. Zu diesem modernen Komplex gehört auch ein Laden und ein Restaurant. Im Eintrittspreis ist ein Film inbegriffen. Geöffnet ist von 15.30 bis 20 Uhr.

Parque Nacional Cumbres de Monterrey

In der Umgebung von Monterrey liegen in einem Gebiet von 250 500 Hektar die Cumbres de Monterrey, mehrere Parks unter jeweils eigener Verwaltung. Der Name des Parks kommt von den zerklüfteten Bergen (den „Gipfeln"), die über Monterrey aufragen.

Im Südwesten von Monterrey (20 km) beeindrucken die grünen Berge des **Parque Ecológico Chipinque**. Sie sind mit ihren Tälern, Schluchten, Gipfeln sowie Kiefern-Eichen-Wäldern überaus abwechslungsreich. Am häufigsten sieht man hier Baumhörnchen, Graufüchse und Nasenbären. Doch auch Weißwedelhirsche und

ERLEBNIS: Ärztliche Behandlung in Mexiko

Magenverkleinerungen und Lifting sind wohl am beliebtesten, doch heute reisen Menschen auch schon für Herz- oder Gefäßoperationen ins Ausland. In Anbetracht der Arztkosten in den USA und vielen anderen Ländern ist es nicht erstaunlich, dass immer mehr Menschen für einen therapeutischen oder kosmetischen Eingriff die Grenze nach Süden überqueren. In Mazatlán kostet eine Wurzelbehandlung etwas über 100 Euro, ein Implantat nicht einmal 50 Euro. Sie können sich behandeln lassen und das übrige Geld für Margaritas am Pool ausgeben.

Potenzielle Patienten sollten natürlich nachprüfen, ob ihr Arzt zugelassen ist und nach Referenzen fragen. Firmen wie Health Care Resources (*www.healthcareresourcespv.com*) in Puerto Vallarta helfen bei der Nachsorge nach chirurgischen Eingriffen, arrangieren Lang- und Kurzzeitpflege, Physiotherapie und Hilfe bei den Mahlzeiten.

Schwarzbären lassen sich blicken, dazu 120 Vogel- und 170 größere Schmetterlingsarten.

Es gibt einen Campingplatz ($$, vorher reservieren). Man kann im Park wandern oder mit dem Mountainbike herumfahren. Außerdem kann man vom Besucherzentrum aus an geführten Wanderungen teilnehmen *(mehrere Tage im Voraus reservieren)* oder einen der Gipfel erklimmen *(auf Wunsch mit Führer)*. Der höchste Gipfel ist **El Copete de la Águilas** mit 2260 Metern. Am häufigsten bestiegen wird jedoch **El „M"**, das Wahrzeichen des Parks. Beide sind von einer Mesa nahe dem **Hotel Chinchipe** (siehe S. 362), einem Fachwerkhaus mit Restaurant und Bar – und vor allem nachts schönem Blick auf Monterrey – zu erreichen. Es gibt dort auch Tennisplätze, einen Pool, ein kleines Spa und andere Annehmlichkeiten.

Wer gern klettert, den lockt der **Cañon de la Huasteca** *(Carr. federal Km 40,3 südl. von Santa Catarina, $)*, rund 20 Kilometer westlich von Monterrey. Diese Schluchten boten einst indianischen wie auch spanischen Siedlern Schutz vor Apachenüberfällen. Bei Villa de Santiago liegen die **Cascadas Cola de Caballo** *(Carr. Cola de Caballo, Km 6 ab MEX 85, Tel. 81/347-1599, $)*, ein 25 Meter hoher Wasserfall, der an einen Pferdeschwanz erinnert und deshalb diesen Namen trägt. Wer 20 bis 30 Minuten klettert, gelangt zu einem Aussichtspunkt. Ein paar Steinstufen führen dann ein Drittel des Wegs nach oben bis zum Wasserfall, anschließend gelangt man über einen Pfad zum Gipfel. Kurz vor dem Eingang zum Park verkaufen Einheimische Korbmöbel, Steinarbeiten und riesige Keramiktöpfe.

Nördlich vom Cañon de la Huasteca liegen die **Grutas de García** *(Ausfahrt García, Tel. 81/ 347-1533, $$)*, 50 Millionen Jahre alte Höhlen voll von Tropfsteinen. Ein beleuchteter Pfad mit Holztreppen schlängelt sich 2,5 Kilometer durch 16 gigantische Höhlen, von denen einige zwölf Meter hoch sind. Führungen finden zwischen 9 und 17 Uhr jeweils zur vollen Stunde statt. An einem Imbissstand kann man etwas Warmes essen. ■

INSIDERTIPP

Viele Gebäude in Monterrey und anderen Städten sind mit Wandmalereien verziert. Bei einem Stadtbummel sieht man die unterschiedlichsten. Manche betrachten sie als Graffiti, andere als Meisterwerke.

NINA-NOELLE HALL
NATIONAL GEOGRAPHIC-Mitarbeiterin

Parque Ecológico Chipinque

Besucherinformation

Carr. a Chipinque
Km 2.5,
San Pedro

81/8303-2190

www.chipinque.org.mx

Zacatecas

Umgeben von trockenen Gebirgslandschaften mit ungewöhnlichen Felsformationen liegt Zacatecas in einem schmalen Canyon auf 2700 Meter Höhe. Die Menschen hier sind für ihre offene Art bekannt, gern pflegen sie auch ihr Cowboyimage. Wenn Sie Glück haben, können Sie eine der traditionellen *callejoneadas* der Stadt erleben, ein Fest mit Musik und Umzügen.

Seinen Namen hat Zacatecas von den Náhuatl-Indianern. Er spielt auf das viele Gras in der Umgebung an. Nachdem am Cerro de la Bufa 1546 Silberminen entdeckt wurden, wuchs die Stadt trotz einiger Aufstände der Caxkanen schnell.

Ein Arbeiter reinigt die Figuren der prunkvollen Barockfassade der Catedral Basílica Menor

Die Fassade der **Catedral Basílica Menor** *(an der Südseite der Plaza de Armas an der Av. Hidalgo, Tel. 492/922-6211)* gilt als Meisterwerk des mexikanischen Barock. Mit ihren Steinmetzarbeiten aus rosa Sandstein repräsentiert sie den churrigueresken Stil. An der Ostseite der **Plaza de Armas**, dem recht nüchternen Hauptplatz der Stadt, steht der **Palacio de Gobierno** *(Hidalgo 604, Tel. 492/923-9511)* aus dem 17. Jahrhundert.

Südlich vom Hauptplatz hat man den **Mercado González Ortega** *(Hidalgo & Tacuba, Tel. 492/922-7990)* im Jugendstil von einem Markt zu einem Einkaufszentrum umgestaltet. Das **Museo Zacatecano** *(Dr. Hierro 301, Tel. 492/922-6580, Di geschl., $)* präsentiert naive sakrale Malerei *(retablos)*, und Kunst der Huicholes. Die nahe gelegene **Iglesia de San Augustín** weist eine herrliche platereske Fassade auf.

Der barocke **Templo de Santo Domingo** *(Genaro Codina 227 an der Plaza Santo Domingo, Tel. 492/ 922-1083)* besticht durch seine üppige Innendekoration. Zu sehen sind churrigueresker Altaraufsätze; Gemälde aus dem 18. Jahrhundert zieren die Sakristei.

Zacatecas
105 B2
Besucherinformation
Av. Hidalgo 403
492/922-1757
www.turismozacatecas.gob.mx

Nebenan gibt es im **Museo Rafael Coronel** *(Ex-Convento de San Francisco s/n, Tel. 492/922-8116, Mi geschl., $)* die größte Sammlung von Zeremonialmasken in ganz Mexiko zu sehen.

Internationale Kunst prägt die Sammlung im **Museo Pedro Coronel** *(Av. Fernando Villalpando an der Plaza Santo Domingo, Tel. 492/922-8021, Do geschl., $)*, das in einem Jesuitenseminar des 17. Jahrhunderts untergebracht ist. Zu bewundern sind Werke von Braque, Dalí und Chagall, dazu afrikanische, indische und asiatische Kunst. Das **Museo de Arte Abstracto Manuel Felguérez** *(Calle Colón s/n, Tel. 492/924-3705, Di geschl., $)* zeigt die Sammlung abstrakter Kunst des Namengebers.

Südwestlich der Innenstadt liegen mehrere Stadtparks, darunter der **Parque Alameda** *(Villalpando Ecke Av. Torreón)* und der **Parque Enrique Estrada** *(González Ortega Ecke Manuel M. Ponce)*. Letzterer bietet eine schöne Sicht vom rosa Steinaquädukt. Im Westen des Parks steht das **Museo Goitia** *(E. Estrada 102, Tel. 492/922-0211, Mo geschl., $)* mit Gemälden einheimischer Künstler.

Einen schönen Stadtblick bietet **Cerro de la Bufa**. Ein Museum *(Tel. 492/922-8066, Mo geschl., $)*, eine Kapelle und eine Rotunde erinnern an die Schlacht, in der Pancho Villas die Regierungstruppen (siehe S. 32) vertrieb. Man kann die Seilbahn (640 m), den *teleférico (Tel. 492/922-5694, $)*, ab **Cerro del Grillo** nehmen. Von hier läuft man zur Mine **El Edén** *(Jaime Dovali Ecke Av. Torreón, Tel. 492/922-3002, $$)*, die seit 350 Jahren in Betrieb ist. Hier gibt es von Donnerstag bis Samstag ab 22 Uhr auch eine Disko *($$$)*. Zehn Kilometer südlich von Zacatecas befindet sich das **Museo Virreynal de Guadalupe** *(Jardín Juárez Oriente s/n, Tel. 492/923-2386, $$)*, ein ehemaliges Franziskanerkloster mit einer Sammlung sakraler Kunst. ■

Hausmittel

Mexikaner vertrauen auf viele einfache, aber wirksame Hausmittel, wenn es um die Behandlung alltäglicher Leiden geht. Aloe-vera-Gel direkt aus den Blättern der Pflanze ist eine gute Nachtcreme und wirkt auch bei Verbrennungen lindernd. Leinsamen in Wasser eingeweicht und dann gekaut hilft bei Verstopfung. Der Saft von Opuntien wird bei Geschwüren, hohem Blutdruck und hohem Cholesterin eingesetzt. Der Saft einer rohen (geschälten) Kartoffel neutralisiert bei Gastritits die Säure; Kokosmilch jeden Morgen nüchtern getrunken soll Darmparasiten *(bichos)* vorbeugen. Auch Chilischoten sollen *bichos* daran hindern, sich häuslich in der Darmflora niederzulassen. Papayasamen sind ein weiteres Hausmittel gegen Darmparasiten. Man beginnt mit einem und nimmt bis zum zwölften Tag jeweils einen mehr und dann wieder entsprechend weniger. Wenn wieder ein Samen erreicht ist, sollten die Parasiten weg sein.

Reserva de la Biósfera El Cielo

El Cielo (der Himmel) wurde 1986 zur Biosphäre erklärt und liegt zwischen zwei Ausläufern der Sierra Madre Oriental im Südwesten von Tamaulipas. Die Höhe von 2200 Metern und die günstige Lage am Wendekreis des Krebses ließen eine Vielfalt von Ökosystemen entstehen. Der Park ist ein Refugium für Wildtiere, außerdem speichert der Nebelwald Regenwasser.

El Cielo bietet vier verschiedene Ökosysteme: tropischen Regenwald, Nebelwald, Kiefern-Eichen-Wald und Nadelwald

Ciudad Victoria
105 C2
Besucherinformation
Calle Hidalgo s/n, Gómez Farias
832/236-2002

Von 1930 an wurde in El Cielo 30 Jahre lang viel Holzeinschlag betrieben, doch nun bietet der Ökotourismus eine gute Alternative zur Abholzung und eine Einkommensquelle. Heute stehen rustikale Restaurants und Unterkünfte auf einigen der Ranches und *ejidos*, Farmen in Gemeinschaftseigentum, zur Verfügung. Das Reservat kennzeichnet eine enorme biologische Vielfalt.

Zwei Stunden von Ciudad Victoria entfernt locken die herrlichen Naturbecken in **El Nacimiento**, der Quelle des Río Frío. Folgen Sie den Wegweisern zu **La Florida**, einem von mehreren Restaurants am Flussufer.

Es verkehren regelmäßig Busse bis **Gómez Farías**, wo es bescheidene, aber charmante Hotels gibt. Hier können Sie auch ein Fahrzeug mit Allradantrieb und einen Führer anheuern. Mit einem geländegängigen Fahrzeug kann man eine Stunde bis **Alta Cima** weiterfahren, einem Weiler, der über einem von Nebelwald bestandenen Tal zu hängen scheint. Die netten Frauen im **Restaurant La Fe** sorgen für Proviant und verkaufen Kunsthandwerk. Nebenan gibt es Zimmer und einen Campingplatz. Über Alta Cima hinaus ist ein Fahrzeug mit Allradantrieb notwendig. Dort ist die Nebelwaldkulisse einfach fantastisch.

Auf rund 1400 Metern duckt sich San José in ein grünes Tal – dem Übergang zwischen Nebel- und Kiefern-Eichen-Wald. Von hier kann man zur **Cueva del Agua** wandern, einer Höhle mit einem glasklaren See. Noch ein Stück weiter ist rund um **La Gloria** der Nadelwald erreicht. Dort sind der riesige **Elefantenfelsen** und die Wasserfälle um die **Höhle El Amarillo** zu sehen. ■

Weitere Sehenswürdigkeiten

Parras de la Fuente

Eine der hübschesten Städte im Nordosten des Landes ist das geschichtsträchtige Parras de la Fuente im Bundesstaat Coahuila, das einen Tupfen Grün in die Wüste setzt. Bemerkenswert sind das **Santuario de Guadalupe** *(Viesca & Ocampo)* mit barocken und neoklassizistischen Altaraufsätzen sowie der **Templo de San Ignacio de Loyola** *(Treviño 103 Sur)*, der ein kleines Museum mit alten Dokumenten, Büchern und Gemälden aus der Epoche des Vizekönigtums zeigt. Auf Grund seiner Lage in 1520 Meter Höhe hat die Stadt samt Umgebung ein angenehmes Klima. Hier liegt das erste Weingut des Kontinents, das im 16. Jahrhundert entstand.

Die **Casa Madero** *(Carr. Paila-Parras Km 18,5, Tel. 842/422-0111)* – früher Hacienda de San Lorenzo – produziert bis heute Wein und Brandy; es gibt täglich von 9 bis 17 Uhr Führungen und Weinproben. Die Ernte wird im August mit der einwöchigen **Fiesta de la Vendimia** gefeiert.

105 B3 Carr. Parras Paila Km 3
842/422-0259

Sierra de Organos

Diese Gegend von Zacatecas ist relativ unerforscht. Ihren Namen hat sie von den Felsen, die an die Äste eines Orgelkaktus erinnern. Man kann wandern, klettern und mit dem Mountainbike fahren. Am Parkeingang gibt es Hütten *($)* für bis zu sechs Personen mit Küche, Schlafzimmern und Bad. Fragen Sie nach Reitausflügen.

105 A2

Sombrerete

Diese Stadt in Zacatecas produzierte einst Blei, Blech, Quecksilber, Silber und Gold. Bis heute gibt es einige beeindruckende Profan- und Sakralbauten im Stil des Barock und Neoklassizismus zu sehen. Man sollte dem **Templo de San Francisco** aus dem 18. Jahrhundert einen Besuch abstatten, daneben dem **Templo de la Soledad** sowie dem **Templo de Santo Domingo**, dessen Hauptfassade mit weiblichen Figuren als Säulen verziert ist. Die größte Fiesta der Stadt, zwei Wochen Anfang Februar, findet zu Mariä Lichtmess statt.

www.sombrerete.com.mx 105 A2
Av. Hidalgo s/n, Los Portales
433/935-1438

Tampico

Zusammen mit Ciudad Madero hat sich Tampico ganz im Süden von Tamaulipas zu einem der wichtigsten Seehäfen Mexikos entwickelt. Die Stadt wird auf drei Seiten vom Golf von Mexiko, dem Pánuco-Fluss und einem Gewirr von Lagunen umschlossen und wurde von Piraten, spanischen Siedlern und Indiostämmen im 16. und 17. Jahrhundert heiß umkämpft. Die **Plaza de la Libertad** ist von Gebäuden aus dem 19. und frühen 20. Jahrhundert flankiert, die französische und britische Einflüsse aufweisen. Am Meer haben gigantische Ölraffinerien, Lagerhallen und Tanker die malerischen

INSIDERTIPP

In der Nähe der Rangerstation der Reserva Biósfera El Cielo können Sie Maultiere mieten, die Sie zu *los ojos de agua* („Augen des Wassers") und anderen nahe gelegenen Quellen bringen.

DR. SERGIO GUEVARA SADA
Instituto de Ecología, A.C.

Von bizarrer Schönheit sind die Gesteinsformationen der Sierra de Órganos

Gebäude aus alten Zeiten ersetzt. Auf der **Plaza de Armas** spielen am Sonntagnachmittag Marimba-Gruppen auf. Das **Museo de la Cultura Huasteca** *(Espacio Cultural Metropolitano, Blvd. López Mateos s/n, Col. Obrera, Tel. 833/210-2217, so geschl., $$)* präsentiert Ausstellungsstücke zur huastekischen Kultur.
105 D1

Zona Arqueológica La Quemada

Rund 50 Kilometer südlich von Zacatecas liegt **La Quemada** mit den Ruinen einer alten, unbekannten Kultur: zylinderförmige, runde und viereckige Strukturen aus Stein, Bruchstein und Ziegel. Experten sind der Auffassung, dass sie von 350 v.Chr. bis 950 von Ackerbauern geschaffen wurden. Überdauert hat der **Salón de las Columnas**, eine Reihe von 1,80 Meter hohen Säulen. Der Zweck des Gebäudes mit dem Namen **Pirámide de Votativa** (Gelübdedank-Pyramide) ist nicht klar, doch der Ballspielplatz ähnelt jenen in ganz Mittelamerika. Stein- und Lehmstraßen gehen über 160 Kilometer sternförmig von der Stätte oben auf dem Hügel aus; sie verbanden vielleicht einmal die nördlichen Stämme mit den kriegerischeren im Süden. Es gibt vor Ort ein kleines Museum, das die Funde der unbekannten Kultur oder Kulturen deutet. Man erreicht La Quemada über eine Straße, die von der MEX 54 abgeht, südlich von Zacatecas.
105 B2 492/922-2184 $$ ■

Chilis, Chilis, Chilis

Praktisch jede Region von Mexiko produziert Chili, die Frucht, die so viele der typischen Gerichte des Landes würzt. Die Namen dafür ändern sich je nach Region und nach Zustand des Chili. Aus dem würzigen Jalapeño, einer der beliebtesten und allgegenwärtigen Sorten, wird in getrocknetem Zustand der rauchig schmeckende *chile chipotle*. Nordmexiko erzeugt den milden *chile dulce*, während am entgegengesetzten Ende des Landes, die Halbinsel Yucatán für den *habanero* bekannt ist, eine dicke orangefarbene Chilischote, die sehr scharf ist. Unter den mehr als 40 Chilisorten Mexikos ist der getrocknete *chile ancho* braun und lederig, während der *serrano* grün oder zu leuchtendem Rot gereift verwendet wird. Alle sind eine ausgezeichnete Quelle für Vitamin C.

Jede Köchin hat ihre Lieblings-Salsa – Soßen, die typisch sind und dem Essen Würze verleihen. Außer in Salsas finden sich Chilis auch in *rajas*, Streifen von *chile poblano* mit Zwiebeln und Tomaten gegart und in Tacos oder Tortillas serviert. Die wachsigen Poblano-Chilis werden auch für *chiles rellenos* (mit würziger Fleischmischung oder Käse gefüllte Chilis, die in einer Panade gebraten werden) verwendet oder für das typische mexikanische Rezept *chiles en nogada*, das Nationalgericht, das voller Stolz im September serviert wird, wenn die Mexikaner ihre Unabhängigkeit von Spanien feiern.

Die mächtige Sierra Madre und die Tiefebene Bajío, dazu ein reiches Erbe an barocken und klassizistischen Gebäuden um ansehnliche Plazas

Zentralmexiko

Kuppel des Templo de San Cayetano in Guanajuato

Zentralmexiko

„*Arriba, abajo, al centro, al dentro*" – „Oben, unten, in die Mitte, hinein" – so lautet ein spanischer Trinkspruch, der gleichzeitig die Kolonisierung von Zentralmexiko beschreibt. Nach Entdeckung der Silbervorkommen bei Zacatecas (oben) und dann in Guanajuato (unten), machten sich die spanischen Unternehmer schließlich in die Landesmitte auf. Guanajuato entwickelte sich zur Bergbaustadt, während San Luis Potosí, Aguascalientes und San Miguel de Allende zu Agrarzentren heranwuchsen.

Mit den Unternehmern kam auch die katholische Kirche. In der Sierra Gorda sah sich der Stamm der Pame gezwungen, seine nomadisierende Lebensweise aufzugeben und Missionen zu bauen. Der 40-jährige Krieg gegen die Guayachicilies um San Luis Potosí sollte sich jedoch bei der Unterwerfung dieses Chichimeken-Stammes als erfolglos erweisen. Ruhe kehrte erst ein, als Franziskanermönche die Spanier überzeugten, akzeptable Friedensbedingungen anzubieten.

Freidenkerische Kirchenmänner fanden sich unter den Befürwortern der Unabhängigkeit von Spanien, ein Gedanke, der in Zentralmexiko entstand. Der intellektuelle wie redegewandte Geistliche Miguel Hidalgo y Costilla gilt dann auch als der Vater der mexikanischen Unabhängigkeit. Zusammen mit Capitán Ignacio Allende und einigen anderen stiftete er die Revolution in Querétaro an. Sein Ruf nach Freiheit tönte von der Gemeinde Dolores Hidalgo. Beide Männer wurden jedoch rasch gefangen genommen und hingerichtet, der Beginn eines blutigen Krieges.

Nach der Unabhängigkeit florierten die Minen wegen des erweiterten Marktes in Europa weiter. In der Tiefebene von Bajío kamen die Kaufleute von Querétaro zu enormem Reichtum, mit dem sie unglaubliche Meisterwerke barocker Architektur finanzierten.

Heute sind die Kolonialstädte im Herzen von Mexiko Kulturzentren. Die gepflegten Plazas säumen Kirchen und Paläste, manchmal umgebaut zum Hotel, Restaurant oder Museum; bei den Cervantes-Festspielen von Guanajuato (siehe S. 122) treten international bekannte Künstler auf, ebenso bei Veranstaltungen mit klassischer Musik und Jazz in San Miguel de Allende. Theater aus der Kolonialzeit beherbergen die Oper und Symphonie, die *callejoneadas* sind ausgelassene Musikfeten. ■

NICHT VERSÄUMEN:

Zur Orientierung
Mexiko-Stadt
0 100 Kilometer
0 50 Meilen
DER NORDOSTEN S. 103
DER NORDOSTEN S. 103
DIE GOLFKÜSTE S. 233
RUND UM MEXIKO-STADT S. 211
DIE PAZIFIKSTAATEN S. 137
SAN LUIS POTOSÍ
ZACATECAS
GUANAJUATO
QUERÉTARO
Huertecillas
Vanegas
Estación Catorce
Real de Catorce
Matehuala
Santo Domingo
Charcas
Herradura
Venado
Villa de Ramos
Entronque El Huizache
Presa de Guadalupe
Moctezuma
Salinas de Hidalgo
Salto del Agua
El Naranjo
Ahualulco
Cerritos
Villa Juárez
Ciudad del Maíz
Loreto
San Luis Potosí
PARQUE NACIONAL EL POTOSÍ
Alaquines
Ebano
Ciudad Valles
Tamuín
Villa Zaragoza
Tepetates
Villa de Arriaga
Santa María del Río
Río Verde
Cárdenas
Tamtoc
Tampaón
El Salto
Ocampo
PARQUE NACIONAL EL GOGORRÓN
Balneario de Lourdes
San Ciro de Acosta
Verde
Moctezuma
Santa María
San Felipe
San Luis de la Paz
Concá
Tancoyol
Xilitla
Tamazunchale
Dolores Hidalgo
Jalpan
Tilaco
LEÓN
Templo de San Cayetano
3191m
Co. Pingüicas
Landa de Matamoros
Guanajuato
San José Iturbide
San Francisco del Rincón
Silao
Presa Ignacio Allende
San Miguel de Allende
Moctezuma
Irapuato
Comonfort
Querétaro
Ezequiel Montes
Cuerámaro
Salamanca
Celaya
Tequisquiapan
Pénjamo
Valle de Santiago
San Juan del Río
Lerma
Laguna Yuriria
Salvatierra
Jerécuaro
Amealco
Moroleón
Yuriria
Presa Solís
Acambaro
57
80
49
85
70
51
69
45D
120
43
90
5
1
B
C
D
E

Guanajuato

Im Gegensatz zu den alten Kolonialstädten, die vom Hauptplatz aus im Schachbrettmuster angelegt sind, kreuzen sich die langen, krummen Straßen von Guanajuato in seltsamen Winkeln. Biegt man in eine der kopfsteingepflasterten Straßen ab, geht es plötzlich nicht mehr weiter, oder man kommt an einen der Plätze, die von Geschäften und Cafés gesäumt sind.

Mit seinen Gassen und reich verzierten Gebäuden zählt Guanajuato zu den am schönsten erhaltenen Kolonialstädten Mexikos

Guanajuato hat seinen Namen von einem Wort der Purépecha-Indianer, das „Froschhügel" bedeutet. Der Ort liegt am Fuß einer Schlucht und zieht sich die Hügel hinauf. Die meisten Sehenswürdigkeiten finden sich bei der Avenida Juárez und der Pocitos; beide folgen dem alten Flussbett und wechseln dabei mehrmals den Namen. Die Stadt ist untertunnelt.

Guanajuato, die Hauptstadt des gleichnamigen Bundesstaates, war früher die wichtigste Bergbaustadt in Mexiko. Es kann mit unzähligen Kirchen, Museen, Theatern und schönen Wohnhäusern aufwarten. Ein Beispiel für churriguereske Architektur ist der **Templo de la Compañía de Jésus** *(Plaza de la Compañía Ecke Hidalgo, Tel. 473/733-9782)* mit einer fantastischen rosa Fassade, die von einer klassizistischen Kuppel gekrönt wird.

Die Kirche gehörte ursprünglich zur angrenzenden **Universidad de Guanajuato** *(Lascuráin de Retana 5, Tel. 473/732-0006)*. Sie wurde 1724 als Jesuitenkolleg gegründet; heute ist sie eine bedeutende Universität. Im **Jardín de la Unión** trifft sich die ganze Stadt; er liegt nebenan vor dem **Templo de San Diego Alcalá** aus dem 18. Jahrhundert.

Rund um den Park finden sich Restaurants, Cafés, ein Hotel sowie das **Teatro Juárez** *(Calle de Sopeña s/n Ecke Jardín de la Unión, Tel. 473/732-0183, geschl. Mo, $)*, dessen nüchterne klassizistische Fassade nicht auf die üppige Innenausstattung schließen lässt. Einen Block gen Südosten erreicht man das **Museo Iconográfico del Quijote** *(Manuel Doblado 1, Tel. 473/732-6721, Mo geschl., $)*, wo jedes der 600 Exponate etwas über den spanischen Schriftsteller Miguel de Cervantes erzählt.

Die meisten der Hauptsehenswürdigkeiten von Guanajuato liegen nordwestlich vom Jardín de la Unión. Viele flankieren die **Plaza de la Paz** *(Calle de la Paz Ecke Av. Juárez)*. Neben dem klassizistischen **Palacio Legislativo** steht der wunderschöne **Palacio de Justicia** (Gerichtshof).

Das **Museo del Pueblo de Guanajuato** *(Pocitos 7, Tel. 473/732-2990, Mo geschl., $)* zeigt eine Sammlung sakraler und profaner Kunstwerke. Richtung Osten ragt die leuchtend gelbe **Basílica Colegiata de Nuestra Señora de Guanajuato** auf, in der es eine polychrome Jungfrau Maria aus dem 8. Jahrhundert auf einer Plattform aus Silber zu sehen gibt.

Skizzen des Muralisten, fertige Ölgemälde und Werke zeitgenössischer Künstler füllen das **Museo Casa Diego Rivera** *(Pocitos 47, Tel. 473/732-1197, Mo geschl., $)*. Hier wurde Rivera 1886 geboren.

In der **Alhóndiga de Granaditas** fand die erste Schlacht im Unabhängigkeitskrieg (siehe S. 29ff.) statt, ein Erfolg für die Aufständischen. Sie wurde später von den spanischen Royalisten eingenommen und als Festung verwendet. Die Revolutionsführer wurden in Käfigen aufgehängt, wo sie bis zum Ende des Kriegs bleiben sollten. Heute ist in dem Gebäude ein **Museum** untergebracht

Guanajuato

119 B2

Besucherinformation

Plaza de la Paz 14

473/732-1574 oder 1800/714-1086 (gebührenfrei innerhalb Mexikos)

www.guanajuato.gob.mx

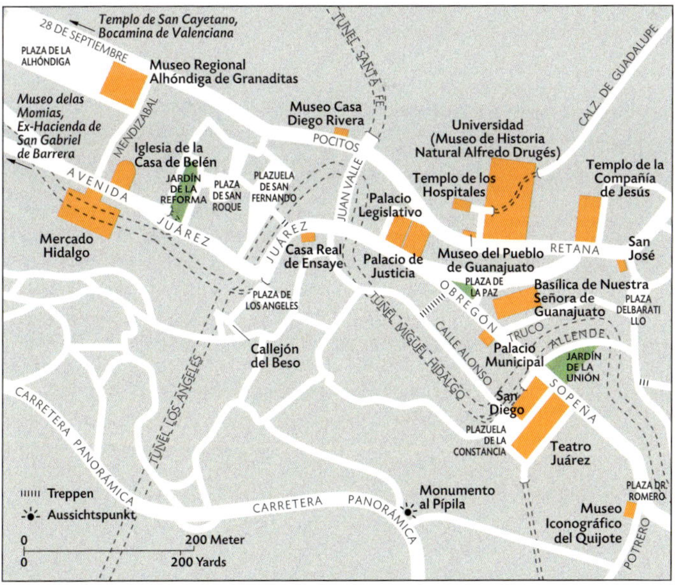

Festival Cervantino

Die international bekannten Cervantes-Festspiele *(Tel. 55/5615-9403 Nebenstelle 7326 in Mexiko-Stadt, www.festivalcervantino.gob.mx)* nahmen in den 1950er Jahren ihren Anfang, als ein Universitätsprofessor seine Studenten ermutigte, *entremeses* aufzuführen, spanische Einakter. Der Erfolg dieser Produktionen führte dann zu den alljährlich stattfindenden Festspielen. Die Organisatoren versuchen heute, ein breites, hochkarätiges Spektrum an Genres anzubieten, und engagieren Avantgarde-, Folklore- und Musiktruppen und sogar Akrobaten aus China. Im Lauf der Geschichte der Festspiele traten hier die Royal Shakespeare Company und das New York Philharmonic Orchestra auf. Heute besuchen Zehntausende von Zuschauern die zweiwöchige Veranstaltung im Oktober. Sein Hotel muss man deshalb im Voraus reservieren.

INSIDERTIPP

Schließen Sie sich Guanajuatos häufigen *calleoneadas* an, wenn Musiker und Geschichtenerzähler durch die Straßen ziehen und eine lebhafte Menschenmenge anlocken.

CHARLES KULANDER
NATIONAL GEOGRAPHIC Traveler-Autor

(Mendizabal 6, Tel. 473/732-1112, Mo geschl., $); zu sehen sind Wandgemälde, Exponate zu Geschichte, Archäologie und Ethnologie. Nicht weit von hier liegt der betriebsame **Mercado Hidalgo** *(Av. Juárez Ecke Mendizabal)*, der Stadtmarkt. Er wurde 1910 von Gustave Eiffel entworfen.

Wer das Düstere mag, sollte ins **Museo de las Momias** *(Explanada del Panteón, Tel. 473/732-0639, $)* gehen. In diesem Mumienmuseum sind über 100 Bürger von Guanajuato in Glaskästen ausgestellt. Nicht bezahlte Friedhofsgebühren ermöglichten diese Pietätlosigkeit. Für ein paar Pesos mehr kann auch noch den benachbarten **Salón del Culto de la Muerte** mit Folterwerkzeugen besuchen.

Wem nun der Sinn nach frischer Luft steht, der spaziert zur **Ex-Hacienda de San Gabriel de Barrera** *(Carretera Antigua a Marfil, Km 2,5, Tel. 473/732-0619, Mo geschl. $)* etwas außerhalb der Stadt. Diese Hazienda, heute ein Museum für europäische Kunst und Mobiliar aus dem 17. bis 19. Jahrhundert, bietet 17 herrliche Gärten.

Oberhalb der Stadt liegt der **Templo de San Cayetano**; *(Carretera Dolores Hidalgo, Km 2)*. Schon die reich geschmückte Fassade der Kirche aus rosa Bruchstein ist herrlich, viel mehr noch das reich verzierte Innere. In der angrenzenden **Bocamina de Valenciana** *(Carretera Dolores Hidalgo, Km 5, Tel. 473/732-0641, $)* lernt man im Rahmen einer Führung die Mine kennen, die noch in Betrieb ist. ■

San Miguel de Allende

Trotz der vielen ausländischen Besucher pflegt San Miguel die *méxicanidad*. Der malerische Ort mit seinen steilen Treppen und Kopfsteinpflasterstraßen wirkt mit seinem Auf und Ab wie ein Widerhall der sanften Linien der Umgebung. Eine Gruppe von Künstlern schafft hier wunderschöne Werke, das Bild wird abgerundet durch ein großartiges Jazzfestival.

San Miguel war ursprünglich nur eine Halteplatz für die Maultiere, die früher Gold und Silber transportierten. Dann florierte der Ort als Marktflecken für die Haziendas der Umgebung. Die Regierung von Mexiko erklärte die Stadt 1926 zum Nationalmonument.

Das **Instituto Allende** *(Ancha de San Antonio 20, Tel. 415/152-0190, www.instituto-allende.edu.mx)* bietet Sprachkurse wie auch Kunst. In der **Escuela de Bellas Artes** *(Hernández Macías 75, Tel. 415/152-0289)* werden unter anderem Musik, Tanz, Malerei und Bildhauerei unterrichtet.

Die Stadt zu Fuß zu erkunden, ist zugleich sportliche Betätigung. Ein günstiger Ausgangspunkt ist der Hauptplatz, die **Plaza Allende** *(Calles Correo, San Francisco, Portal Allende & Portal Guadalupe)*, genannt „el Jardín". Wer über die Kopfsteinpflasterstraßen spaziert, kommt an vielen Kirchen, gemütlichen Cafés und Wohnhäusern in Pastellfarben vorbei. Um sich die schönen Herrschaftshäuser und Gärten von innen ansehen zu können, nimmt man am Sonntag an einer **Haus-und-Garten-Tour** *($$$$$)* teil, die von der **Biblioteca Pública** *(Insurgentes 25, Tel. 415/152-0293)* organisiert wird. Zweistündige geführte Spaziergänge *($$$$)* beginnen am Montag, Mittwoch und Freitag um 9.45 Uhr bei La Parroquía am Hauptplatz.

Die beliebteste Sehenswürdigkeit der Stadt ist die Kirche **La Parroquía de San Miguel Arcángel** *(an der Südseite der*

San Miguel de Allende

119 C2

Besucherinformation

Calle Canal zwischen Reloj & Hidalgo, gegenüber der Plaza

415/152-0900

www.turismosanmiguel.com.mx

Ein hübscher Innenhof in San Miguel de Allende

Museo de la Casa de Ignacio Allende

- ✉ Cuna de Allende 1
- ☎ 415/152-2499
- 🕒 Mo geschl.
- $ $

La Gruta Hot Springs

- ✉ An der Straße nach Dolores Hidalo, etwa 8 km außerhalb von San Miguel
- ☎ 415/152-2530

Plaza Allende) im Stil der Neogotik. Sie soll von dem – unausgebildeten – Steinmetz Cerefino Gutiérrez stammen, der sie nach Postkarten entwarf, die gotische Kathedralen in Frankreich zeigten.

Die zweite bemerkenswerte Kirche in San Miguel ist das **Oratorio de San Felipe Neri** *(Insurgentes Ecke Llamos)*, ein paar Blocks nordöstlich der

INSIDERTIPP

Besuchen Sie das Herz von San Miguel de Allende, el Jardin, und tauchen Sie in die heißen Quellen von La Gruta ein.

PAM GROUT
National Geographic-Autorin

Plaza. Der **camarín de la virgen de Loreto,** die Heiligennische, im westlichen Querschiff ist ein barocker, achteckiger Alkoven mit drei beeindruckenden Altaraufsätzen.

Das Geburtshaus des Helden im Unabhängigkeitskampf, Ignacio Allende (1779–1811), ist heute das **Museo de la Casa de Ignacio Allende**. In wunderschöner Architektur des 19. Jahrhunderts gibt es Möbel aus der Kolonialzeit zu bestaunen.

Doch der Hauptanziehungspunkt in San Miguel sind die unzähligen Veranstaltungen. Vorträge zu Spiritualismus und zum Schreiben finden an hübschen Plätzen in der Stadt statt. Ein Treff ist das zur Bibliothek gehörige **Café Santa Ana**. Und es gibt Dutzende von Kunstgalerien. Information gibt die Wochenzeitung *Atención*.

In den zahlreichen Läden von San Miguel finden Sie herausragende Kunsthandwerksarbeiten, z.B. Schmuck.

Außerhalb der Stadt lohnt ein Besuch im Kaktusgarten bei **El Charco del Ingenio** *(1 km vor der Stadt, Tel. 415/154-4715, www.elcharco.org.mx, $)* oder bei einer der vielen heißen Quellen, die in Becken und Bäder gelenkt werden. Die meisten liegen an der Straße nach Dolores Hidalgo (siehe S. 136). Über Details informiert das San Miguel Tourismus Department. ■

Vegetarier in Mexiko

Im an Fleischgerichten reichen Mexiko fleischlose Kost zu finden, kann eine Herausforderung sein, aber Vegetarier müssen nicht verhungern. Vor allem Nordmexiko ist bekannt für seine Fleischgerichte, doch Tacos und andere Speisen können auch mit Kartoffeln oder Bohnen und Guacamole oder anderen köstlichen Salsas bestellt werden. *Carne* heißt zwar genau genommen ganz allgemein Fleisch, wird aber oft als Rindfleisch verstanden; betonen Sie deshalb, dass Sie auch kein *pollo* (Huhn), *puerco* (Schwein) oder andere *productos animales* (tierische Produkte) wollen. Achten Sie auf *asiento* (Schweinespeck), der oft auch auf sonst fleischlosen Gerichten zu finden ist. In Mexiko wachsen viele tropische Früchte, aus denen Säfte und *licuados* (Smoothies) gemacht werden. Und essen Sie unbedingt Kaktussalat!

Querétaro & Umgebung

Querétaro liegt im fruchtbaren Tiefland von Bajío. Schon zu Kolonialzeiten machte das reiche Ackerland die Stadt zu einer der wichtigsten in Neu-Spanien. Seit seiner Gründung 1531 hat Querétaro in vielen Politdramen eine Rolle gespielt, z. B. bei Aufständen, die die Unabhängigkeit zum Ziel hatten. Querétaro ist eine bedeutende Industriestadt mit historischem Zentrum.

Der Templo de San Francisco (1540–50) überragt den Jardín Zenea, den Mittelpunkt von Querétaro

Die Pläne, die Kolonialherrschaft abzuschütteln, fielen in der **Casa de la Corregidora** auf fruchtbaren Boden; das Haus liegt an der Nordseite der altehrwürdigen **Plaza de Armas** *(Av. Pasteur & 5 de Mayo)*. Hier konspirierte Doña Josefa Ortiz de Domínguez, die Frau des von Spanien ernannten Bürgermeisters *(corregidor)*, mit Miguel Hidalgo, Ignacio Allende und anderen Intellektuellen. Die *corregidora* wurde später hingerichtet. An der Westseite der Plaza gilt es die Barockfassade der **Casa de Ecala** aus dem 18. Jahrhundert zu bewundern; sie besteht aus behauenem Bruchstein und ist mit Talavera-Kacheln geschmückt.

Treffpunkt der Stadt ist der **Jardín Zenea** *(Avs. Corregidora, 16 de Septiembre, Juárez & Madero)*, ein paar Blocks Richtung Westen. Gleich in der Nähe ist die Kuppel des **Templo de San Francisco** aus dem 16. Jahrhundert mit spa-

Querétaro
119 C1
Besucherinformation
Pasteur Norte 4
01800/715-1742 (gebührenfrei innerhalb Mexikos)
www.queretaro.travel

Museo de Arte de Querétaro
127
Allende Sur 41
Ecke Pino Suárez
442/212-2357
Mo geschl.

nischen Kacheln verziert. Im angrenzenden Kloster zeigt das **Museo Regional de Querétaro** *(Corregidora 3 Sur Ecke Madero, Tel. 442/212-2031, Mo geschl., $)* Mobiliar und Gemälde aus dem 17. bis 19. Jahrhundert.

Ein paar Blocks in Richtung Norden wurde im **Teatro de la República** *(Juárez Ecke Calle A. Peralta)* die Verfassung unterzeichnet, und hier wurde Maximilian von Habsburg (siehe S. 31), für kurze Zeit Kaiser von Mexiko, 1867 zum Tode verurteilt. Heute finden in dem klassizistischen Gebäude Theateraufführungen und Konzerte statt; Besucher können sich untertags die Räumlichkeiten ansehen.

INSIDERTIPP

Die Peña de Bernal bei San Sebastián Bernal soll eine Energiestation für UFOs sein.

ERIC RAMIREZ BRAVO
NATIONAL GEOGRAPHIC-Feldforscher

Die schlichte Fassade der **Iglesia de Santa Clara** *(Madero Ecke Allende, Tel. 442/212-1777)* stammt aus dem 17. Jahrhundert und steht in scharfem Kontrast zur üppigen Barockausstattung im Inneren. Der talentierte einheimische Bildhauer Eduardo Tresguerras (1759–1833) schuf 1797 die **Fuente de Neptuno,** den Neptunbrunnen gleich in der Nähe. Auch für Nichtgäste lohnt ein Besuch von Salon und Bar der **Casa de la Marquesa** *(Madero 41 Ecke Allende, Tel. 442/212-0092)*, die für den Mudéjar-Einfluss und die vielen schönen Kacheln bekannt ist. Das **Museo de Arte de Querétaro** ist in einem Gebäude aus dem Spätbarock untergebracht, einem ehemaligen Augustinerkloster.

Östliche Einflüsse machen sich bei der **Iglesia y Convento de Santa Rosa de Viterbo** *(Arteaga Ecke Esequiel Montes, Tel. 442/212-1691)* in Form von einer Kuppel im Mudéjar-Stil und seltsamen Strebepfeilern mit Wasserspeiern bemerkbar. Innen sieht man sechs barocke Altaraufsätze aus vergoldetem Holz, eine schöne Kanzel mit Intarsien sowie eine Orgel aus dem 18. Jahrhundert.

Nach dem Niedergang des Zweiten Reiches 1887 (siehe S. 33) wurde Maximilian von Habsburg auf dem **Cerro de**

las Campanas *(Morelos Ecke Tecnológico)* im Westen der Stadt standrechtlich erschossen. Eine **Sühnekapelle** wurde 1901 zum Gedächtnis vom österreichischen Kaiser gestiftet. In der Nähe des „Glockenhügels" wacht eine riesige Statue von Benito Juárez über die herrliche Aussicht.

Auf der anderen Seite der Stadt nimmt im Osten das Klosterleben im **Convento de la Santa Cruz** seinen Gang. Die Legende besagt, dass der Apostel Jakob – Santiago, der Namensheilige Spaniens – auf einem weißen Pferd erschienen ist, um seinen Landsleuten zum Sieg über die Otomí zu verhelfen. Hinter der Kirche befindet sich das Endstück eines 1200 Meter langen **Aquädukts,** ein Wunderwerk mit 74 Sandsteinbögen, aus dem 18. Jahrhundert.

54 Kilometer nördlich von Querétaro liegt die kleine Kolonialstadt **San Sebastián Bernal,** mit gelben und rötlichen Gebäuden und gefliesten Straßen. Extremsportler kommen zum Freiklettern: Außerhalb der Stadt ragt die **Peña de Bernal** auf, der drittgrößte Monolith der Welt (350 m).

Nicht einmal eine Stunde mit dem Auto liegt südöstlich von Querétaro **San Juan del Río** *(Touristeninformation, Av. Juárez beim Templo del Santuario),* eine wohlhabende Marktstadt, die für ihre Korbarbeiten, Schnitzereien und Halbedelsteine bekannt ist. **Tequisquiapan**, nördlich von San Juan *(Touristeninformation, Plaza Hidalgo, Andador Independencia 1, Tel. 414/273-0295)* ist malerischer. Vor der Stadt gibt es Schwimmbäder mit Restaurants. Es werden *sarapes* und Körbe verkauft. Ende Mai, Anfang Juni findet die **Fiesta del Queso y del Vino** statt. ■

Convento de la Santa Cruz

- Karte 127
- Independencia Ecke Felipe Luna, Barrio de Santa Cruz
- 442/212-0235
- Mo geschl.
- Spende

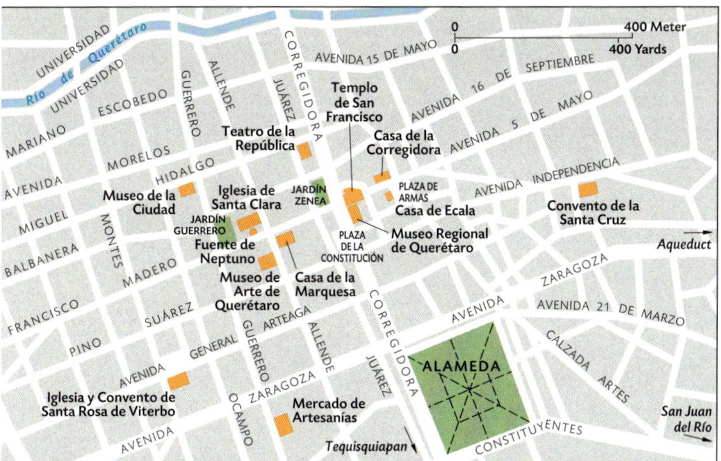

Mit dem Auto zu den Missionen der Sierra Gorda

Zwischen 1751 und 1768 wurden mitten in der Sierra Gorda fünf Franziskanermissionen erbaut. Unter der Führung von Pater Junípero Serra bemühten sich die Franziskaner, die Pame, einen Chichimeken-Stamm, zu christianisieren. Die Missionskirchen sind ein gutes Beispiel für den mexikanischen Barock, der christliche Symbole mit der Handwerkskunst der *indígenas* vereint.

Die **Misión de Jalpan** ❶ *(Tel. 441/296-0233)* liegt auf einem hohen Felsen 118 Kilometer nordöstlich von Querétaro. Die Fahrt führt zunächst über die MEX 45 und dann über die MEX 120. Sie wurde als Erste in dieser einsamen Region erbaut (1751–58). Sie eignet sich am besten für Reisende, die über Nacht bleiben wollen. Ihre Fassade schmücken Statuen der Jungfrau von Guadalupe und der Jungfrau von Pilar, die bedeuten, dass Spanien und Mexiko gleichermaßen wichtig waren. Man beachte unten an der Fassade die doppeldeutige Symbolik des zweiköpfigen Habsburgeradlers, der eine Schlange vertilgt, ein Symbol der Azteken.

Jugendliche halten Siesta auf den Treppen der Misión de Jalpan

Das angrenzende **Museo Histórico de la Sierra Gorda** *(Tel. 441/296-0165, Mo u. 14–16 Uhr geschl.)* zeigt Artefakte der Pame, Chichimec und Purépecha und widmet sich der Klosterkultur.

NICHT VERSÄUMEN:

Misión de Jalpan • Misión de Concá • Landa • Tilaco

Von Jalpan geht es auf der MEX 69 in Richtung Nordwesten nach Río Verde. Nach etwa 43 Kilometern ist am Stadteingang die **Misión de Concá** ❷ erreicht. Obwohl der Ort wie auch die Mission in der Gemeinde Arroyo Seco („Trockenes Flussbett") liegt, gibt es hier Unmengen Thermalquellen. Die kleinste Kirche in der Sierra Gorda hat eine auffallende Fassade in Orangerot und Ocker und ist bekannt für ihre Ornamente.

Wieder in Jalpan fährt man auf der MEX 120 weiter zur **Misión de Landa de Matamoros** ❸, deren kunstvolle Fassade Nischen mit Heiligen zieren. Die Strecke ist 60 Kilometer lang. Landa ist die letzte Mission, die erbaut wurde und am besten erhalten. Zu ihr gehören eine Kirche, ein Kreuzgang, eine offene Kapelle, ein Atrium und vier *posas*, Eckkapellen.

Zehn Kilometer geht es nun weiter gen Norden. Dann biegt man rechts ab, bis nach zehn Kilometern die **Misión de Tilaco** ❹ auftaucht. Wie in Jalpan flankieren auch hier Darstellungen der Heiligen Peter und Paul das breite Portal. Im oberen Bereich der Fassade fliegt eine Vielzahl von Engeln hinauf zu einem fantastischen Garten. Auf der MEX 120 geht es in nordöstlicher Richtung bis linker Hand die Abzweigung zur **Misión de Tancoyol** ❺ *(Tel. 427/293-3718)* erreicht ist. Rund 16 Kilometer geht es nun durch das bewaldete Tal Tancoyol („Ort der *Coyoles*", einer regionalen Frucht). An der Fassade sieht man Heilige und Symbole der Franziskaner, im Inneren sind zwei der Säulen oben allerdings mit einem Jaguar sowie Wesen mit bodenständigen indianischen Zügen versehen.

Wieder auf der MEX 120 kann man entweder nach Querétaro zurückfahren, oder man wählt die kürzere Strecke nach **Ciudad Valles** unweit von San Luis Potosí *(MEX 85)*. Die zweite Route führt an **Xilitla** ❻ vorbei, wo die eigenwilligen Skulpturen des exzentrischen Schotten Edward James (siehe S. 136) im Freien zu bewundern sind. Die Missionen öffnen alle um sieben Uhr und schließen gegen Sonnenuntergang.

San Luis Potosí

Im ausgehenden 16. Jahrhundert schürte die Entdeckung der reichen Silberminen im benachbarten Zacatecas und Guanajuato den Wunsch nach mehr. Nach Funden am Cerro de San Pedro gründeten die Spanier fünf Kilometer entfernt Real San Luis Minas de Potosí – das heutige San Luis Potosí. Die Vorkommen waren bald erschöpft, die Stadt blieb.

Die Capilla de Aranzazú im Museo Regional Potosino liegt im ersten Stock des Bauwerks

Die Stadt hat sich ihren Sinn für Traditionen bewahrt. In der Innenstadt sieht man neben vielen Gebäuden aus der Kolonialzeit auch klassizistische Häuser, dazu Barockkirchen mit klassizistischem Interieur. In San Luis Potosí leben derzeit eine Million Menschen; das Klima ist mild. Mehr als 90 Prozent der Touristen kommen aus dem eigenen Land.

Die Potosinos sind stolz auf ihre Spezialitäten, dazu gehören *enchiladas potosinas,* eine pikante Mischung aus Maismehl und Chili gefüllt mit Käse und frischen Zwiebeln, oder *tacos Camila,* Tortillas mit Käsefüllung und verschiedenen Gemüsesorten. Bekannt ist die Stadt auch für den *queso de tuna,* karamellisierten Kaktussaft.

Gemütliche Lokale findet man rund um den Hauptplatz, die beliebte **Plaza de Armas,** die auch Jardín Hidalgo *(zwischen Los Bravos, Zaragoza, Othón & 5 de Mayo)* heißt. Die Avenida V. Carranza flankieren noble Cafés und Restaurants westlich der **Plaza de los Fundadores.** In dieser betriebsamen Straße befindet sich auch die **Casa de la Cultura** *(Av. V. Carranza 181, Tel. 444/813-2247, Mo geschl., $),* ein elegantes Anwesen, das in den 1920er Jahren im Stil des englischen Klassizismus erbaut wurde. Das Kulturzentrum hat ein Museum, in dem Sakralkunst sowie Artefakte aus vorspanischer Zeit zu sehen sind. Gemeinsam mit dem neuen **Centro de las Artes de San Luis Potosí** *(Calzada de Guadalupe 705, Col. Julian Carrillo, Tel. 444/137-4100)* bietet es Veranstaltungen. Das frühere Gefängnis der Stadt lohnt auch wegen der gelungenen Umbauten einen Besuch.

Weiter östlich zeigt das **Museo Federico Silva** *(Alvaro Obregón 80, Tel. 444/812-3848, Di geschl., $)* eine der wichtigsten Skulpturensammlungen in ganz Lateinamerika.

Vermutlich werden die regionalen Kunsthandwerksarbeiten anderswo billiger angeboten, doch in der **Casa de los Artesanos** *(Av. V. Carranza 540, Tel. 444/814-8990)* gibt es alles, was der Bundesstaat an Volkskunst und Souvenirs zu bieten hat.

Im Norden der Plaza de Armas ist die Calle Hidalgo für den Verkehr gesperrt und geht in den städtischen Markt über, den **Mercado Hidalgo**. Südlich der Plaza ist die **Caja de Agua** ein ungewöhnliches Baudenkmal. Dieser Wassertank wurde 1832 erbaut und bis um 1900 genutzt.

Weiter südlich lässt an der Avenida Juárez das **Santuario de Guadalupe** *(Calz. de Guadalupe 1005, Tel. 444/815-0769)* den Übergang zum klassizistischem Stil sehen. Der Hochaltar trägt ein Gemälde der Jungfrau von Guadalupe von Jesús Corral.

Im Südwesten der Stadt liegt, 2008 eröffnet, **El Laberinto de las Ciencias** *(Blvd. Antonio Rocha Cordero s/n, Parque Tangamanga I, Tel. 444/210-0108, $$)*. Zu den fantastischen Ausstellungen gehören ein musikalischer Kaktusgarten und ein Aluminiumrohr, das Schlagzeilen als Wasserstrahlen in die Luft sprüht. Es gibt auch einen interaktiven Raum für Kinder.

Rund 48 Kilometer südlich der Stadt liegt **Santa María del Río,** eine Stadt, die sich der Weberei verschrieben hat. Diese Region ist auch für ihre heißen Quellen bekannt. **Balneario de Lourdes**, 20 Kilometer südöstlich von Santa María, hat alkalihaltiges Wasser, das bei Leber- und Nierenleidenhilft, dazu ein Restaurant und Hotel.

(Fortsetzung S. 134)

San Luis Potosí
119 C3

Besucherinformation

Staatliche Touristeninformation, Manuel José Othón 130, Centro

444/812-9939 oder 01800/343-3887 (gebührenfrei innerhalb Mexikos)

Städtische Touristeninformation, Palacio Municipal, Jardín Hidalgo

444/812-2770

www.visitsanluispotosi.com

ERLEBNIS: Ausflüge zu Pferd

Der Bundesstaat San Luis Potosí bietet Programme, die Reisende mit seinen unterschiedlichen Landschaften bekannt machen wollen. Zu diesen Abenteuern gehören Ritte ins ursprüngliche Mexiko, abseits der ausgetretenen Pfade.

In der Region Altiplano führen Einheimische Expeditionen zu Pferd in die trockenen Mesas und Hochplateaus um die früheren Bergbaustädte Real de Catorce und Guadalcázar *(Information zu beiden: Tel. 488/882-5005)*. Nicht alle Cowboys sprechen gutes Englisch, aber das gehört zum Spaß dazu.

In der zentralen Region *(Tel. 487/871-6359)* besuchen die Touren zu Pferd die Höhlen La Catedral und die Laguna La Media Luna, außerhalb von Río Verde, in der man auch schwimmen kann. Weitere Informationen gibt es beim Staatlichen Tourismusamt. *(Tel. 444/812-9939)* oder unter *www.visitsanluispotosi.com* (nur Spanisch).

Spaziergang durch San Luis

San Luis Potosí wurden bereits 1656 die Stadtrechte zuerkannt. Die meisten seiner wichtigen Gebäude stammen jedoch aus dem 18. und 19. Jahrhundert. In der Innenstadt gibt es Baudenkmäler aus der Zeit des Barock, des Klassizismus und aus der Regierungszeit von Porfirio Díaz (1877–1911).

Die Sandsteingebäude der Stadt sind vorwiegend in Rosatönen gehalten

Der Spaziergang beginnt an der **Plaza de los Fundadores** an der Avenida V. Carranza Ecke D. Carmona. An der nordwestlichen Ecke besucht man zuerst die **Capilla de Loreto** ❶ aus dem ausgehenden 16. Jahrhundert:. Innen gibt es einen der wenigen erhaltenen jesuitischen Altäre in Mexiko zu sehen. Auf der Obregón bummelt man nun Richtung Osten vorbei am Pfarrhaus der **Universidad Autónoma,** die im ehemaligen Jesuitenkloster ihren Sitz hat. Nach der Überquerung der Plaza wendet man sich nach links und geht die Avenida V. Carranza bis zur **Plaza de Armas** ❷ *(Jardín Hidalgo)* hinauf, die von stattlichen Gebäuden gesäumt ist. Man beachte die schlichte klassizistische Linienführung des **Palacio de Gobierno** *(Tel. 444/812-7470)* an der Westseite des Platzes. Man umrundet den Platz im Uhrzeigersinn. Dabei kommt man am ältesten Haus der Stadt vorbei, der **Casa Virreina** aus dem Jahr 1736. Heute ist das Zuhause der ehemaligen Vizekönigin Mexikos ein Restaurant. An der Nordostecke des Platzes steht der **Palacio Municipal** *(Sa/So geschl.)* aus dem 19. Jahrhundert. Die imposante **Catedral** ❸ (Tel. 444/812-2439) beherrscht den Platz im Südosten. Sehenswert sind die

NICHT VERSÄUMEN:

Templo del Carmen • Museo Nacional de la Máscara • Templo de San Francisco • Capilla de Aranzazú

Statuen der Apostel aus Carraramarmor, die die Fassade schmücken. Ein paar Blocks weiter östlich steht an der Calle Manuel J. Othón der barocke **Templo del Carmen** ❹ *(Tel. 444/812-2878)*; die churriguereske Fassade ähnelt der Kathedrale von Zacatecas (siehe S. 112). Der Hauptaltar wurde von Eduardo Tresguerras (1759–1833) entworfen. In der Barockkapelle **Camarin de la Virgen** ziert eine Jakobsmuschel den Altar. Im ehemaligen Konvent zeigt das **Museo del Virreinato** *(Tel. 444/812-5257, Mo geschl., $)* koloniale Kostbarkeiten. Auf die hübsche **Plaza del Carmen** geht im Südosten das klassizistische **Teatro de la Paz** *(Villerías 205, Tel. 444/812-5209, Mo geschl.)* hinaus, das während der Ära Díaz entstand. Überquert man die Villerías, erreicht man das **Museo Nacional de la Máscara** ❺ *(Villerías 210, Tel. 444/812-3025, Mo geschl., $)*, in dem Hunderte von Zeremonialmasken aus ganz Mexiko ausgestellt sind.

Weiter geht es nun in Richtung Süden zur Avenida Universidad. Biegt man rechts ab, kommt bald die **Plaza de San Francisco**, auch bekannt als Jardín Guerrero. Überquert man den lang gestreckten Platz, steht man vor dem **Templo de San Francisco** ❻ *(Tel. 444/1812-4646)* aus dem 17. Jahrhundert. Die churriguereske Sakristei mit Gemälden von Miguel Cabrera, Antonio de Torres und Francisco Martínez kann man nur nach Anfrage besuchen. Hinter der Kirche beherbergt das ehemalige Franziskanerkloster das **Museo Regional Potosino** ❼ *(Plaza de Aranzazú, Tel. 444/812-3572, Mo geschl., $)* mit Statuen und Mobiliar aus der Kolonialzeit. Innerhalb des Museums ist die **Capilla de Aranzazú** außergewöhnlich.

- Siehe Karte S. 119 C3
- ➤ Plaza de los Fundadores
- 1,3 Kilometer
- Vier Stunden
- ➤ Capilla de Aranzazú

Real de Catorce
119 C4
Besucherinformation
Constitución 27
488/882-5005

Real de Catorce

Diese nahezu verlassene Stadt liegt isoliert zwischen den Bergen und dem Wüstenhochland der Sierra Madre Oriental. Der Ort lockt wenigeTouristen an, dazu Pilger, die hier den heiligen Franz von Assisi anbeten. Die Huicholes-Indianer durchstreifen die Berge ringsum nach halluzinogenen Peyote-Kakteen. In der Stadt lassen sich die Huicholes allerdings nur selten blicken.

Zu den produktivsten Zeiten, im ausgehenden 18 Jahrhundert bis etwa 1910 entstanden in Real de Catorce Privathäuser für 40000 Personen. Viele sind jetzt am Verfallen, in einigen findet man Restaurants, Hotels und Geschäfte.

Die Besichtigung dauert nicht lang. Die **Parroquia de la Purísima Concepción**, die Kirche, wurde in traditioneller Kreuzform samt einem massigen Glockenturm errichtet. Das Bildnis von Franz von Assisi, das sich in einem Seitenaltar versteckt, soll Wundergaben haben. Tausende von Pilgern kommen alljährlich in die Stadt, um am 4. Oktober den Ordensgründer zu feiern.

Weitere sehenswerte Gebäude sind die *palenque* (Hahnenkampfarena) aus Stein, die bisweilen als Open-Air-Theater genutzt wird, die **Stierkampfarena** – beide aus dem 18. Jahrhundert – sowie die **Casa de la Moneda,** die ehemalige Münze.

Die herrlichen sternklaren Nächte erklären sich durch die Lage der Stadt auf 2756 Metern Höhe und sind die eigentliche Attraktion. Wer nicht nur in den Himmel schauen, sondern auch die Landschaft sehen will, mietet sich in einem der Hotels oder Restaurants ein Pferd. ■

ERLEBNIS: Mit der Kamera unterwegs

Mexiko eignet sich perfekt für Fotografen mit seinen unterschiedlichen Landschaften, Pflanzen und Tieren, mit den farbenfroh gekleideten Menschen und dem strahlenden Licht. Selbst im kleinen Real de Catorce wird der Fotografie ein Ehrenplatz eingeräumt: Cristino Rodríguez Hernández von **Willys de México** *(Tel. 488/882-6108)* führt Touren, nur in Spanisch, in Geländewagen in die spektakuläre Wüste. Dabei bietet sich Gelegenheit sowohl historische religiöse Stätten zu fotografieren als auch Naturmotive.

Foto-Workshops werden im ganzen Land angeboten. **National Geographic Expeditions** *(www.nationalgeographic expeditions.com)* bietet einen Sieben-Tage-Workshop in Oaxaca zum Día de los Muertos, geleitet von einem der renommierten Fotografen. Ein weiterer Workshop findet im wunderschönen San Miguel de Allende statt (siehe S. 123f.). In jedem Herbst bietet **Santa Fe Photographic Workshops** (*www. santafe workshops.com*) einwöchige Kurse in San Miguel. Und **Baja Expeditions** (*www. bajaexpeditions.com*) organisiert einwöchige Kreuzfahrten, zu denen die Unterweisung in den speziellen Techniken für Naturaufnahmen im harten Sonnenlicht von Baja California und auf dem Wasser des Golfes von Kalifornien gehört.

Aguascalientes

Die Hauptstadt eines der kleinsten Bundesstaaten Mexikos entstand ursprünglich als Zwischenstopp auf dem Weg von den Silberminen nach Mexiko-Stadt. Farmen und Ranches entwickelten sich rundum. Im Norden von Aguascalientes („heiße Wasser") liegen die Thermalquellen sowie die Weinkellerei San Marcos, wo Brandy hergestellt wird.

Der Regierungspalast (Palacio de Gobierno) von Aguascalientes erinnert an viele Regierungsgebäude in Spanien

Besonders beliebt ist Aguascalientes während seiner **Feria Nacional de San Marcos** *(Mitte April bis Mitte Mai)*, die am Namenstag des heiligen Markus, dem 25. April stattfindet. Die Feiern finden im **Jardín San Marcos** und auf der **Expo Plaza** statt.

Mit ihren historischen Gebäuden erinnert die **Plaza de la Patria** an Kolonialzeiten. Hier befindet sich auch die älteste Kirche von 1575, die **Catedral Nuestra Señora de la Asunción** *(Tel. 449/915-1052)*. Fragen Sie nach den Gemälden von Miguel Cabrera.

Hinter der Kathedrale befindet sich das **Museo de Historia Regional** *(V. Carranza 118, Tel. 449/916-5228, Mo geschl., $$)*. Am anderen Ende des Platzes beherbergt der **Palacio de Gobierno** *(Tel. 449/915-1155)* Wandmalereien des chilenischen Künstlers Oswaldo Barra Cunningham.

Östlich der Plaza zeigt das **Museo de Aguascalientes** *(Zaragoza 507, Tel. 449/915-90-43, Mo geschl., $)* Gemälde von Saturnino Herrán (1887–1918), der im Ort geboren wurde. Gegenüber lohnt ein Blick auf die Buntglasfenster des **Templo de San Antonio** *(Pedro Parga & Zaragoza, Tel. 449/915-2898)*. Nicht weit vom Hauptplatz werden im **Museo de Arte Contemporáneo** *(P. Verdad Ecke Morelos, Tel. 449/ 915-7953, Mo geschl., $)* Werke junger Künstler präsentiert. Das **Centro El Obraje** *(Juan de Montoro 222, Tel. 449/994-0074, Mo–Fr 14–16, Sa, So geschl., $)* zeigt Drucke.

Das Werk des einheimischen Karikaturisten José Guadalupe Posada (1852–1913) ist im **Museo José Guadalupe Posada** *(Díaz de León, Jardín del Encino, Tel. 449/915-4556, Mo geschl., $)* ausgestellt. ■

Aguascalientes
118 A2
Besucherinformation
Palacio de Gobierno, Plaza de la Patria
449/910-2088

Weitere Sehenswürdigkeiten

Dolores Hidalgo

In dieser Stadt begann offiziell der mexikanische Unabhängigkeitskrieg. In der Nacht vom 15. September 1810 setzte Pfarrer Miguel Hidalgo y Costilla die Bewegung in Gang, die elf Jahre später die Befreiung (siehe S. 30) zur Folge hatte. Die **Casa Hidalgo** *(Morelos 1, Tel. 418/182-0171, Mo geschl., $)*, das frühere Zuhause des Priesters, ist heute ein Museum. Auch die Barockkirche **Nuestra Señora de los Dolores** am Hauptplatz sollte man besuchen; hier erschallte der Freiheitsruf. Die typisch bunten Kacheln der Stadt schmücken alle besseren Hotels und Restaurants in ganz Mexiko.

Ⓝ 119 C2 ☎ 418/182-1164 ✉ 40 km nördlich von San Miguel de Allende; 48 km nördlich von Guanajuato

La Huasteca

Zu dieser Region gehören Teile der Bundesstaaten San Luis Potosí, Veracruz, Tamaulipas und Hidalgo. Benannt ist La Huasteca nach einer Kulturgruppe, die traditionell dieses Gebiet mit wilden Bergen, Tälern, Seen, Wäldern und feuchtheißen Küstenebenen bewohnt. **Ciudad Valles,** die zweitgrößte Stadt von San Luis Potosí im Südosten, ist ein guter Ausgangspunkt zur Erkundung der Umgebung.

In der **Reserva de la Biosfera Sierra del Abra-Tanchipa** (21 000 ha), einem Naturpark in der Umgebung von Ciudad Valles, herrschen Nebelwälder vor. Die vielen Regenfälle sorgen für üppigen Wuchs und speisen Wasserfälle wie **Tamul**, **El Salto** oder **Minas Viejas**, wo Tropenbäume, auf denen wilde Orchideen wuchern, um glasklare, grün und blau schillernde Seen stehen.

Ein Besuch in den Städten **Tancanhuitz** und **Tamazunchale** lohnt vor allem am Sonntag, wenn Markt ist und man lokales Kunsthandwerk kaufen kann – und dabei noch *huapango* hört, die typische Musik mit Geigen, Flöte, Harfe und *jarana*, einer kleinen Gitarre.

Ⓝ 119 D3 ✉ Hidalgo 18, Ciudad Valles ☎ 481/383-2459

Xilitla

Nahe zur Grenze zu Querétaro und den Missionen der Sierra Gorda befindet sich in **Las Pozas** ein Skulpturengarten, den der surrealistische Dichter Edward James (1907–86) anlegen ließ. Der reiche Exzentriker tauschte England gegen *peyote*-inspirierte Projekte. Mit seinem Freund und Mentor Plutarco Gastelum beschäftigte sich der Schotte 30 Jahre lang mit seiner Traumlandschaft von 32 Hektar. An die drei Dutzend surrealistische Betonobjekte verlieren sich in dem nicht minder faszinierenden Tropenwald. Zu dem Gelände gehören ein Wasserfall sowie mehrere glasklare Teiche, in denen man schwimmen kann. Nicht weit von hier baute Gastelum für James in **Xilitla** ein originelles Haus, heute eine Frühstückspension – **Hotel El Castillo** *(Tel. 489/365-0038)*. Am Sonntag kann man den Markt oder eine Messe im Gotteshaus – dem Überrest des 450 Jahre alten Augustinerklosters – besuchen.

www.xilitla.org Ⓝ 119 D2 ✉ Las Pozas: 5 km außerhalb von Xilitla $ *$$* ■

INSIDERTIPP

Obwohl die Vegetation in Zentralmexiko karg ist, stehen an den Straßen Eukalyptusbäume aus Australien und an den Kanälen blühen afrikanische Kallas.

MARAEL JOHNSON
NATIONAL GEOGRAPHIC-Autor

Üppig und feucht, mit vielen Kilometern unberührter Küste, bezaubernden kleinen Städten, eleganten Badeorten und wunderbarer Volkskunst

Die Pazifikstaaten

Nahaufnahme eines Garnbildes der Huicholes-Indianer

Die Pazifikstaaten

Wegen ihrer Küste und den dahinter steil aufragenden Bergen können die Staaten am Pazifik mit einer Vielzahl unterschiedlicher Ziele aufwarten. Manzanillo bezeichnet sich selbst als „Segelfischhauptstadt der Welt", Puerto Vallarta ist ein Ferienort und die Küste von Michoacán lockt Einheimische und Surfer an.

In stillen Buchten gibt es All-inclusive-Hotels, verträumte Fischerdörfer finden sich an mangrovenbestandenen Lagunen, und in Acapulco erklingt der Salsa. Im Binnenland liegen das konservative Guadalajara, das Land der Mariachis und des Tequila, das quirlige Colima und das weiß getünchte Taxco mit Mittelmeer-Flair.

In der Pazifikregion leben nur wenige *indígenas*. Die größte Gruppe bilden die Náhuatl-Sprecher aus Guerrero. In Nayarit haben sich die Huicholes ihre kulturelle Identität und ihre religiösen Riten bewahrt. Schamanen führen magische Zeremonien durch und heilen auch Kranke, selbst der Normalbürger lässt sich vom Wissen der Vorfahren leiten. Ein Spiegel der täglichen Aktivitäten der Huicholes sind die spielerischen, naiv anmutenden Figurinen, die ihre Ahnen in den in dieser Gegend einzigartigen Schachtgräbern rund 250 v. Chr. hinterließen.

Bald nach dem Niedergang von Tenochtitlán (siehe S. 27f.) zogen die Spanier weiter, wobei sie allerdings auch ihre tödlichen Krankheiten verbreiteten. Die Indianer wurden vor allem unter dem Konquistador Nuño Beltrán de Guzmán extrem brutal behandelt. Sein Terrorregime erstreckte sich von Sinaloa bis Guadalajara. Die Menschen wurden gebrandmarkt und als Sklaven verkauft, Hunderte von Dörfern niedergebrannt.

Die Indianer, die Krankheiten und Ungerechtigkeiten überlebten, schlugen sich in die Berge. Nachdem man de Guzmán in ein Gefängnis in Spanien gebracht hatte, bemühte sich Bischof Vasco de Quiroga, die Purépecha wieder in ihre Dörfer zu locken – im heutigen Michoacán.

Heute ist Michoacán eine der führenden Produktionsstätten Mexikos; hergestellt werden Kochgeräte aus Kupfer, Holzmöbel, Keramik und elegante Lackarbeiten. Die Huicholes fertigen wunderschöne Garnbilder, Masken und Gegenstände aus Glasperlen, die rituellen Zwecken dienen. ■

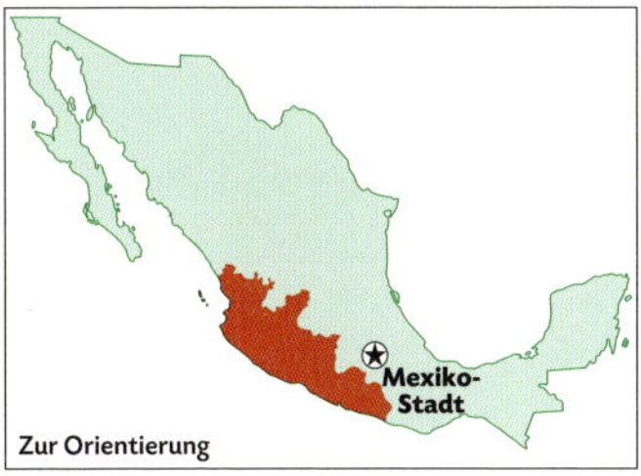

NICHT VERSÄUMEN:

Mariachi-Musik, den Rhythmus von Guadalajara **151, 155**

Eine Verkostung von echtem Tequila **154, 155**

Den aktivsten Vulkan Nordamerikas, den Volcán de Colima **159**

Den Einkauf von Kunsthandwerk der Purépecha **163**

Die Feierlichkeiten zum Tag der Toten auf der Insel Janitzio **164**

San Juan Parangaricutiro, eine in Lava begrabene Stadt **167**

Einen Blick auf die Klippenspringer in Acapulco und einen Drink an der Bucht **170**

Die Silberläden in Taxco **174**

Tepic

Tepic ist die Hauptstadt des Bundesstaates Nayarit, aus dem tropische Früchte und Tabak kommen. Die Bauern treffen sich hier, um Vorräte zu kaufen und ihre Erzeugnisse zu verkaufen. In den Ausläufern der Sierra Madre Occidental auf 900 Metern Höhe ist es hier deutlich kühler als an der Küste.

Tepic
138 B4
Besucherinformation
Av. México at Calzada del Ejército Nacional
311/214-8071
www.visitnayarit.com

Huicholes-Männer in weißen Baumwollhosen und bestickten Tuniken verkaufen vor der großen Catedral ihr Kunsthandwerk. Zusammen mit ihren nahen Verwandten, den Cora, flohen sie im 16. Jahrhundert vor dem grausamen Nuño de Guzmán (siehe S. 138) in die Berge. Viele Frauen beider Gruppen tragen noch heute ihre farbenfrohe traditionelle Kleidung.

Viele Huicholes tragen bis heute traditionelle Gewänder

Nach Tepic kommen nicht viele Touristen. Neben den Regierungsgebäuden mit Wandgemälden sowie Kirchen ist das **Museo Casa de los Cinco Pueblos** (*Av. Mexico 111 Ecke E. Zapata*) beliebt, das Kleidung und Kunsthandwerk der Mestizen und der vier in diesem Staat heimischen Volksgruppen (Cora, Huichol, Tepehuano und Mexicanero) zeigt und verkauft.

Im **Museo de Antropología** *(Av. México 91 Norte Ecke Zapazta, Tel. 311/212-1900, So geschl., $)* sind Objekte aus vorspanischer Zeit und Volkskunst zu sehen.

Nur eine Stunde mit dem Auto von Tepic entfernt liegt abseits der Mautstraße nach Guadalajara die kristallklare **Laguna Santa María del Oro**. Man kann hier schwimmen, angeln, Boot fahren *(Bootsverleih, $$$$)*, ein Picknick machen oder bei einem Spaziergang um den See den Blick auf die Berge genießen. Eine Abzweigung kurz vor der Stadt Santa María führt zur **Laguna de Tepeltitic**. Diese ist etwas seichter als die Laguna Santa María del Oro, aber von einem herrlichem Wald umgeben. ■

Die Riviera Nayarit

Der Bundesstaat Nayarit investiert – unterstützt von der Staatsregierung und der Privatwirtschaft – in die touristische Infrastruktur der rund 160 Kilometer langen Küste zwischen San Blas und Nuevo Vallarta. Die Strände, an die alle flohen, denen in Puerto Vallarta zu viel Rummel war, werden nun erschlossen, doch im Moment herrscht noch Ruhe vor dem Sturm.

Familien genießen einen Tag mit Sonnenbad und Bootfahren am Rincón de Guayabitos an der Riviera Nayarit

Etwa eine Stunde nördlich von Tepic (siehe S. 140) war der Küstenort **San Blas** lange Jahre kein Thema für den Tourismus, und zwar vor allem wegen der *jejenes.* Diese sirrenden Stechmücken können zwar lästig sein, doch sie haben die Immobilienhaie ferngehalten. Bis jetzt sind den kilometerlangen einsamen Stränden von San Blas Hochhäuser und private Erschließung erspart geblieben.

San Blas war zur Kolonialzeit ein wichtiger Hafen, heute ist es ein Treffpunkt all jener, die schicke Badeorte meiden. Es gibt hier zurzeit nur ein elegantes Hotel und einige gute Restaurants. Für viele ist die Fahrt mit dem Boot *(El-Conchal-Brücke, Zugang von San Blas, $$$$)* den Estero San Cristóbal hinauf zur Süßwasserquelle **La Tovara** der Höhepunkt der Reise. Die Mangroven sind von Reihern,

Riviera Nayarit
138 B4
www.rivieranayarit.com

San Blas
138 B4
Besucherinformation
Canalizo at Sinaloa, Presidencia Municipal
323/285-0005
www.visitsanblas.com

Paradise Village
322/226-6770
www.paradisevillage.com

Schildkröten und Alligatoren bevölkert. Nach einer etwa einstündigen Fahrt bleibt eine Stunde, um in der Quelle zu schwimmen, bevor es wieder zurückgeht.

Der nächstgelegene Strand von San Blas ist die **Playa Borrego**. Doch Achtung vor den Insekten! **Las Islitas** im Süden ist ein hübscher Strandabschnitt, der durch vereinzelte Felsbuchten akzentuiert wird. Man kann sich in eine Hängematte legen oder in einer mit Palmwedeln gedeckten *ramada,* einem Lokal im Freien, eine Partie Domino spielen. Am Ende der Bucht gelangt man in Richtung des kleinen Fischerdorfs Santa Cruz an die palmenbestandene **Playa Los Cocos** und die **Bahía Matanchén**, heute von Surfern weniger besucht, seit Hurrikans den Meeresboden und die Brandung veränderten.

ERLEBNIS: Surfen in Sayulita

In Sayulita, Nayarit, gibt es verschiedene Angebote, um surfen zu lernen und auch mehrere Surfplätze. Es gibt einen Break direkt neben dem Hauptstrand, der sich gut für Anfänger eignet und einen schnelleren nördlich der Stadt auf der anderen Seite des Flusses. Das **Costa Azul Resort** *(Tel. 800/365-7613, www.costaazul.com)* bietet Surfurlaube und -stunden in Gruppen oder einzeln. Am Hauptstrand verleiht **Patricia Southwood** *(Tel. 329/291-2070)* Surfbretter und organisiert Unterricht zu einem vernünftigen Preis. Die Workshops bei **Via Yoga** *(www.viayoga.com)* verbinden Yoga mit Surfunterricht.

Haramara
16 Tamarindos, Puerto Vallarta
329/291-3558
www.haramararetreat.com

Eine Stunde weiter südlich erreicht man **Playa Chacala,** selten überfüllt, mit feinem weißen Sand und einer Reihe von Fischrestaurants. Nächster Halt ist **Rincón de Guayabitos** an der hübschen Bahía de Jaltemba, ein Sandstrand, der bei mexikanischen Familien sehr beliebt ist.

Lo de Marcos ist im Moment ein verschlafener Küstenort, der vorwiegend mexikanische Familien anlockt. Südlich des eigentlichen Ortes lässt sich an den Stränden **Minitas** und **Los Venados** gut angeln und schwimmen. Knapp 15 Kilometer südlich folgt San Francisco, auch als San Pancho bekannt. Für eine kleine Stadt besitzt es sehr viele gute Restaurants. Der Ort wurde vom früheren Präsidenten Luis Echevarría als Werkssiedlung (Mangoverarbeitung) gegründet – mit breiten geraden Straßen entlang von schönen Stränden. Schwimmen ist hier riskant, denn die Wellen sind heftig, und es gibt gefährliche Strömungen.

An einer kleinen Bucht schließt sich ein weiterer Badeort, **Sayulita,** an. Die engen Straßen, die nach dem Regen im Sommer schlammig sind, nehmen den wachsenden Verkehr auf, doch die Atmosphäre der Stadt ist so entspannt wie immer.

In **Punta de Mita** an der nördlichen Spitze der Bahía de Banderas haben sich einige Luxushotels angesiedelt. Nur zahlende Gäste werden in

Reisen mit Kindern

In Mexiko mit Kindern zu reisen ist so ähnlich wie in einem großen Stadtpark einen Hund spazieren zu führen – eine ideale Möglichkeit, Leute kennenzulernen. Mexikaner lieben Kinder. Kinder genießen Busfahrten in klapprigen Bussen. Fast alle Busse, haben eine Toilette an Bord. In vielen Orten gibt es Erlebnisbäder. Es herrscht auch kein Mangel an Kinderessen wie Pizza, Quesadillas, Burgers und Pommes frites.

den exklusiven Resortbereich eingelassen – das Four Seasons und das St. Regis Resort befinden sich dort, außerdem Boutique-Hotels und Privathäuser. El Anclote bewahrt sich sein Image als Aussteigerstrand mit Fischrestaurants (nicht mehr ganz so preiswert), einfacheren Hotels und Surfbrettverleih.

Der südlichste Ort im Regierungsprogramm Escalera Naútica privater Yachthäfen – von Baja entlang dem Golf von Kalifornien – ist **La Cruz de Huanacaxtle**, das sich von einem einfachen Fischerort zu einem eleganteren Ziel entwickelt. Obwohl der Ort seinen schlichten Charme behalten hat, sind die Immobilienpreise in den Himmel gewachsen und die Erschließung rund um den Yachthafen mit 400 Liegeplätzen hat begonnen. Direkt südlich davon besitzt **Bucerías** schon mehr Erfahrung mit Touristen. Der Ort, der zwischen der MEX 200 und dem fünf Kilometer langen Strand liegt, wirkt von der Straße her nicht einladend, verfügt aber über viele gute Restaurants, Bars und Zimmervermietungen. Es gibt eine kleine, aber zunehmende Anzahl an Hotels. An einem breiten, ebenen Sandstrand – der sich nach Süden bis Nuevo Vallarta zieht – reihen sich viele Restaurants.

Der etablierteste Küstenort an der Riviera Nayarit, **Nuevo Vallarta**, wurde in den 1980er Jahren für den Tourismus erschlossen. Nördlich des Río Ameca gelegen, gibt es hier Hotels für Pauschalreisende, Restaurants und einen Strand. Am Südende besitzt **Paradise Village** einen Yachthafen und eine Plaza mit Läden. ■

Nuevo Vallarta

138 B4

Besucherinformation

Regionalbüro der Tourismusbehörde von Nayarit, Av. Cocoteros s/n am Club de Playa Nuevo Vallarta (zwischen den Hotels Marival & Gran Velas)

322/297-1006

www.visitnayarit.com

Surfen im warmen Wasser des Pazifiks

Puerto Vallarta

Die Bahía de Banderas, an der Puerto Vallarta liegt, ist eine der größten Buchten der Welt. Bis Mitte des 19. Jahrhunderts gab es hier keine Siedlungen, doch diente die Bucht als Rückzugsgebiet für Piraten, Priester, das Militär und Seeleute. Vom Fischerdorf hat sich Puerto Vallarta zur Touristenhochburg mit zahllosen Hotels entlang der Bucht entwickelt.

Puerto Vallarta
138 B4
Besucherinformation
Juárez Ecke Independencia, Palacio Municipal
322/226-8080

Puerto Vallartas Stern ging 1963 auf, als während der Dreharbeiten zu John Hustons „Die Nacht des Leguans" Elizabeth Taylor und Richard Burton ein Liebespaar wurden. Seitdem zieht der Ort Unmengen von Urlaubern an. Aus dem Fischerdorf ist ein Gebiet geworden, das sich 25 Kilometer an der Bahía de Banderas entlang erstreckt.

Die smaragdgrünen Hügel von Puerta Vallarta gehen in die blauen Berge über

Der Ferienort bietet viele Galerien und Läden mit Kunsthandwerk, darunter Arbeiten der Huicholes.

Das Herz der Altstadt ist **Vallarta Vieja**, wo nach einem Regierungserlass sämtliche Gebäude weiß gestrichen wurden. Die Häuser mit ihren rostroten Ziegeldächern hüllen sich in pinkfarbene Bougainvilleen. Zwischen Palmen ziehen sie sich die Hügel hinauf. Hier teilt der **Río Cuale** den Ort in einen Nord- und einen Südteil. Fußgänger- und Autobrücken führen über den Fluss und auf die **Isla Río Cuale** mit ihren Restaurants, Geschäften und dem kleinen **Museo del Cuale** *(So geschl.)*.

Ein paar Blocks nördlich vom Fluss wird die **Plaza Principal** – oder Plaza de Armas – *(Zaragoza, Morelos, Iturbide & Juárez)* vom Rathaus und dem Amphitheater **Los Arcos** flankiert, wo oft Konzerte stattfinden. Die Promenade am Meer erstreckt sich nördlich und südlich vom Hauptplatz und bietet viele Bars, Läden und Lokale.

Die Neubaugebiete von Puerto Vallarta liegen im Norden der Stadt. Da ist zunächst einmal die **Zona Ho-**

telera mit zahllosen Hotelhochhäusern an der Playa de Oro, nicht mehr ganz so attraktiv, seit Hurrikan Kenna den Sand durch Steine ersetzte. Ein Stück gen Norden kommt **Marina Vallarta** mit Resort-Hotels, Apartmentanlagen, einem Yachthafen mit Club sowie einem 18-Loch-Golfplatz. Ausflugsboote und Schiffe zum Hochseefischen kann man am **Terminal Maritima** chartern. Die Strände sind hier weniger schön.

Wer in der Nähe der Partyszene sein will, wohnt in der Innenstadt. Nur ein Stück südlich von Viejo Vallarta liegen die Strände **Olas Altas** und **Playade los Muertos,** die bei Touristen ebenso beliebt sind wie bei den Einheimischen; fliegende Händler bieten hier saftige Mangos an, gegrillten Fisch und gestreifte *sarapes* (Ponchos).

Südlich der Innenstadt führt die Straße an der Küste entlang, vorbei an der hübschen Playa Conchas Chinas und anderen weißen Sandstränden zwischen felsigen Buchten. Die Hügel mit Luxusvillen, ziehen sich bis nach **Mismaloya,** wo „Die Nacht des Leguans" gedreht wurde. Obwohl eine Hotelanlage das perfekte Ambiente stört, ist der Strand mit seinen bunten Fischerbooten, die in der angrenzenden Lagune dümpeln, aber noch immer schön. Eine Straße führt landeinwärts nach El Edén, wo ein Fischrestaurant oberhalb vom Río Mismaloya einlädt.

ERLEBNIS: Kontakt mit den Einheimischen durch die Kunst

Eine Möglichkeit, um mit Einheimischen in Kontakt zu kommen, ist es, einen Kurs in einem städtischen Programm zu belegen. Meist dürfte die Sprache kein Problem sein: Wenn Ihr Spanisch nicht perfekt ist, wird entweder der Lehrer oder ein anderer Kursteilnehmer Englisch sprechen. In Puerto Vallarta bietet das Centro Cultural Cuale (*Cuale Island, Südrand der Innenstadt, Tel. 322/223-0095*) in schöner Lage Kurse für Erwachsene und Kind für etwa zehn US-Dollar monatlich. Sie können Folklore-Tanz, Ballett, Theater, Malen, Bildhauerei, Drucken oder ein Musikinstrument belegen. La Biblioteca Los Mangos (*Francisco Villa 101, Col. Los Mangos, Tel. 322/224-9966*) bietet ebenfalls Kurse an. Das alle zwei Monate erscheinende Magazin *Bay Vallarta* bringt eine Liste der Kurse in der Gegend.

In Mismayola können Taucher und Schnorchler ein Skiff-Ruderboot mieten, um nach Los Arcos, einem Unterwasserpark, oder zu verschwiegenen Stränden weiter südlich zu schippern. Am nächsten liegt der Ort **Boca de Tomatlán**, wohin man auch mit dem Auto oder dem Bus gelangt.

Über Boca de Tomatlán hinaus sind die Strände nur mit dem Boot zu erreichen. An der **Playa Las Animas** kann man Strandspielzeug leihen. **Quimixto** bietet gute Bedingungen zum Schnorcheln. In beiden Orten gibt es kleine Restaurants. **Yelapa** ist das mexikanische Dorado mit schilfgedeckten Restaurants am Strand. ■

La Costalegre

La Costalegre erstreckt sich 450 Kilometer weit zwischen Puerto Vallarta und Manzanillo. An einigen der schönsten Strände entstanden exklusive Hotelanlagen. Momentan führen Straßen zu einfachen Fischerdörfern und Felsbuchten, die sich zum Schnorcheln eignen. Manzanillo, der wichtigste Industriehafen am Pazifik, verbindet die kommerzielle Fischerei mit Hochseeangeln.

Weiß leuchten die Häuser oberhalb der Manzanillo Bay, an der La Costalegre-Küste

Barra de Navidad
138 B3
Besucherinformation
Jalisco 67
315/355-5100
www.costalegre.com

44 Kilometer südlich von Puerto Vallarta öffnet sich der Kolonialort **El Tuito** dem Tourismus. Besucher bekommen in den legeren Restaurants an der großen schönen Plaza etwas zu essen. Eine Staubpiste führt zu den drei winzigen Weilern an der Küste: **Tehuamixtle**, **Mayto** und **Villa del Mar**, die alle erst kürzlich ans Stromnetz angeschlossen wurden. Die Restaurants sind einfach, die Besucher kommen wegen der langen unberührten Strände am **Cabo Corrientes.** Die Fahrt dauert etwa eine Stunde; es gibt zweimal täglich Busse ab El Tuito.

Weitere 80 Kilometer ab El Tuito liegt die **Playa Chalacatepec** am Ende einer acht Kilometer langen Staubstraße. Es gibt dort nur einige Gezeitentümpel. 23 Kilometer südlich liegt **Perula** an der Chamela-Bucht. Bootsbesitzer bieten Angeltouren (*$$$$$*) an und bringen Gruppen zum Tauchen, Schnorcheln oder Sightseeing nach **Pajarera** oder zur **Isla Cocinas**. Unter einer geschützten Landzunge kann man hier gut schwimmen.

Die Chamela-Bucht zieht sich im Bogen nach Süden; am anderen Ende bietet die **Playa Negrita** Plätze zum Schnorcheln, Schwimmen und Angeln. Es gibt einen Platz für Wohnmobile und in Bahía Chamela einige Hotels. Einige Kilometer die Straße hinunter gibt es das **El Careyes** *(www.elcareyesresort.com)* und ein Spa.

Nach 30 weiteren Kilometern erreicht man die **Bahía de Tenacatita** mit Restaurants am Strand und Fischern, die ihren Fang einbringen. Von den Stränden ist **La Manzanilla** am besten erschlossen. Ferienwohnungen säumen den Strand; in der Stadt gibt es Läden, Kunstgalerien und einige gute Hotels.

Kurz vor der Grenze zum Bundesstaat Colima erstreckt sich die **Bahía de Navidad** („Weihnachtsbucht"). An ihrem Nordende besitzt **San Patricio Melaque** einen Strand, der sich zum Schwimmen eignet. Im Westen des langen Strandes liegen mehrere Lokale.

Man kann kilometerlang über den Sandstrand bis nach **Barra de Navidad** spazieren, einem kleinen Ort, der sich auf einer Sandbank, die in die Bucht ragt, erstreckt. Reetgedeckte Restaurants servieren fangfrischen Fisch.

Privatunternehmen oder die **Sociedad Cooperativa de Servicios Turísticos** *(Av. Veracruz 40)* bieten Touren durch die Lagunen, Fahrten zu den Restaurants auf der Isla Navidad und Hochseefischen an. Jedes Jahr finden Angelturniere statt, und zwar im Januar, Ende Mai, im September und November. Die Stadt ehrt als Namenspatron den heiligen Antonius von Padua, jeweils in der Woche vor dem 13. Juni.

Südlich von Barra de Navidad erreicht die Landstraße den Bundesstaat Colima und führt in der Nähe der Küste zur **Bahía Manzanillo** und zur **Bahía Santiago.** Die Halbinsel Santiago ist ein kurzes Landstück mit dem Golf Resort **Las Hadas**.

Im Gegensatz zu Ixtapa und Cancún ist Manzanillo eine richtige Stadt mit Hafen. Die Attraktionen von Manzanillo findet man in der ganzen Bucht verstreut sowie in der östlich gelegenen Innenstadt. ■

Manzanillo

138 B3

Besucherinformation

Blvd. Costera Miguel de la Madrid 875A

314/333-2264

ERLEBNIS: Aufforderung zum Tanz

Tanzen ist ein wichtiger Teil jedes mexikanischen Festes, lernen Sie also die Schritte und machen Sie mit. Das Coco Loco Café *(Ave. Lazaro Cardenas 1316, Tel. 314/333-2528)* in Manzanillo ist genau richtig, um ein paar Salsa-Schritte zu lernen. Die Tanzstunde ist kostenlos, bleiben Sie anschließend, wenn die Salsa-Band des Hauses spielt. In Puerto Vallarta lehren Al und Barbara Garvey *(Tel. 322/222-8895, www.tangobar-productions.com)* den Tango. Einmal pro Woche finden im J. B. Salsa Club *(Blvd. Francisco M. Ascencio 2043, in der Hotelzone, Tel. 322/224-4616)* Trainingsstunden und *milangas* (Tangopartys) statt. In vielen größeren und kleinen Städten des Landes finden Sie Gelegenheit, um die mexikanischen Tänze zu lernen.

Guadalajara & Umgebung

Guadalajara ist der Inbegriff von Mexiko. Es ist die Heimat der Mariachis, romantischer Balladen, die von Musikern in Uniform dargeboten werden, die Harfe, Geige und Trompete spielen. Hier wachsen Agaven, aus denen Tequila gewonnen wird. Und am Sonntagnachmittag geben elegante Reiter, die *charros*, im Stil der Cowboys kunstvolle Präsentationen ihres Könnens.

In der Altstadt von Guadalajara ist die Kathedrale von Plätzen und Fußgängerzonen umgeben

Die Stadt wurde mehrmals verlegt, bis sie dann am westlichen Ende des Atemajac-Tals (1645 m), 480 Kilometer nordwestlich von Mexiko-Stadt, ihren endgültigen Standort fand. Die früheren Ansiedlungen mit diesem Namen fielen Dürre oder Indianerangriffen zum Opfer. Die Stadt avancierte zum Sitz der Kolonialregierung und zum Agrarzentrum.

Als zweitgrößte Stadt Mexikos ist Guadalajara ebenso weltläufig wie mexikanisch geprägt. Es gibt hier vier 18-Loch-Golfplätze und drei Fußballmannschaften, einen Zoo, ein Planetarium und ein riesiges Tagungszentrum. Viele kommen zum Einkaufen her. Die Bewohner der umliegenden Haziendas finden hier alles, von Stiefeln aus Reptilienleder samt Sporen bis zu Pflügen. Die Städter streifen durch Läden und Galerien, um das berühmte Kunsthandwerk zu erstehen: Lederbekleidung, Glas, Holz- und Schweinsledermöbel *(equipal)* und Tafelgeschirr. Viele dieser modernen Arbeiten findet man in den heute zu Guadalajara gehörigen Dörfern Tlaquepaque und Tonalá (siehe S. 152f.), die sich ganz dem Kunsthandwerk verschrieben haben.

Centro Histórico

Über die Altstadt von Guadalajara wacht die majestätische **Catedral** *(Av. 16 de Septiembre zwischen Hidalgo & Morelos, Tel. 33/13611-5504)* mit ihrer gelb gekachelten Kuppel samt zwei Türmen. Erdbeben und Moden haben im Lauf der Jahre zu vielen Veränderungen geführt. Heute sieht man eine Stilmischung.

Die Kathedrale ist an allen Seiten von Plätzen umgeben. Im Westen liegt die **Plaza Guadalajara,** wo es geführte Straßenbahntouren zu den Sehenswürdigkeiten des historischen Zentrums gibt *(Tel. 341/414-0836, um 11, 13, 16 und 18 Uhr tägl. außer Mo, $$$)*.. Die Touren starten am **Palacio Municipal**.

Dienstag bis Freitag und Sonntag finden um 18.30 Uhr Konzerte am Jugendstil-Konzertpavillon auf der **Plaza de Armas** statt, südlich der Kathedrale. Auf diesen schönen alten Platz hinaus geht der **Palacio de Gobierno** *(Moreno Ecke Corona, Tel. 33/3688-1600)*, ein Regierungsgebäude mit churrigueresken Ornamenten. Wandmalereien von José Clemente Orozco (1883–1949) schmücken das Treppenhaus und die Sitzungssäle im Obergeschoss.

Pferdekutschen warten vor dem **Museo Regional de Guadalajara** *(Liceo 60, Tel. 33/3614-5257, Mo geschl., $$)*. Es präsentiert im ehemaligen Jesuitenkolleg in mehreren Räumen, die sich rund um einen Innenhof gruppieren, Ex-

Guadalajara
138 C4

Besucherinformation

Morelos 102, Plaza Tapatía

33/3668-1600 oder 01800/363-2200 (gebührenfrei innerhalb Mexikos)

www.gdlmidestino.com

El Museo de las Artes Populares
✉ San Felipe 211
☎ 33/3614-3891
🕒 Mo geschl.
$ $

ponate aus den Bereichen Archäologie und Paläontologie. Im Obergeschoss sind Gemälde aus der Kolonialzeit und Artefakte der Kulturen der Westküste ausgestellt.

Die Innenstadt von Guadalajara kann mit mehreren sehenswerten Museen aufwarten. Die **Casa Museo López Portillo** *(Liceo 177 Ecke San Felipe, Tel. 33/1201-8729, Mo geschl.)* war das Heim einer Familie der Oberschicht aus dem 19. Jahrhundert mit typischem Mobiliar; einer der Söhne war Präsident Portillo. Das **Museo Clemente Orozco** (Av. Aurelio Aceves 27, Tel. 33/3616-8329, Mo geschl.) beherbergt Stücke aus dem Besitz des berühmten Muralisten sowie das gigantische Wandgemälde „Alegoria del Vino" („Weinallegorie").

Das **Museo de las Artes** *(Juárez 975, Tel. 33/3134-1664, Mo und zwischen Ausstellungen geschl., $)* zeigt in Wechselausstellungen zeitgenössische Kunst. Gleich in der Nähe befindet sich das **Museo de las Artes Populares** in einem klassischen zweistöckigen Haus vom Ende des 19. Jahrhunderts, das Ende des 20. Jahrhunderts restauriert wurde. Außer Wechselausstellungen zeigt das Museum Kunsthandwerk aus Jalisco. Sehenswert sind die Räume zur *charrería,* zur Musik, zu Kochgeräten, Glas, Keramiken sowie Lederwaren.

Gegenüber der Kathedrale ist die **Plaza de la Liberación** von imposanten Regierungsgebäuden gesäumt sowie vom klassizistischen **Teatro Degollado** *(Degollado s/n Ecke Morelos s/n, Tel. 33/3614-4773, So, Mo geschl.)*, das 1866 von der Sopranistin Ángela Peralta eröffnet wurde. Man kann das beeindruckende Bauwerk von 10 bis 15 und von 16 bis 19 Uhr besichtigen und die Fresken, die Dantes „Göttliche Komödie" darstellen, betrachten oder besser noch ein Konzert oder eine Oper besuchen. Weitere Aufführungen gibt es im Teatro Diana (Av. 16 de Septiembre 710, Tel. 33/3614-7072), das 2005 eingeweiht wurde. An der Südseite der Plaza de la Liberación zeigt Ripley's **Museo de la Cera** *(Morelos 217, Tel. 33/13614-8487, $$)* 120 le-

Mexiko für Schwule

Wie zu vielem ist auch die Haltung der Mexikaner zu Homosexuellen zwiespältig. Während im Allgemeinen der Machismo vorherrscht, bewundern Mexikaner auch jene, die bereit sind, sich über gesellschaftliche Normen hinwegzusetzen. Heute gibt es selbst in Bastionen der konservativen Gesellschaft wie Guadalajara schwule Festumzüge, Badehäuser und Bars. Wer sich eingeengt fühlt, kann immer noch nach Mexiko-Stadt ausweichen, wo es für jeden etwas gibt, außerdem in die Badeorte wie Cancún, Puerto Vallarta und Acapulco, wo die Einstellung großzügiger ist.

bensgroße Wachsfiguren, darunter Madonna und ein Mariachi-Orchester.

Wie die Macroplaza von Monterrey (siehe S. 108f.) wurde die **Plaza Tapatía** in den 1980er Jahren angelegt, um Kirchen, Regierungsgebäude, Geschäfte und öffentliche Plätze zu einer harmonischen Einheit mit Grünflächen, Fußwegen, Skulpturen, Brunnen und Bänken zu verbinden. Auf der Ostseite der sieben Hektar großen Plaza steht eines der Wahrzeichen von Guadalajara, das **Instituto Cultural Cabañas** *(Cabañas 8, Tel. 33/ 3668-1640, Mo geschl., $$, Di freier Eintritt)*, ein Gebäude aus dem 19. Jahrhundert, das zum Weltkulturerbe zählt; hier finden Konzerte, Filme und Theatervorstellungen statt. Mehr als 50 Fresken von José Clemente Orozco schmücken die Wände und Decken des klassizistischen Gebäudes mit Hunderten von Räumen und mehreren Dutzend Höfen, in denen Bäume wachsen. Das angeschlossene Museum zeigt zeitgenössische Kunst.

Nach der modernistischen Bronzeskulptur, die die Opferung von Quetzalcóatl darstellt, kommt der **Mercado San Juan de Díos** *(Av. J. Mina Ecke Calzada Independencia, Tel. 33/3618-0506, auch Mercado Libertad genannt).* Eine Fußgängerbrücke verbindet den gigantischen Markt mit der Kirche, nach der er benannt ist. Gleich anschließend kommt die **Plaza de los Mariachis** *(Obregón Ecke Av. J. Mina)*, wo Bands für ihre Fans, die im Freien sitzen, aufspielen. Leider ist die Plaza und dieser Teil der Stadt insgesamt ziemlich heruntergekommen. Es ist besser in eine Mariachi-Bar wie die **Casa Bariachi** *(Av. Vallarta 2221 Ecke Calderón de la Barca, Tel. 33/3616-990)* zu gehen, in der es täglich um 15.30 und um 21.30 Uhr eine Show gibt.

ERLEBNIS: Spaß beim Mariachi-Festival

Mariachi-Musik hat in Mexiko große Bedeutung. Geigen, Trompeten, Harfen und Gitarren erzeugen einen fröhlichen Klang. Der Musik, die auf dem Land entstanden ist, hört man das noch an, doch hat sie auch ihren Platz in der zweitgrößten Stadt Mexikos, Guadalajara, gefunden.

Besucher des Encuentro Internacional del Mariachi y la Charrería, eines zehntägigen Festivals Ende August, Anfang September können nicht nur die Musik genießen, sondern auch Umzüge, *charreadas* (eine Art Rodeo), Kunstausstellungen und Mariachi-Gottesdienste. Die Aufführungsorte liegen in der Stadt und den Gemeinden der Umgebung. Der Eröffnungsumzug vereint Tausende von Musikern aus dem ganzen Bundesstaat Jalisco und sogar aus der ganzen Welt, doch vorwiegend aus Mexiko.

Weitere Informationen gibt es unter *www.mariachi-jalisco.com.mx* oder *vive.guadalajara.gob.mx* (die erste Website ist nur auf Spanisch, die zweite liefert auch Informationen auf Englisch) oder direkt bei der Touristeninformation von Guadalajara *(Tel. 33/3616-9900)*.

Museo Regional de la Ceramica
✉ Calle Independencia 237, Guadalajara
☎ 33/3635 5404
www.artesanias.jalisco.gob.mx

Zapopan
138 C4
Besucherinformation
✉ Basílica de Zapopan
☎ 33/3818-2200 Nebenstelle 1103

Tlaquepaque
138 C4
Besucherinformation
✉ Morelos 288
☎ 33/3562-7050 Nebenstelle 2321

Die **Iglesia de Santa Mónica** *(Santa Mónica 250 Ecke San Felipe, Tel. 33/14-66-20)* gilt als eine der schönsten von Guadalajara. Ihre barocke Portalfassade ist reich mit gedrehten Säulen verziert. Südlich der Plaza de Armas sind der **Templo de San Francisco** *(Av. 16 de Septiembre 289 Ecke Prisciliano Sánchez, Tel. 33/3614-4083)* und die **Capilla de Nuestra Señora de Aranzazú** das Einzige, was vom Franziskanerkloster aus dem 16. Jahrhundert verblieb.

Ebenfalls südlich der Plaza de Armas befinden sich das **Museo de Arqueología del**

INSIDERTIPP

Versäumen Sie im Juni oder Juli nicht die Nationale Keramikmesse in Guadalajara. In den restlichen Monaten besuchen Sie das Museo Regional de la Cerámica.

EDIE JAROLIM
National Geographic-Mitarbeiter

Occidente de México *(Calzada Independencia Sur Ecke Av. del Campesino, Tel. 33/3614-0104, Mo geschl., $)* sowie der **Parque Agua Azul** *(Calzada Independencia Sur 973, Tel. 33/3619-0328, Mo geschl., $)*, ein Park für Kinder, in dem es auch ein Orchideenhaus und einen Schmetterlingspavillon gibt. Am **Lienzo Charro de Jalisco** *(Dr. R. Michel 577, Tel. 33/3619-3232, $)* kommen am Sonntagmittag die Familien zusammen, um die *charreada* – eine Art Rodeo (siehe S. 155) – zu sehen.

Zapopan

Rund acht Kilometer nordwestlich vom Stadtzentrum liegt Zapopan, das in ganz Mexiko für seine kleine Statue der Jungfrau von Zapopan bekannt ist. Die nur 25 Zentimeter große Figur aus Maismasse soll wundertätig sein. Nachdem sie vier Monate unter den Gemeindekirchen herumgereicht wurde, kehrt sie im Rahmen einer Feier jedes Jahr am 12. Oktober während der **Romería de la Virgen de Zapopan** in das ursprüngliche Gotteshaus zurück. Hunderttausende säumen die Straßen, wenn die lustige Prozession unterwegs zur barocken **Basílica** *(Hidalgo Ecke Zapata)* ist.

Neben der Kirche befindet sich das **Museo de la Arte Huichol** *(Tel. 33/3636-4430, 13.30–15 Uhr geschl., $)*, ein von der Regierung betriebener Laden. Zum Verkauf stehen Garnbilder, Glasperlenmasken und anderes Kunsthandwerk zu vernünftigen Preisen. Größer als der Platz vor der Kirche sind das Atrium des Museums und die angrenzende **Plaza de las Américas** mit Beflaggung der Staaten Nord- und Lateinamerikas.

Tlaquepaque

Früher war Tlaquepaque ein eigenständiges Dorf, heute ist es eine Vorstadt von Guadalajara, die touristisch ist, aber dennoch ihren Reiz hat. Die Bewohner stellen seit der Zeit der Spanier Keramik her. Die Kunst der Glasbläserei wurde im 19. Jahrhundert heimisch. Man kann hier wunderbar spazieren gehen. Es gibt lebhafte *cantinas* und Kirchen.

Die Calle Independencia ist Fußgängerzone und führt zum Hauptplatz, dem **Jardín Hidalgo**, und zum **Santuario de Nuestra Señora de la Soledad** *(Prisciliano Sánchez Ecke Morelos)*, einer Kirche aus dem 18. Jahrhundert im klassizistisch-byzantinischen Stil. Im nächsten Block wurde die **Parroquia de San Pedro** *(Guillermo Prieto Ecke Morelos)* 1813 von den Franziskanern erbaut.

Bevor man auf Einkaufstour geht, um Keramik zu kaufen, sollte man sich noch im **Museo del Premio Nacional Pantaleón Panduro** *(Prisciliano Sánchez 191 Ecke Flórida, Tel. 33/3562-7036, Mo geschl.)* zeitgenössische und preisgekrönte Objekte ansehen. Wer genug vom Einkaufen hat, kann sich an der **Plaza Parián** *(zwischen Independencia, Prieto, Morelos & Madero)* in Lokalen im Freien bei Mariachi-Klängen erholen. In der ersten Juniwoche wird hier die **Feria de San Pedro Tlaquepaque** gefeiert.

Tonalá

Acht Kilometer östlich von Tlaquepaque ist Tonalá erreicht, die Hauptstadt der Region zu vorspanischen Zeiten. Der Náhuatl-Name bedeutet „Ort, wo die Sonne aufgeht". Er war kurzzeitig auch die Hauptstadt von Nueva Galicia, bevor die Siedler den Ort wegen anhaltenden Wassermangels verlassen mussten.

Donnerstags und sonntags bevölkern Händler die Straßen um die Avenida Tonaltecas und die Calle Benito Juárez, wenn der *tianguis* stattfindet, ein Markt, der schon seit vorspanischer Zeit existiert.

Geschäfte mit Kunsthandwerk finden sich die Avenida Tonaltecas hinauf und hinunter und rund um die **Plaza Principal** *(Juárez, Pino Suárez, Zapata & Madero)*. Den Platz säumen das gotische **Santuario del Sagrado Corazón** *(Hidalgo Ecke López Pajar)* und die **Parroquia de Santiago Apóstol** *(Pino Suárez Ecke Juárez)*, eine der ältesten Kirchen im Atemajac-Tal. Hier finden in der Woche vor dem 25. Juni die Feierlichkeiten zu Ehren

Ein Arbeiter erntet die *piña*, das Herz der Blauen Agave, für die Tequila-Herstellung

Tonalá
138 C4
Besucherinformation
Av. Hidalgo 21
33/1200-3913 oder 3914

Tequila
138 C4
Besucherinformation
Ramón Corona 33
374/742-0012

Chapala
138 C4
Besucherinformation
Av. Madero 407
376/765-3141

des Namenspatrons, des heiligen Jakobus statt.

Das **Museo Regional de Tonalá** *(Ramón Corona 73, Tel. 33/1200-3936, Sa, So geschl., $)* präsentiert die Kunstfertigkeit der Töpfer.

Tequila

Tequila liegt etwa 55 Kilometer nordwestlich von Guadalajara unterhalb eines erloschenen Vulkans gleichen Namens. Felder mit bläulichen Agaven schimmern im Dunst. Das Herzstück der Agave oder *maguey* wird zur Herstellung von Tequila verwendet.

In größeren Brennereien wie **Sauza** und **José Cuervo** kann man an einer Führung teilnehmen, am besten nach Vereinbarung. Gegenüber der Brennerei José Cuervo befindet sich das **Museo Nacional del Tequila** *(Tel. 374/742-0012, $)*, das die Tequila-Produktion dokumentiert. Wer einen Ausflug machen möchte, nimmt samstags in Guadalajara den **Tequila-Express** (siehe unten). Der Zug fährt nach Amatitán und zur Hacienda San José del Refugio, einem Familienbetrieb mit Brennerei.

Lago de Chapala

Etwa 40 Kilometer südöstlich von Guadalajara befindet sich der größte Süßwassersee Mexikos, der Lago de Chapala. In den drei Städten an seinen Ufern leben viele Ausländer. Leider hat der Holzeinschlag in den Wäldern ringsum mittlerweile den See verunreinigt.

Wichtigster Ort ist **Chapala,** wo mexikanische Familien am Wochenende herumspazieren und Volkskunst kaufen. Anfang der 1920er Jahre brachte D. H. Lawrence (1885–1930) seinen Roman „Die gefiederte Schlange" in einem Haus in der Calle Zaragoza zu Papier. In den Restaurants am Seeufer kommen *charales,* fangfrische, gebratene Fische, sowie Tequila mit *sangrita* auf den Tisch.

Ajijic, rund acht Kilometer westlich von Chapala, bietet Adobe-Häuser und Kopfsteinpflastergassen. Galerien und Geschäfte verkaufen Kunsthandwerk, Designerkleidung und Kunst. Wochenlang wird gefeiert, bis am 30. November in der **Iglesia de San Andrés** auf der Nordseite der Plaza der Stadtpatron, der heilige Andreas, geehrt wird. Am See liegen mehrere Dörfer wie **San Juan Cosalá** mit Thermalquellen, Restaurant und Unterkunftsmöglichkeiten. ■

ERLEBNIS: Der Tequila-Express

Am einfachsten und auf sehr angenehme Art lässt sich das Tequila-Land bei einer samstäglichen Zugfahrt nach Amatitán, Jalisco erkunden. Die Fahrt beginnt in Guadalajara und führt durch Agavenfelder bis zur Hacienda San José del Refugio, wo bei einer Führung moderne und traditionelle Herstellungstechniken gezeigt werden. Die Besucher können Tequila pur oder in Cocktails verkosten, dazu gibt es Häppchen; später folgt ein Mittagsbüfett mit Unterhaltung durch Mariachi-Bands und Volkstanzgruppen. Tickets und Information unter *www.tequilaexpress.com.mx* oder Tel. 33/3880-9090 bzw. 01800/503-9720.

Tapatío-Traditionen

Tequila, *charros* und Mariachis sind Traditionen, die Guadalajara kennzeichnen und gleichzeitig eine nationale Identität schaffen. In den nostalgischen Musicals der 1940er Jahre verkörperten die Filmstars Pedro Infante und Jorge Negrete den mexikanischen Jedermann. Als *charros,* mit Filzhüten und Anzügen bekleidet, sangen sie Lieder von unerwiderter Liebe, Romantik und Machismo.

Der typische *tapatío* – so heißt jemand, der in Guadalajara geboren wurde – ist traditionsbewusst, konservativ und katholisch und wie alle Mexikaner seiner Heimat und Familie überaus verbunden. Berühmte *tapatíos* waren der Muralist und Maler José Clemente Orozco sowie die Schriftsteller Juan Rulfo und Augustín Yáñez.

Die Bewohner von Guadalajara sind auch sehr stolz auf ihren Tequila. Der Schnaps wird aus Blauen Agaven *(Agave tequilana)* gebrannt. Die besseren Tequilasorten enthalten hundert Prozent Blaue Agaven. Der erste Trank aus Agaven war Pulque, ein mildes bierähnliches Gebräu, das in präkolumbischer Zeit in ganz Mesoamerika genossen wurde. Die Spanier entwickelten den Prozess dann weiter und destillierten das fermentierte Getränk. Wenn die Pflanze acht bis zwölf Jahre alt ist, wird ihr Herz *(piña),* das bis zu 55 Kilo wiegen kann, entfernt, zerkleinert und bis zu acht Stunden gekocht. Die daraus entstehende *aguamiel* ist fermentiert und wird zweimal destilliert. Weißer Tequila ist frisch; *reposado* mindestens zwei Monate in Holzfässern gelagert, und *añejo* wurde mindestens ein Jahr im Eichenfass gereift.

Wenn Tequila das inoffizielle Nationalgetränk ist, dann ist *charrería* der offizielle Nationalsport – laut Präsidentenerlass aus dem Jahr 1933. Charros zeigen hochklassige Reiterspiele, die einem Rodeo ähneln. Mannschaften von sechs bis acht Männer treten im *lienzo charro* an, um ihre *suertes* zu zeigen: Lassowerfen, Einfangen wilder Stiere und Pferde, Pferdewechsel im Lauf. *La escaramuza charra* ist eine bunte Veranstaltung mit subtiler Choreografie von Frauen.

Ein *charro* zeigt sein Geschick mit dem Lasso

Mariachis verleihen jeder *charreada* das nötige Flair. Der Name soll eine Verballhornung des französischen *mariage* sein, da diese Orchester im 19. Jahrhundert oft bei Hochzeiten aufspielten. Früher bestand die Instrumentierung aus zwei Geigen, einer Harfe sowie einer *jarana* und einer *vihuela,* zwei Gitarrenarten. Die Trompeten kamen erst in den 1930er Jahren hinzu.

All diese Traditionen kann man gut im Rahmen des **Encuentro Internacional del Mariachi y la Charrería** (siehe S. 151) kennenlernen; er findet alljährlich Ende August/Anfang September statt. Oder man besucht die **Fiestas de Octubre**, wenn den ganzen Oktober über Theater und Musik aufgeführt werden.

Colima & Umgebung

Wer keine Lust mehr hat auf schicke Ferienorte am Meer und Städte mit Kolonialarchitektur, ist in Colima genau richtig. Die kleine Kapitale des gleichnamigen Bundesstaates zählt zu den sichersten Städten dieser Größe in Mexiko. Selbst im Zentrum ist alles grün. Die Einwohner sind stolz auf ihre Stadt mit Museen, Kunstgalerien, Konzerten, Festen und sogar Zauberläden.

Hinter diesen Vulkanologen ragt der Vulkan de Colima auf, der aktivste Vulkan Nordamerikas

Die Spanier gründeten Colima 1527. Seitdem ist die Stadt immer wieder von Erdbeben erschüttert worden, so dass von den Kolonialgebäuden nur wenige intakt sind. Die Menschen hier haben aus ihrem Schicksal jedoch eine Tugend gemacht und ganze Blocks in der Stadt in makellose Parkanlagen verwandelt.

Da die Stadt auf einer Höhe von 550 Metern liegt, ist es hier kühler und weniger feucht als an der nur 45 Kilometer entfernten Küste. Meist weht von den Bergen hinter der Stadt morgens eine kühle Brise, zwischen Juli und Oktober geht am Nachmittag oder frühen Abend oft ein erfrischender Schauer nieder.

Im Herzen der Stadt liegen gleich drei Plätze. Die **Plaza Principal** *(Reforma zwischen Madero & Hidalgo)* wird an der Ostseite von der **Catedral Santa Iglesia** *(Reforma 21, Tel. 312/312-0200)* aus dem 18. Jahrhundert beherrscht sowie dem angrenzenden **Palacio de Gobierno** (*Tel. 312/312-*

4360), dessen Innenhof mit Wandmalereien von mexikanischer Geschichte geschmückt ist. Direkt hinter der Kathedrale erstreckt sich der **Jardín Quintero** mit dem **Parque Núñez**, einem riesigen Blumengarten, vier Blocks in Richtung Osten an der Ecke von Madero und Juárez.

Das **Museo Universitario de Culturas Populares** *(Barreda & Galardo, Tel. 312/312-6829, Mo und 14–17 Uhr geschl., $)* zeigt Volkskunst wie Textilien, Masken und vorspanische Artefakte, darunter bezaubernde Keramikfiguren, nämlich Tepezcuintle-Hunde mit kurzen Beinen und dickem Bauch, die früher verehrt – und gegessen – wurden. Ähnliche Exponate findet man im kleineren **Museo de Historia de Colima** *(Portal Morelos 1, an der Plaza, Tel. 312/312-9228, Mo geschl., $)*. Nebenan sind in der **Sala de Exposiciones de la Universidad de Colima** *(Tel. 312/312-9228, Mo geschl.)* Wechselausstellungen zeitgenössischer moderner Kunst zu sehen. Die beste Kunstsammlung bietet die **Pinacoteca Universidad** *(V. Guerrero 35, Tel. 312/312-2228 Nebenstelle 15, Mo geschl.)*. Das Werk lokaler Künstler ist in drei herrlichen Anwesen untergebracht, die durch pflanzengeschmückte Innenhöfe verbunden sind.

Einen Block südlich der Plaza Principal ist das **Teatro Hidalgo** *(Hidalgo Ecke Morelos, Tel. 312/314-8283)* auf Grund errichtet, den der Revolutionsheld und ehemalige Priester Miguel Hidalgo (siehe S. 30) der Stadt schenkte. In dem klassizistischen Bauwerk, das 1871 bis 1883 entstand, werden Theaterstücke, Konzerte und Opern aufgeführt.

Einen Kilometer nordöstlich des Stadtzentrums steht die **Casa de la Cultura** *(Calzada Galván Norte Ecke Ejército Nacional, Tel. 312/313-0608, Mo geschl.)*, ein moderner Kulturtempel mit Theater und Bibliothek. Die bedeutendste Einrichtung ist aber wohl das **Museo de las Culturas del**

Colima

138 C3

Besucherinformation

Palacio de Gobierno, Hidalgo Ecke Reforma

312/312-4360 oder 01800/505-7130 (gebührenfrei innerhalb Mexikos)

www.visitacolima.com

Feste

Rund um Colima finden jedes Jahr drei Feste statt. Die rustikale **Feria de San Felipe de Jesús** wird in den ersten beiden Februarwochen in Villa de Álvarez abgehalten, einer Gemeinde fünf Kilometer nördlich der Innenstadt. Es gibt Pferdeparaden, Stierkämpfe und die Leckereien der Region. Als Frauen verkleidete Taxifahrer schnappen sich ahnungslose Passanten aus der Menge.

Etwas kommerzieller – und nüchterner – ist die **Feria de Todos Santos** *(Ende Oktober bis Anfang November)*, die im Osten von Colima auf einer gigantischen Ausstellungsfläche stattfindet. Geboten werden Reitvorführungen, Essen, Kulturattraktionen und Ausstellungen von Kunsthandwerk.

Während der **Fiesta de la Virgen de Guadalupe** *(1.–12. Dez.)* ist die Innenstadt von Colima voll von Essensständen, Live-Musik, Umzügen und anderen Veranstaltungen. Frauen, Kinder und selbst Babys tragen Tracht und defilieren feierlich in die Kathedrale, um die Jungfrau zu ehren.

Occidente *(Tel. 312/313-0608 Nebenstelle 15, Mo geschl.)*, das eine hervorragende Ausstellung vorspanischer Keramik bietet. Einen Block südlich liegt der **Parque Piedra Lisa** *(Calzada Galván Ecke Aldama)*, der nach einem schwarzen Vulkanitfelsen benannt ist, der aus dem Boden ragt.

Rund um Colima

Im Norden der Hauptstadt liegen mehrere Sehenswürdigkeiten.

Zauberei oder Wirklichkeit?

In Colima verkaufen unzählige Läden Zaubertränke und Pülverchen, mit denen man die weiße und schwarze Magie praktizieren kann. Diese Beschäftigung mit der Welt der Geister reflektiert die Überzeugung der Leute hier, dass Colima ein Tor in eine andere Dimension darstellt, das von der aktiven Schamanengemeinde von Suchitlán (fünf Kilometer nordöstlich) auch weit offen gehalten wird. Zauberer sollen sich hier auf einem großen Stein, in den Darstellungen von weiblichen Genitalien geritzt sind, in Tiere verwandeln können.

In neuen und alten Gebäuden soll es spuken, darunter auch ein Hotel, ein Krankenhaus und ein Café. Geistererscheinungen nimmt man hier ernst. Einige Opfer erzählen, dass sie von unsichtbaren Angreifern gepackt oder sexuell belästigt wurden. In Mexiko glauben die Menschen an Hexen, sich über Übersinnliches zu unterhalten, ist jedoch ein Freizeitvergnügen, das man vor allem in Colima pflegt.

Die **Zona Arqueológica El Chanal** *(6 km auf einer Staubpiste vom Ende der Calle V. Carranza, Mo geschl., $)* ist nach den mythischen Wesen benannt, die in den *arroyos* (Trockentälern) leben sollen. Es gibt hier eine Reihe von Bildern, die dem Regengott Tlaloc gewidmet sind. Die nachklassische Stätte war vermutlich die größte vorspanische Stadt im Bundesstaat Colima, mit Ritualplätzen, Altären und Ballspielplätzen.

Comala ist ein Bilderbuchdorf mit weißen Gebäuden und roten Dächern zehn Kilometer nördlich. Sehenswürdigkeit Nummer eins ist die Plaza mit Bänken im Schatten von Bäumen, einem Musikpavillon und einer schlichten kleinen Kirche. Am Wochenende kommen die Einwohner in den Restaurants mit Barbetrieb zusammen. Zu den beliebtesten Gerichten zählen *sopes* (gegrillte *masa* mit pikantem Huhn oder Rindfleisch und Zwiebeln). Während der **Fiesta de la Virgen de Guadalupe** (1. bis 12. Dez.) verkaufen Händler Kaffee, der hier angebaut und geröstet wird, sowie handgeschnitzte Möbel.

Nur fünf Minuten außerhalb von Comala erreicht man über den Camino a Nogueras die **Hacienda de Nogueras,** eine ehemalige Plantage, in der heute das **Museo Alejandro Rangel** *(Tel. 312/315-6028, Mo geschl., $)* mit Kapelle, Mobiliar und weiteren berühmten Keramikhunden von Colima untergebracht ist. Ein kleines Restaurant *(unregelmäßige Öffnungszeiten)* bietet regionale Spezialitäten wie *pollo* *en pipian*, Hühnchen in einer Kürbiskern- und Erdnusssoße.

Zehn Kilometer nördlich von Comala ist **Suchitlán** bekannt für seine geschnitzten Ritualmasken, die in der Karwoche (Semana Santa) benutzt werden. Etwas außerhalb der Stadt befindet sich ein kleiner Abhang in der Straße, der *zona mágica*, die verhext sein soll. Abgestellte Fahrzeuge und sogar Wasser trotzen hier der Schwerkraft und laufen bergauf. Eine Erklärung hat dafür niemand.

22 Kilometer nördlich von Colima befindet sich die **Laguna de María** *(Tel. 312/320-8891)*, ein schöner grüner See, der von Kaffeesträuchern gesäumt ist. Es gibt hier Möglichkeiten zum Rudern, dazu ein rustikales Hotel und ein Restaurant.

In dem nur acht Kilometer vom See entfernten **Parque Nacional Volcán de Colima** sind die zwei Vulkane die Attraktion. Der Park ist nach dem **Volcán de Colima** (auch Volcán de Fuego, „Feuervulkan") benannt, der 3960 Meter hoch aufragt. Er ist in den letzten 400 Jahren neunmal ausgebrochen. Bei den Aktivitäten im Januar 1999 sprühten die Funken und Lava ging nieder. Man kann den Vulkan nicht besteigen, auch den schlafenden **Volcán de Nevado** nicht. ■

INSIDERTIPP

Öffentliche Verkehrsmittel in Mexiko sind preiswert und günstig. Nutzen Sie diese, so oft Sie können. Ich habe bei Busfahrten sehr viel über das Land und seine Städte gelernt.

KATHERINE AMATO
National Geographic-Feldforscherin

Die Einwohner von Colima wissen die einfachen Lokale von Comala zu schätzen

Morelia

Morelia, 1541 von den Spaniern gegründet, hieß ursprünglich Valladolid nach der Stadt in Spanien; es wuchs im 16. und 17. Jahrhundert langsam heran. Was an Architektur heute zu sehen ist, weist hauptsächlich den plateresken Stil des 18. Jahrhunderts auf. Die breiten Straßen und Plätze muten eher amerikanisch als europäisch an. Sie prägen die Hauptstadt des Bundesstaates Michoacán.

In Morelia gibt es viele Kirchen und Klöster, darunter die Iglesia de Guadalupe

Die dreischiffige **Catedral** *(Av. Madero Ecke Juárez)* aus Sandstein wurde von 1660 bis 1774 errichtet. Gedrehte Säulen und Paneele der Fassade sind für den Chiaroscuro-Effekt verantwortlich. Die deutsche Orgel mit 4600 Pfeifen wird jeden Mai beim **Festival Internacional del Órgano** bespielt. Typisch für die Purépecha ist die Christusfigur aus dem 16. Jahrhundert in einer der sieben Seitenkapellen; sie ist aus einer Masse aus Maishalmen und Orchideen gefertigt.

Der **Palacio de Gobierno** *(Av. Madero 63, Tel. 443/317-7805)* war ein Seminar, an dem die Radikalen José María Morelos (1765–1815) und Melchor Ocampo (1814–61), Helden der Unabhängigkeitsbewegung (siehe S. 29f.), ausgebildet wurden. Das Treppenhaus und der erste Stock sind mit Wandmalereien aus den 1970er Jahren bedeckt; sie stammen von Alfredo Zalce (1908–2003) aus Michoacán.

Die Arbeiten von Zalce und anderen zeitgenössischen Künstlern sind im **Museo de Arte Contemporáneo** *(Av. Acueducto 18, Tel. 443/312-5404, Mo geschl.)* zu sehen. Das restaurierte Gebäude aus dem Porfiriato liegt am Rand des **Bosque Cuauhtémoc.** Unterwegs zu dem Park kommt man an einem ***acueducto*** mit 250 Bögen vorbei.

Geht man geradeaus weiter, gelangt man zur **Calzada Fray Antonio de San Miguel,** einer Fußgängerzone, die bis zum **Santuario de Nuestra Señora de Guadalupe** reicht. Die Kirche wurde Anfang des 20. Jahrhunderts innen mit einer Mischung aus Jugendstil- und Barockelementen üppig dekoriert.

Das **Conservatorio de las Rosas** *(Santiago Tapia 334, Tel. 443/312-1469, Sa/So geschl.)* ist Heimstatt eines international bekannten Knabenchors. Der angrenzende **Templo de las Rosas** erstrahlt in neuem Glanze. In der **Casa de la Cultura** *(Av. Morelos Norte 485, Tel. 443/313-1059, So geschl.)*, einem ehemaligen Karmeliterkonvent, finden Seminare und kulturelle Veranstaltungen statt. Hier ist auch das **Museo de las Máscaras** mit über hundert geschnitzten Holzmasken untergebracht.

Der **Templo y Ex-Convento Franciscano** *(Fray Juan de San Miguel 129 Ecke Humboldt, Tel. 443/ 312-2486)* zeigt die franziskanische Zurückhaltung und hat eine platereske Fassade. Innerhalb des alten Klosters befindet sich das staatliche Museum für Volkskunst, die **Casa de las Artesanías.**

Den hier geborenen und aufgewachsenen Volkshelden José María Morelos y Pavón ehren gleich mehrere Museen, darunter das **Museo Casa de Morelos** *(Av. Morelos Sur 323, Tel. 443/313-2651, $)* mit Erinnerungsstücken. Ein paar Blocks weiter im **Museo Casa Natal de Morelos** *(Corregidora 113, Tel. 443/312-2793)* steht das Geburtshaus von Morelos.

Einen Besuch lohnt auch der **Mercado de Dulces** *(Calle V. Farías Ecke Santiago Tapia)*. Hier gibt es *ate*, eine Fruchtpaste, die man mit weißem Käse isst, außerdem knusprig herausgebackene *buñuelos*, süße *empanadas* und andere Leckereien.

INSIDERTIPP

Kosten Sie die Enchiladas in den Restaurants des Stadtzentrums von Morelia.

ERIC RAMIREZ BRAVO
NATIONAL GEOGRAPHIC-Feldforscher

Das **Museo Regional Michoacano** *(Allende 305, Tel. 443/132-0407, Mo geschl., $)* in einem Palast aus dem 18. Jahrhundert zeigt heimische Gemälde und Artefakte aus der Region. ■

Morelia
139 D3
Besucherinformation
Av. Madero 63, Palacio de Gobierno
443/317-7805 oder 1800/830-5363 (gebührenfrei innerhalb Mexikos)
www.turismo michoacan.gob.mx

Pátzcuaro & Umgebung

Pátzcuaro döst auf 2170 Metern vor sich hin. Es ist seit langem ein Zentrum für indigene Kultur und Volkskunst, wohl seit die Verwaltung nach Morelia verlegt wurde. Doch egal, ob man nun wegen des Kunsthandwerks, der frischen Bergluft oder der alten Gebäude kommt, diese Stadt am See zählt zu den meistbesuchten im Bundesstaat Michoacán.

Das Fischen mit den traditionellen Schmetterlingsnetzen findet heute vor allem für die Touristen statt

Pátzcuaro war in der ausgehenden Postklassik die erste Hauptstadt des Königreichs Purépecha (1200–1521), das mitten in den Hügeln des heutigen Michoacán lag. Die Bewohner gingen am Südufer des **Lago de Pátzcuaro** zum Fischen, zur Jagd und sammelten Nahrungsmittel, außerdem stellten sie Metallwerkzeug her – eine Seltenheit für ein Volk in Mesoamerika. Sie wurden wegen ihrer handwerklichen Fähigkeiten bewundert. Gefertigt wurden Kupferwaren, Arbeiten aus Federn sowie *maqueado,* verzierte Gefäße, aus denen die Azteken Schokolade tranken.

Die Purépecha waren sicher erstaunt, als ihre Feinde bei Tenochtitlán von den Spaniern, die nicht nur die besseren Waffen, sondern auch Indianer als Verbündete hatten, völlig ausgelöscht wurden. König Tzimtzincha-Tangaxuan II. war schnell bereit, die Friedensbedingungen zu akzeptieren, die ihm Cortez unterbreitete. Er gelobte der spanischen Krone Loyalität und ließ sich christlich taufen.

Der Schwur beeindruckte den brutalen Konquistador Nuño Beltrán de Guzmán allerdings wenig; als Vertreter der Kolonialregierung, *la real audiencia*, ließ er den König foltern und henken. Die Verfolgung, Versklavung und Folter durch Guzmán waren selbst für die Maßstäbe des 16. Jahrhunderts so extrem, dass er schließlich sein restliches Leben in einem spanischen Gefängnis zubrachte.

Aus Michoacán stammen viele zweckmäßige und künstlerische Waren. Handwerkszweige sind die Weberei, Stickerei, Metallbearbeitung und Töpferei.

Man kann in der **Casa de los Once Patios** *(Madrigal de las Altas Torres Ecke Lerín, Tel. 434/342-4753)*, einem ehemaligen Konvent, zusehen, wie diese Waren hergestellt werden, und sie auch kaufen. Das gilt auch für das **Museo de Artes Populares** *(Enseñanza bei Alcantarilla, Tel. 434/210-29, Mo geschl., $)*, einem hübschen Kolonialgebäude, in dem früher das Colegio de San Nicolás untergebracht war. Dahinter steht eine typische Puréchepa-Behausung aus Holz.

Nach einem spanischen Wohltäter benannt ist die große **Plaza Vasco de Quiroga** *(Portales Hidalgo, Morelos, Matamoros & Guerrero)*. (Die Straßennamen ändern sich am Platz.) Im Gegensatz zu anderen Plätzen in Mexiko wird diese Plaza nicht von Regierungsgebäuden und Kirchen gesäumt, sondern von Privathäusern mit Hotels, Restaurants und Geschäften. Einen Block entfernt erreicht man die **Plaza Gertrudis Bocanegra** *(Mendoza, Libertad, Iturbe & La Paz)*, benannt nach einer Heldin des Freiheitskampfes. An der Nordseite steht die **Biblioteca Gertrudis Bocanegra** *(Tel. 434/342-5441, So geschl.)*, eine bescheidene Bibliothek mit einem fantastischen Wandgemälde des Muralisten Juan O'Gorman (1905–82).

ERLEBNIS: Intensivkurs in Schnitzerei & Spanisch

In ihrem winzigen Ort am Nordufer des Pátzcuaro-Sees unterrichten die Damen von Santa Fe de la Laguna (47 Kilometer von Morelia, der Hauptstadt Michoacáns, entfernt) Gäste über die Purépecha-Kultur. Die Frauen der Ateshiru Co-op, die stolz auf ihre vorspanischen Wurzeln sind, bieten gemütliche Unterkünfte *($–$$)* und traditionelle Mahlzeiten *($$)* in ihren um die Plaza gelegenen Häusern. Kunsthandwerker, die mit ihnen zusammenarbeiten, veranstalten eintägige oder einwöchige Workshops zum Thema Holzschnitzen oder Töpferei. Die Regierung hat Hunderttausende in Tourismusprogramme investiert, um der Bevölkerung außerhalb der Touristenzentren ein entsprechendes Einkommen zu verschaffen. Weitere Information liefert die Tourismusbehörde von Michoacán *(Tel. 443/317-8052 Nebenstelle 149)*.

Der Reiz von Pátzcuaro beruht eher auf der Kultur als auf seinen Kirchen. Gläubige besuchen die **Basílica de Nuestra Señora de Salud** *(Árciga Ecke Cerrato)*. Sie beher-

Pátzcuaro

139 D3

Besucherinformation

Ahumada 9-B

434/342-1214

bergt die Virgen de la Salud, die Jungfrau der Gesundheit, eine kleine Statue aus Maispaste. Die Kirche liegt abseits des Hauptplatzes.

Der Día de los Muertos (Allerseelen) wird in der ganzen Region gefeiert und ist eine lebhafte Huldigung verstorbener Familienmitglieder. Wegen des großen Interesses an den Feierlichkeiten im benachbarten Janitzio (siehe unten) haben sich die für den Tourismus Verantwortlichen vom 31. Oktober bis 2. November ein Kulturprogramm einfallen lassen.

Das Seegebiet

Wer neugierig ist, sollte einen Ausflug ins Umland mit seinen vielen Dörfern und Kleinstädten, die für ihre Volkskunst bekannt sind, planen.

Die größte und meistbesuchte Insel im Lago Pátzcuaro ist **Janitzio,** wo sich Allerseelen zu einer Touristenattraktion entwickelt hat. Oben auf der kegelförmigen Insel steht der Freiheitsheld José María Morelos; in seinem erhobenen Arm befindet sich ein Aussichtspunkt ($). Von den fünf Inseln im See hat nur das winzige **Yunuén** Unterkünfte zu bieten *(Tel. 434/342-4473, Doppelzimmer $)*. Zu allen Inseln fahren die Boote von Anleger in Pátzcuaro ab *(10 Min. nördlich des Stadtzentrums, Muelle General, Tel. 434/342-0681)*. Die Boote *($$)* fahren etwa alle 15 Minuten nach Janitzio.

Rund um den See führt eine 88 Kilometer lange Straße. Am östlichen Ufer liegen **Ihautzio** und **Tzintzuntzan**, zwei Purépecha-Städte, die sich vor der Eroberung durch die Spanier die Macht mit Pátzcuaro teilten. Das winzige Ihuatzio ist bestenfalls wegen der zum Teil ausgegrabenen Purépecha-Ruinen einen Abstecher wert.

Tzintzuntzan bietet sich als Ausflugsziel für einen ganzen oder halben Tag an. Es lohnt der Besuch des Markts mit Kunsthandwerk; verkauft werden Töpferei, Flechtarbeiten

Regionale Tänze & Masken

In ganz Mexiko, vor allem aber in Tlaxcala, Guerrero und Michoacán, werden Feier- und Festtage mit regionalen Tänzen begangen. Durch Masken und raffinierte Kostüme lassen die Leute traditionelle indianische Riten auferstehen, die die Eroberung durch die Spanier überdauert haben. Ein universelles Thema ist dabei der Sieg des Guten über das Böse sowie das Verschwinden der Invasoren.

Die Holzmasken, die die Spanier oder „Mauren" repräsentieren, sind weiß oder leuchtend pink bemalt; oft sind sie doppelgesichtig. Die Masken der Tlaxcala haben Glasaugen, die auf- und zugehen, wenn man an einer Schnur zieht. Tiermasken weisen Hörner, Schnurrhaare, Klauen und Fell auf, damit sie möglichst realistisch aussehen. Mit die beeindruckendsten Masken stammen aus dem Dorf Tocuaro, zehn Kilometer westlich von Pátzcuaro.

aus Stroh und Schnitzereien. Gegenüber befindet sich die **vorkolumbische Zeremonialstätte** *(Carr. 15 beim Ortseingang von Tzintzuntzan, $)*. Sie besteht aus einer großen rechteckigen Plattform mit fünf *yácatas*, Stufenpyramiden, die eine runde Struktur ausbilden. Die ausgegrabenen Gebäude dienten als Begräbnisstätten, vermutlich der Könige der Purépecha.

Hinter dem Markt liegt ein von den Franziskanern errichteter Komplex, zu dem der restaurierte **Templo de San Francesco** gehört. Tzintzuntzan erwacht an Ostern, Allerseelen und Weihnachten mit den *pastorelas* zum Leben, die am 16. Dezember beginnen.

Quiroga hat seinen Namen von dem Bischof aus dem 16. Jahrhundert, der sein Leben der Urbevölkerung widmete; auch war es einst ein wichtiger Knotenpunkt. Als Handelszentrum ist die Stadt heutzutage nicht wirklich malerisch. Am ersten Sonntag im Juli findet eine Lichterprozession im Rahmen der **Fiesta de la Preciosa Sangre del Cristo** statt.

Nur 1,5 Kilometer weiter leben die Menschen in **Santa Fe de la Laguna** (siehe S. 163) von der Landwirtschaft, Fischerei und Keramik mit dem Schwerpunkt auf Kerzenhaltern. Das frei stehende Kreuz im Vorhof des **Templo de San Nicolás** ist typisch für den Bundesstaat Michoacán. Die Stadt feiert ihre Fiesta am 14. September.

Am Westufer des Sees liegt **Erongarícuaro** im Mischwald; hier sind die Winter streng, die Sommer gewöhnlich verregnet und warm.

Rund 16 Kilometer südlich von Pátzcuaro stellen in **Santa Clara del Cobre** Künstler gehämmerte Kupferwaren her. Santa Clara hat für Kupfer ebenso viel Bedeutung wie Taxco für Silber. Einen Besuch wert ist das **Museo Nacional del Cobre**.

Im Südwesten von Pátzcuaro biegt man an der MEX 120 nach **Zirahuén** ab, einer kleinen Stadt an einem leuchtend blauen See. Der Lago Zirahuén ist kleiner und tiefer als der Pátzcuaro-See und liegt mitten in einem Kiefern-Eichen-Wald. Am Osterwochenende und am Tag des Heiligen Kreuzes (3. Mai) wird hier besonders lebhaft gefeiert und getanzt. ■

Museo Nacional del Cobre

- ✉ Morelos 263 Ecke Pino Suárez
- ☎ 434/343-0254
- 🕒 Mo geschl.
- $ $

Einmal im Jahr wird an Allerseelen das Familiengrab hergerichtet und mit Kerzen und Blumen geschmückt

Uruapan & Umgebung

Manche halten Uruapan für die Stiefschwester von Pátzcuaro. Es liegt 610 Meter niedriger und hat ein subtropisches Klima. Das ganze Jahr blühen hier Blumen. Ein herrlicher Nationalpark im Stadtzentrum, einer der größten Märkte für Kunsthandwerk und nicht weit entfernt eine Geisterstadt, die in Lava erstarrt ist, lohnen auf jeden Fall einen Besuch.

Nur der obere Teil der Kirchenfassade ragt aus der Lava auf, die 1943 Parangaricutiro unter sich begrub

Die Purépecha lebten viele Jahrhunderte hier, bevor Pater Juan de San Miguel aus Spanien kam und 1533 die Stadt gründete. Er baute eine Kapelle, einen Markt und eine Schule, führte jedoch auch ein Feudalsystem ein, das die Indianer versklavte. Uruapan florierte unter dem *encomienda*-System und wurde zu einem Landwirtschaftszentrum.

Uruapan ist schachbrettartig angelegt mit der **Plaza Principal** im Zentrum. An der Nordseite der Plaza steht das im plateresken Stil errichtete **La Huatápera** *(Jardín Morelos s/n)*, das Krankenhaus, das Pater Juan im 16. Jahrhundert gründete. Heute ist dort das **Museo de los 4 Pueblos Indígenas** *(Tel. 452/524-3434, Mo geschl., $)* untergebracht; es zeigt eine Sammlung von wunderschönen Lackarbeiten aus Zedernholz, für die Uruapan berühmt ist.

Hinter La Huatápera erstreckt sich an der Calle Constitución der Markt. Während der Semana Santa weichen die Gebrauchsartikel dem Kunsthandwerk mit wunderbar geschnitzten Gitarren und Geigen aus Paracho.

Links und rechts von La Huatápera bieten der **Templo de la Inmaculada** und der **Templo de San Francisco** schöne Beispiele für den plateresken Stil; das Mauerwerk ist aus *cantera,* dem hiesigen Bruchstein, gebaut.

An die sechs Blocks westlich vom Hauptplatz (15 Min. Fußweg) fängt am Ende der Calle de la Independencia der **Parque Nacional Eduardo Ruíz** an *(Calzada Fray Juan de San Miguel s/n, Tel. 452/401-97, $).* Der Park beginnt an der Quelle des Río Cupatizio, um dann dem Flusslauf einen Kilometer zu folgen. Man soll hier jeden Tag einen Regenbogen sehen können.

INSIDERTIPP

Ein kurzer Spaziergang vom Stadtzentrum führt zum Flussufer, wo es Wasserfälle, üppige Vegetation und Uruapans vornehmste Viertel gibt.

MARAEL JOHNSON
NATIONAL GEOGRAPHIC-Autor

Uruapan eignet sich als Ausgangspunkt, wenn man die originellen Kirchen der Region ansehen will. Die Krypta in **Cochuco** ist mit naiven Szenen voller vorspanischer Symbole ausgemalt. Die naiven Gemälde von **Nurio** gelten als die besten. Am Sonntag bestehen die besten Chancen einer Besichtigung der Kirche von **Pomacuarán,** nur einige Kilometer weiter, deren Gewölbe mit lebhaften Gemälden geziert ist. Nehmen Sie das Auto oder ein Taxi.

Dramatischer ist ein Besuch des Dorfes **San Juan Parangaricutiro,** das 1943 unter den Lavamassen des 2560 Meter hohen Vulkans **Paricutín** begraben wurde. Der Vulkan war acht Jahre lang tätig und zwang die 4000 Menschen das Dorf zu verlassen. Heute sieht man nur das obere Stück der Kirchenfassade. Wer hierher fahren möchte, nimmt den Bus bis **Angahuan** *(nordwestlich von Uruapan),* wo man ein Pferd mieten kann, um nach San Juan Parangaricutiro oder auf einem zehn Kilometer langen Rundkurs zum Volcán Paricutín *($$$$$)* zu reiten. ■

Lucha Libre

Mexikaner begeistern sich nicht nur für Fußball, sondern auch für Wrestling. *Lucha libre* wurde durch Stars wie Tarzan López in den 1930er Jahren populär; heute tragen die Kämpfer Namen El Hombre Eléctrico (Elektromann) und Dr. Wagner. Maskierte und unmaskierte Männer aller Größen und Figuren kämpfen einzeln oder im Team. Die Fans, die nicht in die zwei Arenen in Mexiko-Stadt gehen können, bekommen alles im Fernsehen frei Haus. Weitere Infos zur *lucha libre* unter *www.cmll.com.*

Uruapan
138 D3
Besucherinformation
Juan Ayala 16
452/524-7199

Ixtapa & Zihuatanejo

Zihuatanejo entstand als vorspanische Siedlung und besaß zu Beginn der spanischen Kolonialisierung einen bedeutenden Hafen; das moderne Ixtapa war vor 35 Jahren nicht mehr als eine Kokosplantage, welche die Regierung in den 1970er Jahren zum Ferienort ausbaute. Heute werden die beiden Orte mit ihren 24 Kilometern herrlichem Strand meist in einem Atemzug genannt.

Auf der Isla Ixtapa entspannen sich die Urlauber unter Sonnenschirmen aus Palmwedeln

Ixtapa
139 D2
Besucherinformation
Paseo de las Gaviotas 12
755/553-1270
www.ixtapa-zihuatanejo.org

Nachdem ein Erlass aus dem Jahr 1561 Acapulco als einzigen offiziellen Hafen von Neu-Spanien festschrieb, verkam **Zihuatanejo** zur Bedeutungslosigkeit. Erst als der Ort durch den Bau der MEX 200 in den 1960er Jahren wieder an die Außenwelt angebunden wurde, kamen auch wieder Besucher.

In der Stadt geht man noch heute der Fischerei nach, es gibt jedoch direkt am Meer viele elegante Läden und Hotels. Eine Fußgängerzone verbindet das Zentrum mit dem Hauptstrand von der **Playa Principal** bis zur **Playa La Madera**, gut zugänglichen Stränden.

An die **Playa La Ropa** gelangt man am besten mit dem Taxi. Hier gibt es gute Restaurants, eine sanfte Brandung und einen Geräteverleih.

Wassertaxis *(Rundfahrt $$$)* verkehren vom Hauptdock in Zihuatanejo zur **Playa Las Gatas**. Der Strand hat seinen Namen von den vielen Katzenhaien, die es früher hier gab; heute kann man gut schwimmen und schnorcheln.

Die Strände von **Ixtapa** liegen an einer seichten, offenen

Bucht. Die Hotelzone zieht sich an der **Playa del Palmar** entlang, einem mehrere Kilometer langen Sandstrand mit Restaurants, Bars und Wassersportgeräten. Preiswerte Taxis verbinden beide Orte; die Fahrt dauert zehn Minuten.

Im Nordwesten von Ixtapa findet man einsamere Strände, nämlich jenseits von **Escolleras** mit dem Yachthafen und -club von Ixtapa. Hier befindet sich auch der **Club de Golf Marina Ixtapa** *(Tel. 755/533-1424)*. Es schließen sich nun mehrere hübsche Strände an. Nach Punta Ixtapa bietet die **Playa Quieta** einen ruhigen Strand mit Club-Med-Anlage. An der **Playa Linda** kann man morgens oder am späten Nachmittag Pferde *($$$$$)* mieten.

Weiter nördlich lässt sich an der **Playa Larga** herrlich spazieren gehen; vom Schwimmen ist wegen der Unterströmungen abzuraten. Es gibt einige Restaurants und das **Puerta Paraíso** *(Tel. 755/553-0979, www.puertaalparaiso.com.mx)*, ein wunderschönes Boutiquehotel.

Vom Pier der Playa Linda fahren Wassertaxis *($$ Hin- und Rückfahrt)* zur beliebten **Isla Ixtapa.** Dort kann man tauchen, schnorcheln oder in einem der Lokale essen gehen. Weitgehend für sich allein ist man auf der Insel an der **Playa Carey**.

Wer möchte, kann am Pier von Zihuatanejo ein Boot zum Hochseefischen auf Doraden, Thunfische, Marline und Makrelen buchen. Die Wettbewerbe im Mai werden immer beliebter.

Agenturen bieten Schnorchel- und auch Tauchexkursionen an, z. B. **Carlo Scuba** *(Playa Las Gatas, Tel. 755/554-6003, www.carloscuba.net)*. Golf spielen kann man auf dem 18-Loch-Platz des **Club de Golf Ixtapa Palma Real** *(Blvd. Ixtapa s/n, Tel. 755/553-1163)*. Geschichte der Region zeigt das **Museo Arqueológico de la Costa Grande** *(Plaza Olof Palme, Tel. 755/4554-7552, So geschl., $)*.

Rund 22 Kilometer südlich von Zihuatanejo liegt **Barra de Potosí**. Die Restaurants mit Palmdächern haben Hängematten. Zur Trockenzeit ist es möglich, mit dem Boot zur Lagune zu fahren, wo man Wasservögel beobachten kann. Halbtagestouren *($$$$$)* bieten Reisebüros in Ixtapa oder Zihuatenejo an. Es gibt auch Busse.

Etwa ebenso weit weg in Richtung Norden liegt **Troncones**, ein Surfzentrum mit preisgünstigen Hotels und Ferienhäusern. ■

INSIDERTIPP:

Selbst in der Osterwoche sind die langen Stränden von Troncones, 25 Minuten nördlich von Ixtapa, relativ leer.

FERNANDA GONZÁLEZ
National Geographic Traveler Redaktionsleiterin der mexikanischen Zeitschriftenredaktion

Zihuatanejo

139 C2

Besucherinformation

Paseo de las Gaviotas 12, Ixtapa

755/553-1270

www.ixtapa-zihuatanejo.org

Acapulco

Die alte Hafenstadt ist und bleibt einer der bedeutendsten Ferienorte für amerikanische Hochzeitsreisende und Mexikaner auf Jahresurlaub. In schicken Restaurants gibt es die beste Küche Mexikos, in den Bistros am Meer kann man Garnelen und *ceviche* nach Acapulco-Art kosten. Und in den trendigsten Diskos von ganz Mexiko dröhnt der Super-Sound.

Von einem der Hügel in der Nähe von Acapulco genießt man einen exklusiven Blick auf die Stadt

Das Wetter von Acapulco lässt sich folgendermaßen in Worte fassen: Hitze bis zu Gluthitze. Und der Regen im Sommer (Juni bis Oktober) schafft Schwüle. Je feuchter es wird, desto mehr fallen die Hotelpreise, aber viel Geld wird man immer los. Das ganze Jahr über blühen die Bäume. Tropische Früchte wie Mangos, Papayas und Wassermelonen werden mit Limonensaft und einem Tick Chili als frische Getränke oder Salate serviert. Donnerstags gibt es traditionell ein angenehm spätes Frühstück mit *pozole,* einer Maisbreisuppe.

Auch wenn die vielen Hotels an der Avenida Costera Jet-Ski, Wasserski, Tauch- und Schnorchelausrüstung anbieten, ist dieser Strandabschnitt doch der am meisten verschmutzte an der insgesamt sieben Kilometer langen Bucht. Die Strände **Playa Caleta** und **Playa Puerto Marqués** sind hier noch die saubersten.

Absolut „in" wurde Acapulco in den 1960er Jahren, als Hollywoodstars hier ihre Partys feierten, bis sie dann unwiderruflich Richtung Osten weiterzogen. Doch bis heute legen Nostalgiker gern eine Cocktailpause in der Bar des einst so glamourösen **Hotel Flamingos** ein und lassen bei Sonnenuntergang den Blick über die Bucht bis **Playitas** schweifen. Die Küstenstraße schlängelt sich durch Viertel mit älteren Anwesen, Geschäften und Restaurants bis **La Quebrada,** wo sich junge Männer 40 Meter von den Klippen in die Tiefe stürzen. Diese Kunststücke werden meistens um 13, 19.30, 20.20, 21.30 und 22.30 Uhr vorgeführt ($).

Caleta gelangt man in zehn Minuten mit dem Glasbodenboot *($$)* zur hügeligen **Isla de la Roqueta**, einem schönen kleinen Strand, wo man gut schwimmen kann. So lange es noch relativ kühl ist, lohnt der Aufstieg zum **Leuchtturm** mit herrlichem Blick.

Von der Playa Caleta führt die Avenida Costera Miguel Alemán – kurz „La Costera" – am Yachtclub vorbei in die Innenstadt von Acapulco. Heute trifft man hier vor allem Einheimische auf dem Zócalo, dem Hauptplatz. Die Kathedrale **Nuestra Señora de la Soledad** aus den 1930er Jahren vereint – wenig glücklich – Art déco und maurische Elemente.

Acapulco

139 E1 & S. 172–173

Besucherinformation

Av. Costera Miguel Alemán 38-A, Fracc. Costa Azul

744/484-8555

ERLEBNIS: Meisterschaften im Bodysurfen

Am südlichen Teil der Pazifikküste im Bundesstaat Guerrero treten Bodysurfer im Torneo Internacional de Bodysurf *(Tel. 755/113-6621 mobil, www.mantabodysurfclub.com, nur auf Spanisch)* an der Playa Las Escolleras, zwischen Ixtapa and Zihuatanejo, gegeneinander an. (Bodysurfer nützen ihre Körper anstelle eines Surfbretts.) Zum Wettbewerb im April 2008 kamen 40 Teilnehmer aus den umliegenden Bundesstaaten ebenso wie aus Italien und Kalifornien. Zum für Teilnehmer und Zuschauer kostenlosen Wettbewerb gehört ein Reggae-Konzert nach der Siegerehrung.

Die Cuija Open *(Tel. 744/485-6428 in Acapulco)* finden an der Pie de la Cuesta, nördlich von Acapulco statt. Die Teilnahmegebühr (rund 19 US-Dollar) umfasst für internationale Sportler die Unterkunft. Die ersten vier erhalten einen Geldpreis.

Die Straße geht dann weiter zur **Playa Caleta** und **Playa Caletilla,** wo man Ausrüstung für Wassersport mieten und auch etwas essen kann. Die beiden Strände werden durch den **Mágico Mundo Marino** *(Tel. 744/483-9344, $$)* getrennt, einem Themenpark mit Seelöwen-Show, Wasserrutschen und einem Restaurant. Von der Playa

Am Malecón gehen Passagiere von Bord, um sich die 350 Stände des **Mercado de Artesanías** *(Velázquez de León Ecke 5 de Mayo),* eines Flohmarkts, anzusehen. Auch lassen sich Ausflugsfahrten am Nachmittag oder Abend buchen *($$$$$).*

Acapulcos **Fuerte de San Diego** stammt aus dem Jahr 1615 und sollte vor Piratenüberfällen schützen. Die Festung fiel 1776 einem Erdbeben zum Opfer und wurde aus dem Gestein des Burggrabens wieder aufgebaut. Das kürzlich renovierte **historische Museum** *(Tel. 744/482-3828, Mo geschl., $)* zeigt Wechsel- und Dauerausstellungen. Nicht versäumen sollte man das **Museo de las Máscaras** mit über 400 Masken aus dem Bundesstaat Guerrero.

Nur wenige Kilometer nordöstlich der Innenstadt befindet sich der **Sitio Arqueológica Palma Sola** *(Tel. 744/486-1514, tgl. 8–16 Uhr).* Schilder in englischer und spanischer Sprache entlang des 800 Meter langen, hügelaufwärts führenden Pfades erklären die Bedeutung der 18 Felsbilder der Yope, eines Volkes, das einst in dieser Region siedelte. Am besten nimmt man ein Taxi *($)* vom Parque Papagayo aus.

Etwa 50 Minuten von Acapulco entfernt, gibt es im kürzlich entdeckten **Tehuacalco** *(in Chilpancingo, südliches Guerrero)* die Reste eines Ballspielplatzes, von Wohnhäusern und eines Tempels.

Einheimische und Fremde kommen in die Lokale an der Playa Hornos. Auf der anderen Straßenseite liegt der Kinderspielplatz im großen, aber etwas vergammelten **Parque**

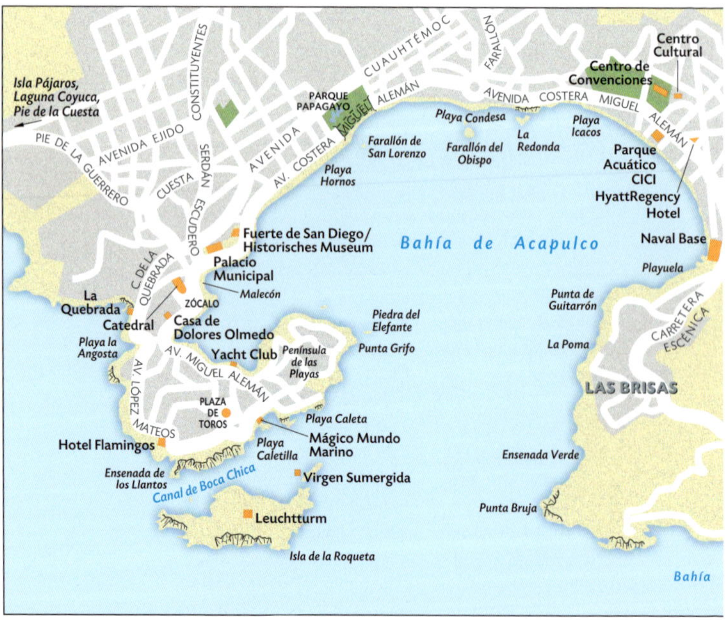

Straßenhändler & Feilschen

Straßenhändler können lästig sein; eine unendliche Parade von *sarape*-Verkäufern stört den Frieden eines idyllischen Strandes. Manche Händler verlangen wesentlich mehr als ihre Waren wert sind, andere dagegen haben vernünftige Preise. Wer sich nicht sicher ist, sollte zuerst höflich 50 bis 60 Prozent des verlangten Preises bieten und sich von dort nach oben arbeiten. Streiten Sie sich nicht wegen billiger Kleinigkeiten, es sei denn der betreffende Betrag beeinträchtigt ihr Wohlbefinden weitaus mehr als das des Verkäufers.

Papagayo. Gegenüber lockt der **Parque Acuático CICI** *(Av. Costera Miguel Alemán Ecke Cristóbal Colón, Tel. 744/ 484-4035, $$$)* mit Gezeitenbecken und Wasserrutschen.

Zwischen der angenehmen **Playa Icaros** und dem Hyatt Regency Hotel liegt eine Ansammlung von Zweckbauten.

Die Küstenstraße heißt in Richtung Osten zu den neueren Vierteln dann **Carretera Escénica**. Hier liegen exklusive Villen und die Hotels von **Las Brisas**, einem Vorort, der nach der hier wehenden sanften Brise benannt ist. Man genießt einen herrlichen Blick über die Bucht.

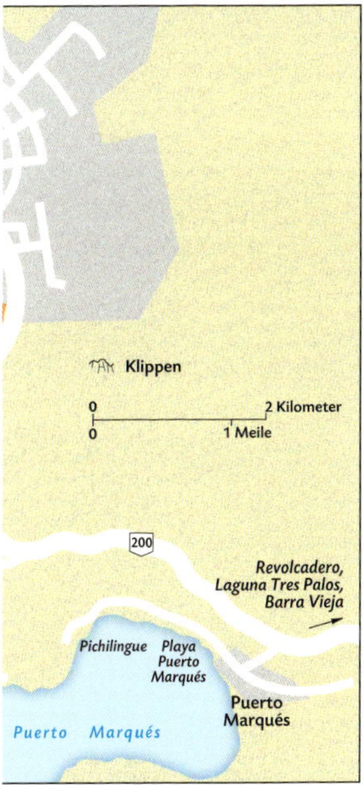

Investoren haben den Bau eines riesigen 300 Millionen US-Dollar teuren Spa- und Tagungszentrums namens Mundo Imperial etwa 12 Kilometer vom Stadtzentrum entfernt begonnen. Il Foro steht seit 2008 als Veranstaltungsstätte zur Verfügung.

Weiter östlich gibt es in der **Bahía Puerto Marqués**, einer weitläufigen Bucht mit Hoteltürmen, alle möglichen Geräte zum Wassersport zu mieten; Pferde warten an der **Playa Revolcadero**. In der Nähe vom Flughafen kann man bei **Barra Vieja** mit dem Boot die **Laguna Tres Palos** mit einem Fischerdorf entlangschippern.

Nur 35 Kilometer nordwestlich der Innenstadt ist die Süßwasser-**Laguna Coyuca** von Mangroven bestanden. Man kann hier mit dem Boot zur **Isla Pájaros** tuckern oder Wasserski fahren. Der lange Strand von **Pie de la Cuesta** ist bei Reitern beliebt. ■

Taxco

Mit seinen engen Gassen zieht sich Taxco über die Hügel. Der Amerikaner William Spratling, der hier die erste Silberschmiede gründete, nannte es das „Florenz von Mexiko", wenngleich der Ort etwas von einem Dorf am Mittelmeer hat. Die weiß getünchten Häuser haben drei Stockwerke und rote Ziegeldächer.

Die Iglesia de Santa Prisca ragt hoch über der Innenstadt von Taxo auf

Die meisten Sehenswürdigkeiten von Taxco finden sich rund um die **Plaza Borda,** wo von den Bäumen der Ruf der lackglänzenden Grackeln tönt. Die Straßen gehen hier sternförmig ab und sind von zwei- oder dreistöckigen Gebäuden mit Restaurants und Silbergeschäften gesäumt.

Auf die Plaza hinaus gehen das **Museo de la Plateria** *(Plaza Borda 16, Tel. 762/622-0658, Mo geschl., $)*, ein kleines Silbermuseum in Privatbesitz, sowie das **Centro Cultural Casa Borda** *(Plaza Borda 14, Tel. 762/622-6634, Mo geschl.)*, das Wechselausstellungen, Kulturveranstaltungen und Kunstunterricht bietet.

Silber wurde in Taxcor jahrhundertelang abgebaut, und die Künstler aus Iguala nicht weit von hier waren auch als Goldschmiede bekannt, und dennoch wurde erst unter William Spratling (1900–67) die erste Silberschmiede ins Leben gerufen: Las Delicias (1931). Heute haben an die 80 Prozent der Bevölkerung mit dem Schmieden von Silber zu tun, und nach Schätzungen des Tourismusministeriums soll es hier ein paar Tausend Silbergeschäfte und weitere Verkäufer geben, die am Samstag auf dem **Mercado** *(Av. de los Plateros s/n, bei der Busstation Fleja Roja)* ihre Waren anbieten.

Unangefochtener Star der Silberstadt ist jedoch die reich mit Gold verzierte **Iglesia de Santa Prisca** *(Plaza Borda 1)*,. die der Minenbesitzer José de la Borda stiftete. Die Kirche aus rosa Bruchstein ist der römischen Märtyrerin Santa Prisca geweiht.

In der Kirche sollen 23 Tonnen Blattgold verarbeitet

sein. Die Orgel mit 256 Pfeifen wurde Stück für Stück mit Mauleseln aus Veracruz herangeschafft und wird bis heute gelegentlich gespielt. Zwölf polychrome Altaraufsätze mit viel Gold vermitteln ein Gefühl von Überfluss. Die linke Seitenkapelle wurde für die indigene Bevölkerung der Stadt errichtet. Man beachte das ungewöhnliche Kruzifix mit einem Christus, der sich die Arme um den Kopf schlingt, Nägel in den Gelenken anstatt in den Händen hat und dem man die Füße einzeln ans Kreuz genagelt hat. Die meisten Gemälde gehen auf Miguel Cabrera (1695–1768), den „Michelangelo von Mexiko", zurück.

Schaut man auf Santa Prisca, liegt einen Block weiter rechts der wunderschöne Markt der Stadt. Donnerstags wird hier und in der ganzen Stadt *pozole* verkauft, eine Maisbreisuppe mit Gewürzen. Weitere Spezialitäten sind *cecina taxqueña,* dünne Scheiben marinierten Rindfleischs und gegrillte Ziege. Der Schriftsteller John Dos Passos und William Spratling behaupteten, „la Berta" in **Bertas Bar** erfunden zu haben, ein Gebräu aus Limone und Tequila. Dazu soll noch eine geheime Zutat kommen.

Eine Kostprobe von Spratlings Sammlung vorspanischer Kunst gibt es im **Museo Spratling** *(Porfirio Delgado 1, Tel. 762/622-1660, Mo geschl., $)* zu sehen. Die Exponate sind schlecht beschriftet, doch lohnt ein Blick. Interessanter ist das **Museo de Arte Virreinal** *(Juan Rúiz de Alarcón 12, Tel. 762/622-5501, Mo geschl., $$),* das religiöse Kunst und liturgische Objekte zeigt.

Einen noch schöneren Blick auf die Stadt hat, wer die steile Gasse zum **Templo de Guadalupe** auf dem Hügel hinter der Stadt hinaufgeht oder von Los Arcos, bei der Touristeninformation an der Avenida de los Plateros, die Bahn zum **Club de Campo Monte Taxco** *(Tel. 762/622-1300)* nimmt. Gegen Gebühr kann man hier Tennis oder auf dem 9-Loch-Platz Golf spielen. Oder man genehmigt sich einen Drink und genießt die Aussicht. An einem klaren Tag kann man die mächtigen Gipfel der Vulkane (Popocatépetl und Iztaccíhuatl) sehen. ■

Parque Nacional Grutas de Cacahuamilpa

Etwa 30 Kilometer von Taxco entfernt liegt Mexikos größtes Höhlensystem. Führungen (*Tel. 762/622-2274, $$*) beginnen zwischen 10 und 17 Uhr stündlich; auf einem zwei Kilometer langen beleuchteten Weg geht es vorbei an Stalagmiten, Stalaktiten und Felsformationen. Das ganze System umfasst etwa 16 Kilometer Tunnel und 20 Höhlen. Minibusse fahren vom Busdepot in Taxco ab; wer mit dem Auto fährt, biegt am Wegweiser von der MEX 55 ab.

Taxco

139 E2

Besucherinformation

Avenida de los Plateros 1

762/622-2274

Weitere Sehenswürdigkeiten

Lagos de Moreno

Der wohlhabende Ort war ursprünglich eine Station auf der Silberroute. Rosafarbene Sandsteinkirchen und eine Hand voll Privathäuser aus der Kolonialzeit flankieren die Plazas. Die Kleinstadt liegt 82 Kilometer südöstlich von Aguascalientes im Hochland von Jalisco. Besuchen sollte man die barocke **Parroquia de la Asunción**, die Gemeindekirche *(Hidalgo an der Hauptplaza)* sowie die elegante **Rinconada de las Capuchinas** *(Miguel Leandro Guerrera Ecke Mariano Azeula)*, ein ehemaliger Konvent mit Museum.
www.lagosdemoreno.gob.mx 138 D4
Hidalgo 230 474/746-5622

Los Azufres

Etwa 1,5 Stunden östlich von Morelia liegt unweit Ciudad Hidalgo nahe der MEX 15 ein Gebiet mit Thermalquellen: Los Azufres. Die Kurorte bieten ihre Dienste auf unterschiedlichem Niveau an. Manche verfügen auch über Campingplätze. Wer es gern urwüchsig mag, fährt nach **Churritaco**; das schwefelhaltige Wasser hat 40 °C.
138 D3

ERLEBNIS: Polo am Pazifik

Sehen Sie sich San Pancho an, so neu und doch so elegant! San Pancho (offiziell San Francisco) entstand in den 1970er Jahren bei Punta Mita nördlich von Puerto Vallarta als Werkssiedlung (Mangoverarbeitung), es besitzt heute eine Reihe sehr guter Restaurants und nun auch noch das Polofeld La Patrona (*Tel 322/297-2334, www.polovallarta.com*). Während der Saison (November bis einschl. Juni) kommen sogar Zuschauer aus Mexiko-Stadt, sehr elegant gekleidet. Das Training kann dienstags bis freitags vom Restaurant mit Jazzbar aus beobachtet werden. Es ist auch möglich sich am Samstag nach dem Spiel unter die Teilnehmer zu mischen; es gibt eine Reihe von Veranstaltungen. Wer mehr als nur zuschauen möchte, kann im Club auch Polo- oder Reitstunden nehmen.

El Santuario de la Mariposa Monarca el Rosario

In dem vulkanischen Gebirgszug im Osten von Michoacán liegt das Überwinterungsgebiet des Monarchfalters. Die Schmetterlinge wandern bis 5000 Kilometer von Kanada oder den Great Lakes hierher. Nach der Winterruhe erfolgt die Paarung. Die Männchen sterben, die Weibchen fliegen Anfang bis Mitte April zurück. El Santuario de la Mariposa Monarca el Rosario ist das schönere der beiden Winterrefugien. In guten Jahren überziehen die Falter die Bäume wie eine Decke. Am besten kommt man Ende November bis März. Der Eintritt in den Park ist relativ preiswert ($$), mit einem kundigen Führer hat man jedoch mehr davon. Empfehlenswert sind die staatlich anerkannten, englischsprachigen Führer von **Movisa** *(Tel. 443/312-8723, Morelia)* oder **Viajes Maruata** *(Tel. 443/324-2120)* die von der Hauptstadt aus Touren anbieten.
139 E3 ■

INSIDERTIPP

***Pescado a la talla* ist eine Spezialität an Mexikos Pazifikküste von Acapulco bis Ixtapa. Der Fisch wird mit Gewürzen und Limonensaft gebacken. Versuchen Sie die milde, nicht zu scharfe Variante.**

FERNANDA GONZÁLES
National Geographic Traveler Redaktionsleiterin der mexikanischen Zeitschriftenredaktion

Eine kosmopolitische Stadt mit einer Fülle kultureller Attraktionen, in der in Kunst, Kunsthandwerk und Architektur der Atem der Geschichte weht

Mexiko-Stadt

Die Architektur in Mexiko-Stadt – Spiegelbild der Geschichte

Mexiko-Stadt

Mexiko-Stadt ist eine Metropole der Extreme – im Positiven wie im Negativen. Trotz der nicht zu unterschätzenden Gefahren und Unannehmlichkeiten ist D. F. (Distrito Federal) eine faszinierende Mischung aus supermodern und historisch. Heute stellt die Hauptstadt den Inbegriff der *mestizaje*, der Mischung indianischer und europäischer Kulturen, des Landes dar.

Mexiko-Stadt bietet Theater-, Tanz- und Musikaufführungen in einem Dutzend Theatern in der ganzen Stadt. Mariachi-Musiker in ihrer silberverzierten Kleidung lassen ihre romantischen Melodien auf der Plaza Garibaldi erklingen. Teure Boutiquen, top-aktuelle Kunstgalerien und Straßencafés säumen die Hauptstraßen von Polanco, der Zona Rosa, von la Condesa, Roma und einigen anderen Vierteln. Andererseits sind einige Millionen Autos in das Stadtgebiet von 1475 Quadratkilometern gepfercht und verpesten die Umwelt. Die Megapolis mit 22 Millionen Einwohnern liegt auf einer Höhe von 2250 Metern umgeben von Vulkanen,

die die verschmutzte Luft regelrecht einkesseln – obwohl sich die Lage in den letzten Jahren bedeutend verbessert hat.

Als die Méxica (siehe S. 184f.) aus dem Norden ins Valle de Anáhuc, das Tal von Mexiko, einwanderten, stießen sie auf gebildete Menschen: die kultivierten Nachkommen der Tolteken, die einen exakten Kalender und differenzierte religiöse Rituale hatten. Die Méxica oder Azteken gründeten am Lago Texcoco Tenochtitlán, und nachdem sie sich 200 Jahre lang in den Kreisen ihrer kultivierten Nachbarn bewegt hatten, versetzten sie die spanischen Eroberer ob ihrer Stadt mit breiten Straßen und bunt bemalten Palästen und Tempeln in Erstaunen. Nach der

NICHT VERSÄUMEN:

Den Templo Mayor, die große Pyramide von Tenochtitlán **186**

Einen Besuch der schönen Wandgemälde im Palacio de Bellas Artes **190**

Die Schreine und Kirchen zu Ehren der Muttergottes von Guadalupe, in Villa de Guadalupe **192**

Einen Nachmittagsspaziergang durch den populären Chapultepec Park **194**

Das Museo Nacional de Antropología, die beste Sammlung Mexikos **198**

Einen Einkaufsbummel in San Ángel **204**

Konquista bauten die Spanier aus den Ruinen von Tenochtitlán Mexiko-Stadt und füllten den See langsam auf.

Im Süden und Südwesten des historischen Zentrums haben sich die einstigen Dörfer Coyoacán und San Ángel – sie existierten schon vor der spanischen Eroberung und sogar vor der Errichtung von Tenochtitlán – ihre Identität bewahren können. Zwischen den beiden Städten liegen eine Reihe schöner Plätze, die von Barockkirchen, gepflasterten Straßen und bunt gestrichenen Häusern umgeben sind. Am Wochenende bieten einheimische Künstler und Händler ihre Werke zu vernünftigen Preisen feil, in den Geschäften steht täglich eine enorme Auswahl an Kunsthandwerk zum Verkauf.

Xochimilco, der südlichste Orte am früheren Texcoco-See, liefert bereits seit vorspanischer Zeit einen Großteil der Pflanzen und Schnittblumen der Region. Am Sonntag klettern Familien samt ihren Freunden an Bord einer *trajinera*, eines bunten Bootes mit Dach und künstlichen Blumen, um gemütlich durch den Rest des Kanalsystems von Mexiko-Stadt und die *chinampas*, die Wassergärten, zu schippern. ■

ERLEBNIS: Einkaufen, wo die Einheimischen verkaufen

Einkaufen in Mexiko – außer in Kaufhäusern ist das ein fesselndes Erlebnis. Fragen Sie nach örtlichen *tianguis*, die Bezeichnung der Indígenas für einen täglichen oder wöchentlichen Markt, zu dem Verkäufer Obst und Gemüse, Kunsthandwerk und sogar Tiere zum Verkauf bringen. Sie können Ihr Spanisch und Gebärdensprachen üben.

Der **Mercado de la Ciudadela** *(Calle Baldera & Enrico Martinez)* ist einer der großen Märkte von Mexiko-Stadt; hier wird Kunsthandwerk aus dem ganzen Land verkauft. Wenn Sie in der Gegend sind, können Sie auch den nahe gelegenen Ciudadela Park besuchen.

In anderen Teilen des Landes bieten von Bundes- und Landesregierungen betriebene Geschäfte Kunsthandwerkern einen fairen Preis und Käufern die Möglichkeit, aus einem großartigen Angebot auszuwählen und die Einheimischen zu unterstützen. Ein Beispiel ist die **Casa de las Artesanias del Estado de Michoacán** *(www.casadelasartesanias.gob.mx)*, die ausgezeichnete Läden in Morelia, Michoacán *(Ex-convento de San Francisco, Tel. 443/312-1248)* und San Miguel de Allende, Guanajuato (*Salida a Celaya 69, Tel. 415/152-3448*) betreibt.

Ferner gibt es Kooperativen der Kunsthandwerker wie **MARO** (*Calle 5 de Mayo 204, Tel. 951/516-0670*) in Oaxaca, das sehr gute Preise bietet und dazu anhält, Handwerkstraditionen zu pflegen.

Centro Histórico

Chaotisch, doch freundlich, bietet die Innenstadt von Distrito Federal eine Synthese aus alter und moderner mexikanischer Kultur. Verwaltungsgebäude und Privathäuser, Kathedralen, Kirchen und Kapellen ersetzten die Paläste und Tempel der enteigneten México. Die Gebäude, die immer wieder Erdbeben widerstanden haben, sind von den Jahrhunderten gezeichnet.

Die in Mexiko verehrte „dunkelhäutige Jungfrau" wird am Zócalo gefeiert

Ein günstiger Ausgangspunkt, um die Innenstadt zu erkunden, ist der vier Hektar große Zócalo, offiziell **Plaza de la Constitución** genannt, der aus dem Schutt von Tenochtitlán angelegt wurde. Auf der Nordseite des Platzes ragt die **Catedral Metropolitana** *(Tel. 55/5510-0440)* auf, die erste Kathedrale Neu-Spaniens, die Cortez erbauen ließ; sie wurde allerdings später durch das heutige Gebäude ersetzt, das 1813 fertiggestellt wurde. Die würdevolle Barockfassade dominieren die Zwillingstürme, aus dem 18. Jahrhundert. Innen beten die Gläubigen an den fünf Hauptaltären und in 14 Kapellen. Sanft fällt das Licht durch die kleinen Buntglasfenster, um den imposanten **Altar de los Reyes** zu erhellen, einen vergoldeten Altaraufsatz aus Holz im churrigueresken Stil.

Im Stil des Hochbarock ist auch die angrenzende Gemeindekirche aus der Mitte des 18. Jahrhunderts, **El Sagrario,** mit einer wahren Heerschar an geschnitzten Heiligen. **La Piedra del Sol,** der 24 Tonnen schwere Aztekenkalender aus Stein, ist heute im **Museo Nacional de Antropología** (siehe S. 198ff.) zu sehen; gefunden wurde er hier auf dem Kirchhof.

Die Ostseite des Zócalo wird vollständig vom **Palacio Nacional** *(Tel. 55/5999-2800)* eingenommen. Zur Kolonialzeit war er Machtzentrale des Vizekönigtums, dann beherbergte der Nationalpalast den Amtssitz des Präsidenten. Heute sind hier verschiedene Ministerien untergebracht. Besucher kommen wegen der Wandgemälde des Muralisten Diego Rivera.

Im zweiten Stock finden sich Szenen aus präkolumbischer Zeit. Kleinere Bilder zei-

Centro Histórico

179 F3/G3

Besucherinformation

Av. Nuevo León 56, Col. Hipódromo

55/5553-1901

Metro: Insurgentes

www.mexicocity.gob.mx

Bei Nacht wirkt die Altstadt mit der Catedral Metropolitana besonders bezaubernd

Ex-Colegio de San Ildefonso
- 179 G3
- Justo Sierra 16
- 55/5702-6378
- Mo geschl.
- $

gen Gummibaum, Mais, Kakao und Agave. Das letzte Fresko im zweiten Stock thematisiert die *mestizaje*, die Kulturverschmelzung. Cortez wird als syphilitischer Mann dargestellt. Hinter ihm steht seine Geliebte La Malinche (siehe Kasten S. 206) mit einem grünäugigen *mestizo*-Baby im Arm.

Einen Block in Richtung Süden gibt es im Haupttreppenhaus des **Suprema Corte de Justicia** *(Pino Suárez 2, Tel. 55/5522-1500)* das Wandgemälde *La Justicia* („Die Gerechtigkeit") von José Clemente Orozco zu sehen.

An der Südseite der Plaza sind am **Palacio del Ayuntamiento** (Rathaus) die Wappen von Mexiko-Stadt, Coyocán, Kolumbus und Cortez dargestellt.

Als Jesuitenkolleg wurde 1588 das **Ex-Colegio de San Ildefonso** errichtet, das im frühen 18. Jahrhundert umgebaut wurde, aber dennoch die spätbarocke Originalfassade hat. Im Inneren umgeben tief orangerote Wände und Säulengänge aus Stein einen großen Innenhof, der im Schatten von Magnolien liegt. Über drei Geschosse sind die Wandgemälde von José Clemente Orozco im Nordtrakt verteilt.

INSIDERTIPP

Das Festival del Centro Histórico findet im März mit kostenlosen Konzerten statt.

LUZ MARIA MEJIA
National Geographic-Feldforscherin

Nicht weit von hier ist das Interieur des hochbarocken **Templo de la Enseñanza** *(Donceles 102, Tel. 55/5702-1843)* ein Paradebeispiel für den Überschwang der Kolonialzeit. 1931 wurde die Klosterkirche aus dem 18. Jahrhundert zum Nationalmonument erklärt.

Einen Block in Richtung Norden sind die Innenhöfe der neoklassizistischen **Secretaría de Educación Pública** *(Av. República de Argentina 28, Tel. 55/5328-1000)*, das Unterrichtsministerium, mit Beispielen der mexikanischen Muralistenschule geschmückt. Diego Rivera malte von 1923 bis 1928 an die 200 Fresken, darunter La Maestra Rural („Die Lehrerin vom Land") und La Liberación del Peón („Die Bauernbefreiung") – gängige Themen des sozialistischen Malers. Das einzigartige Werk „Patrioten und Landesverräter" von Siqueiros schmückt das Treppenhaus nahe dem Eingang an der República de Brasil.

Einer der ältesten Plätze Mexikos ist die **Plaza Santo Domingo** *(República de Venezuela Ecke Brasil)* mit dem **Portal de los Evangelistas,** einer Kolonnade, wo traditionell *evangelistas,* Lohnschreiber, tippten. Es gibt immer noch einige wenige, die dieser Profession auch heutzutage nachgehen.

Am Nordende der Plaza kontrastiert das rote Vulkangestein, *tezontle,* mit den weißen korinthischen Säulen der Barockfassade der **Iglesia de Santo Domingo** *(Tel. 55/5529-3906)*. Sie wurde im frühen 18. Jahrhundert erbaut. Innen sollte man den klassizistischen Hochaltar würdigen, ein Werk von Manuel de Tolsá. Von dem Originalgebäude ist nur die **Capilla de la Expiación** mit ihrem Rokoko-Altaraufsatz erhalten.

Der **Palacio de la Inquisición** *(República de Brasil 33 Ecke Belisario Domínguez)* wurde 1854 von der Universität gekauft und beherbergt heute das Medizinmuseum. Doch es gibt mehr in Mexiko-Stadt. Besuchen Sie eine der vielen Bars der Stadt, von denen manche sicher aus aztekischen Steinblöcken entstanden sind. Bewundern Sie die Auslagen von Delikatessen- und Schokoladengeschäften, werfen Sie einen Blick auf die Schätze der nationalen Pfandleihe gegenüber der Kathedrale. Genießen Sie Gebäck aus der **Pastelería Ideal** und betrachten Sie die Reproduktionen der herrlichen Kuchensammlung. Wie wär's mit einem Fussballspiel in einem der großen Stadien (Estadio Azteca, Azol oder CU an der Universität) oder einer *lucha libre* (siehe Kasten S. 167)? ■

Business-Etikette

Mexikaner sind zwar freundlich und aufgeschlossen, doch auch ziemlich formell. Fragen Sie deshalb erst mal nach dem Wetter und tauschen Höflichkeiten aus, bevor Sie zur Sache kommen. Für Mexikaner ist Höflichkeit wichtiger als Pünktlichkeit und Effizienz. Mit Gereiztheit und Beschwerden machen Sie sich keine Freunde. Der Umgang mit der Zeit ist zwar ohne Hektik, doch in der Regel kommt niemand extrem zu spät. Wer Spanisch spricht, sollte Kellner, Hotelpagen und andere mit der Höflichkeitsform *(usted)* anreden. Sprechen Sie langsam und deutlich, auch wenn Ihre Geschäftspartner gut Englisch oder Deutsch sprechen. Ein paar spanische Worte wie *„por favor"* (bitte) und *„gracias"* (danke) zeigen Ihren guten Willen.

Pastelería Ideal
- ✉ Calle 16 de Septiembre 16
- ☎ 55/5521-2233
- Metro: Bellas Artes

Eine kurze Geschichte der Mexica

Die México oder Azteken kamen im 13. Jahrhundert ins Valle de Anáhuac, das Tal von Mexiko. Sie waren ein armes Barbarenvolk – ohne Kalender und Schreibsystem –, das von einem Ort namens Aztlán gen Süden zog, das spätere Mexiko-Stadt gründete und zeitweise ganz Mesoamerika beherrschte.

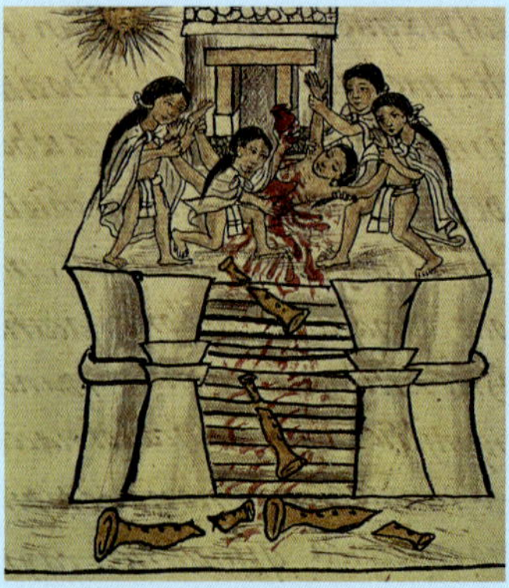

Menschenopfer in Mesoamerika

Die México wurden kurzfristig von den mächtigeren Stadtstaaten im Tal versklavt und flohen dann 1322 ins unbewohnte Feuchtgebiet am Lago Texcoco, wo sie auf einer Insel im See Tenochtitlán gründeten. Nur 50 Jahre später begann nach gezielter Einheirat in die Königsfamilie von Culhuacán, ihre ehemaligen Herrn und Meister, ihr schneller Aufstieg an die Macht.

Mit der Inthronisation von Itzcóatl im Jahr 1427 nahm die systematische Eroberung der etablierten Städte am See ihren Anfang, darunter Coyoacán, Xochimilco und Atzcapotzalco; Letztere schuf Zugang zu den wichtigen Süßwasserquellen bei Chapultepec. Durch Kriege, Einschüchterung, strategische Bündnisse sowie eine kompromisslose Politik konnten die México ihr Territorium über ganz Mesoamerika ausdehnen. Von ihrem ersten König an setzten sie ihre Geschichte in günstigeres Licht, wollten sogar vom Gottkönig Quetzalcóatl abzustammen.

Tenochtitlán wurde in den ersten Jahren von einem Ältestenrat regiert, es entwickelte sich aber dennoch bald zur Oligarchie der *pipiltin*. Die meisten Menschen lebten in Abhängigkeit und waren Gesetzen unterworfen, die selbst Kleinigkeiten reglementierten wie Nahrungsmittel, Getränke und Kleidung. Unterdessen machte der ausschweifende Lebensstil der *pipiltin* eine konstante Ausdehnung des Territoriums notwendig – mit Plünderungen, Fronarbeit und Steuern von untergebenen Staaten.

Nur wenige Stämme – von den Purépecha von Michoacán und einigen wilden Chichimeken-Stämmen im Norden abgesehen – waren in der Lage, sich gegen die Kriegsmaschinerie der México zur Wehr zu setzen. Wer erobert wurde, musste zahlen, und zwar in Form von Tribut und Opfern für die Zeremonien. Der Hauptgott der México, Huitzilopochtli („Kolibri des Südens", der Kriegsgott), wurde immer mächtiger, je mehr das Imperium wuchs. Anfangs war er eine relativ unwichtige lokale Gottheit, doch dann forderte der Kolibri des Südens Menschenopfer von unglaublichen Ausmaßen.

Als 1519 unter Cortez die Spanier an der Ostküste von Mexiko ankamen, war Tenochtitlán bei den unterworfenen Staaten und Alliierten respektiert, gefürchtet und gehasst. Diese Feindseligkeit machte dann eine der erstaunlichsten Eroberungen (siehe S. 26ff.) der Geschichte möglich. Einer Legende zufolge war Quetzalcóatl 500 Jahre zuvor gen Osten

Das historische erste Treffen von Moctezuma und Cortez

gesegelt und hatte versprochen, im „Jahr 1 des Schilfrohres" zurückzukehren. Dass Cortez genau in jenem Jahr kam, ließ den Méxicaherrscher Moctezuma von der Rückkehr Gottes überzeugt sein. Der Priester, Dichter und Philosoph Moctezuma war 1502 zum König gewählt worden. Doch seine Unfähigkeit, den Feind als solchen zu erkennen, führte zum Niedergang des Méxicareiches.

Templo Mayor

Bis zur spanischen Eroberung war der Templo Mayor oder die Pyramide von Tenochtitlán die Stätte, wo Krönungen, Weihen und Menschenopfer stattfanden. Heute macht die Teilrekonstruktion der Pyramide es möglich, alle Baustadien des Monuments nachzuvollziehen und einige Räume zu betrachten. Allerdings vermittelt erst das Museum ein Gefühl für das Leben in Tenochtitlán.

Tzompantli, Stuckdarstellungen der Totenköpfe von Geopferten

Die Zwillingstempel oben auf dem Templo Mayor waren den beiden wichtigsten Göttern geweiht: Der rot gestrichene Südtempel beherbergte den Gott Huitzilopochtli, der im Norden war der blaue Schrein von Tláloc, dem Gott des Regens und der Fruchtbarkeit. An diesem Tempel sieht man noch schwarze und weiße Längsstreifen und Kreise, die für den Regen, für Augen und den Himmel stehen. Davor empfing eine Statue von Chac Mool, die Herzen der Geopferten. Jeder Herrscher veränderte die vorherige Anlage. Am äußersten Nordende der Ausgrabung sollte man sich im **Versammlungshaus des Adlerkriegsordens** die Adlermotive ansehen.

Die ersten vier Säle sind Huitzilopochtli gewidmet. Im **Saal 1** befindet sich ein Modell des Templo Mayor. Im **Saal 2** sieht man Opfergaben und Objekte, die bei Menschenopfern und Selbstopfern verwendet wurden, darunter Opfermesser aus Feuerstein

INSIDERTIPP

Legen Sie eine Pause bei Pepe's Tacos de Canasta (*Seminario at Moneda*) ein, während Sie den *zócalo* oder den Templo Mayor besuchen. Die Tacos kosten nicht einmal einen Euro und sind mit Kartoffeln, grüner *mole*, Bohnen, *adobo*-Sauce oder *chicharrón* gefüllt.

LISA OVERHOLTZER
NATIONAL GEOGRAPHIC-Feldforscherin

und Nadeln aus gefeilten Adlerknochen, mit denen die Adeligen sich bei Ritualen verstümmelten. Der **Saal 3** enthält Objekte, die von den 370 von den Azteken unterworfenen Städten als Tribut bezahlt wurden, Gold- und Türkisschmuck aus Oaxaca sowie bearbeitete Muscheln.

Imposante Statuen, Stelen und lebensgroße Standartenträger aus Keramik, die den Tempel von Huitzilpochtli bewachten, beherrschen den **Saal 4**. Am beeindruckendsten ist aber wohl der riesige runde Opferstein mit einer gemeißelten Darstellung der Mondgöttin Coyolxauhqui, den Arbeiter 1978 bei den Ausgrabungsarbeiten entdeckten. Der Legende nach soll Huitzilopochtli in voller Rüstung dem Schoß der Erdgöttin Coatlicue entsprungen sein, um sie vor seinen 400 Nachkommen zu schützen, darunter auch Coyolxauhqui. Coatlicue war von einer Feder geschwängert worden, und ihre Kinder waren wegen ihrer geheimnisvollen Schwangerschaft erzürnt. Huitzilopochtli ließ die Mondgöttin köpfen, und die Widersacher flohen in den Himmel, wo sie Sterne wurden.

Die **Säle 5 bis 8** sind Tláloc gewidmet. Im ersten sieht man eine Reproduktion der Wanddekoration des Tempels des Regengottes. Zudem sind Figuren und Bildnisse, die mit Tláloc zu tun haben, zu bewundern, zum Beispiel der Frosch, der von den Azteken als rituelle Nahrung verspeist wurde. Die **Säle 6** und **7** beschäftigen sich mit der Natur und mit der Landwirtschaft. Der Letzte der Hauptsäle beschreibt das Ende der Aztekenära, den Beginn des Christentums und die Herrschaft der Spanier. Die letzten beiden Säle in der Nähe vom Ausgang, die faszinierende Exponate zum Totenkult zeigen, sollte man sich keinesfalls entgehen lassen. ■

Rundgang im Museum

Die Exponate sind in Spanisch beschriftet, doch es besteht die Möglichkeit zu einer englischsprachigen Führung mit Tonband ($$). Kostenlose spanischsprachige Führungen: Di–Fr; Anmeldung für englischsprachige Führungen: Tel. 55/5542-4943

Templo Mayor

- 179 G3
- Calle Seminario 8, nordöstl. Ecke des *zócalo*
- 55/5542-4943
- Mo geschl.
- $$
- Metro: Zócalo

www.templomayor.inah.gob.mx

Spaziergang im historischen Parque la Alameda & Umgebung

Der Alameda-Park, eine weitläufige Grünfläche, in der Bäume und Brunnen Akzente setzen, wurde unter der Präsidentschaft von Porfirio Díaz zu etwas Elitärem. Heute lockt der Park wieder alle möglichen Leute an. Er ist gesäumt von alten Kirchen, Museen und dem schönen Palacio de Bellas Artes. Östlich davon wurden in dem nach dem Revolutionshelden Francisco I. Madero benannten Viertel Madero viele historische Gebäude restauriert.

Der Spaziergang beginnt am Nobelrestaurant der Sanborns-Kette, an der **Casa de los Azulejos** ❶ *(Madero 4 Ecke la Condesa, Tel. 55/5512-7824)*, einem der wenigen, das bereits um 19 Uhr öffnet. Das Lokal war während der Revolution sehr beliebt, als dort Pancho Villa und Emiliano Zapata zum Essen gingen. Orozcos Wandgemälde „Omnisciencia" (1925) ziert das Treppenhaus.

Direkt gegenüber steht an der Calle Madero der **Templo de San Francisco de Asís** *(Madero 7, Tel. 55/5518-4690)*, ursprünglich ein Franziskanerkloster, dessen Bau unter dem Patronat von Cortez 1524 begonnen wurde. Es wurde mehrmals umgebaut, doch ist die verbliebene Kirche ein hervorragendes Beispiel für den churrigueresken Stil. Nebenan ragt die reizende **Iglesia de San Felipe de Jesús** ❷ auf, die Felipe de las Casas Martínez (1572–97) geweiht ist, dem ersten Heiligen Mexikos. Das Innere schmücken große, ungewöhnlich schöne Heiligengemälden, das hohe Deckengewölbe verleiht der kleinen, neugotischen Kirche die Illusion von Weite. Einen Block in Richtung Osten, in Richtung Zócalo also,

NICHT VERSÄUMEN:

Palacio de Bellas Artes • Parque la Alameda • Museo Mural Diego Rivera • Museo Franz Mayer

Siehe auch Karte S. 179
➤ Casa de los Azulejos (Sanborns Restaurant)
2,2 km
6 Stunden
➤ Museo Franz Mayer

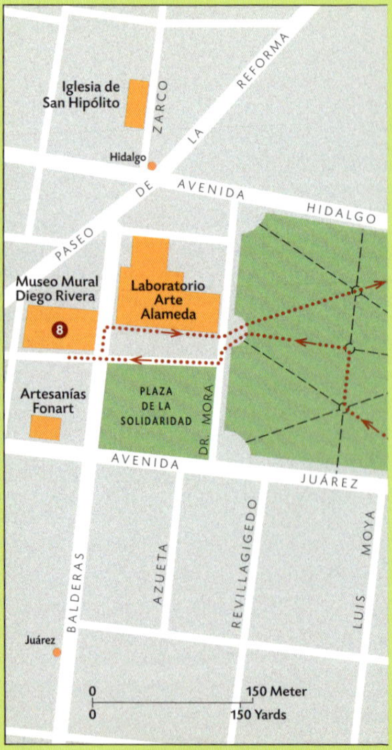

In der Casa de los Azulejos (Kachelhaus) befindet sich heute ein Restaurant der Sanborns-Kette

steht in der gleichen Straße der **Palacio de Iturbide** *(Madero 17, Tel. 55/1226-0120, Sa/So geschl.)*, ein Barockpalais des 18. Jahrhunderts aus Vulkangestein.

An der nächsten Ecke biegt man nun in die Bolívar ein und spaziert zwei Blocks bis zur Calle Tacuba, wo einige Kolonialgebäude, darunter die **Biblioteca del Congreso de la Unión** *(Tacuba 27)*, gera-

Der Parque la Alameda ist benannt nach seinen Pappeln, es gibt aber auch viele Eschen, Kiefern und Jacaranda-Bäume

de umfassend restauriert werden. Richtung Osten bummelt man auf der Tacuba zur Calle Mata und zur **Plaza Manuel Tolsá** ❸; sie ist nach dem spanischen Bildhauer und Architekten (1757–1816) benannt, der 1803 die **Estatua Ecuestre de Carlos de Borbón** schuf. Dominiert wird die Plaza vom **Museo Nacional de Arte** ❹ *(Tacuba 8, Tel. 55/5130-3411, ,www.munal.com.mx, Mo geschl., $)*, das mexikanische Kunst vom 16. bis zur Mitte des 20. Jahrhunderts zeigt. Das schmiedeeiserne Treppenhaus, die Lampen und das Deckengemälde basieren auf europäischem Jugendstil.

Auf der anderen Straßenseite liegt der **Palacio de Minería** *(Tacuba 5, Tel. 55/5521-2982, Sa/So und in den Semesterferien geschl., $)*, ebenfalls von Tolsá, eines der besten Beispiele klassizistischer Architektur. Er beherbergt heute die Fakultät für Ingenieurwesen der Universität (UNAM). Nebenan wurde der **Palacio de Correos** ❺ *(Tacuba 1 Ecke Eje Central, Tel. 55/5510-2999, Sa & So Nachm. geschl.)* aus rosa-gelblichem Bruchstein im plateresken Stil Anfang des 20. Jahrhunderts von dem italienischen Baumeister Adamo Boari entworfen. Philatelisten und Freunde antiker Bücher gehen in den dritten Stock in die Bibliothek der Post hinauf.

Man überquert nun die geschäftige Eje Central, um ein anderes Werk Boaris zu betrachten, den edlen **Palacio de Bellas Artes** ❻ *(Av. Juárez & Eje Central, Tel. 55/5512-1410 oder 2593, Museum Mo geschl., $)* auf der Ostseite des Parque la Alameda. Präsident Porfirio Díaz gab den Palast aus Carraramarmor im Jugendstil 1904 in Auftrag, doch die Revolution unterbrach das Bauvorhaben. Das Art-déco-Interieur wurde 1934 von Frederico Mariscal vollendet. Zu den Wandgemälden im zweiten Stock gehören „México de Hoy" („Mexiko heute", 1952) und „Nacimiento de la Nacionalidad" („Geburt einer Nation", 1953) von Rufino Tamayo. Im dritten Stock gibt es José Orozcos „La Catarsis" („Die Katharsis", 1935), David Siqueiros Nueva Demo*cracía* (Neue Demokratie, 1945) und Diego Riveras *El Hombre, Controlador del Universo* (Der Mensch, Herrscher des Universums, 1934) zu sehen, eine Reproduktion des

Gemäldes, das für das Rockefeller Center bestellt war. Der Besuch der Kunstausstellung im ersten Stock ist gratis.

Vom Palast der Schönen Künste geht es nun zum **Parque la Alameda** ❼, der im 17. Jahrhundert angelegt wurde. Er erfuhr im 20. Jahrhundert eine Erweiterung und umfasst jetzt auch die ehemalige Plaza Quemadero, wo während der Inquisition so mancher Missliebige auf dem Scheiterhaufen endete. Zahllose Monumente und Brunnen verleihen dem Park das gewisse Etwas. Etwa die Hälfte der Avenida Juárez hinunter sieht man **Juárez Hemiciclo** dastehen, ein Denkmal aus blassem Marmor mit dorischen Säulen und brüllenden Löwen, die den Staatsmann Benito Juárez ehren. Auf der anderen Straßenseite und ein Stück in Richtung Westen befindet sich eine Touristeninformation *(Juárez 64 Ecke Revillagigedo, Tel. 55/5518-1003)* und ein Sheraton-Hotel mit Tagungszentrum und ausgezeichnetem Restaurant.

Man überquert nun die Calle Dr. Mora auf der Westseite des Parque la Alameda. An der Plaza de la Solidaridad beherbergt das **Museo Mural Diego Rivera** ❽ *(Colón Ecke Balderas, Tel. 55/5510-2329, Mo geschl., $)* „Riveras Sueño de una Tarde Dominical en la Alameda" („Traum von einem Sonntagnachmittag im la Alameda") aus dem Jahr 1947, das hierher gebracht wurde. Man sieht Porträts von Rivera, Frida Kahlo, der Nonne Juana de la Cruz und den Habsburgerkaisern.

Unterwegs gen Osten betritt man nun wieder den Parque la Alameda. Am Musikpavillon mit Metalldach überquert man die betriebsame Hidalgo (bei Trujano) und spaziert einen halben Block weiter Richtung Osten zur **Plaza de Santa Veracruz** mit der gleichnamigen Kirche an der Ostseite. Einen Teil des ehemaligen Krankenhauses nebenan nimmt das **Museo Nacional de la Estampa** *(Hidalgo 39, Tel. 55/5510-4905, Mo geschl., $)* ein; es werden Lithografien, Linoldrucke und diverse Printmedien präsentiert.

An der Westseite des Platzes ragt der barocke **Templo San Juan de Dios** auf. Daneben zeigt das **Museo Franz Mayer** ❾ *(Av. Hidalgo 45, Tel. 55/5518-2267, Mo geschl., $$)* die sagenhafte Sammlung des deutschstämmigen Finanziers Franz Mayer (1882–1975). Die Galerien rund um einen Innenhof zeigen mexikanische Kunstobjekte aus dem 16. bis 19. Jahrhundert. Eine extra Galerie präsentiert europäische Renaissance.

Mexikanische Ausdrücke und Umgangssprache

Auf Reisen macht es Spaß, wenn man auch mal ein Wort (oder zwei) der Umgangssprache einwerfen kann. Hier finden Sie einige, die Ihnen vielleicht nützlich sein können. Eine größere Liste von Redewendungen gibt es unter *www.mexicoguru.com.*

Porfis	Bitte
No sea malito	Seien Sie ein Engel
Si fuera tan amable	Seien Sie so gut
¡Chin! [tschin]	Verflixt!
chela [TSCHE-la]	Bier
Sale	Ok. Ist gut. Ganz Ihrer Meinung.
¡Hijole! [I-CHO-LE]	Mistkerl!
¡Órale!	Großartig! Weiter so!
¡Aguas!	Achtung!
¿Qué húbole? [ke U-bo-le?]	Was ist los?

Nördlich des Centro Histórico

Nördlich vom historischen Zentrum stehen Ruinen aus der Zeit vor Cortez und eine Kathedrale aus dem 20. Jahrhundert. Die Hauptpyramide von Tlatelolco stammt aus der gleichen Zeit wie Tenochtitlán. Weiter nördlich ehrt la Villa de Guadalupe die Heilige Jungfrau, deren wundersame Erscheinung auf dem Hügel von Tepeyac Zigtausende Indígenas zum Katholizismus bekehrte.

Die neue Basilika ist eines der vielen Gotteshäuser zu Ehren der Jungfrau von La Villa de Guadalupe

Tlatelolco
179 F4
Besucherinformation
Av. Lázaro Cárdenas bei Flores Magón
Metro: Tlatelolco

Tlatelolco

Tlatelolco wurde 1338 von einer Gruppe von Dissidenten gegründet, die Tenochitlán verließ, um am nördlichsten Ende des Lago Texcoco eine eigene Stadt zu bauen. Zwischen der Stadt und den Tenochcan-Königen bestand zwar ein Bündnis, doch wurde Tlatelolco 1473 schließlich von Axayácatl unterworfen. Als wichtiger Markt avancierte die Stadt zum Handelszentrum der Azteken.

Heute kann man in Tlatelolco die rekonstruierten Ruinen betrachten, die letzte Bastion, bis das Azetekenreich schließlich fiel. Wie damals üblich, wurde die **Iglesia de Santiago Tlatelolco** 1609 aus Steinen der geschleiften Pyramide vollendet.

Den meisten Einwohnern von Mexiko-Stadt fällt heute allerdings, wenn der Name Tlatelolco fällt, eine Studentendemonstration ein, die 1968 kurz vor den Olympischen Spielen von Regierungstruppen blutig niedergeschlagen wurde.

Nicht entgehen lassen sollte man sich das Wandgemälde „Cuauhtémoc contra el Mito" (Cuauhtémoc gegen den Mythos) von David Álfaro Siqueiro, eine Verbindung von Skulptur und Fresko. Es befindet sich im Tecpan-Gebäude hinter der Kirche und dem Kloster, wo einst der Palast von Cuauhtémoc stand.

La Villa de Guadalupe

Jedes Schulkind in Mexiko kennt die Geschichte von Juan Diego, dem die Heilige Jungfrau dreimal am Hügel von Tepeyac erschienen sein soll. Als der Bischof den Chichimeken um einen Beweis für das Wunder bat, überschüttete die Jungfrau Diego mit Rosen. Und als er mit dem Poncho, in dem er die Rosen getragen hatte, zum Bischof kam, war darauf das Bildnis der Jungfrau zu sehen.

Alljährlich pilgern an die 15 Millionen Menschen nach Tepeyac, die meisten am 12. Dezember, dem Feiertag der Jungfrau. Die neue, runde **Basílica de Nuestra Señora de Guadalupe** *(Tel. 55/5577-6022)* wurde 1974–76 errichtet. Sie wirkt von außen nicht besonders beeindruckend, weist im Inneren aber eine Holzdecke, moderne Buntglasfenster, einen Boden aus poliertem Onyx und einen Hauptaltar aus Carraramarmor auf. Der Poncho von Juan Diego mit dem deutlich erkennbaren Bildnis der Jungfrau ist hinter dem Hauptaltar gut sichtbar ausgestellt.

Im Nebengebäude der alten Basilika ist das **Museo de la Basílica de Guadalupe** *(Tel. 55/5577-6022 Nebenstelle 137, Mo geschl., $)* untergebracht.

Hat man sich durch die T-Shirt-Verkäufer und bemalten Ponys gekämpft, erreicht man die **Capilla del Pocito** aus dem 18. Jahrhundert, die an der Stelle errichtet wurde, wo eine heilende Quelle sprudelt. Diese wunderschöne Barockkapelle auf rundem Grundriss weist eine Kuppel aus blau-weißen Talavera-Kacheln auf, die Außenmauern sind aus Bruchstein, Vulkangestein und Kacheln. Im Innern gibt es die winzige Kapelle mit Engelsszenen in Pastelltönen zu bewundern. Die heilige Quelle, nach der die Kirche benannt ist, ist mittlerweile versiegt. Oben auf dem Tepeyac-Hügel erinnert die **Capilla de las Rosas** an das erste Erscheinen der Jungfrau. ■

La Villa de Guadalupe

179 G4

Plaza de las Américas 1

55/5748-2085

Metro: La Villa-Basílica

ERLEBNIS: Auf Pilgerfahrt

Jedes Jahr gehen Millionen gläubiger mexikanischer Katholiken auf Wallfahrt, und auch Sie können sich einer Reise zu den heiligen Stätten anschließen. Im Inneren des Landes trappeln Hunderte von Landbesitzern bei berittenen Wallfahrten über das Kopfsteinpflaster von Kolonialstädten. Väter und Söhne fahren auf dem Rad zu Schreinen in den Bergen und alte Damen machen sich auf den Weg zu alten Steinkirchen. Während Stadtfesten häufen sich die Wallfahrten, sodass in den Hotels Reservierungen nötig sind. Sie können sich einer der festlichen Wallfahrten anschließen oder, um die Menschenmassen zu vermeiden, außerhalb der Saison allein gehen; Pilger sind an Wallfahrtsorten immer willkommen. Am meisten verehrt wird Mexikos dunkelhäutige Patronin, die Jungfrau von Guadalupe; ihr Heiligtum liegt in **Las Villas de Guadalupe,** einige Kilometer nördlich der Innenstadt von Mexiko-Stadt (siehe Karte S. 180). Das zweitbeliebteste Ziel ist Nuestra Señora de San Juan de los Lagos, deren Heiligtum 121 km nördlich von **Guadalajara** (siehe S. 148ff.) liegt.

Gläubige pilgern auch zu Jaliscos Virgen de Zapopan (ein Teil von Guadalajara; siehe S. 152); und zum Santo Niño de Atocha (heiligen Kind von Atocha) in **Fresnillo,** Zacatecas. Weitere Heilige sind die Virgen de Juquila im Bundesstaat Oaxaca, die Virgen del Rosario de Talpa, Jalisco, Nuestro Señor de Chalma im Bundesstaat Mexiko, der Señor de Carácuaro in Michoacán und die Virgen de la Salud in Pátzcuaro, Michoacán.

Bosque de Chapultepec, Paseo de la Reforma & Umgebung

Der Bosque de Chapultepec versorgte das Aztekenreich einst mit Trinkwasser und fungierte als königliches Jagdrevier mit Lustschlössern. Heute ist der 800 Hektar große Park die grüne Lunge der Stadt mit einem Zoo, einer Burg und einem Restaurant, sowie elf Museen. Der Paseo de la Reforma führt durch den Park und bindet ihn ans Zentrum an; er ist ein Erbe Kaiser Maximilians.

Der Engel der Unabhängigkeit beherrscht den Paseo de la Reforma im Herzen von Mexiko-Stadt

Bosque de Chapultepec

Das **Monumento a los Niños Héroes** markiert den Osteingang zum Park *(Metro: Chapultepec)* und die Stelle, wo sechs junge Kadetten lieber in den Tod gingen, als sich im mexikanisch-amerikanischen Krieg den US-Truppen zu ergeben.

Das zweistöckige **Museo de Arte Moderno** *(Paseo de la Reforma Ecke Gandhi, Tel. 55/5211-8729, Mo geschl., $, Metro: Chapultepec)*, präsentiert die wichtigsten mexikanischen Künstler des 20. Jahrhunderts, dazu Wechselausstellungen und im Garten Skulpturen aus Aluminium, Stein, Bronze, Eisen und Keramik. Die Buchhandlung ist gut bestückt, der Museumsladen klein, aber fein.

Auf der anderen Straßenseite beherbergt das **Museo Rufino Tamayo** *(Paseo de la Reforma Ecke Gandhi, Tel. 55/5286-6519, Mo geschl., $)* die Sammlung internationaler Kunst von Rufino Tamayo (1899–1991), einem Maler und Bildhauer aus Oaxaca. Zu sehen sind Werke von Picasso, Miró, Fernando Botero und anderen. Ein

Stück in Richtung Westen liegt das sagenhafte **Museo Nacional de Antropología** (siehe S. 198ff).

Gleich nach dem Museum für Moderne Kunst gelangt man zum **Castillo de Chapultepec,** dessen Bau 1785 begonnen, doch durch den Unabhängigkeitskrieg unterbrochen wurde. Das als Schloss für die spanischen Vizekönige geplante Gebäude liegt auf einem kleinen Hügel. Bereits seit 1939 befindet sich darin das **Museo Nacional de Historia** *(Tel. 55/5061-6200, Mo geschl., $).* Zu sehen sind Exponate zur Geschichte, Mobiliar und Wandgemälde von Juan O'Gorman, José Clemente Orozco und David Álfaro Siqueiros (siehe S. 202).

Von hier kann man eine Minibahn *($)* zum **Zoológico de Chapultepec** *(Tel. 55/5553-6263, Mo geschl., Metro: Auditorio oder Chapultepec)* nehmen oder auch einen Spaziergang machen.

Westlich der Avenida López Mateo warten einige kinderfreundliche Attraktionen. Die **Feria de Chapultepec** *(Tel. 55/5230-2121, Mo geschl., www.feriachapulte pec.com.mx, $–$$$, Metro: Constituyentes),* ein Vergnügungspark mit Achterbahn, einem See mit Ruderbooten, einem Lokal und Café, macht Jung und Alt Spaß. In den Monaten Februar und März wird auf einer Insel im **Lago Menor** das Ballett „Schwanensee" aufgeführt; den Rest des Jahres führen die Schwäne ein weniger theatralisches Leben auf dem nahen **Lago Mayor,** gestört nur von den gemieteten Ruderbooten.

ERLEBNIS: Treffen mit Freunden

In der Stadt können sich Reisende in La Casa de los Amigos *(Calle Ignacio Mariscal 132, Col. Tabacalera, Tel. 55/5705-0521, www.casadelos amigos.org)* **mit Einheimischen und Ausländern treffen, die am Ideenaustausch über Frieden, soziale Gerechtigkeit und interkulturelles Verständnis interessiert sind. Jahrzehntelang war das „Haus der Freunde" Schauplatz von Workshops, die das American Friends Service Committee sponserte. Heute ist es ein Gemeindezentrum und Gästehaus für Konferenzbesucher und befasst sich mit jeder nur erdenklichen sozialen Bewegung. Die besuchten englischsprachigen Diskussionsrunden am Freitagabend (18.30 bis 20.30 Uhr) sind eine Gelegenheit, um eine interessante Mischung von Mexikanern zu treffen, die ihr Englisch üben wollen.**

Paseo de la Reforma

Als Verbindung zwischen dem Park und der Avenida Juárez war der Paseo de la Reforma früher von Herrschaftshäusern und blühenden Bäumen gesäumt. Heute schmücken monumentale Skulpturen die Verkehrsknotenpunkte; Büsten mexikanischer Helden säumen beide Straßenseiten. Dem Bosque de Chuapultepec am nächsten befindet sich **Diana la Cazadora** *(Ecke Río Misisipi),* eine unbekleidete Bronzestatue, die ab 1942 25 Jahre lang bekleidet war. Heute präsentiert sich die römische

Bosque de Chapultepec

- 178 B1/B2
- Paseo de la Reforma, gegenüber vom Museo Nacional de Antropología
- 55/5286-3850
- Metro: Chapultepec, Auditorio oder Constituyentes

Göttin der Jagd wieder, wie Juan Fernando Olaguíbel (1896–1971) sie schuf.

Eine grazile Bronzefigur mit Flügeln – genannt *el ángel,* der Engel – glänzt oben auf der 36,5 Meter hohen korinthischen Säule des **Monumento a la Independencia** *(Ecke Av. Florencia).* Dieses Denkmal wurde 1910 zu Ehren der Helden des Unabhängigkeitskriegs errichtet.

Eine klassische Bronzestatue auf einem Steinpodest ehrt den mexikanischen Kaiser **Cuauhtémoc** *(Ecke Av. Insurgentes).* An der Basis sind Szenen von der Gefangennahme des Herrschers, sowie die Qualen, die ihm die spanischen Eroberer zufügten, dargestellt. Vier Mönche umgeben Christoph Kolumbus am **Monumento a Cristóbal Colón** *(Ecke Av. Morelos),* einem Symbol für die Christianisierung Amerikas.

Nur ein paar Blocks südwestlich vom Parque la Alameda befindet sich an der Avenida Juárez die Skulptur ***Cabeza de Caballo*** aus Metall mit gelber Bemalung. Sie ist 28 Meter hoch und das Werk von Sebastián (geb. 1948), der an der Kunstakademie San Carlos studierte.

Umgebung des Parks

Nördlich von Chapultepec liegt **Polanco**, eine Mischung

aus gutbürgerlichen Häusern hinter hohen Gartenmauern, Geschäften, Hotels, Botschaften und Restaurants. Es entstand in den 1940er Jahren, als der Grundbesitz der **Hacienda de los Morales** (siehe S. 372) geteilt und verkauft wurde. Die Cafés und Lokale hier sind voll, vor allem an der Hauptdurchgangsstraße, der Presidente Mazarykl.

Wer exquisit essen und das Nachtleben genießen will, besucht die **Zona Rosa,** die von der Avenida Insurgentes, dem Paseo de la Reforma und Chapultepec begrenzt wird. Das Viertel, heute Zentrum der Schwulenszene, besteht aus zweistöckigen Geschäften, Internet-Cafés, Striptease-Lokalen und Boutiquen, zwischen denen vereinzelt Hochhäuser aufragen. Man kommt gut zu Fuß zurecht, da es mehrere Fußgängerzonen gibt. Wer gern mal lachen möchte, stattet dem **Ripley's Believe It or Not Museum** oder dem angeschlossenen **Museo de Cera** *(Londres 4, Col. Juárez, Tel. 55/5546-7670, tgl., www.museodece ra.com/mx, $$)* einen Besuch ab, wo Wachsfiguren warten. Zwei Viertel in Richtung Süden locken Kaufwütige wie auch Hungrige an: **La Condesa** und **Colonia Roma**. La Condesa ist für seine In-Lokale und Nachtclubs bekannt, von denen sich viele in renovierten Jugendstilgebäuden befinden. Östlich der Avenida Insurgentes entstanden während der ersten Hälfte des 20. Jahrhunderts in der Colonia Roma schöne Eigenheime. Das Viertel erlebte vorübergehend einen Niedergang, als die Reichen in Trendviertel wie Lomas de Chapultepec zogen. ■

INSIDERTIPP

Wer Bewegung sucht: An Sonntagen ist der Paseo de la Reforma Spaziergängern, Joggern, Radfahrern und Skatern vorbehalten.

NINA-NOELLE HALL
NATIONAL GEOGRAPHIC-Mitarbeiterin

Ripley's Believe It or Not Museum

179 E2
Londres 4, Col. Juárez
55/5546-3784
$$
www.ripleys.com

Museo Nacional de Antropología

Das weitläufige Museum für Anthropologie aus dem Jahr 1964 wurde in den späten 1990er Jahren einer Renovierung unterzogen. Verbessert wurde die Beleuchtung, es gibt nun Beschriftungen in Englisch, Touch-Screen-Computer und mehr Ausstellungsfläche für die 2000 neuen Objekte.

Der Kalenderstein der Azteken im México-Saal

Die Renovierungsarbeiten haben die Struktur des Museumskomplexes, der von dem Architekten Pedro Ramírez Vázquez stammt und – wie es heißt – zu den modernsten und besten des Landes gehört, praktisch nicht verändert.

Vier große Gebäude gruppieren sich um einen Innenhof. Seine Freifläche wird etwa zur Hälfte von einem riesigen Aluminiumschirm überdacht, den eine einzige Steinsäule trägt. Von dem ungewöhnlichen Strukturelement oben an der Halterung des Daches stürzt als erfrischender Kontrapunkt Wasser in den Hof nieder.

In zwölf Ausstellungssälen, die sich um den Hof gruppieren, ist im Erdgeschoss die bemerkenswerteste archäologische Sammlung zu sehen, die sich ausschließlich vorspanischen Zivilisationen widmet. Die ersten drei Säle sind als eine Art Crashkurs in Sachen Archäologie schnell absolviert, die übrigen Säle sind nach Regionen geordnet. Da die Sammlung so umfangreich ist, sollte man sich auf die Kulturen konzentrieren, die man besonders interessant findet. Zur Auswahl stehen Vorklassik (Tal von Mexiko), Teotihuacán, Tolteken, México

INSIDERTIPP

Der Aztekenkalender ist wohl das bekannteste Objekt im Museum, doch versäumen Sie nicht die Reproduktion von Pakals Grab oder die Maske des zapotekischen Fledermausgottes.

BARBARA A. NOE
NATIONAL GEOGRAPHIC-Redakteurin

(Azteken), Oaxaca, Golfküste, Maya, Nordmexiko und Westmexiko.

Die vielfältigen archäologischen Schätze ergeben zusammen mit Fotografien, Gemälden, Dioramen und Reproduktionen von Wandbildern und Tempeln ein umfassendes Bild der Zivilisationen der vorspanischen Zeit. In den meisten Sälen sorgen Computer und Videos für eine Fülle von Informationen, allerdings meist auf Spanisch. Daneben stehen englische Audio-Touren per Kofhörer und Tonband zur Verfügung.

Wer sich ernsthaft für präkolumbische Kulturen interessiert, braucht sicher mehr als einen Tag für dieses Museum. Um von der Fülle der Exponate nicht erschlagen zu werden, kann man auch mehrere Vor- oder Nachmittage hier verbringen.

Hinter vielen Sälen findet man Patios und Gärten mit Steinskulpturen und Stelen, Rekonstruktionen von Häusern und Tempeln. Im Maya-Saal sollte man sich die originalgetreue Nachbildung des Königsgrabs aus dem Templo de las Inscripciones (Tempel der Inschriften) in Palenque nicht entgehen lassen und im **Garten** die Reproduktionen der Wandgemälde von Bonampak und einen Tempel von Hochob,

Museo Nacional de Antropología

- 178 A2/B2
- Paseo de la Reforma Ecke Gandhi, Bosque de Chapultepec
- 55/5553-6243
- Mo geschl.
- $$
- Metro: Auditorio

www.mna.inah.gob.mx

ERLEBNIS: Mexiko-Stadt abseits der Touristenpfade

Wenn Sie mehr über die kulturellen, architektonischen und historischen Schätze von Mexiko-Stadt erfahren möchten, wenden Sie sich an **Journeys Beyond the Surface** *(Tel. 55/1745-2380, www.travelmexicocity.com.mx)*. Ausgerüstet mit einem Master-Titel in Stadtentwicklung organisiert Mojdeh Hojjati (in den USA geborene Tochter iranischer Eltern, die seit fast 20 Jahren in Mexiko lebt) Touren für Einzelpersonen oder kleine Gruppen. Sie verfügt über Führer mit Spanisch-, Englisch und weiteren Sprachkenntnissen und arrangiert herrliche Führungen abseits der ausgetretenen Pfade zu kleinen Töpferdörfern, Märkten, Museen und anderen für Reisende, Lehrer oder Wissenschaftler interessanten Plätzen.

Campeche, im Chenes-Stil bewundern.

Folgendes sollte man sich unbedingt ansehen: **Teotihuacán-Saal**: Reproduktion der Fresken von Tepantila; **Tolteken-Saal**: Atlanten-Skulpturen und Krieger mit Perlmutt, beide aus Tula; **Méxica-Saal**: Stein der Fünften Sonne, der sogenannte Kalenderstein (24 t), Statue der Erdgöttin Coatlicue, Gefäß in Form eines Affen aus poliertem Obsidian, das wertvollste Stück des Museums; **Oaxaca-Saal**: Jademaske des Fledermausgottes, mixtekischer Schmuck, Nachbau des Grabes 104 in Monte Albán; **Golfküsten-Saal**: monumentaler Olmekenkopf, Statue junger Mann aus Tamuin, die mit dem Maisgott in Verbindung gebracht wird; **Maya-Saal**: Grabmaske und Insignien aus Pakals Grab, Palenque, Tonfigurinen aus Jaina und Chac Mool aus Chichén Itzá.

Die Exponate aus dem Bereich der Ethnologie im Obergeschoss sind ebenso nach Region und Kulturkreisen angeordnet. Dioramen und Objekte in Vitrinen zeigen Alltagsgegenstände der verschiedenen Volksgruppen Mexikos. ■

INSIDERTIPP

Bestellen Sie Karten vor, um lange Warteschlangen am Museum zu vermeiden. Gehen Sie nicht am Sonntag, wenn viele Menschen den freien Eintritt nützen.

LUZ MARIA MEJIA
NATIONAL GEOGRAPHIC-Feldforscherin

Coatlicue, Erdgöttin der Azteken

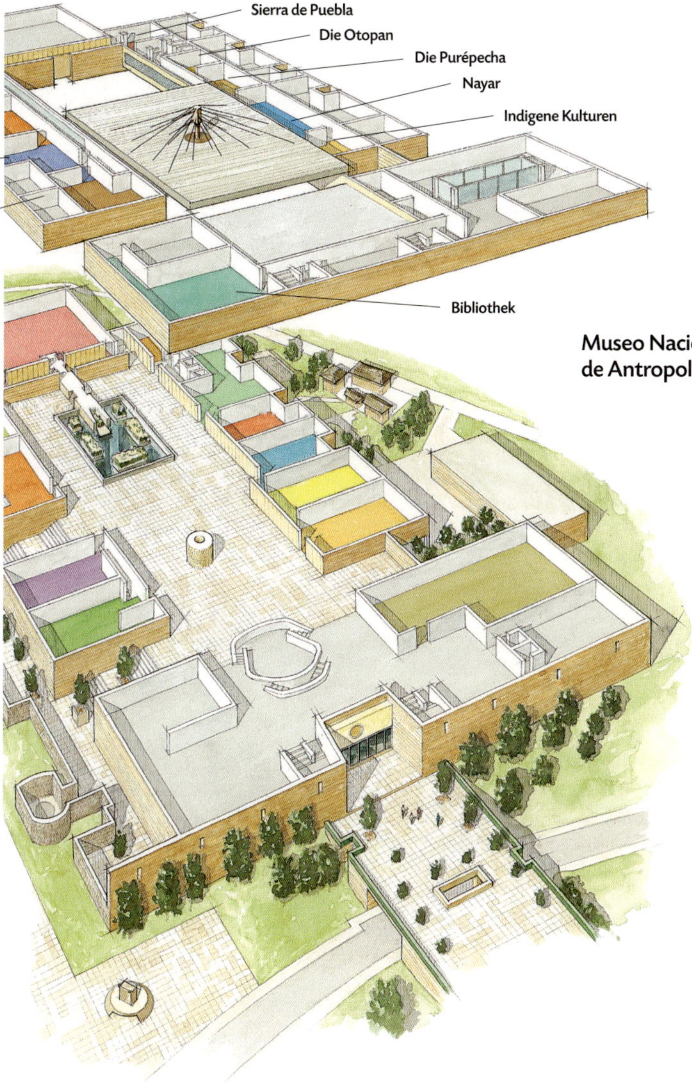

Museo Nacional de Antropología

- Sonderausstellungen
- Indigene Kulturen Mexikos
- Einführung in die Anthropologie
- Übersicht über die Kulturen Mesoamerikas
- Zentralmexikanische Vorklassik
- Teotihuacán
- Die Tolteken
- Die México (Azteken)
- Kulturen Oaxacas
- Kulturen der Golfküste
- Die Maya
- Kulturen des Westens
- Kulturen des Nordens
- Keine Ausstellungsfläche

Die mexikanische Muralistenschule

Nach der Revolution setzten nostalgische Mexikaner, die im Ausland lebten, eine Bewegung in Gang, die indigene Kulturen und die Arbeiterschicht verherrlichte. Sie kombinierten den intellektuellen Marxismus und die Romantik des spanischen Bürgerkriegs mit ungeheurer Leidenschaft für ihre Heimat Mexiko. Viele Künstler nahmen an dieser Bewegung teil, die „Großen Drei" waren Diego Rivera, David Álfaro Siqueiros und José Clemente Orozco.

Die Muralistenbewegung erlebte von 1920 bis 1970 ihren Höhepunkt, anfangs vor allem unter der Schirmherrschaft des Philosophen und Erziehungsministers José Vasconcelos. Auch wenn die radikalen politischen Ansichten der Muralisten ganz offensichtlich mit der Politik der Konservativen in Widerstreit standen, machte sich die mexikanische Regierung deren Sache zu Eigen und stellte öffentliche Flächen für ihre Gemälde zur Verfügung. Die Künstler verfolgten ihre Ziele, und die Obrigkeit sonnte sich im Gefühl revolutionärer Maßnahmen.

Außerhalb Mexikos ist wohl das allegorische Werk von Diego Rivera (1886–1957) am bekanntesten. Er zeigte schon früh ein enormes künstlerisches Talent und wurde mit nur zehn Jahren an der Kunstakademie San Carlos aufgenommen. Nach mehreren Reisen durch Nordeuropa, Frankreich und Russland entwickelte Rivera seinen einzigartigen Stil. Er bevorzugte dunkle Pastellfarben und malte rundliche, fast halslose dunkelhäutige Figuren. Die einfachen Themen und fesselnde Darstellung sollten den einfachen Mann, den Rivera mit Übereifer porträtierte, inspirieren und erziehen. Sowohl Rivera als auch David Álfaro Siqueiros (1896–1974) waren Mitglieder der Kommunistischen Partei Mexikos. Die Arbeiten von Siqueiros, die vor allem wegen der neuen, experimentellen Techniken Furore machten, weisen starke, kühne Farben auf und wirken oft chaotisch und gewalttätig.

Die Wandgemälde von **José Clemente Orozco** (1883–1949) sind durch seine Tätigkeit als Karikaturist beeinflusst, wobei sein Stil im Lauf der Jahre allerdings expressionistische Züge annahm. Die Arbeiten aller drei Künstler konzentrierten sich auf soziale Missstände und menschliches Elend – vor allem das ihrer Landsleute.

Auch der Architekt und Maler **Juan O'Gorman** (1905–82) aus Cayoacán schuf realistische Wandgemälde von bestechender Farbigkeit mit vielen Details. Das Werk des international anerkannten impressionistischen Malers, Muralisten und Bildhauers, **Rufino Tamayo** (1899–1991) aus Oaxaca fand zu seinen Lebzeiten keine besondere Beachtung, da ihm der direkte soziale Bezug fehlte.

Besichtigung der Wandgemälde

Im Folgenden findet sich eine Auflistung der meisterhaftesten Wandgemälde in Mexiko-Stadt:

La Alameda: Museo Mural Diego Rivera (siehe S. 191); Palacio de Bellas Artes (siehe S. 190)

Bosque de Chapultepec: Museo Nacional de Historia (siehe S. 195)

Universidad Autónoma Nacional de México (UNAM): Biblioteca Central, Estadio Olímpico und Rectoría (siehe S. 207)

Am oder in der Nähe des Zócalo: Ex-Colegio de San Ildefonso (siehe S. 182); Palacio Nacional (siehe S. 181); Secretaría de Educación Pública (siehe S. 182); Suprema Corte de Justicia (siehe S. 182)

Vater Hidalgo bildet den Mittelpunkt dieses Wandgemäldes von Orozco, das die Unterdrückung zum Inhalt hat

Südlich des Centro Histórico

Die 29 Kilometer lange Avenida Insurgentes zieht sich am Chapultepec-Park bei der Zona Rosa entlang. Sie führt in Richtung Süden vorbei am World Trade Center, an der Plaza México, der weltgrößten Stierkampfarena, sowie an einem Wandgemälde von Diego Rivera am Teatro de los Insurgentes. Nach ein paar Kilometern sind San Ángel und Coyoacán erreicht.

Auf den zahlreichen Märkten von Mexiko-Stadt lässt es sich gut einkaufen

San Ángel
178 D1
Besucherinformation
Av. Revolución Ecke Madero (Casa de la Cultura)
Bus: San-Ángel-Bus ab Av. Insurgentes Ecke Paseo de la Reforma

San Ángel

San Ángel ist so schön, dass der gesamte Vorort zum Nationalmonument erklärt wurde. Vor der Konquista hieß der Ort Tenatitla. Es gibt hier Kopfsteinpflasterstraßen und Wohnhäuser aus der Kolonialzeit, dazu zwei Plätze, die **Plaza de San Jacinto** und einen Block weiter die **Plaza del Convento.** An der Plaza de San Jacinto findet samstags der **Bazar del Sábado** *(Plaza de San Jacinto 11, Tel. 55/5616-0082)* statt, ein Markt für Kunsthandwerk.

An diesem Platz ragt auch die Kirche aus dem 17. Jahrhundert auf, nach der die Plaza benannt ist, außerdem steht hier die **Casa del Risco** *(Plaza San Jacinto 15, Tel. 55/5616-2711, Mo geschl.)*, ein Palais aus dem 18. Jahrhundert, das heute als Kunstmuseum und Kulturzentrum genutzt wird. Im Erdgeschoss gibt es Wechselausstellungen zu sehen, im Obergeschoss besteht die Dauerausstellung aus Gemälden vom 15. bis 19. Jahrhundert. Die juristische **Bibliothek** *(So geschl.)* bietet 31 000 Bücher.

Gleich auf der anderen Straßenseite der Avenida Revolución macht es Spaß, in den Kreuzgängen und Kapellen des **Museo del Carmen** *(Av. Revolución 4, Mo geschl., $, Metro: Quevedo)* herumzubummeln. Das Museum zeigt vor allem religiöse Malerei und sakrale Objekte. Das ehemalige Karmeliterkloster mit seinen Kuppeln mit Talavera-Kacheln und dem herrlichen vergoldeten Altaraufsatz in der Kapelle im ersten Stock ist ebenso interessant wie das Museum.

Zeitgenössische Kunst gibt es in der modernen Glas-Aluminium-Konstruktion des

INSIDERTIPP

Das San Ángel Inn in San Ángel ist alt und berühmt; Zapata und Pancho Villa aßen hier und unterschrieben einen Vertrag.

NINA-NOELLE HALL
NATIONAL GEOGRAPHIC-Mitarbeiterin

Museo Carrillo Gil *(Av. Revolución 1608 Ecke Altavista, Tel. 55/5550-6284, Mo geschl., $)* zu sehen. Neben den Wandgemälden der „Großen Drei" (siehe S. 202) werden auch Ölgemälde, Gouachen und Zeichnungen weniger bekannter Künstler präsentiert.

Nach einem kurzen Stück über die Avenida Altavista den Hügel hinauf ist das **Museo Casa Estudio Diego Rivera y Frida Kahlo** *(Diego Rivera 2, Tel. 55/5550-1518, Mo geschl., $, Metro: Viveros)* erreicht, ein Klotz auf Stahlstelzen, der von dem Architekten und Künstler Juan O'Gorman (siehe S. 202) entworfen wurde. Frida Kahlo und Diego Rivera bewohnten die beiden Gebäude, die durch einen Steg verbunden sind.

Coyoacán

Etwa drei Kilometer von San Ángel entfernt liegt das ebenso reizende Coyoacán, in dem viele Künstler und Journalisten aus Mexiko und dem Ausland wohnen. Es lohnt sich ein Spaziergang durch den **Parque de la Bombilla** *(Av. Insurgentes Sur Ecke La Paz)*. Hier steht das **Monumento al General Álvaro Obregón**, das dem Revolutionshelden und Präsidenten gewidmet ist, der 1928 während der Cristero-Revolte (siehe S. 32) ermordet wurde. Östlich vom Park liegt das hübsche **Museo Nacional de la Acuarela** *(Salvador Novo 88, Tel. 55/5554-1801, Metro: Quevedo)*. Die Sammlung, die Alfredo Guati gestiftet hat, präsentiert neben Arbeiten von ihm Gouachen und Aquarelle unterschiedlicher Stilrichtungen.

Die Calle La Paz kreuzt die **Avenida Francisco Sosa**, die von gepflegten, schön restau-

Coyoacán
🅽 178 D1
Besucherinformation
✉ Jardín Hidalgo 1
☏ 55/5658-0221
🚇 Metro: Coyoacán
www.coyoacan.df.gob.mx/turismo

San Ángel Inn
✉ Diego Rivera 50 & Altavista
☏ 55/5616-1402
www.sanangelinn.com

rierten Kolonialhäusern gesäumt wird. Außerdem gibt es hier an der Hauptstraße von Coyacán Geschäfte, Eisdielen, Restaurants und Bars. Der Ort florierte schon, als die ersten Azteken ins Tal von Mexiko kamen, und wurde bald von den Neuankömmlingen in Besitz genommen. Cortez machte Coyoacán nach der Eroberung zu seiner Zentrale. Der **Palacio de Cortés** *(Jardín Hidalgo 1)*, das sonnengelbe Gebäude, wird irrtümlich für sein Wohnhaus gehalten.

Die gegenüberliegende Seite des Platzes dominiert der **Templo de San Juan Bautista** *(Jardín Hidalgo 8, Tel. 55/5554-6376)*. Er entstand im 16. Jahrhundert, doch sind nur die Fassade und ein Torbogen aus dieser Zeit erhalten. Innen erhellen die Buntglasfenster mit Darstellungen von Franziskanerheiligen die große einschiffige Kirche und den kunstvollen Hauptaltar.

Cafés, Restaurants, Boutiquen und Büchergeschäfte findet man rund um den **Jardín del Centenario** *(Carrillo Puerto & Centenario)*. Wie in San Ángel verkaufen auch hier Künstler ihre Bilder.

Etwa fünf Blocks nördlich der Plaza liegt das **Museo Frida Kahlo** *(Lourdes 247, Tel. 55/5658-5778, Mo geschl., $$, Metro: Viveros)*. Die Autodidaktin Frida Kahlo (1907–54) wurde in diesem Haus geboren und starb auch hier. Frida begann als Teenager in der Rekonvaleszenz nach einem Busunfall zu malen; ihr naiver Stil ist voll von mexikanischer Symbolik. Ihre Ölgemälde sind kleinformatig und zeugen von ihren ständigen körperlichen Schmerzen und psychischen Leiden, die wohl auch durch ihre Unfruchtbarkeit und die Abenteuer ihres Mannes Diego Rivera bedingt waren. Frida Kahlos Schaffen wurde zu ihren Lebezeiten unterschätzt, doch hat sich diese unabhängige Frau zu einer Art Volksheldin des Feminismus entwickelt. Die vorderen Räume zeigen wechselnde Ausstellungen zu Kahlo und Rivera.

La Malinche

Auf der Südseite der Plaza la Conchita in Coyoacán soll Cortez in einem rostroten, zweistöckigen Haus seine Übersetzerin, Geliebte und Mutter seines Sohnes Martín untergebracht haben: La Malinche. Die junge Frau wurde in Náhuatl Malintzin genannt, auf Spanisch Doña Marina. Man hatte sie offensichtlich als Sklavin an spanische Adelige verkauft, die sie dann Cortez schenkten.

Für die Spanier war Malinche als Übersetzerin, Ratgeberin und sogar Militärstrategin von unschätzbarem Wert, da sie das „feindliche" Naturell bestens verstand. Ihre Handlungsweise und ihre Beweggründe sind nicht bekannt, dennoch wird diese bedeutende historische Gestalt als Verräterin der Indígenas gebrandmarkt. Im modernen mexikanischen Sprachgebrauch ist eine *malinchista* eine Person von fragwürdigem Patriotismus.

Ein Geschichtenerzähler unterhält in Coyoacán seine Zuhörer

Fünf Blocks weiter in Richtung Nordosten erreicht man das **Museo Leon Trotsky** *(Río Churubusco 410, Tel. 55/5658-8732, Mo geschl., $, Metro: Coyoacán)*. Hier lebte der Held der russischen Revolution im Exil. Zu sehen sind Dokumente und persönliche Gegenstände. Der Freund von Kahlo und Rivera wurde 1940 von dem Spanier Ramón Mercader ermordet. Der ehemalige Kommunistenführer hatte zuvor bereits einen Mordanschlag überlebt, in den der Muralist David Siqueiros, ein überzeugter Stalinist, verwickelt gewesen sein soll.

Die größte und älteste Universität Lateinamerikas ist die **Universidad Autónoma Nacional de México**, UNAM *(Av. Insurgentes Sur s/n, Tel. 55/5622-6470, Metro: Colilco oder Universidad)*. Sie wurde 1533 gegründet und war ursprünglich auf mehrere Gebäude in der ganzen Stadt verteilt. Der Campus von 320 Hektar wurde in den 1950er Jahren südlich von San Ángel geschaffen. Wer der Uni einen Besuch abstattet, sollte sich unbedingt die Mosaike von Juan O'Gorman ansehen, die die vier Wände der Biblioteca Central, der Hauptbibliothek, schmücken. An der Nordwand der Rectoría (Rektorat) befindet sich eine Mischung aus Glasmosaik und Fresko von David Álfaro Siqueiros „Die Menschen für die Universität, die Universität für die Menschen", weitere großartige Wandgemälde sind an der Südwand und am Turm zu bewundern. Direkt gegenüber bedeckt auf der anderen Straßenseite der Avenida Insurgentes Sur ein Natursteinmosaik mit Sportszenen von Diego Rivera außen das **Estadio Olímpico**, wo 1968 die Olympischen Spiele stattfanden. ■

Xochimilco

Schon vor den Zeiten von Cortez war Xochimilco für seine Blumen berühmt. Es ist der einzige Ort mit Resten des früheren Kanalsystems und kunstvoll angelegten schwimmenden Gärten, die einst den Lago Texcoco zierten. Der Name der Stadt bedeutet „Ort der Blumen".

Xochimilco
179 G2
Besucherinformation
Calle del Pino 36, Barrio San Juan
55/5676-0810

Rund 15 Kilometer südöstlich vom Zentrum von Mexiko-Stadt liegt Xochimilco mit seinen *trajineras*, Booten, die in den Kanälen gestakt werden. Am Wochenende kommen viele Familien. Es gibt mehrere Kais, wo Boote ablegen: Am **Embarcadero Celada** *(Tel. 55/5676-8879)* fahren Boote in den **Parque Natural de Xochimilco**, ein Biosphärenreservat, das 1993 für den Axolotl geschaffen wurde. Nur hier kommt der Molch noch vor.

Die Klosterburg **San Bernardino de Siena** wurde von den Franziskanern Ende des 16. Jahrhunderts gegründet. Sie hat eine schlichte rosa Fassade; innen ist der Renaissance-Hauptaltar sehenswert. Vom Zentrum zieht es Pflanzen- und Blumenliebhaber zum **Bosque de Nativitas** *(Bus: Route 36)* mit einem ganzjährigen preiswerten Pflanzenmarkt.

INSIDERTIPP

Samstagabende sind in den schwimmenden Gärten von Xochimilco sehr festlich – mit bunten Booten, Mariachi-Bands und geschäftigen Bierverkäufern. Es ist unvergleichlich.

NINA-NOELLE HALL
National Geographic-Mitarbeiterin

Zu jedem Ausflug gehört auch der Besuch des sagenhaften **Museo Dolores Olmedo Patiño** *(Av. México 5843, Tel. 55/5555-1016, Mo geschl., $$, tren ligero: La Noria)*. Zu den zahlreichen Zeichnungen und Gemälden, die von der Señora Olmedo zusammengetragen wurden, zählen Arbeiten von Diego Rivera. Es gibt über 600 vorspanische Exponate und eine Sammlung mexikanischer Volkskunst. ■

Bunt bemalte Boote schippern durch die Kanäle der Stadt, oft gefolgt von Musikanten und Imbissverkäufern

Weitere Sehenswürdigkeiten

Antigua Casa de los Condes de San Mateo Valparaíso

Dieses Gebäude, in dem heute eine Banamex-Bank ihren Sitz hat, ist eines der besten Beispiele bürgerlicher Architektur aus dem 18. Jahrhundert in Mexiko-Stadt. Man beachte den Eckturm mit dem Bildnis der Jungfrau von Guadalupe und das Familienwappen an der Fassade. Innen befindet sich eine ungewöhnliche doppelte Wendeltreppe, die für Bedienstete und ihre Herrschaft entworfen wurde; sie mussten sich so nicht begegnen.
179 G3 Isabel la Católica 44 Ecke Carranza 55/5225-6088 Sa/So geschl. Metro: Isabel la Católica

Cuicuilco

Cuicuilco liegt in Sichtweite des Vulkans Xitle, der die Stadt um 300 v.Chr. zerstörte. Die Ausgrabungsstätte datiert aus der Zeit der Vorklassik. Die wichtigste Struktur hier ist eine seltene, runde, vierstufige Pyramide mit einem Innenaltar; sie wurde 1922 entdeckt. Das Museum dort zeigt Stelen und die Statue von Huehueteotl-Xiuhtecuhtli, dem Gott des Feuers, der als alter Mann dargestellt ist.
178 D1 Av. Insurgentes Sur s/n Ecke Periférico, Col. Ysidro Favela 55/5606-9758 $ Metro: Universidad

Monumento a la Revolución

Das riesige Art-déco-Gebäude geht auf den Präsidenten Porfirio Díaz zurück, der dort Parlamentsbüros unterbringen wollte. Es wurde dann aber zu Ehren der während der mexikanischen Revolution Gefallenen vollendet. Innen zeigt das **Museo Nacional de la Revolución** Dokumente, Fotos und andere Erinnerungsstücke aus dem Krieg.
179 E3 Av. Juárez Ecke La Fragua, Plaza de la República, Col. Tabacalera 55/5566-1902 Mo geschl. $ Metro: Revolución

Museo Anahuacalli

Das Museum aus schwarzem Gestein kann aus Platzgründen von den insgesamt 55 000 Stücken seiner Sammlung vorspanischer Kunst nur 2000 zeigen – alles eine Schenkung von Diego Rivera. Vertreten sind die Kulturen aus Guanajuato, dem Heimatstaat Riveras, ferner das Tal von Mexiko, Teotihuacán, vor allem aber die Pazifikstaaten Colima, Nayarit und Jalisco. 179 G2 Calle del Museo 150, Col. San Pablo Tepetlapa 55/5617-4310 Mo geschl. $ Metro (tren ligero): Xochipingo

Museo de la Ciudad de México

Das elegante Gebäude wurde im 16. Jahrhundert aus rotem Vulkangestein errichtet und einige hundert Jahre später im Stil des Barock umgebaut. Es ist heute ein Museum für Geschichte und Kultur mit Exponaten aus vorspanischer Zeit, Möbeln und Galerien mit Wechselausstellungen. Beachten sollte man die geschnitzten Holztüren, die aus den Philippinen importiert wurden, und im Hof den Brunnen mit einer Nereda, einer weiblichen Figur mit drei Fischschwänzen.
179 G2 Pino Suárez 30 55/5542-0487 Mo geschl. $ Metro: Zócalo

Museo del Calzado el Borceguí

Das Schuhmuseum kann mit 15 000 Exponaten aufwarten. Dazu gehören historische Schuhe – zum Beispiel aus der Zeit von Napoleon und Louis XV, chinesische Sandalen oder NASA-Moonboots –, außerdem 175 Paar Schuhe von Berühmtheiten. Das Museum ist an einen

Laden angeschlossen, der ebenso heißt; seit 1895 ist er auf orthopädische Schuhe spezialisiert.
179 F3 Bolívar 27, 2. Stock 55/ 5512-1311 Sa/So & mittags geschl. Metro: Allende

Museo de la Caricatura
Im ehemaligen Colegio de Cristo aus dem 18. Jahrhundert liegt das einzige Museum in Mexiko, das die Arbeiten von Karikaturisten zeigt. Im Mittelpunkt steht José Guadalupe Posada.
179 G3 Donceles 99 55/5702-9256 $ Metro: Zócalo

Museo José Luis Cuevas
Die erotischen Stiche des Malers und Bildhauers José Luis Cuevas sind im Kreuzgang des ehemaligen Klosters aus dem 16. Jahrhundert ausgestellt, einem hübschen Gebäude, das 1932 zum Nationalmonument erklärt wurde. Die acht Meter große Bronze „La Giganta" von Cuevas beherrscht den Innenhof.
179 G3 Calle Academia 13 55/5542-6198 Mo geschl. $ Metro: Zócalo

Museo S.H.C.P.
Die Säle im ersten Stock sind eher enttäuschend, doch im zweiten Stock des früheren Palasts des Erzbischofs wird es dann interessanter. Hier befindet sich nämlich eine Sammlung von „Naturalien": Früher konnten Künstler ihre Einkommensteuer und deren Erben die Erbschaftssteuer in Form von Kunstwerken bezahlen anstatt in Pesos.
179 G3 Antiguo Palacio del Arzobispado, Moneda 4 55/9158-1243 $ Metro: Zócalo

Museo de San Carlos
Nur ein paar Blocks nordöstlich vom Monumento a la Revolución befindet sich dieses hübsche klassizistische Anwesen. Diego Rivera und andere Größen wurden hier an der früheren Kunstakademie ausgebildet. Heute zeigt die bedeutende Sammlung europäische Malerei aus dem 15. bis 19. Jahrhundert, darunter Werke der spanischen Gotik.
179 E3 Puente de Alvarado 50, Col. Tabacalera 55/5566-8085 Di geschl. $ Metro: Revolución oder Hidalgo

Plaza Garibaldi
Fünf Blocks nördlich vom Palacio de Bellas Artes kommen allabendlich schmucke Mariachi-Bands in Uniform, um an diesem berühmten Platz für ihre Fangemeinde aufzuspielen. Besonders viel los ist am 22. November, wenn die Patronin der Musik, die heilige Cecilia gefeiert wird.
179 F4 Av. Lázaro Cárdenas Ecke Honduras Metro: Garibaldi

Poliforum Cultural Siqueiros
David Álfaro Siqueiros „Schicksalsweg der Menschheit" bedeckt die Innen- und Außenmauern des zwölfeckigen Gebäudes, das dafür erbaut wurde. Am Samstag und Sonntag Nachmittag erklärt eine Licht-und-Ton-Show auf Spanisch die Elemente des ungewöhnlichen Wandgemäldes.
178 D1 Insurgentes Sur 701 Ecke Filadelfia 55/5536-4520 $ Metro: Chilpancingo

Sala de Arte Público Siqueiros
Kurz vor seinem Tod schenkte Siqueiros sein Haus samt Inhalt dem Staat. Es werden hier nun seine vollendeten wie auch unvollendeten Werke gezeigt, zum Beispiel Zeichnungen, Gemälde, Skizzen und das Fresko „Mutterschaft".
178 A2 Tres Picos 29, Col. Polanco 55/5545-5952 Mo geschl. $ Metro: Auditorio ■

Missionen und Kathedralen, Haziendas, archäologische Stätten und Märkte, auf denen die Menschen noch Otomí und Nahuatl sprechen

Rund um Mexiko-Stadt

Detail eines Barockdekors

Rund um Mexiko-Stadt

Fast alle größeren Städte des Zentralplateaus, rund um das Valle de Anáhuac (Tal von Mexiko), sind ehemalige Zentren der Azteken. Zur Zeit der spanischen Eroberung hatte das Dreierbündnis aus Tenochtitlán, Texcoco und Tlacopan sie fest im Griff. Cuernavaca diente bereits dem aztekischen Adel als exklusiver Kurort. Priester und Adelige unternahmen Pilgerreisen nach Teotihuacán.

Das Tal von Tepoztlán war in den 1960er und 1970er Jahren ein beliebtes Erholungsgebiet

In den Flusstälern, Ebenen und im subtropischen Tiefland, das das halbmondförmige Tal von Mexiko umgibt, blühten einst verschiedene Kulturen. Da das Zentralplateau so nah bei Tenochtitlán und der neuen Kapitale, Mexiko-Stadt, liegt, wurde es rasch von der spanischen Krone aufgeteilt. Unter den Städten, die Cortez von König Carlos I erhielt, waren Toluca und Cuernavaca, heute die Hauptstädte der Bundesstaaten México und Morelos. Für die Unterstützung Spaniens gegen die Azteken wurden Tlaxcala Privilegien zugestanden.

Im Gegensatz zu den Maya, deren große Kultur zur Zeit der Eroberung durch die Spanier bereits fast 500 Jahre vorüber war, stand die indigene Kultur des Zentralplateaus im 16. Jahrhundert in voller Blüte. Begabte indianische Künstler und europäische Handwerker schufen gemeinsam die beeindruckendste Architektur in ganz Mexiko. Die Spanier bauten herrliche Kathedralen und Missionskirchen. Die indigenen Handwerker griffen den Stil des Barock begeistert auf. In Puebla zieren vergoldete oder mehrfarbige Stuckarbeiten sowie Talavera-Kacheln viele Kirchen und Privathäuser – was in Mexiko einzigartig ist. Die Wandmalereien in Ixmiquilpan, Hidalgo, weisen indianische Bildlichkeit auf: Jaguare, aztekische Adler, die Schlangen gepackt halten, und

NICHT VERSÄUMEN:

blutrünstige Schlachtenszenen mit einheimischen Kriegern.

Die Anrainer-Bundesstaaten Hidalgo, Tlaxcala, Puebla, Morelos und México um Mexiko-Stadt werden natürlich von der Kapitale beeinflusst. So ist México, das den Distrito Federal (D. F.) auf drei Seiten umgibt, heute hoch industrialisiert und profitiert von Banken und dem dortigen Transportwesen. ■

Cuernavaca

Seit vorspanischen Zeiten wird Cuernavaca viel Lob zuteil; der Náhuatl-Name bedeutet „bewaldetes Tal". Das ausgewogene Klima mit reichlichen Regenfällen ermöglicht den Anbau von Agrarprodukten wie auch von Zierpflanzen. Anfang April lädt die Feria de las Flores (Blumenfest) zu Musik- und Gartenshows ein, während vor den Toren der Stadt Flüsse und über 40 Kurorte locken.

Ein Platz in Cuernavaca mit Brunnen, Balkonen und gusseisernen Straßenlampen

Cuernavaca
213 B2
Besucherinformation
Av. Morelos Sur 187, Colonia Las Palmas
777/314-3872
www.morelostravel.com

Im Frühjahr blüht in Cuernavaca alles – sogar die Guayaba-Bäume, denen die Einheimischen ihren Spitznamen verdanken. Auf der weitläufigen Plaza spazieren die Leute an der Millennium-Uhr vorbei, die zum Jahr 2000 dort aufgestellt wurde, aber bereits recht alt aussieht. Auf der Ostseite hat der beachtliche **Palacio de Cortés** *(Av. Leyva 100, Tel. 777/312-8171, Mo geschl.)* Wandgemälde von Diego Rivera zu bieten. In dem Palais ist das **Museo Cuauhnáhuac** *(Av. Morelos 278, Tel. 777/318-6498, Mo geschl., $)*, untergebracht, das u. a. Kunst der Kolonialzeit zeigt.

Der **Ex-Convento de la Asunción** *(Av. Morelos Ecke Hidalgo, Tel. 777/318-4590)* hat einen riesigen Vorhof, der die vielen potenziellen konvertierten Indianer fassen sollte. Die verzierten Altaraufsätze wurden 1959 entfernt, wobei Fresken zum Vorschein kamen, die das Martyrium des mexikanischen Heiligen San Felipe de Jesús in Japan darstellen. Sonntags findet hier um acht eine **Mariachi-Messe** statt.

Nicht versäumen sollte man das **Museo Robert Brady** *(Nezahualcóyotl 4, Tel. 777/318-8554, Mo geschl., $)*, das märchenhafte Zuhause des reichen amerikanischen Sammlers und Auswanderers gleichen Namens. Hier wurde Volkskunst aus Mexiko und der ganzen Welt zusammengetragen.

Spaß macht ein Spaziergang durch den **Jardín Borda** *(Av. Morelos 271 bei Hidalgo, Tel. 777/312-9237, Mo geschl., $)*, ein Landschaftsgarten, den der Minenbaron José de la Borda aus Taxco anlegen ließ. Das Herrschaftshaus wurde später die Sommerresidenz von Kaiser Maximilian. Außerdem sind im Museum *($)* Objekte des Regenten ausgestellt. Live-Unterhaltung gibt es an der **Plazuela del Zacate** *(Galeana Ecke Hidalgo)*. ■

Xochicalco

Die archäologische Stätte mit dem poetischen Namen „Im Haus der Blumen" liegt auf terrassierten Hügeln. Die Festungsstadt erlebte von 700 bis 900 ihre Blütezeit und wurde erst während der mexikanischen Revolution wiederentdeckt, als – einer Legende zufolge – General Emiliano Zapata bemerkte, wie von dem Hügel, den seine Truppen verteidigten, die Kugeln zurückprallten.

Die Ausgrabungsstätte zieht sich von ihrem höchsten Punkt, der **Plaza Ceremonial**, nach unten. An diesem heiligen Platz liegt das wichtigste Bauwerk von Xochicalco, der **Templo de Quetzalcóatl**, reich verziert mit Basreliefs.

Ein Stück weiter unten liegt die **Plaza de la Estela de Dos Glifos** (Platz der Zwei-Glyphen-Stele), einst eine große Grasfläche, die Versammlungszwecken diente, samt einer Stele mit dem Datum 10-Zuckerrohr 9-Reptilauge. Darunter soll der I-förmige Ballspielplatz einer der ersten gewesen sein, der auf dem Zentralplateau gebaut wurde; er ist von Mayadesign beeinflusst. Zweimal im Jahr (14./15. Mai und 28./29. Juli), wenn die Sonne im Zenit steht, trifft auf dem Boden des **unterirdischen Observatoriums** ein sechseckiger Lichtstrahl auf. Zu sehen sind ferner die Ruinen eines Wasserreservoirs und ein Dampfbad *(temescal)*.

Das **Museum** zeigt u. a. Keramiken und Hieroglyphenschrift. Kopfhörer ($$) mit Informationen sind erhältlich. Freitags und samstags gibt es eine Licht-Ton-Schau *($$$$$)*, der Eintritt ins Museum ist im Preis inbegriffen. Für eine zusätzliche Gebühr besteht Transportmöglichkeit ab der Touristeninformation an der Plaza de Armas in Cuernavaca. ■

Xochicalco

213 B2

38 km südwestl. von Cuernavaca über die MEX 95

737/374-3090

$$

Vorkolumbische Ortsnamen

Wer einen Blick auf eine Karte von Zentralmexiko wirft, bekommt einen Eindruck von den vorspanischen Wurzeln des Landes. Manche der einheimischen Worte wurden zwar von den Spaniern verballhornt oder geändert, doch manche bezeichnen die Charakteristika eines Ortes.

In vielen Fällen setzen sich Ortsnamen aus indigenen und spanischen Wörtern zusammen, wie etwa Oaxaca de Juárez, die Hauptstadt des Bundesstaates Oaxaca, und Santo Tomás Xochimilco, einer ihrer Vororte. Bei Reisen durch das Herz von Mexiko begegnen ihnen vielleicht Orte, deren Namen die folgenden Náhuatl-Wörter beinhalten:

Nahautl-Wort:	Beispiel:
Cal/Calli (Haus)	*Xochicalco* (Ort des Blumenhauses)
Xochi (Blume)	*Xochimilco* (Ort der Blumen)
Tepec (Hügel)	*Tehuantepec* (Hügel der Jaguare)
Teo (Gott)	*Teotihuacán* (Ort, wo sie Götter werden)

Fahrt auf der Ruta del Volcán Popocatépetl

Franziskaner, Dominikaner und Augustiner teilten das Gebiet, das heute den kleinen Bundesstaat Morelos bildet, unter sich auf. Im Uhrzeigersinn um Cuernavaca liegen mehrere Klöster, die bald nach der Konquista erbaut wurden. Diese Strecke durch Ausläufer der Berge ist besonders im Winter beeindruckend, wenn der schneebedeckte Popocatépetl und der steile Itzaccíhuatl zu sehen sind.

Der **Ex-Convento de la Asunción** ❶ (siehe S. 214) war ursprünglich ein Franziskanerkloster. Dank staatlicher Zuschüsse konnten viele religiöse Gemälde dort restauriert werden, einige von bedeutenden Künstlern der Kolonialzeit.

Von Cuernavaca fährt man 16 Kilometer auf der MEX 95D zur MEX 115 gen Osten. Dann folgt man der MEX 115 in Richtung Cuautla nach **Tepoztlán** ❷, wo man auf dem Markt am Wochenende Kunsthandwerk und *amate*, Borkenpapier, kaufen kann. Im Jahr 1550 warfen die Dominikaner den Gott der Pulque, Ometochitli, aus seinem Tempel, um mit den Steinen den **Convento de Nuestra Señora de la Natividad** ❸ zu errichten; er liegt am Hauptplatz. Rund um das plateske Portal sind Symbole der Jungfrau zu sehen: Sonne, Mond und Sterne. Eine Wanderung von einer Stunde führt zu den Ruinen der vorspanischen Pyramide **Tepozteco**.

Familien genießen den Markt von Tepoztlán

NICHT VERSÄUMEN:

Tepoztlán • Tlayacapan • Yecapixtla

Nach rund 32 Kilometern in Richtung Cuautla gelangt man nach **Oaxtepec** ❹ *(Tel. 735/358-0101)*, einst Erholungsort der Fürsten von Xochimilco und des Kaisers Moctezuma; heute ist hier einer der größten staatlichen Wasserparks. Der **Convento de Santo Domingo** aus dem 16. Jahrhundert ist von alten Bäumen umgeben.

Von Oaxtepec fährt man nun über die MEX 142 zehn Kilometer nach **Tlayacapan** ❺ ($) mit seinem **Convento de San Juan Bautista** von monumentaler Schlichtheit. Die helle Fassade mit weißem Stuck wird von einer *espadaña* abgeschlossen, einer Reihe von kleinen Glocken in Nischen. Im Refektoriumsmuseum befindet sich ein halbes Dutzend mehrfarbiger Holzstatuen, in der Privatkapelle sind Gemälde von Augustinerhei-

ligen, Mönchen und den vier Evangelisten zu sehen.

Man fährt nun auf der MEX 2 zehn Kilometer zum **Convento de Totolapan**. Dieses Augustinerkloster war einst mit Malereien bedeckt. Die Straße schlängelt sich in Richtung Süden zum **Convento de Atlatlahuacan**, ca. 14 Kilometer weiter. Das ehemalige Augustinerkloster hat einen mit Zinnen bewehrten Kirchhof; der Kreuzgang beherbergt Darstellungen von frühen Heiligen. Die dem heiligen Matías geweihte Kirche weist ein blaues Kirchenschiff auf.

Auf der MEX 2 geht es zunächst gen Süden, dann biegt man rechts auf die MEX 115 in Richtung Cuautla ein und nach sechs Kilometern links auf die MEX 10 nach **Yecapixtla** 6. In vorspanischen Zeiten war die Stadt ein Sklavenmarkt und avancierte dann zur Augustinerabtei. Hinter dem festungsartigen **Convento de San Juan Bautista** steht der Palast, in dem Cortez sich manchmal aufhielt. Die Renaissancefassade der Kirche ziert ein Rosettenfenster und ein platereskes Portal. Im Innern schmücken die Insignien der Augustiner die Isabellinische Kanzel. Wieder auf der MEX 115 fährt man weiter nach Süden, biegt westlich auf die MEX 160 ab, um nach 62 Kilometern nach Cuernavaca zurückzukehren.

Cholula & Umgebung

Cholula (Fluchtort) soll von Anhängern von Quetzalcóatl gegründet worden sein, die vor religiöser Verfolgung flohen. Heute ist Cholula die Heimat der 60 Jahre alten Universidad de las Américas. Hier und in den Dörfern ringsum gibt es die imposantesten Kirchen Mexikos. Indianische Handwerker wandelten vorkolumbische und europäische Motive und Techniken um.

Die Kirche Nuestra Señora de los Remedios thront auf der Gran Pirámide de Tepanapa, dem Herzstück der Ausgrabungsstätte von Cholula

Zu Beginn des 16. Jahrhunderts war Cholula eine mächtige Stadt und ein wichtiges Wirtschaftszentrum unter der Vorherrschaft der Azteken. Allen Ratschlägen seiner Tlaxcala-Berater zum Trotz machte Cortez auf seinem Marsch nach Tenochtitlán hier zehn Tage Halt. So erfuhr er, dass man seine Truppen ermorden und opfern wollte, und ordnete deshalb nach einer Rede gegen Götzendienst und Menschenopfer ein Massaker unter den Soldaten und Bürgern der Stadt an.

Die Aztekenkapitale war innerhalb von zwei Jahren erobert. Dann machten sich die Spanier daran, Cholula europäisch zu gestalten.

Die seit der späten Postklassik verlassene **Gran Pirámide de Tepanapa** *(Av. Morelos Ecke Calle 6 Norte, Tel. 222/500-9622, $)* war aber wohl doch zu groß, um sie zu schleifen. Das riesige Bauwerk aus Adobe-Ziegeln wurde im Lauf von tausend Jahren – etwa 300 v. Chr. bis 700 n. Chr. – in unterschiedlichen Bauphasen errichtet. Im Gegensatz zu anderen archäologischen Stätten erreicht man Tepanapa nur durch ein acht Kilometer langes Tunnelsystem. Man kann sich die Stätte allein ansehen oder am Eingang einen Führer ($$$$) mieten. Ein kleines Museum auf dem Gelände zeigt ein Modell der Pyramide, an dem man die einzelnen Bauabschnitte erkennen kann. Oben setzten die Spanier auf das 70 Meter hohe Bauwerk die **Iglesia de Nuestra Señora de los Remedios.** Von der Kirche aus dem späten 16. Jahrhundert blickt man über die Stadt.

Cholulas Hauptplatz, die **Plaza La Concordia** *(Blvd. Miguel Alemán Ecke Morelos)*, säumen bunt gestrichene Restaurants und Geschäfte, die an der Westseite unter einer Arkade liegen. Auf der Ostseite befindet sich der Eingang zum **Convento San Gabriel** *(Calle 2 Sur Ecke Morelos)*, einem Kloster, das die Franziskaner an der Stelle errichteten, wo früher ein präkolumbischer Tempel stand. Innen gilt es die faszinierende **Capilla Real** zu bewundern, die nach dem Vorbild der Großen Moschee von Córdoba in Spanien errichtet wurde.

Nur ein paar Kilometer südlich von Cholula befinden sich zwei berühmte Kirchen im „indianischen Barock"; die Verschmelzung europäischer mit indigenen Elementen ist hier einzigartig gelungen. Die Kirche **Santa María de Tonantzintla** ist im Inneren üppig mit mehrfarbigen, vergoldeten Stuckornamenten und Skulpturen geschmückt.

Nach weiteren 1,5 Kilometern ist die nicht minder beeindruckende **Kirche San Francisco de Acatepec** erreicht. Ihre gesamte Fassade ist gekachelt, eine Mischung aus bunten Farben.

Die ehemalige **Hacienda de Chautla** *(Carr. 190, 4 km von San Martín Texmelucan, Tel. 248/481-1141, www.amatzcalli.com/cha.htm)* kann besichtigt werden. Ein See auf dem schönen Gelände bietet sich zum Barsch-Angeln an, es gibt auch einen Campingplatz, Hütten, ein Restaurant und einen Bootsverleih.

An die 16 Kilometer westlich von Cholula ist Huejotzingo die Heimat des **Convento de San Francisco** *(Mo geschl., $)*, der von 1529 bis 1570 erbaut wurde. Das Franziskanerkloster bietet einen Kreuzgang, einen Küchentrakt und eine hübsche Kapelle; in der Kirche gibt es einen platteresken Altar. Huejotzingo ist für *sarapes*, Wolldecken, bekannt, die am Samstag auf dem Markt verkauft werden. ■

INSIDERTIPP

Cholula, mit seinen Bars und Clubs, ist in der Gegend der beste Ort, um das Nachtleben zu genießen.

ERIC RAMIREZ BRAVO
National Geographic-Feldforscher

Cholula
213 C2
Besucherinformation
12 Oriente Ecke 4 Norte
222/261-2393
www.vivecholula.com

Popocatépetl & Iztaccíhuatl

80 Kilometer südöstlich von Mexiko-Stadt türmen sich der Vulkan Popocatépetl und sein Gefährte Iztaccíhuatl auf. Mit 5426 bzw. 5286 Metern sind diese beiden Giganten der zweit- und dritthöchste Berg Mexikos; übertroffen werden sie nur vom Pico de Orizaba in Veracruz. Der Popocatépetl ist mindestens 36-mal ausgebrochen, zur letzten bedeutenderen Eruption kam es 820.

Auch wenn Popo und Izta – wie die beiden Berge hier liebevoll genannt werden – als Stratovulkane eingestuft werden, schläft der Izta seit langem und hat auch keinen Krater. Der Popo hingegen brach 1993 aus. 25 000 Personen wurden aus den umliegenden Dörfern evakuiert.

Der Legende zufolge war Popoca ein armer, aber tapferer junger Mann, der sich in Mixtli, die reizende Tochter von Tizoc, den Herrscher Mexikos, verliebt hatte. Popoca zog in den Krieg, da er hoffte, in den Rang eines Adlerkriegers erhoben zu werden, um dann der Hand der Prinzessin würdig zu sein. Mixtli war jedoch vom Ableben ihres Geliebten überzeugt und ging selbst in den Tod. Als Popoca als Sieger aus der Schlacht zurückkam und Mixtli tot vorfand, legte er ihren Körper auf den Gipfel eines hohen Berges in der Hoffnung, dass der Schnee sie wiederbeleben würde. Er blieb mit einer glimmenden Fackel bei ihr, so entstanden die Namen: Popocatépetl – Rauchender Berg – und Iztaccíhuatl – Schlafende Frau.

Die beiden Berge haben auch für moderne religiöse Zeremonien eine Bedeutung. Viele Dorfbewohner glauben, dass Popo und Izta lebendige Wesen sind, die für die Fruchtbarkeit ihrer Felder verantwortlich sind. Wenn der Mais ausgesät wird, sprechen Regenmacher Gebete in heiligen Stätten der beiden Vulkane.

Für Bergsteiger ist der Popocatépetl allerdings gesperrt. Den technisch anspruchsvolleren Iztaccíhuatl kann man noch besteigen. Man kommt zu beiden vom Paso de Cortés, 17 Kilometer von der MEX 115.

ERLEBNIS: Besteigung von Vulkanen

Das gebirgige Mexiko bietet Kletterexperten und geübten Bergsteigern viele Herausforderungen. Der erloschene **Nevado de Toluca** (4558 m über dem Meer) bei Toluca, 80 Kilometer westlich von Mexiko-Stadt, zieht an den Wochenenden naturliebende Städte auf den unteren Teil seiner Hänge. Das Klettern zum Gipfel wird mit dem Anblick eines herrlichen Kratersees und – an klaren Tagen – auf den ruhenden **Iztaccíhuatl** (5222 m) belohnt.

Dieser Berg mit dem Kosenamen Izta bietet viele Möglichkeiten für Klettertouren und Wanderungen. Iztas schwierigere Ayoloco-Gletscher-Route bietet Übungsmöglichkeiten auf Schnee und Eis: ein gutes Training für den Pico de Orizaba.

Von den Azteken Citlaltépetl (Sternberg) genannt, ist der **Orizaba** (5636 m), zwischen Veracruz und Puebla gelegen, Mexikos höchster Berg. Sie können sich von Januar bis März und Oktober bis Dezember Expeditionen der **Alaska Mountain Guides** (*www.mountainguidesinternational.com*) anschließen.

Mexikanische Unternehmen, die auf Abenteuertourismus spezialisiert sind, haben Klettern und Wildwasserfahrten im Programm. Die Mexican Association of Adventure Tourism and Ecotourism (*www.amtave.org*) gibt Empfehlungen zu Orten und Aktivitäten.

Puebla

Puebla wurde 1531 in einem grünen Tal gegründet – umgeben von den drei höchsten Vulkanen Mexikos: Pico de Orizaba, Popocatépetl und Iztaccíhuatl. Da die Gegend mitten im „pazifischen Feuerring" liegt, wird sie immer wieder von Erdbeben erschüttert, doch der Stolz der Bürger von Puebla garantiert, dass historische Gebäude und wunderschöne Kirchen rasch renoviert werden.

Die Stadt wurde zwar als ein Zentrum für Landwirtschaft und Handel gegründet, produzierte jedoch bald Textilien, Glas und Keramik. Die Motive der importierten, blau-weißen Talavera-Kacheln aus Spanien waren anfangs durch die Mauren beeinflusst, doch fügten indianische Künstler und Mestizen dann Erdfarben hinzu, um so eine einzigartige Keramiktradition zu schaffen. Kacheln, kunstvoller Stuck – oft vergoldet und bemalt – und andere Barockornamente schufen einen einzigartigen architektonischen Stil, den man in der Hauptstadt Puebla und in den Orten ringsum findet.

Spezialitäten der Küche von Puebla sind z.B. *chiles en nogada*, mit einer süßlichen Fleischpaste gefüllte rote Paprikaschoten in Walnusscremesoße, garniert mit Granatapfelsamen. Die *mole poblano* wird aus bitterer Schokolade, Nüssen, Sesam und Chili zubereitet und als Soße zu Truthahn, Hähnchen oder Schweinefleisch gereicht.

Die sonnengelbe Küche, in der man die *mole* angeblich erfand, gehört zum **Ex-Convento de Santa Rosa,** einem Nonnenkloster, das im 19. Jahrhundert konfisziert wurde und heute das **Museo de Arte Popular Poblano** *(Calle 14 Poniente Ecke 3 Norte, Tel. 222/232-7792, Mo geschl., $)* beherbergt. Zu sehen sind Volkskunst und Möbel mit Intarsien. Das **Museo de Arte Religioso** *(18 Poniente 103, Tel. 222/232-7792, Mo geschl., $)* im Ex-Convento de Santa Mónica zeigt neben Gemälden ein kurioses Exponat: das konservierte Herz des Klostergründers.

Ziegel und Kacheln zieren die Häuserfassaden in Puebla

Puebla

213 C2

Besucherinformation

Calle 5 Oriente 3

222/246-2044

www.sectur.pue.gob.mx

Catedral de la Inmaculada Concepción
✉ 16 de Septiembre at 3 Oriente
☎ 222/232-2316

Rund um die schattige **Plaza Principal** *(Juan de Palofox y Mendoza, 3 Oriente, 2 Sur & 16 de Septiembre)* sieht man beeindruckende Gebäude, z. B. den **Palacio Municipal** *(Portal Hidalgo 14, Tel. 222/405-5000)* im Stil des französischen Klassizismus. An der Nordostecke der Plaza ist die **Casa de los Muñecos** mit roten Ziegeln, Stuck und Kacheln ebenso faszinierend wie die Gemälde aus der Kolonialzeit im **Museo Universitario** *(2 Norte 2, Tel. 222/229-5500, Mo geschl., $)*.

INSIDERTIPP

Kosten Sie zwischen Juli und September in Puebla unbedingt *chiles en nogada*. Diese gefüllten Paprika mit Nüssen und Trockenfrüchten sind eine einzigartige regionale Spezialität.

KATHERINE AMATO
National Geographic-Feldforscherin

Gegenüber ragt die imposante **Catedral de la Inmaculada Concepción** mit ihren strengen Zwillingstürmen auf. Der Hauptaltar aus Gold, Marmor und Onyx stammt von Manuel Tolsá, dem Meister der Kolonialzeit.

Hinter der Kathedrale befinden sich in der **Casa de la Cultura** *(Calle 5 Oriente 5, Tel. 222/242-1966, $)* ein Theater, Kunstgalerien, ein Konzertsaal sowie die **Biblioteca Palafoxiana.** Im **Museo Amparo** *(Calle 2 Sur 708 Ecke Av. 9 Oriente, Tel. 222/229-3850, Di geschl., $)* werden präkolumbische Artefakte gezeigt.

Nördlich der Kathedrale weist die **Iglesia de Santo Domingo** *(5 de Mayo Ecke 4 Poniente, Tel. 222/242-3643)* die am üppigsten verzierte Kapelle der Stadt auf. Die **Capilla del Rosario,** die Rosenkranzkapelle, ist die reinste Orgie in Barock mit vergoldetem Stuck. Ein paar Türen weiter ist das **Museo Bello y Zetina** *(5 de Mayo 409 Ecke 6 Oriente, Tel. 222/232-4720, Mo & Jan. geschl.)* das opulente frühere Zuhause einer wohlhabenden Familie.

Die **Casa del Alfeñique** *(4 Oriente 416 Ecke 6 Norte, Tel. 222/232-0458, Mo geschl., $)* aus dem 18. Jahrhundert hat ihren Namen – Mandelkuchenhaus – von der imposanten Fassade im Zuckerbäckerstil; das Museum zeigt verschiedene Exponate aus vorspanischer und kolonialer Zeit. Im gleichen Viertel werden an kleinen Ständen Mandelkuchen verkauft, außerdem Talavera-Keramik (Fabrikware), in **El Parián** *(2 Oriente & 6 Norte)* an der alten **Plaza San Roque.** Originales Kunsthandwerk aus Puebla kauft man am besten im Viertel **Barrio del Artista** (6 Oriente & 6 Norte) sowie im **Callejón de los Sapos** (Calle 4 Sur Ecke Av. 7 Oriente). ■

Tlaxcala & Cacaxtla

Die meisten Leute statten Tlaxcala einen Besuch ab, wenn sie die sagenhaften vorspanischen Fresken von Cacaxtla besichtigen. Die Geschäfte verkaufen Kunsthandwerk, geschnitzte Holzstöcke, gestreifte *sarapes* und bunte Karnevalsmasken. Die Menschen hier sind auf ihre spanischen und indianischen Vorfahren stolz, und daher das Motto der Stadt: „Erbe zweier Kulturen".

Farbenfroh ist die Gemeindekirche San José in Tlaxcala

Der winzige Bundesstaat und auch seine Hauptstadt sind nach den Tlaxkalteken benannt, deren Hass auf die Azteken sie zu vertrauenswürdigen Bundesgenossen von Cortez machte. Sie wurden wegen ihrer Loyalität gut behandelt und ließen sich schließlich freiwillig an so abgelegenen Orten wie Santa Fe, New Mexico oder San Cristóbal de las Casas, Chiapas, nieder, um ihren Beitrag bei der Bekehrung unwilliger Indianerstämme zu leisten.

Tlaxcala darf sich der ersten Kirche in ganz Neu-Spanien rühmen. Das **Ex-Convento de la Asunción** an der Plaza Xicotencatl wurde aus den Steinen einer Pyramide für den Regengott Tláloc erbaut. In der Sakristei steht das Taufbecken, in dem die vier Fürsten von Tlaxcala getauft wurden, bevor Cortez weiter nach Tenochitlán zog; heute ist hier das **Museo Regional de Tlaxcala** *(Tel. 246/462-0262, $)* zu Hause.

Viele der Gebäude aus dem 16. Jahrhundert an der

Tlaxcala
213 C2

Besucherinformation

Av. Juárez 18 at Lardizábal

246/465-0900 Nebenstelle 7 oder 01800/509-6557 (gebührenfrei innerhalb Mexikos)

www.descubretlaxcala.com

Basílica de Nuestra Señora de Ocotlán
✉ Pocito de Aqua Santa, Carr. a Santa Ana Chiautempan
☎ 246/462-1073

Plaza de la Constitución konnten sich ihre Originalfassade bewahren, sodass der Platz heute einen historisch einheitlichen Stil aufweist. An der Nordwestecke wurde die **Parroquia de San José** nach mehreren Umbauten mit Ziegeln und Talavera-Kacheln verschönt. Der **Palacio de Gobierno** (*Tel. 246/465-0900*), der Regierungspalast aus Ziegel und Rokokostuck, ist eine Zierde an der Nordseite des Platzes. Im ganzen Bundesstaat sind die Regierungsgebäude innen mit komplexen Wandgemälden aus der Geschichte bedeckt. Das **Museo de Artes y Tradiciones Populares** (*Emilio Sánchez Piedras 1, Tel. 246/462-2337, Mo geschl., $*) offeriert Kostproben von Pulque sowie Webarbeiten und Masken der Region.

INSIDERTIPP

Die besten Tamales und *atole* in Tlaxcala – und vielleicht in ganz Zentralmexiko – gibt es bei Tamales Agus in der Avenida Juárez 25.

LISA OVERHOLTZER
NATIONAL GEOGRAPHIC-Feldforscherin

Im Osten der Stadt wurde die **Basílica de Nuestra Señora de Ocotlán** aus dem 18. Jahrhundert an der Stelle errichtet, wo in einem Kiefernwald mehrere geheimnisvolle Marienerscheinungen stattgefunden haben sollen. 20 Jahre hat Francisco Tlayotehuanitzin, ein Künstler indianischer Abstammung, am faszinierenden Innenraum gearbeitet. Der achteckige **Camarín de la Virgen** (Heiligennische der Jungfrau) ist völlig mit vergoldeten, mehrfarbigen Engeln, Heiligen, Blumen und Girlanden bedeckt. Gleich in der Nähe kaufen Pilger in der **Capilla del Pocito de Agua Santa** (Kapelle der heiligen Quelle) rote Tongefäße, um etwas vom Wasser mitzunehmen.

Die Ruinen der befestigten Stadt **Cacaxtla** 19 Kilometer südwestlich von Tlaxcala (*Tel. 246/416-0000, $$*) beherbergen die wichtigsten vorspanischen Fresken Mexikos, die erst 1975 entdeckt wurden.

Die Stätte dominiert ein riesiges Gebäude aus Lehmziegeln mit Korridoren und Höfen, die mit Stuck und Wandgemälden bedeckt waren. Das größte, etwa zu zwei Dritteln erhaltene, zeigt als Jaguare verkleidete Krieger, die gerade einen gegnerischen Vogelkrieger opfern. Friedvolle Szenen stellen Handel und Landwirtschaft dar.

Die meisten Exkursionen nach Cacaxtla machen in **Xochitécatl,** 1,6 Kilometer nördlich von Cacaxtla, Halt; Pfefferbäume wachsen hier auf einer Rundpyramide aus gestampftem Sand, die mit Stein ummantelt wurde. Das Bauwerk war möglicherweise dem Gott des Windes, Ehécatl, geweiht. Sowohl in Cacaxtla als auch in Xochitécatl gibt es ein Museum. ■

ERLEBNIS: Feiern am Tag der Toten

Für Mexikaner ist der Tag der Toten eine angenehme, wenn auch mitunter emotionsgeladene Zeit der Erinnerung. Es ist eine optimistische Art, Verstorbene zu ehren. Die Wurzeln des Tags der Toten liegen vermutlich in einem heidnischen keltischen Feiertag, Samhain, der am Ende der Erntesaison begangen wurde. Im Lauf von Jahrhunderten nahm das Fest mit dem spanischen Katholizismus neue Formen an.

Die buntesten Feiern finden in Zentral- und Südmexiko statt. In San Luis Potosí, Michoacán, Chiapas und anderen Bundesstaaten führt eine Spur von Tagetesblütenblättern von der Straße ins Haus und zum Altar. Den Altar ziert vielleicht ein Bogen aus Tagetes, dem Symbol der Jahreszeit, in Nahuatl *cempasúchil* genannt. Durch ihre Bewegung im Wind sollen Papierfahnen die Aufmerksamkeit des Geistes eines Verstorbenen erwecken.

Auf dem Altar, der mit einem weißen Tuch zum Zeichen der Reinheit bedeckt ist, steht ein Glas Wasser, das die Seele nach ihrer langen Reise aus dem Jenseits laben soll. Lieblingsgetränke der Toten stehen ebenso bereit wie Lieblingsspeisen. Zwischen Kerzen und einem Foto des Verstorbenen gibt es Erdnüsse und Obst, Weihrauch, noch mehr Blumen (vorwiegend Tagetes und Brandschopf) sowie, für Kinder, Süßigkeiten. In dieser Zeit des Jahres werden das Eiergebäck *pan de muerto* und Totenköpfe aus Zucker auf den Märkten verkauft.

Pappmaché-Skelette, die unbedingt zu den Feiern am Tag der Toten gehören, werden auf einem Markt in Coyoacán, Mexiko-Stadt, verkauft

Es heißt, dass die Seelen von Kindern am 1. November, *el día de los angelitos* („Tag der kleinen Engel" oder Allerheiligen) zurückkehren. In vielen Gegenden beginnen die Feierlichkeiten am Abend zuvor. Die Angehörigen säubern das Grab, streichen den Grabstein frisch und legen Blumen nieder. Einige Familien veranstalten ein Picknick am Grab und vergessen dabei die Lieblingsspeisen des Toten nicht. Musiker sorgen für Unterhaltung, Blumenverkäufer stehen am Friedhofseingang. In anderen Gemeinden verbringen Familien die ganze Nacht auf dem Friedhof, am Grab, das von Kerzen beleuchtet ist. Fackeln und Raketen zeigen den Seelen den Weg zur Erde. Die Geister der erwachsenen Verstorbenen sollen am späten Abend des 1. Novembers eintreffen, ihr Tag ist der 2. November, Allerseelen.

Am bekanntesten sind die Festlichkeiten auf der **Insel Janitzio** am Pátzcuaro-See, Michoacán, und in Städten wie **Xoxo** außerhalb der Stadt Oaxaca. Doch neben diesen kommerzialisierten Feiern besitzen Städte und Dörfer ihre eigenen Traditionen.

Hidalgo

Der winzige Bundesstaat Hidalgo mit seinen Haziendas, ariden Ebenen, Minen und Klöstern aus dem 16. Jahrhundert ist typisch für Zentralamerika. Die Silber- und Goldminen in Pachuca und Umgebung waren schon vor der Eroberung in Betrieb und sind noch immer ein wesentlicher Wirtschaftsfaktor, hinzu kommen Textilien und Zement.

Die gezackten Gipfel der Berge des Parque Nacional El Chico im warmen Sonnenlicht

Pachuca
213 B3
Besucherinformation
Av. Madero 702 Ecke Pino Suárez
771/717-6400 oder 01800/718-2600 (gebührenfrei innerhalb Mexikos)
www.hidalgo.travel

Pachuca

Die Altstadt von Pachuca erstreckt sich sternförmig von der **Plaza de la Independencia** *(Matamoros Ecke Allende)* aus. Der Platz ist von Gebäuden des 20. Jahrhunderts umstanden; er wird von dem klassizistischen **Reloj Monumental** beherrscht, einem imposanten Uhrturm mit einem Glockenspiel aus acht Geläuten. Er wurde kurz vor der Revolution erbaut; die Marmorstatuen repräsentieren Freiheit, Verfassung, Reform und Unabhängigkeit.

Im Südosten des Hauptplatzes steht der festungsartige **Templo y Ex-Convento de San Francisco** *(Arista und Casasola, Tel. 771/715-2695).* Das Franziskanerkloster diente im Lauf seiner 500-jährigen Geschichte auch anderen Zwecken, z. B. als Stallung und Gefängnis. In der Kirche werden noch heute Messen abgehalten.

Innerhalb des ehemaligen Klosters befindet sich das **Teatro de la Ciudad,** das der spanische Erfinder der Amalgamierung von Silber mit Hilfe von Quecksilber erbaute. Im Inneren präsentiert das **Museo de la Fotografía** *(Tel. 771/714-3653, Mo geschl.)* Wechselausstellungen von historischen Aufnahmen aus der **Fototeca Nacional.** Dieses Nationale Fotoarchiv bietet einen Reproduktionsservice für insgesamt 90 000 Fotografien, von denen viele die mexikanische Revolution zum Thema haben.

Pachuca liegt ganz im Norden des Tals von Mexiko, etwa 90 Kilometer nordöstlich von Mexiko-Stadt. Dahinter ragt die Sierra Madre Oriental auf. Dazwischen wartet elf Kilometer nordöstlich an der MEX 105 **Mineral Real del Monte,** eine reizende alte Minenstadt.

Huasca

Ein paar Kilometer weiter liegt unweit der MEX 105 Huasca, ein nettes Städtchen mit Kopfsteinpflastergassen und bunt leuchtenden Häusern. Bekannt ist der Ort für seine Keramik. Schön sind Real del Chico sowie der angrenzende **Parque Nacional El Chico** *(Tel. 771/715-0994)* mit seinen markierten Wander- und Mountainbike-Wegen, die durch Kiefern-, Eichen- und Wacholderwald führen. Am Wochenende fliehen die Städter gern in den 2700 Hektar großen Park, um in den Seen zu angeln, zu klettern oder einfach die gute Bergluft zu atmen. Es gibt Lokale, viele Läden und ein nettes Hotel, und zelten darf man auch.

Actopan

Nach etwa einer halben Stunde erreicht man Actopan, 37 Kilometer nördlich von Pachuca an der MEX 85. Jeden Donnerstag findet hier der Wochenmarkt statt. Direkt im Zentrum steht der **Templo y Convento San Nicolás** *($)*. Die Augustiner fingen 1548 mit dem Bau an; er zählt zu den bedeutendsten Gebäuden Mexikos. Man betrachte nur die wohlproportionierte platereske Fassade und das Tonnengewölbe über der ***capilla-abierta*** (Offene Kapelle), deren Kassettendecke Illusionsmalerei zeigt.

Am beeindruckendsten sind jedoch die **Fresken**. Die Apokalypse-Szenen der offenen Kapelle zählen zu den schönsten in ganz Mexiko.

Im ganzen Bundesstaat Hidalgo finden sich über ein Dutzend bedeutende **ehemalige Klöster,** die ab 1600 nahe der größten Zentren der Náhua und Otomí errichtet wurden. Die Franziskaner bauten im Westen bescheidenere Gotteshäuser, während die Augustiner im Osten sich Zeit ließen und prachtvoll bauten (siehe S. 216f.). ■

ERLEBNIS: Bau dringend benötigter Häuser

Ein großer Teil der Bevölkerung Mexikos lebt in unzulänglichen Behausungen und besitzt nicht die Mittel, um sich bessere Häuser zu leisten. Habitat for Humanity Mexico ist in 17 mexikanischen Bundesstaaten tätig und lädt Freiwillige dazu ein, mit dem Bau von Häusern und der Förderung von Gemeindeentwicklung zur Verbesserung der Bedingungen beizutragen. Die Reisen von Freiwilligen zum Bau von Häusern dauern in der Regel neun Tage. Weitere Information finden Sie unter *www.habitat.org/gv*.

Teotihuacán

Im Nordosten von Mexiko-Stadt ragen die Ruinen der ersten Metropole der westlichen Hemisphäre auf: Teotihuacán. Es war Amerikas größte Stadt, bis die Azteken 700 Jahre später Tenochtitlán errichteten. Die Aztekenoberschicht unternahm jedoch Pilgerfahrten und gab ihr den Náhuatl-Namen, der so viel bedeutet wie „Ort, an dem man zu Gott wird".

Während Europa noch in düsteren Zeiten verharrte, strahlte die Kultur Teotihuacáns wie ein Leuchtturm in Mittelamerika

Die Wissenschaft weiß heute noch sehr wenig von den Menschen, die diese herrliche Stadt erbauten; auch ist nicht bekannt, warum sie nur ein paar Jahrhunderte später, nachdem sie etwa um 200 bis 500 ihre Blütezeit erlebt hatte, verlassen wurde.

Auf der Höhe der Macht säumten herrliche Paläste und Tempel mit Basrelief-Skulpturen und beeindruckenden Fresken die **Avenida de los Muertos** (Straße der Toten), eine breite, gerade Straße aus Vulkangestein, durchsetzt mit Glimmererde und gesäumt von himmlischen wie irdischen Wahrzeichen. Die Herrscher übertrafen sich selbst mit Architektur und Astronomie und hatten ein differenziertes Glaubenssystem.

Heute sind viele der Gebäude, die die Straße der Toten flankieren, restauriert, wobei die farbenfrohen Stuckfassaden allerdings fehlen. Am Südende steht **La Ciudadela**, eine Anlage aus Plätzen und Tempeln, die früher das Verwaltungs- und Kultzentrum, aber auch den weltlichen Königspalast von Generationen unbekannter Herrscher umfasste. La Ciudadela wird vom **Templo de Quetzalcóatl** dominiert. Dieser Tempel ehrt die „Gefiederte Schlange", die als Gott des Krieges, des Wassers, der Dämmerung und der Landwirtschaft verehrt wurde. Die Westwand beeindruckt mit Reihen von Schlangenhäuptern, Darstellungen von Tláloc und Muscheln.

Am anderen Ende der vier Kilometer langen Straße ragt die **Pirámide de la Luna** (Mondpyramide) auf, ein königliches Grabmonument mit Gräbern, die bis ins erste Jahrhundert zurückreichen. Das älteste ist wohl jenes vom Gründer der Herrscherdynastie. Gut hundert hohe, schmale Stufen führen hinauf. Oben wird man mit einem herrlichen Blick über die Straße der Toten, den **Cerro Gordo** im Norden und die Ebenen belohnt.

Auf beiden Seiten der Straße der Toten sind symmetrisch mehrere kleinere Gebäude arrangiert. Am imposantesten ist der **Palacio de Quetzalpapálotl** (Palast des kostbaren Schmetterlings). In den Räumen, Patios und Arkadenhöfen gibt es einige gut erhaltene Fresken zu sehen. Die viereckigen Steinsäulen im Innenhof sind mit Flachreliefs verziert, die den „Gefiederten Schmetterling" darstellen. Der Tempel ist mit Quetzalen, Muscheln und Tláloc-Masken geschmückt.

Auf der anderen Seite steht die **Pirámide del Sol** (Sonnenpyramide), die drittgrößte Pyramide der Welt – ein wahrer Riesenkoloss. Auch wenn die Grundfläche fast so breit ist wie die der Cheopspyramide in Ägypten, bringt es die Sonnenpyramide aber nur auf die halbe Höhe, nämlich 65 Meter. Darunter verbirgt sich ein System aus Tunnels und Höhlen, das die Azteken für den Geburtsort der Welt hielten. Die Pyramide aus vier Terrassen hat mit ihren 244 Stufen doppelt so viele wie die Mondpyramide, ist aber einfacher zu erklimmen, da die Stufen weniger hoch sind.

Neben der Funktion als Kult- und Handelszentrum war das 20 Quadratkilometer große Teotihuacán zu seiner Blütezeit auch noch die Heimat von 175 000 Menschen. Viertel mit einstöckigen Gebäuden wiesen gemeinsame Küchen und Patios auf, wobei jede Familie ihre eigene Wohnung hatte. Im Osten der Sonnenpyramide kann man mehrere solche restaurierte Gebäude mit bunten Fresken besichtigen. Am beeindruckendsten sind die von **Tepantitla.** Sie stellen den Regengott Tláloc in seinem Paradies dar.

Man kann die Nacht davor im Hotel Villas Arqueológicas Teotihuacán (*siehe S. 374, Reservierung notwendig*) verbringen. Es liegt innerhalb der Ausgrabungsstätte, sodass man gleich morgens um sieben beginnen kann, wenn das Tor 1 öffnet. (Es gibt drei weitere Tore.) Man kann jedoch auch einen Tagesausflug von Mexiko-Stadt aus unternehmen. In der Nähe vom Eingang Ciudadela befinden sich ein Restaurant und eine Bar. Das Museum und der botanische Garten liegen bei der Sonnenpyramide. ■

INSIDERTIPP

Verbringen Sie, wenn möglich, einen ganzen Tag in Teotihuacán. Bringen Sie unbedingt Sonnencreme, einen Schirm und viel Wasser mit.

NINA-NOELLE HALL
NATIONAL GEOGRAPHIC-Mitarbeiterin

Teotihuacán

- 213 B3
- 48 km nordöstl. von Mexiko-Stadt
- 594/956-0276

Tepotzotlán

Die Kirche und das ehemalige Kolleg von Tepotzotlán sind zwei Meisterwerke des mexikanischen Barock. Außerdem ist in diesem Gebäudekomplex ein schönes Museum mit Kolonialkunst zu Hause. Tepotzotlán hat 50 000 Einwohner und liegt eine knappe Autostunde von Mexiko-Stadt entfernt.

Die Kalksteinfassade von San Francisco Javier ist mit Heiligen, Engeln, Blumen- und Muschelmotiven bedeckt

Tepotzotlán
213 B3
Besucherinformation
Av. Benito Juárez 1
55/5876-8068

Eine großzügige Hinterlassenschaft ermöglichte es den Jesuiten, das **Seminario de San Martín** zu bauen, ein Kolleg für junge Adelige indigener Abstammung, das **Noviziat San Francisco Javier** und eine Sprachenschule, in der Priester Náhuatl, Otomí und Mazahua lernten.

Die **Iglesia de San Francisco Javier** schmückt überreiches Ornament. Nicht einmal die kunstvolle Fassade im churrigueresken Stil bereitet einen jedoch auf das vor, was sich dann im Kircheninneren offenbart. Ein vergoldeter, herrlich geschnitzter Altar folgt auf den anderen. Rechts vom Kirchenschiff befinden sich drei faszinierende Räume. Mit der **Casa de Loreto** wurde ein neues Zuhause für die Jungfrau Maria geschaffen, die nach Loreto, Italien, gebracht worden sein soll. Das **Relicario de San José** ist mit Gemälden und Gold reich verziert und beherbergt die Reliquien der Jesuiten. Und schließlich gibt es noch den **Camarín de la Virgen,** eine Nische mit Stuckarbeiten, in der die Heilige Jungfrau von Loreto steht.

Im Gebäude nebenan bietet das **Museo Nacional del Virreinato** *(Tel. 55/5876-2771, Mo geschl., $)* eine Sammlung von Kolonialkunst aus drei Jahrhunderten und Volkskunst: Gemälde, Schmuck, Kirchenbücher, Porzellan, Elfenbeinfiguren. Verpassen Sie nicht die **Capilla Domestic,** eine Kapelle, die vom Boden bis zur Decke mit Blattgold und mehrfarbigem Stuck bedeckt ist. Auf der unteren Ebene befinden sich die Küche, die Vorratskammer und der Souvenirladen. ■

Weitere Sehenswürdigkeiten

Malinalco

Die Azteken unterwarfen Malinalco, ein in den Felsen gehauenes Kultzentrum, nur 50 Jahre vor der Eroberung durch die Spanier. Den Haupttempel betritt man durch das „Maul" einer großen Schlange mit Giftzähnen. Innen befindet sich ein runder Raum mit Skulpturen von Adlern und Jaguarmotiven. 426 Stufen muss man hinaufsteigen, um ein paar restaurierte Gebäude anzusehen, doch ist der Blick von oben übers Tal dann einfach herrlich. Die Ausgrabungsstätte befindet sich etwa 1,5 Kilometer von Malinalco, was so viel heißt wie „Ort, wo das Gras blüht", entfernt. In dieses hübsche Dorf mit der schönen **Iglesia del Divino Salvador** unternehmen die Einwohner von Mexiko-Stadt gern ihren Wochenendausflug. Das angrenzende Augustinerkloster kann mit schönen Fresken in seinem Kreuzgang aufwarten.

213 B2

Tepoztlán

Eine Stunde südlich von Mexiko-Stadt und genau östlich von Cuernavaca lockt das vorspanische Tepoztlán Reisende mit lässiger Einstellung an. Einige kommen, um die Sandsteinhügel oberhalb der Stadt zu erklimmen und so einen spätklassischen, der regionalen Gottheit Ome Tochtli (Zwei Kaninchen), dem Gott der Berauschtheit, geweihten Tem-

INSIDERTIPP

In Mexiko ist der Besitz oder der Versuch der Ausfuhr von Artefakten oder Fossilien ohne Genehmigung ein Straftatbestand, der mit Gefängnis bestraft werden kann.

LOREN DAVIS
National Geographic-Feldforscherin

Fahrt zu den Klöstern

Im Osten des Bundesstaates Hidalgo findet man zwei Gruppen von Augustinerklöstern: im Norden in der rauen Sierra Alta und in der trockenen Tiefebene El Mesquital.

Die Padres zogen 1537 aus, um die Otomí in der Sierra zu bekehren, und gründeten zu diesem Zweck **Atotonlico el Grande** (in schlechtem Zustand) und **Molango**, eine rustikale Mission mit herrlichem Blick über das Tal. Die bedeutendste Anlage dieser Gruppe ist aber wohl das **Monasterio de los Santos Reyes** in Metztitlán. Die bewehrte Mission zählt zu den schönsten des Landes. Die Sicht vom Kirchhof über das subtropische Flusstal ist herrlich; er soll auf einem alten Tempel errichtet sein, der dem Mond geweiht war. Der Name der Stadt bedeutet „Mond in der Mitte".

Die Gruppe von Klöstern in der Ebene besteht aus **Actopan** (siehe S. 227), **Epazoyucan** und **Ixmiquilpan.**

Auf einem Hügel, der mit dem Regengott Tláloc in Verbindung steht, ist Epazoyucan für seine herrlichen Fresken aus dem 16. Jahrhundert bekannt.

Die Wandmalereien von Ixmiquilpan sind wegen der lebhaften Schlachtenszenen und der indianischen Bildlichkeit und Symbolik einzigartig.

Gleich vor den Toren der Ruinen von Teotihuacán wurde das Kloster **Acolman** aus den Steinen eines Quetzalcóatl geweihten Tempels errichtet und ist für seine plattereske Fassade berühmt.

pel zu sehen. Die traditionellen Markttage in Tepoztlán sind Mittwoch und Sonntag; „grüner Markt" ist mittwochs, sonntags gibt es auch Kunsthandwerk. Der Markt findet auf der Plaza vor der **Iglesia de la Natividad** statt. Das Portal zum Friedhof schmückt eine Wandmalerei, die ganz aus Gemüsen und Samen besteht und die vorspanische Geschichte des Ortes und dessen Eroberung zeigt. Feinschmecker empfehlen **La Diferencia** *(Isabel La Católica 3, Tel. 739/395-1371, Fr–So, $$)* u. a. für internationale Gerichte. Wer unter der Woche im Ort ist oder mexikanisches Essen bevorzugt, sucht Las Golondrinas *(Tel- 739/395-0649, www.lasgolondrinas.com.mx, $$$)* auf, ein altmodisches, aber noch nicht verzopftes B & B im europäischen Stil, das ein Stückchen außerhalb der Stadt liegt. Sehr preisgünstig ist die saubere, zuverlässige Posada Paraíso *(Buenavista 10, Tel. 739/395-2553, $)*, nur einen Block von der Plaza entfernt.

213 B2

INSIDERTIPP

Die meisten Reisenden besuchen von den archäologischen Stätten nahe Mexiko-Stadt den Templo Mayor und Teotihuacán. Gehen Sie, wenn Sie Zeit haben, auch nach Tula, dort sind nicht so viele Besucher und die Souvenirs kosten weniger.

LISA OVERHOLTZER
NATIONAL GEOGRAPHIC-Feldforscherin

Tula

Die Spanier bauten im 16. Jahrhundert die Stadt rund um das Franziskanerkloster. Zuvor war Tula eine Hauptstadt der Tolteken, genannt Tollan. Nachfahren der Chichimeken, „Barbaren" aus dem Norden, nutzten Tollan. König Topoilzin, der später mit dem Gott Quetzalcóatl in Verbindung gebracht wurde, sah sich um 987 gezwungen zu fliehen, denn seine Feinde verehrten den grausamen Gott Tezcalipoca (Rauchender Spiegel). Unter der Herrschaft der Anhänger dieses Gottes sollte Tula dann zu einer mächtigen Stadt avancieren. In ihrer Blütezeit, 900 bis 1150, wurde Tula dann zerstört, vermutlich von Chichimeken-Stämmen.

Die Ausgrabungsstätte liegt auf einem Felsvorsprung etwa 1,5 Kilometer von Tula entfernt. Sie ist mit 14 Quadratkilometern eine der größten im Mesoamerika der frühen Postklassik und besteht aus mehreren Ballspielplätzen, Pyramiden und Tempeln.

Das bedeutendste Bauwerk, das bislang ausgegraben wurde, ist die **Pirámide B.** Ihr Tempeldach wurde von vier großen Säulen in der Gestalt von Toltekenkriegern, den Atlanten, getragen. Einer ist eine Nachbildung, das Original befindet sich im Museo Nacional de Antropología iin Mexiko-Stadt (siehe S. 198ff.) Die Flachreliefskulpturen an den Außenmauern stellen Kojoten, Jaguare und Adler dar, die Herzen verschlingen, außerdem Wesen, die Quetzalcóatl repräsentieren. Im **Museum** sollte man sich die Statue von Chac Mool ansehen, dem Götterboten, der von der Halbinsel Yucatán hergebracht wurde.

213 B3 ☎ 771/718-4489

Valle del Bravo

145 Kilometer westlich von Mexiko-Stadt liegt Valle del Bravo, Urlaubsziel der *defeños*, eine Stadt mit weiß getünchten Häusern, roten Dächern und beliebten Restaurants und Galerien. Von der Stadt sieht man auf die **Laguna Avandaro** hinunter, einen künstlichen See, der sich gut für Wassersport eignet.

213 A2 ■

Heimat der ersten echten Kultur Mittelamerikas, ein Gebiet, wo der Dschungel noch einige Hunderte archäologischer Stätten verbirgt

Die Golfküste

Jade-Figurinen, die in La Venta bei Villahermosa gefunden wurden

Die Golfküste

Regenwald, Flüsse und Ruinen locken nach Tabasco und Veracruz, in die beiden Bundesstaaten, der Landkurve am Golf von Mexiko. Hier gibt es weite Tiefebenen, zu denen der höchste Vulkan des Landes, der schneebedeckte Pico de Orizaba, einen Kontrapunkt setzt. Die Menschen hier sind bekannt für ihre Lust am Tanzen, ihre sentimentalen Lieder und die pikante Küche.

Über 40 Flüsse durchziehen die Landschaft von Veracruz und schaffen endlose Sümpfe, die im 16. Jahrhundert die spanischen Eroberer frustrierten. Die Küstenebene erstreckt sich über 684 Kilometer an der Bahía de Campeche mit ihren Ölvorkommen; sie ist als Badestrand weniger geeignet. Im Norden gibt es in den Bergen von Tuxtla viele Wasserfälle; der Fluss Tonalá bildet hier die natürliche Grenze zwischen Veracruz und Tabasco im Süden. Auch wenn es heiß und feucht und das Gebiet mit seinen vielen Insekten nicht gerade einladend ist, hat die Golfküste doch eine reiche präspanische Geschichte vorzuweisen. Die erste Kultur Mesoamerikas, die der Olmeken, erblühte hier zwischen 1200 und 400 v. Chr. In Tabasco und Vera-

Die schattige Plaza de Armas ist der Hauptplatz der Küstenstadt Veracruz

cruz wurden viele Olmeken-Stätten ausgegraben. In Veracruz befindet sich Mexikos zweitwichtigstes archäologisches Museum und El Tajín ist eine der faszinierendsten Ausgrabungsstätten. Wer sich für Geschichte interessiert, folgt der Ruta de Cortés, einer Eroberungsreise, die 1519 mit der Ankunft der Spanier an der Küste begann, um zwei Jahre später mit dem Fall von Tenochtitlán zu enden. Wagemutige kämpfen sich die steilen Wege zum Gipfel des Pico de Orizaba hinauf, raften auf dem Río Antigua oder Filobobus und erkunden den Dschungel am Catemaco-See. Kulturbeflissene zieht es nach Veracruz, wo die Verliese von San Juan de Ulúa und die Plaza de Armas warten. ■

NICHT VERSÄUMEN:

El Tajín

Umgeben von smaragdgrünen Hügeln muss El Tajín auf der Höhe seiner Macht ein großartiger Anblick gewesen sein, als leuchtend blau und rot bemalte, mit einer Stuckschicht überzogene Pyramiden die Hauptplätze der Stadt flankierten. Obwohl der Ort vor 800 Jahren verlassen wurde, sind die Dichte der Bauwerk und die Basreliefs einfach unbeschreiblich.

In den 365 Nischen der Pyramide von El Tajín standen früher vermutlich einmal kleinere Figurinen

Archäologen sind sich nicht einig, wer diese Kult- und Wohnstätte erbaute, die zur Zeit der Frühklassik entstand, ihre Blüte aber gegen Ende der Spätklassik (800–1150) erreichte. Die Pyramiden wurden im *talud-y-tablero*-Stil erbaut, der sich auch in Teotihuacán findet (siehe S. 228f). Kennzeichnend für diesen Stil ist eine schräge Wand *(talud)*, auf die zurückgesetzte Paneele oder Nischen *(tableros)* aufgesetzt sind. El Tajín war um 1200 bereits verlassen, nachdem es die Chichimeken (siehe S. 25f.) aus dem Norden möglicherweise bei einem Überfall niedergebrannt hatten.

Der Ort bekam seinen Namen von den Totonaken aus dem nördlichen Veracruz, die glaubten, dass hier die zwölf Alten – oder Tajín – lebten und den Regen brachten. Die vom Dschungel überwucherte Stadt wurde erst im späten 18. Jahrhundert entdeckt.

Das Ballspiel war einst ein Ritual, um Gut oder Böse festzulegen. Auf diese Weise sollte der Wohlstand des Volkes sichergestellt werden. Die 17 **Ballspielplätze,** die bislang in El Tajín ausgegraben wurden, sind auch ein guter Beweis, wie wichtig in diesem Gesellschaftssystem Opfer oder auch Selbstopfer waren.

In der Nähe des Eingangs liegt der **Grupo Plaza del Arroyo** (Platz des Bachs) mit vier Stufenpyramiden. Dahinter befinden sich vier Ballspielplätze. Die meisten Ballspielplätze von El Tajín haben Basreliefs, die kunstvollsten und am besten erhaltenen finden sich jedoch am **Juego de Pelota Sur** (Südlicher Ballspielplatz).

Ein Stück gen Norden gibt es rund um die herrliche **Pirámide de los Nichos** (Pyramide der Nischen) eine ganze Reihe von Gebäuden zu bewundern. Die Pyramide hat ihren Namen von den 365 Nischen in umlaufenden Reihen, eine für jeden Tag im Sonnenkalender. An der Ostseite führt eine Treppe hinauf, das Muster an der Spitze findet sich auch an anderen Bauten, darunter die **Edificios 5** und **12.**

Weiter in Richtung Norden liegt eine Gebäudegruppe mit dem Namen **Tajín Chico,** vermutlich die Wohnstätte bedeutender Bürger. Man beachte den Maya-Bogen an der Südseite von **Edificio A** sowie die Reste von Fresken am **Edificio C.** Das **Edificio de las Columnas** hat Säulen, auf denen Ritualhandlungen, wie Selbstopfer, dargestellt sind, die von den Herrschenden ausgeführt werden. Drei dieser Säulen sind im modernen **Museum der Ausgrabungsstätte** ausgestellt.

Seit dem Jahr 2000 gibt es das Festival **Cumbre Tajín** *(Tel. 01800/823-2000, gebührenfrei innerhalb Mexikos, www.cumbretajin.com.mx),* bei dem fünf Tage lang Musik aus aller Welt sowie Tänze und Rituale der Indígenas aufgeführt werden. ■

Kühne Flieger

Neben dem Museum führen die Voladores de Papantla zur Unterhaltung des Publikums ihre extravaganten Flugkünste vor. Sie tragen schöne Trachten – mit Ziermünzen, Glasperlen und Fransen – und eine Art Turban mit Spiegeln und Plastikblumen. Die fünf Männer vom Stamm der Totonaken erklimmen einen 30 Meter hohen Pfahl.

Zur Flöten- und Trommelmusik ihres Anführers lassen sich die vier anderen Männer an einem Seil nach unten schwingen. Mit ausgestreckten Armen vollführt jeder „Flieger" 13 Umdrehungen, bis er schließlich am Boden ankommt. Insgesamt sind es 52 Runden, was der Anzahl des religiösen 52-Jahre-Zyklus in Mesoamerika entspricht. Die Gruppe tritt gewöhnlich auf Bitten eines Reiseleiters auf, oder wenn genug Zuschauer da sind.

El Tajín
- 234 B4

Besucherinformation
- 16 km südwestlich von Poza Rica
- 784/881-2727
- $$

Xalapa & Umgebung

1427 Meter über dem Meer liegt die Hauptstadt von Veracruz – Xalapa (Jalapa). Sie war ein wichtiger Postkutschenhalt zwischen Mexiko-Stadt und dem Hafen Veracruz. Heute zählt die Universitätsstadt zu den lebhaftesten Hauptstädten Mexikos; sie bietet Künstlercafés, Theater, Tanzgruppen, ein gutes Symphonieorchester und Mexikos Anthropologiemuseum.

Das Herz von Xalapa ist der **Parque Juárez** *(Enrique zwischen Revolución & Clavijero)*, eine Gartenanlage mit Blick über die Stadt. Im Stadtpark liegt **El Ágora** *(Tel. 228/818-5730, www.agora.xalapa.net, Mo geschl.)* mit Kunstgalerie, Theater und Kino. Auf der anderen Seite der Calle Revolución weist die Catedral aus dem 18. Jahrhundert ein ungewöhnlich geneigtes Kirchenschiff auf. Einige Blocks weiter östlich liegt der **Callejón del Diamante** *(zwischen Calle Enriquez & Juárez)*, eine der vielen hübschen Gassen der Stadt mit bezaubernden Restaurants, Cafés und Läden.

In Xalapa, der ältesten Stadt im Bundesstaat Veracruz, wurden auch moderne Gebäude dem Kolonialstil angepasst

Der Höhepunkt des Aufenthalts in Xalapa ist für die meisten jedoch der Besuch des **Museo de Antropología** *(Av. Xalapa s/n, Tel. 228/1815-0920, Mo geschl., $$)*. Dieses Meisterwerk moderner Architektur ahmt die Hügellage der Stadt nach und besteht aus neun Ebenen. Die Sammlung beschäftigt sich mit den drei indigenen Hochkulturen von Veracruz: den Huaxteken, Totonaken und Olmeken, wobei Letztere als Gründer der Kultur Mesoamerikas gelten.

Zu den Tausenden von Exponaten zählen kolossale Steinköpfe, die von den Olmeken gemeißelt wurden, Begräbnisstätten mit Knochen, Jaguarfiguren, Jaguar-Mensch-Figuren, Jademasken und von Kulthandlungen deformierte Schädel. Außerdem ist ein Modell von El Tajín (siehe S. 236f) ausgestellt.

Fünf Blocks südöstlich vom Parque Juárez hat der große **Parque los Berros** *(Miguel Hidalgo Ecke Díaz Mirón)* seinen Namen von der Wasserkresse. Schon seit 200 Jahren treffen sich hier die Bürger von Xalapa.

Zwei Blocks südwärts ist die **Zona de los Lagos** das beliebteste Ziel für Sonntagsausflüge. Am Westeingang steht das attraktive **Centro Cultural de los Lagos** *(Paseo de los Lagos, Tel. 228/818-0704)* mit Wechselausstellungen von (Volks-)Kunst.

Wer zwischen November und März in Xalapa ist, nimmt besser einen warmen Pulli und einen Regenmantel mit; der ständige Regen heißt *chipi-chipi* und ist oft frisch. Der **Jardín Botanico Francisco Javier Clavijero** *(Antigua Carretera a Coatepec, km 25, Tel. 228/842-1827, $)* ist ein wunderschöner botanischer Garten, in dem über 1500 in Veracruz heimische Pflanzenarten zu sehen sind.

Etwa zwölf Kilometer weiter südlich liegt das koloniale Coatepec. Genießen Sie im **Parque Hidalgo** einen Kaffee oder ein Eis, Sie können sich auch die Schuhe putzen lassen, und spazieren Sie dann weiter zur **Iglesia de San Jerónimo,** deren dunkelrote Fassade einen dramatischen Kontrast zum ockerfarbenen Glockenturm bildet. Im Inneren stehen viele schöne Heiligenfiguren.

Direkt hinter Coatepec lohnt das hübsche kleine **Xico** einen Besuch. Die ungewöhnliche Ortsheilige ist Maria Magdalena. Am 19. Juli, dem Festtag der Heiligen, schmücken die Einheimischen die Straße mit raffinierten „Gemälden" aus gefärbtem Sägemehl; die Kirchenfassade zieren Pflanzen aus dem nahen Wald. Eine weitere Tradition von Xico findet am 17. Januar statt, die Tiersegnung in der Kirche.

INSIDERTIPP

Xalapa besitzt ein wirklich sehr gutes archäologisches Museum sowie ein angenehmes Klima. In der Umgebung bestehen sehr gute Möglichkeiten für Outdoor-Aktivitäten.

JAMES DION
National Geographic Center for Sustainable Destinations

An die zehn Kilometer östlich von Xalapa gelangt man zur **Hacienda Lencero** *(Carretera a Veracruz, Km 10, Tel. 228/812-8500, Mo geschl., $),* ein Anwesen aus dem 16. Jahrhundert mit Restaurant. Es war früher im Besitz des spanischen Konquistadoren Lencero, dann fiel es an General Antonio López de Santa Ana (siehe S. 30). Heute zeigt das Museum Möbel aus dem 19. Jahrhundert. ■

Xalapa
234 B3
Besucherinformation
Enriquez s/n, 1. Stock, gegenüber vom Parque Juárez
228/842-1214
www.veracruzturismo.com.mx

Veracruz

Veracruz ist eine lebendige Hafenstadt, liebenswert und zum Davonlaufen. Das Klima ist heiß und schwül, die Strände sind wenig verlockend, und die Innenstadt ein lärmender Großstadtdschungel. Wer sich in Veracruz verliebt hat, der liebt es leidenschaftlich – bezaubert von den Klängen der Marimbas und dem rhythmischen Stampfen der Fandango-Tänzer auf dem Hauptplatz.

Die Festung Fuerte de San Juan de Ulúa wachte in drei Kriegen über Veracruz und ist jetzt Museum

Die Gefangenen der **Fuerte de San Juan de Ulúa** *(Av. San Juan de Ulúa s/n, Mo geschl., $)*, der historischen Festung, betrachteten die Stadt weniger positiv. Das graue Steingebäude entstand von 1535 bis 1692 und diente zur Verteidigung vor Piraten und Schiffsinvasionen. Die Festung ist allerdings eher für ihre brutalen Kerker bekannt. Über drei Jahrhunderte wurden politische und aus religiösen Gründen Gefangene hier gefoltert. 1915 forderte Venustiano Carranza Ulúa als Residenz des Präsidenten – was sicher jeden Kandidaten für dieses Amt abschreckte. Heute ist das Gebäude ein Museum, das man besuchen sollte.

Schiffswerften und Docks ziehen sich am Meer östlich von Ulúa bis zum hübschen **Paseo del Malecón** entlang, der Promenade am Meer, die an Havanna erinnert.

Plaza de Armas

Mehrmals wöchentlich gibt es auf dem Hauptplatz der Stadt, der Plaza de Armas *(Av. Independencia, Zamora, Lerdo, & Zaragoza)*, Musik und die Einheimischen Tanzen. Der belebte Platz, beschattet von Lorbeerbäumen und Palmen, ist der Treffpunkt für die Bewohner der Stadt. Auf der Bühne in der Mitte gibt es oft Musik- und Tanzveranstaltungen.

Die Plaza beherrschen der **Palacio Municipal** aus dem

17. Jahrhundert und die **Catedral de Nuestra Señora de la Asunción** mit einer kachelverzierten Kuppel. Reisende, die sich vom Aufmarsch der Straßenhändler nicht abschrecken lassen, können einen Drink oder einen Imbiss im **Los Portales** nehmen, einem riesigen Bau aus der Kolonialzeit an der Südseite des Platzes. Abends gibt es in den Cafés immer Musik – Marimba, Rock oder Salsa.

Ältere Herren trinken im populären **Gran Café de la Parroquia** *(Av. Gómez Farias 34, gegenüber vom Malecón, Tel. 229/932-2584) lechero*, eine schaumige Mischung aus Kaffee und heißer Milch. Das große Lokal ist immer gut besucht und schließt nur für ein paar Stunden zwischen 1.30 und 6 Uhr.

Museen und Sehenswürdigkeiten

Mehrere Museen vermitteln einen Einblick in die Geschichte der Stadt. Das **Museo de la Ciudad** *(Zaragoza 397 Ecke Esteban Morales, Tel. 229/ 989-8873, Di geschl., $)* widmet sich dem Karneval, der seit der Mitte des 19. Jahrhunderts gefeiert wird. **Cañonero Guanajuato** *(Plaza Banderas s/n, Boca del Río, Tel. 229/200-2238, Mo geschl., $)*, ein schwimmendes Marinemuseum auf einem ehemaligen Kanonenboot, besitzt an Deck auch ein Café und ein Restaurant. Das **Museo de Agustín Lara** *(Blvd. Ruíz Cortines s/n, Boca del Río, Tel. 229/937-0209, Mo geschl., $)* ehrt einen der bedeutendsten Komponisten von Mexiko, der konzertante Stücke schrieb.

Die Strände der Stadt sind in der Regel eher öde. Die besten, **Playa Mocambo** und **Boca del Río,** liegen südlich der Stadt. Wer sich für Lebensräume im Meer interessiert, sollte das **Acuario Veracruz** *(Blvd. Manuel Ávila Camacho Ecke Av. Xicoténcatl, Tel. 229/392-7984, www.acuariodeveracruz.com, $$)* besuchen.

Für eine ausführliche Stadtrundfahrt (Erklärungen über Kopfhörer in verschiedenen Sprachen) kann man in den **Circuito Turistico** (Tel. 229/928-9169, $$$) einsteigen, der auch als Transportmittel zum Aquarium, dem Museo de Agustín Lara, den Stränden und den Sehenswürdigkeiten der Innenstadt dient. Es ist möglich, mit einem Ticket mehrmals aus- und einzusteigen. ■

Veracruz
234 C3

Besucherinformation

Blvd. Adolfo Ruíz Cortines 3497, World Trade Center, 1. Stock, Boca del Río

229/923-0391

www.veracruzturismo.com.mx

ERLEBNIS:
Den Geist heilen

Mexiko ist ein magisches Land und so ist es nicht erstaunlich, dass es sowohl Schamanismus als auch Aberglauben gibt. Menschen in der Stadt und auf dem Land lassen sich aus der Hand lesen. Manche beten nicht nur zu Heiligen, sondern sie besuchen *curanderos* (Heiler), die mit Kräutern oder Hühnern negative Schwingungen beseitigen. *Hueseros* heilen Knochen mit Gebeten, Kräutern und einer Art chiropraktischer Behandlung. Spirituelle Heiler betreiben keine Werbung; wer Interesse hat, muss beim Hotelpersonal oder anderen Kontakten nachfragen, um zuverlässige geistige Berater in den besuchten Städten zu finden.

Fahrt zu den Landeplätzen der Eroberer

Auf der Suche nach einer Route in den Osten fanden die Spanier im 16. Jahrhundert ein faszinierendes neues Land. Die freundlichen Indianer schenkten ihnen so viel Gold, dass weitere Expeditionen ins Auge gefasst wurden. Doch als Cortez 1519 seine dritte Seereise unternahm, waren die Indianer bereit zum Kampf. Pferde und Waffen der Spanier glichen ihre zahlenmäßige Unterlegenheit aus; außerdem waren ein schiffbrüchiger Spanier und eine indianische Adlige – die Spanisch, Maya und Náhuatl sprachen – ein Schlüssel zum Erfolg.

Die Fahrt mit dem Auto beginnt in **Quiahuiztlán** ❶ 70 Kilometer nördlich von Veracruz. Die Stadt liegt strategisch günstig auf dem Cerro de Bernal, wurde einst dennoch von den Tolteken und später den Azteken eingenommen. Bis heute ist ein Großteil der Ruinenstadt *($)* noch nicht ausgegraben. Beeindruckend sind einige Dutzend Gräber, die im Stil von Miniatur-Aztekentempeln errichtet sind. Die Keramikgefäße darin sind mit geometrischen und Tiermotiven geschmückt. An einem klaren Tag kann man die Bucht sehen, wo die Spanier einst vor Anker gingen.

Nach fünf Kilometern trifft man an der Küste auf ein Fischerdorf von 200 Einwohnern. Es sind zwar keine Relikte zu sehen, doch hier errichtete Cortez die erste Garnison von Villa Rica de la Vera Cruz („reiche Stadt des wahren Kreuzes"). Es gibt einen breiten Strand mit feinem dunklem Sand und eine Reihe rustikaler Hütten, in denen kaltes Bier, Kokosnüsse, Saft und einfache Fischgerichte verkauft werden.

Auf der MEX 180 geht es 34 Kilometer gen Süden zu den Ruinen von **Cempoala** ❷, einer wohlhabenden Stadt, von der die Spanier sich ob der stuckbedeckten Paläste inmitten von Gärten und Obstgärten beeindruckt zeigten. Da dieses Totonakenkönigreich unbedingt das Joch der Azteken abschütteln wollte, verbündete es sich ebenfalls mit den Spaniern und leistete wichtige Hilfe. Heute ist Cempoala ein wichtiges Zentrum mit Wasserwegen und umgeben von landwirtschaftlich genutztem Land; es gibt hier Tempel des Regen-, des Sonnen- und des Mondgottes.

NICHT VERSÄUMEN:

Quiahuiztlán • Cempoala • Veracruz • Boca del Río

Spanisches Bollwerk

Weiter geht es auf der MEX 180 nach **La Antigua** ❸. Hier bauten die Spanier Unterkünfte und ließen ein Kontingent Soldaten zurück, während die anderen Richtung Tenochtitlán marschierten. In den frühen Jahren lag hier der Hauphafen. Fast während des ganzen 16. Jahrhunderts sah man in den Straßen die Schätze, die in Amerika erobert wurden. Als man Veracruz um 1600 an seine heutige Stelle verlegte, wurde die Stadt La Antigua Veracruz und später La Antigua genannt.

Besichtigen sollte man **La Ermita del Rosario** *(Av. Independencia s/n)*, die erste katholische Kapelle Mexikos, und die **Casa de Cortés,** die überwucherten Ruinen des spanischen Hauptquartiers. Das Gebäude wurde aus Flusssteinen, Sternkorallen und Ziegeln errichtet, die als Schiffsballast aus Spanien kamen. Die Straße hinunter bot der **Templo del Buen Viaje** („Kirche der guten Reise") die Gelegenheit, auf dem Weg zum eine Tagesreise entfernten Hafen von Veracruz zu beten.

Weiterfahrt nach Veracruz

Auf der Küstenautobahn fährt man nun weiter zur Hafenstadt **Veracruz** (siehe S. 240f.). Nach der Besichtigung geht es anschließend weiter nach **Boca del Río** 4, einem weiteren Haltepunkt an der Konquistadoren-Route – heute ein Ferienort.

Siehe auch Karte S. 234
Quiahuiztlán
80 km
Ein ganzer Tag (plus Zeit in Veracruz)
Boca del Río

Córdoba & Umgebung

Córdoba und Orizaba, gegründet, um koloniale Handelsrouten zu schützen, liegen in den Ausläufern der Sierra Madre Oriental, durch die Schlucht des Río Metlac getrennt, die kilometerlange Wanderwege durchziehen. Von hier können Wagemutige den höchsten Berg Mexikos erklimmen, den Pico de Orizaba.

Córdoba
234 B2
Besucherinformation
Palacio Municipal
271/717-1700 Nebenstelle 1778

Orizaba
234 B2
Besucherinformation
Av. Colón Poniente 230
272/726-2222

Córdoba florierte jahrhundertelang dank der Zuckerplantagen. Heute präsentiert sich die Stadt modern. Historische Gebäude gruppieren sich um den **Parque 21 de Mayo,** wo die **Iglesia de la Inmaculada Concepción** einen wertvollen Altaraufsatz aus Gold besitzt.

Die bekannteste Sehenswürdigkeit der Stadt ist das **Portal de Zevallos,** eine hübsche Arkade, unter der sich die Einheimischen zu einem Kaffee treffen. Ein paar Kilometer gen Westen ist **Fortín de las Flores** für seine Treibhäuser und Privatgärten bekannt, die man am schönsten während der **Fiestas de Mayo** vorfindet. Das Gebiet zwischen Córdoba und Xalapa ist ideal für Abenteuertourismus (siehe S. 251).

Das durch Industrie geprägte Orizaba ist ein hübsches Städtchen mit kolonialer und klassizistischer Architektur. Am Hauptplatz steht das alte Rathaus, ein Eisengebäude im Jugendstil, das auf der Weltausstellung 1889 in Paris als belgischer Pavillon diente. Es wurde 1894 hier neu aufgebaut. Der „neue" **Palacio Municipal** *(Av. Colón Poniente 230)* zeigt ein großes Wandgemälde von José Clemente Orozco.

Das **Museo de Arte del Estado** (*Av. Oriente 4 zwischen Calle Sur 23 & Calle Sur 25, Tel. 272/724-3200, Mo geschl., $*) ist in einem hübschen Kolonialgebäude untergebracht.

Über alle Berggipfel in Mexiko wacht der erloschene Vulkan **Pico de Orizaba** mit 5747 Meter Höhe. Auch ungeübte Wanderer können die niedrigeren Abhänge erklimmen, auf den Gipfel sollten sich allerdings nur erfahrene Bergsteiger wagen. ■

Die grünen Engel

Seit den 1970er Jahren leisten die Ángeles Verdes (grünen Engel) Pannenhilfe auf Bundes- und Mautstraßen. Sie sind normalerweise von 6 bis 18 Uhr im Dienst und fahren zweimal täglich alle wichtigen Straßen entlang. An Feiertagen sind sie rund um die Uhr unterwegs. Wer mit dem Auto liegen bleibt, wählt die 078.

Die Fahrer führen Benzin und Öl ebenso wie Reservereifen und kleine Ersatzteile mit sich; die meisten sprechen Englisch. Sie können erste Hilfe leisten und Karten und Prospekte der Region liefern. Der Dienst ist kostenfrei; Autofahrer müssen nur für Benzin, Öl und Ersatzteile zahlen. Ein Trinkgeld ist je nach Freundlichkeit des „Engels" angebracht.

Tlacotalpan

Am Ufer des breiten Río Papaloapan liegt Tlacotalpan. Der Ort wurde wegen seiner gut erhaltenen Gebäude aus vorrevolutionären Zeiten zum Weltkulturerbe erklärt. Zur Kolonialzeit kamen Schiffe an, die Waren aus Europa brachten, um dann Tabak, Tropenhölzer, Baumwolle und Zuckerrohr zu holen.

Die Arkaden in Tlacotalpan bieten in der Tropenhitze Schatten

Die Stadt verlor nach der Fertigstellung der Eisenbahn und mit dem Anbruch der Revolution ihre Bedeutung. Dennoch hat sie etwas Verführerisches an sich, das vielen anderen modernen Städten abhanden gekommen ist. An den Straßen stehen imposante, farbenfrohe Häuser.

Der **Plaza Principal** sollte man auf alle Fälle einen Besuch abstatten. Dort gibt es einen Musikpavillon im Mudéjar-Stil zu sehen, dazu die Gemeindekirche **Parroquia de San Cristóbal** mit herrlich geschnitzten Altaraufsätzen. Das **Museo Jarocho Salvador Ferrando** *(Manuel M. Alegre 6, Mo geschl., $)* zeigt Gemälde einheimischer Künstler, Mobiliar und andere Objekte aus dem 19. Jahrhundert.

Tlacotalpan feiert vom 31. Januar bis zum 9. Februar seine Stadtheilige, die Virgen de la Candelaria. In den ersten drei Tagen finden Musikparaden mit Reitern und der **Encuentro de Jaraneros** statt, wenn Alt und Jung zu den Klängen von Harfe und Gitarre einen körperlich anstrengenden Tanz vorführen, die *jarana*. Am 1. Februar wird noch mehr getanzt, und es gibt eine Stierhatz; am 2. Februar, dem eigentlichen Festtag der Jungfrau, findet auf dem Fluss eine feierliche Prozession begleitet von Mariachi-Musik statt. ■

Tlacotalpan

234 C2

Besucherinformation

Palacio Municipal, Plaza Zaragoza

288/884-2050

Los Tuxtlas & Catemaco

Der Gebirgszug Los Tuxtlas steigt vom Meeresspiegel auf 1500 Meter an. Das Gebiet ist landschaftlich wunderschön. Unter den Vegetationszonen ist der nördlichste tropische Regenwald des Kontinents hervorzuheben. Ackerbau und Viehwirtschaft haben die Wälder allerdings drastisch reduziert. Heute präsentiert sich Catemaco als Touristenort am Ufer eines Waldsees.

Die Olmekenstätte Laguna de los Cerros am Rand der Berge von Tuxtla

Los Tuxtlas
234 C2
www.tuxtlas.com

Los Tuxtlas

Santiago Tuxtla, 225 Kilometer südlich von Veracruz, ist das Handelszentrum der Region. Diese ursprüngliche Stadt ist kaum auf Tourismus ausgerichtet, liegt schön in den Ausläufern der Berge und kann auch noch mit einigen alten Herrschaftshäusern aufwarten. Im Juli findet ein buntes Fest mit Reiterspielen statt, von denen einige bis ins mittelalterliche Spanien zurückdatieren; geehrt wird der Stadtheilige, der Apostel Johannes.

Am Hauptplatz, dem **Parque Juárez,** beeindruckt die **Cabeza de Cobata,** der größte olmekische Kolossalkopf, den man bislang gefunden hat und zudem der einzige mit geschlossenen Augen. Das **Museo Regional Tuxteco** *(Parque Juárez, Tel. 294/947-0196, $)* präsentiert weitere Artefakt der Olmeken, darunter einige von der Ausgrabungsstätte Tres Zapotes in 13 Kilometer Entfernung. Hier, in einer der ältesten Städte Mesoamerikas, hat man 1860 den ersten Olmekenkopf gefunden.

San Andrés Tuxtla, knapp 15 Kilometer weiter östlich, nahm im 19. Jahrhundert die Stellung von Santiago als Provinzhauptstadt ein. Heute ist es für seine Zigarren bekannt; im Mai findet die **Feria de la Primavera** statt.

Zwölf Kilometer außerhalb der Stadt liegt unweit der Straße nach Catemaco der **Salto de Eyipantia,** ein tosender Wasserfall.

Zwei oder drei Kilometer außerhalb der Stadt liegt am Rande der **Reserva de la Biosfera Los Tuxtlas** die **Laguna Encantada**, ideal zum Schwimmen. Es gibt dort auch ein bescheidenes Restaurant. Etwas abgelegener sind die **Poza de la Reina**, ein idyllischer See, und die **Cola del Caballo**, ein Wasserfall. Beide befinden sich in den Bergen oberhalb der Nordküste der **Laguna de Catemaco.**

Catemaco

Rund elf Kilometer östlich von San Andrés schmiegt sich Catemaco ans Westufer von Mexikos drittgrößtem natürlichem See. Die Stadt hat sich im In- und Ausland einen Namen gemacht wegen der vielen *brujos* (Hexenmeister) und *curanderos* (Heiler). Mexikaner vertrauen wirklich auf die Magie, um sich vom Hexenschuss, vom Herzeleid und vom *mal de ojo* – dem bösen Blick – heilen zu lassen. Dass Catemaco so bekannt ist, liegt an dem Hexentreffen, das jedes Jahr hier stattfindet.

Hier wurde auch der Film „Die letzten Tage von Eden" (1992) mit Sean Connery gedreht. Einige Szenen wurden im **Proyecto Ecológico Nanciyaga** *(Tel. 294/943-0199, www.nanciyaga.com, $)*, einem 40 Hektar großen Naturpark in Privatbesitz am Nordufer, gefilmt. Man kann im Boot über den See von Catemaco aus hinfahren. Eine Holzhütte und Temazcal-Dampfbäder lassen sich vorab buchen. Besucher sollten ein Schlammbad nehmen und dann in eine der kristallklaren Quellen eintauchen. Gleich bei Nanciyaga liegt der Zeltplatz La Jungla. Rund um den See kann man zahlreiche Vogelarten (Stand- und Zugvögel) beobachten. ■

INSIDERTIPP

Die Reserva de la Biosfera Los Tuxtlas in Veracruz wird von den meisten Touristen übersehen. Fahren Sie von Catemaco nach Montepio, um den Regenwald zu erforschen oder die einsamen Strände zu genießen.

KATHERINE AMATO
NATIONAL GEOGRAPHIC-Feldforscherin

San Andrés Tuxtla
234 C2
Besucherinformation
Palacio Municipal, Madero 1 Altos
294/947-9300 Nebenstelle 606

Reserva de la Biosfera Los Tuxtlas
www.tuxtlas.com/biosfera

Catemaco
234 C2/D2
Besucherinformation
Palacio Municipal, Av. Carranza
294/943-0016
www.catemaco.info

Villahermosa

Die Hauptstadt des Bundesstaats Tabasco glüht in der Tropenhitze, die auch noch von den modernen Beton-, Glas- und Zementgebäuden reflektiert wird. Wer jedoch ein oder zwei Tage hier verbringt, gewinnt dieser geschäftstüchtigen Stadt dann doch etwas ab. Es gibt Seafood-Restaurants, gleich mehrere anthropologische Museen und eine Fußgängerzone.

Die Kolossalköpfe aus Basalt werden heute als monumentale Porträts der Olmekenherrscher interpretiert

Die spätere Hauptstadt der Region wurde 1519 im Zuge der Entdeckungsreise von Cortez gegründet. Sie wurde später an ihre derzeitige Stelle, wo sie sich strategisch einfacher verteidigen ließ, verlegt und in Villahermosa umgetauft. Die moderne Stadt zieht sich an beiden Ufern des breiten schiffbaren Río Grijalva entlang. Im Gegensatz zu anderen Orten Mexikos liegen die meisten Sehenswürdigkeiten hier nicht am Hauptplatz.

Nur einen Block vom Fluss entfernt befindet sich die **Plaza de Armas** *(zwischen Calle Guerrero & Independencia Ecke Martínez Escobar)*, der farblose Hauptplatz, an dem der **Palacio de Gobierno** und der seltsame **Templo de la Concepción**, eine Kirche aus der Zeit um 1950, stehen.

Hinter dem Regierungsgebäude beginnt nördlich der Plaza die Fußgängerzone, die **Zona Luz** mit Kunstgalerien, Läden, Cafés und Eisständen, entstanden in den 1970er Jahren. Das **Museo de Historia de Tabasco** *(Juárez Ecke 27 de Febrero, Tel. 993/312-6344, Mo geschl.)*, das sich der Geschichte dieses Bundesstaates widmet, ist in der Casa de

Azulejos untergebracht, einem Gebäude aus dem frühen 20. Jahrhundert mit gekachelter Fassade und einer Stilmischung aus verschiedenen Architekturelementen.

Südwestlich vom historischen Zentrum findet man das **CICOM**, einen großen Komplex mit beliebtem Restaurant, Museum, Bibliothek und einem wichtigen Theater, dem **Teatro Esperanza Iris.**

Das bedeutende **Museo Regional de Antropología Carlos Pellicer Cámara** *(Carlos Pellicer 511, Tel. 993/312-6344, Mo geschl., $$)* befindet sich im gleichen Komplex. Es widmet sich vor allem der Olmekenkultur, die in der Mitte der Vorklassik (um 1200–400 v.Chr.) ihre Blütezeit erlebte. Im ersten Stock befinden sich die Säle mit Wechselausstellungen sowie ein Raum mit Kolossalplastiken der Maya und Olmeken. Im zweiten Stock gibt es ausschließlich Exponate der Maya und Olmeken, zwei bedeutenden Kulturen, die im Tiefland von Tabasco eine gemeinsame Grenze hatten. Zu den Exponaten gehören Keramiken, Steinplastiken und Jade-Figurinen, die Jaguare mit Menschenköpfen darstellen.

Am besten beginnt man mit der Besichtigung im zweiten Stock, wo man anhand von Landkarten die Ausbreitung und Entwicklung der Zivilisation in ganz Mesoamerika nachvollziehen kann. Es gibt Exponate aus der Vorklassik vom Mexikanischen Plateau, Totenmasken, Schmuck und Keramik aus der klassischen Periode von Teotihuacán. Von den Totonaken und Huaxteken sind Figurinen

Villahermosa
235 E2
Besucherinformation
Paseo Tabasco 1504
993/310-9700
www.visitetabasco.com

ERLEBNIS: Schokolade an der Quelle kosten

Bevor die Spanier aus der Karibik den Zucker mitbrachten, tranken die Mexikaner ein heißes, schaumiges Getränk: Schokolade und Chili. Basis dieses bitteren, aber anregenden Getränks war Kakao aus Tabasco.

Tabasco ist immer noch der Hauptkakaoproduzent. Einige der Haziendas wurden restauriert, mit Fabriken, die Schokolade herstellen, und Führungen für Besucher bieten. Die meisten liegen bei Comalcalco, 56 Kilometer von Villahermosa; eine Reservierung empfiehlt sich.

Fábrica CACEP *(Tel. 933/337-6176, www.cacep.com)* bietet Besichtigungen *($$)* der Hacienda José María, außerhalb von Comalcalco. Gezeigt werden die Gärten ebenso wie alte und moderne Methoden der Schokoladenherstellung; auch das Haus von 1910 kann besucht werden. Für einen annehmbaren Preis *(etwa 65 US-Dollar für zwei benachbarte Zimmer)* kann man die Nacht hier verbringen. Die **Hacienda La Chonita** *(Tel. 933/312-0085, www.haciendalachonita.com)* aus dem 19. Jahrhundert, liegt an einem See südlich von Comalcalco. In der Innenstadt von Comalcalco hat die **Hacienda La Luz** *(Calle Leandro Rovirosa Wade s/n, Tel. 993/139-5692)* Touren im Angebot und zeigt ein Museum.

in Menschen- und Tiergestalt ausgestellt, Figuren mit lächelndem Gesicht und Spielzeug mit Rädern. Für das Veracruz der Klassik sind die Äxte, Gürtelschließen und *palmas* typisch, Kultobjekte mit Flachreliefs, die mit dem Ballspiel zu tun haben.

Westlich der Stadt bietet das **Tabasco 2000** ein Kulturzentrum, eine Einkaufspassage, ein Kongresszentrum und ein Planetarium. In diesem riesigen Komplex ist auch das Rathaus untergebracht sowie das luxuriöse Hotel Camino Real. Die Touristeninformation liegt in der Nähe.

INSIDERTIPP

Im Bundesstaat Tabasco sollten Sie sich unbedingt Zeit für die Besichtigung einer Schokoladenfabrik nehmen. Sie lernen dort die komplette Herstellung kennen, vom Baum bis zum Einwickelpapier.

ERIC RAMIREZ BRAVO
NATIONAL GEOGRAPHIC-Feldforscher

Am südlichen Ende der **Laguna de las Ilusiones** erstreckt sich der **Parque Museo La Venta** *(Av. Ruíz Cortines Ecke Laguna de las Ilusiones, Tel. 993/314-1652, Mo geschl., $$)*, ein Freilichtmuseum, in dem über 30 Großskulpturen der Olmeken zu bewundern sind.

Der Museumspark befindet sich auf einer fünf Quadratkilometer großen Insel in einem Sumpfgebiet an der Küste in der Nähe des Río Tonalá. **La Venta**, 70 Kilometer westlich, erlangte nach dem Niedergang der Siedlung San Lorenzo Tenochtitlán an Bedeutung, wo mehr Olmekenköpfe gefunden wurden als irgendwo sonst. In dem Gelände hat man eine Gruppe von 16 kleinen Jadefiguren gefunden und ein ungewöhnliches Bodenmosaik aus farbigen Lehmsteinen, das eine geometrische Jaguarmaske darstellt – sie ist im **Museum von La Venta** zu sehen. Als man in La Venta auf Erdöl stieß, wurden viele dieser Schätze ins eigens dafür entworfene Museum nach Villahermosa gebracht. Einige der Artefakte sind auch in den anthropologischen Museen von Xalapa und in Mexiko-Stadt ausgestellt.

16 Kilometer östlich von Villahermosa liegt bei Dos Montes **Yumká** *(Ranchería Las Barrancas s/n, Tel. 993/356-0115, www.yumka.org, $$)*, ein 100 Hektar großer Park. Hier kann man bei einer Führung die drei Hauptvegetationszonen des Bundesstaates kennen lernen: Savanne, Tropenwald und Mangrove. Man spaziert durch den Regenwald, wagt sich über eine Hängebrücke und kann dann mit einer Bimmelbahn durchs Grasland fahren. Endhaltestelle ist ein Kinderspielplatz mit Restaurant. Die Bootsfahrt durch die Lagune kostet ein paar Pesos mehr. ■

ERLEBNIS: Abenteuertourismus

Mexiko enttäuscht niemanden, der sich einen aktiven Urlaub wünscht. Es gibt an vielen, auch abgelegenen Stellen des Landes Möglichkeiten für die verschiedensten Abenteuersportarten.

Eine der aufregendsten Touren in Veracruz ist eine Fahrt mit dem Kajak oder dem Floß zwischen Xalapa und Veracruz den Río Pescados hinunter. Der Fluss, der sich durch enge Canyons windet, bietet 35 Stromschnellen der Klassen III und IV. Im Río Antigua gibt es nur während der Regenzeit, Stromschnellen der Klasse III und IV. Ein paar Stunden nördlich von Xalapa, hat man über den Río Filobobos (Klasse II und III) Zugang zu den Ruinen von El Cuajilote und Vega de la Pena, die jüngst entdeckt wurden.

Besucher der Region von La Huasteca erwarten Aktivitäten im Fels und Wasser. Das Gebiet umfasst Teile der Bundesstaaten San Luis Potosí, Hidalgo, Tamaulipas und Veracruz und bietet Wasserfälle, Höhlen und Becken mit kristallklarem Wasser.

Anbieter von Abenteuerreisen wie **Eccosports** *(Tel. 55/5644-3775 in Mexiko-Stadt, oder Tel. 279/832-3559 in Jalcomucho, Veracruz, http://eccosports.com.mx)* organisieren Touren in die Region.

In der Umgebung von Monterrey im Nordosten gibt es an den Flüssen Matacanes und Hidrofóbia Möglichkeiten zum Wandern, Klettern und zur Erforschung unterirdischer Flüsse und Höhlen. Die **American Canyoneering Association** *(www.canyoneering.net)* liefert Informationen.

Zwischen Monterrey und Saltillo locken im Nationalpark Cumbres de Monterrey die Kalksteincanyons des Cañón de la Huasteca Freikletterer an. Typisch sind Klippen wie die 300 Meter hohe Torre Diablos und der 500 Meter hohe Pico de Independencia.

In Querétaro können Freikletterer einen Monolithen, die Peña de Bernal, besteigen.

Südlich von Mexiko-Stadt verlaufen einige der beeindruckendsten Bergketten des Landes. Zu den mächtigen Gipfeln zählen der Pico de Orizaba, mit 5636 Metern der höchste des Landes. Der Iztaccihuatl bietet viele verschiedene Kletterrouten, während La Malinche mit 4461 Metern sich als „Einstiegsberg" eignet. (Siehe auch „Vulkane besteigen", S. 220.)

Wer an Abenteuertourismus interessiert ist, kann sich an die gemeinnützige **Mexican Association of Adventure Tourism and Ecotourism** (AMTAVE, *www.amtave.org)* wenden. Ihre Website ist eine gute Informationsquelle zu Aktivitäten und Anbietern. Das Unternehmen **Río y Montaña** *(Guillermo González Camarena 500 PB, Santa Fé, Mexiko-Stadt, Tel. 55/5292-5032, www.rioymontana.com)* arrangiert Wildwasser-, Rad-, Trekking- und Klettertouren.

Kajakfahrer genießen die ruhigen Gewässer des Golfs von Kalifornien

Weitere Sehenswürdigkeiten

Comalcalco

Die Ruinenstadt Comalcalco liegt rund 56 Kilometer nordwestlich von Villahermosa. Ihr Name bedeutet „Ort der gebrannten Ziegel". Da es in der Gegend an brauchbaren Steinen fehlte, mussten die Erbauer der Tempel und Pyramiden Ziegel aus Sand, zerstampften Muscheln und Lehm brennen. Diese Stadt der Chontal-Maya, die am westlichsten gelegene Mayastätte, war seit dem ersten Jahrhundert bewohnt und erlebte ihre Blütezeit wie Palenque (siehe S. 290ff.) oder Yaxchilán (siehe S. 302f.) in der späten Klassik.
235 E2 $

Costa Esmeralda

Dieses 21 Kilometer lange Stück Golfküste zwischen **Nautla** und **Tecoluta** besteht aus flachen, oft einsamen Stränden mit Palmen. Tecolutla hat sich bereits auf den Tourismus eingestellt und bietet preiswerte Hotels und Restaurants, in denen Seebarsch, Austern und *huachinango* (Red Snapper) auf den Tisch kommen.
234 B3/B4

Wildes Tabasco

Eine weniger touristische Ecke Mexikos ist der Bundesstaat Tabasco. Genau südlich von Villahermosa (und an der Strecke nach Tuxtla, Gutiérrez und Chiapas an der MEX 195) gelegen, ist **Teapa** ein guter Ausgangspunkt für die Erkundung. Als Verwaltungssitz hat es einen malerischen Hauptplatz und mehrere Kirchen aus dem 18. Jahrhundert. Nur ein paar Kilometer östlich von Teapa gibt es beleuchtete Höhlen **Grutas de Coconá**, während die Experten durch **La Cueva de las Canicas** kriechen.

Weiter östlich bietet die Gemeinde von Tacotalpa einige Öko-Reservate. Herrlich schwimmen lässt es sich in einem von dem Wasserfall **Agua Blanca** gespeisten Becken im gleichnamigen Park, es gibt Höhlen zu erforschen, oder man kann sich im Abseilen üben. Im wiederaufgeforsteten, 27 Hektar großem **Ökopark Kolem-Jaá** *(Tel. 993/314-3192, www.kolemjaa.com.mx)* kann man zelten oder eine Hütte mieten, es gibt Wanderwege, die Möglichkeit zum Mountainbiken und zu anderen Aktvitäten (Ausrüstung wird gestellt). Das nah gelegene **Tapijulapa** ist ein beliebtes Wochenendziel.

Östlich von Villahermosa in Richtung Palenque bilden in der Gemeinde Tenosique der **Río Usamacinto** und seine Zuflüsse Canyons und Wasserfälle. In der Nähe der Stadt **Santo Tomás** befinden sich die üppig grünen Dolinen (Cenotes) **Ya Ax Ha** und **Aktun Ha.** Die Kreisstadt **Tenosique** eignet sich gut als Ausgangspunkt für Angler-, Rafting- und Höhlenausflüge.
235 E2

Tuxpan

Elf Kilometer von der Küste entfernt liegt der Hafen Tuxpan am gleichnamigen Fluss mit Sandstränden und schöner Landschaft. Aus den archäologischen Überresten schließt man, dass der Ort von der Vorklassik bis zur Nachklassik (siehe S. 23ff.) ständig bewohnt war. Die geborgenen Funde gibt es im **Museo de Arqueología** *(Tel. 783/834-6180, So geschl.)* zu sehen. Die Leute hier sind für ihre offene Art bekannt und feiern im Mai Fasching als Einstimmung auf den Namenstag ihrer Schutzheiligen, der Virgen de la Asunción (15. August), und einen Jahrmarkt.
234 B4 Av. Juárez 20
783/835-2647 Nebenstelle 125 ■

Von Tehuantepec bis Tuxtepec, eine Region, gekennzeichnet durch eine deutlich indianische Prägung

Oaxaca

Alebrijes sind geschnitzte und bemalte Holzfiguren

Oaxaca

Der Bundesstaat Oaxaca bildet sozusagen den unteren Ellbogen des geographischen Arms, der sich nach Süden und Osten erstreckt und das indigene Kernland von Mexiko umfasst. Dutzende von Gebirgszügen führen zu entlegenen Hochtälern; die kleinen Weiler sind nur zu Fuß oder mit dem Esel zu erreichen. Damit Regen fällt, beten die Menschen zu den alten Göttern wie auch zu den katholischen Heiligen.

Die isolierte Lage von Oaxaca trägt viel zum Traditionalismus bei. Jedes Dorf macht seine Sache nach eigener Façon. Triquefrauen in Bergdörfern weben kirschfarbene *huipiles*, weite, gemusterte Blusen; an der Grenze zu Guerrero fertigen Amuzgofrauen Baumwoll-*huipiles* mit Brokat. Bei den traditionellen Feiern am Isthmus von Tehuantepec, *las velas,* stellen Zapotekenfrauen stolz ihre steifen Spitzenhauben, ihre weiten Röcke mit mehreren Unterröcken und kurze, bestickte Samt-*huipiles* zur Schau.

Von den 15 größten ethnischen Gruppen sind die Zapoteken und Mixteken die größten; sie bewohnen die Küsten- und auch Bergregion. Ihre Vorfahren bauten große Kultstätten, deren Ruinen sich bis heute in den Tälern finden. Wirklich erhaben ist Monte Albán – zeitgleich mit Teotihuacán – in Zentralmexiko, das seine Blütezeit in der Periode der Klassik

erlebte. Die Pyramiden wachen über Oaxaca, die Hauptstadt, die unten im Tal liegt.

Die Stadt Oaxaca eignet sich hervorragend als Standort, um die Gegend zu erkunden. Die Leute kommen auf dem Hauptplatz, dem Zócalo, zusammen, um dort in einem der Straßencafés rund um den Musikpavillon bei Marimba-Musik einen Kaffee zu trinken. Das historische Zentrum kann mit sorgsam restaurierten architektonischen Schätzen aufwarten, so zum Beispiel der Kirche Santo Domingo, die früher auch ein Kloster war und heute das Museum beherbergt. Ausflüge zu herrlichen Kirchen und Klöstern rings um die Stadt lassen Reichtum ahnen.

Die 515 Kilometer lange Pazifikküste von Oaxaca ist ein weiteres wichtiges Touristenziel. An den malerischen Bahías de Huatulco befindet sich das Touristenzentrum Huatulco mit Hotels und Restaurants. Puerto Escondido ist ein weltweit bekannter Treffpunkt für Surfer, bietet aber auch herrliche Natur und legere Restaurants und Hotels. ■

Chilis aller Art halten mit Unmengen an Vitamin C fit

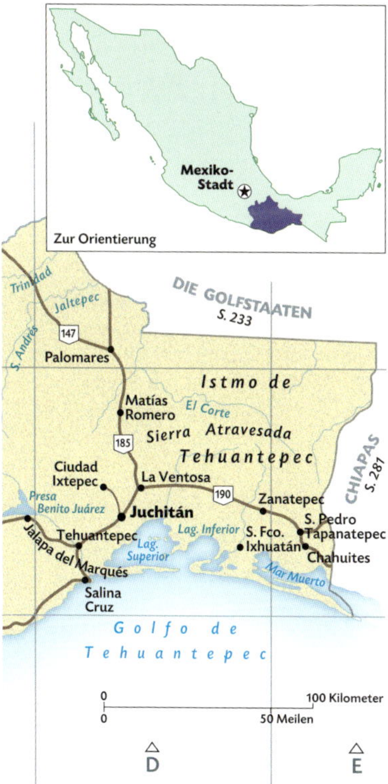

NICHT VERSÄUMEN:

Einen Spaziergang durch Oaxacas erstklassige Kunstmuseen **256**

Den Genuss eines hier hergestellten *mescal* **259**

Das üppige, prächtige Innere der Kirche Santo Domingo **260**

Die spektakulären Ruinen auf dem Hügel von Monte Albán **264**

Vogelbeobachtung und Mountainbiken im Llano Grande **271**

Ein Fischessen in einem Restaurant an der belebten Promenade von Puerto Escondido **274**

Die Feiern zu Allerheiligen **276**

Oaxaca

Es heißt, wer *chapulines* probiert, wird eines Tages nach Oaxaca zurückkehren. Mehr Reiz als die gerösteten Heuschrecken haben aber wohl das koloniale Herz und die multikulturelle Seele der Hauptstadt. Barockkirchen aus heimischem Stein schillern in der subtropischen Sonne. Auf einer Höhe von 1550 Metern kann Oaxaca meist mit angenehmen Temperaturen aufwarten.

Ein angenehmer Beginn eines Abends sind die Patios der Cafés am *Zócalo*

Die Städte und Dörfer rund um die Kapitale bringen erstaunlich abwechslungsreiche Waren hervor. In den Zapotekenstädten **Teotitlán del Valle** (siehe S. 266) und dem weniger bekannten **Santa Ana del Valle** werden seit Jahrhunderten Wollbrücken gefertigt, die *tapetes*. Andere Artikel wie rauchig schwarze Keramik aus San Bartolo Coyotepec und Holzfiguren aus Arrazola sind eher neuere Erfindungen. All dies Kunstgewerbe wird in teuren Geschäften in der Calle Alcalá und Umgebung, einer Fußgängerzone im Norden des Zócalo, verkauft.

Wer gern handelt, verschafft sich zuerst in den Läden einen Eindruck von den Preisen und geht dann auf den **Markt** von **Abastos** oder **Benito Juárez**, wo vom Amulett bis zum Liebestrank so ziemlich alles zu haben ist.

Die Stadt kann auch mit beeindruckender Kunst und Kultur aufwarten. Es gibt in der Innenstadt in mehreren Veranstaltungsstätten Theateraufführungen, außerdem Livemusik in Bistros und in der Casa de la Cultura *(González Ortega 403)*. (Aktuelle Veranstaltungen unter *www.oaxacacalendar.com*.). In der Stadt findet auch ein internationales Filmfestival statt; das **Cinema El Pochote** *(Av. García Vigil 817, Tel. 951/514-1194, www.elpochote.blogspot.com)* zeigt, kostenlos, Kunstfilme.

Wie sehr sich Oaxaca Kunst und Kultur verschrieben hat, machen auch einige hervorragende Museen deutlich. Das **Museo de Arte Prehispánico Rufino Tamayo** *(Av. Morelos 503, Tel. 951/516-4750, So ab 15 Uhr, Di und 14–16 Uhr geschl., $)* präsentiert die Privatsammlung des abstrakten Malers, Muralisten und Bildhauers Rufino Tamayo (1899–1991), die er 1975 dem Staat schenkte. An die 2000 Exponate aus der Zeit vor Cortez sind in dem restaurierten Kolonialgebäude in der Innenstadt zu sehen. Das **Museo de Arte Contemporáneo de Oaxaca** (MACO) *(Alcalá 202, Tel. 951/514-2818, www.museomaco.com, Di geschl., $)* ist in einem noch beeindruckenderen zweistöckigen Kolonialgebäude untergebracht.

Einige weitere Museen wurden in den vergangenen Jahren eröffnet, darunter das herrliche **Museo del Palacio** *(Südseite des Zócalo, Tel. 951/501-1662, Mo geschl.)*, mit Ausstellungen zu Kulturthemen im schönen ehemaligen Rathaus. Nur drei Blocks entfernt liegt das **Museo de los Pintores Oaxaqueños** *(Av. Independencia 607 Ecke García Vigil, Tel. 951/516-5645, Mo geschl., $)*, das zeitgenössische Kunst präsentiert.

Wenn man die 27 historischen Kirchen der Stadt als Kunstwerke betrachtet, dann ist die **Basílica de Nuestra Señora de la Soledad** *(Av. Independencia 107 Ecke Galeana, Tel. 951/516-7566)* aus dem späten 17. Jahrhundert sicher eines der beeindruckendsten Beispiele. Wer das **Museum** besucht, bekommt die Geschenke für die Schutzheilige zu sehen – von Plastikblumen bis zu Votivbildern. Die Basilika steht auf dem Gelände einer Kaserne der Azteken; sie hielten im 15. Jahrhundert die Region unter Kontrolle. ■

Oaxaca
254 B3
Besucherinformation
Av. Juarez 703
951/502-1200
www.aoaxaca.com

ERLEBNIS: Erkundungen zu Fuß

Das Stadtleben in Mexiko lernt man oft zu Fuß am besten kennen. An manchen Orten helfen Führer bei der Suche nach den richtigen Straßen und erzählen dabei über die Geschichte. In Puerto Escondido, Oaxaca, leitet Gina Machorro zweistündige Spaziergänge *(Tel. 954/582-0276, $$$$$)*, erzählt über die verschiedenen Völker und Speisen, legt Stopps an Kräuterläden und einer Schokoladenfabrik ein.

Die Tourismusbehörde von San Miguel de Allende veranstaltet am Montag-, Mittwoch- und Freitagvormittag historische Spaziergänge *($$$)*. Treffpunkt ist um 10 Uhr an La Parroquia am Hauptplatz. Sonntags startet eine Haus- und Gartentour *($$$$)* vor der öffentlichen Bibliothek, Insurgentes 25.

Méridas English Library, im Bundesstaat Yucatán, bietet mittwochs um 9.45 Uhr einen Spaziergang zu Häusern und Gärten *($$$$$)*. Kostenlose historische Touren von Montag bis Samstag um 9.30 vom Rathaus *(Calle 62 zwischen 61 & 63)*.

Zu Fuß durch das historische Oaxaca

Oaxaca hat eine Vielzahl von historischen Sehenswürdigkeiten zu bieten, die sich sternförmig um die Plaza gruppieren. Auch die Fußgängerzone in der Calle Alcalá ist von pastellfarbigen Häusern gesäumt, die bald nach der Gründung der Stadt durch die Spanier im 16. Jahrhundert errichtet wurden.

Einheimische auf der Calle Alcalá, einer Fußgängerzone in Oaxaca-Stadt

Der Spaziergang beginnt am **Arcos de Xochimilco** ❶, südlich der Calzada Héroes de Chapultepec Ecke García Virgil. Die Bögen dieses Steinaquädukts aus dem 18. Jahrhundert werden kleiner, je weiter sich das Bauwerk (300 m) in Richtung Süden zur Innenstadt zieht. Einzelne Bögen sind heute Zugang zu bescheidenen Wohnungen. Ein paar Blocks weiter erreicht man auf der García Vigil die **Iglesia del Carmen Alto** ❷. Am Namenstag der Jungfrau von Carmen, dem 16. Juli, findet hier ein buntes Fest statt, der Auftakt zur **Guelaguetza**, einer Fiesta mit Wurzeln in vorspanischer Zeit. Gleich über der Straße befindet sich das **Museo Casa de Benito Juárez** ❸ *(García Vigil 609, Tel. 951/516-1860, Mo geschl., $)*, das Gebäude, in dem der Staatsmann seine Jugend verbrachte.

NICHT VERSÄUMEN:

Templo y Ex-Convento de Santo Domingo • Museo de las Culturas de Oaxaca • Mercado Benito Juárez • Catedral • Zócalo

Man überquert nun die Plazuela del Carmen, um zur Fußgängerzone in der **Calle Alcalá** mit dem **Templo y Ex-Convento de Santo Domingo** ❹ zu gelangen, in dem sich das **Museo de las Culturas de Oaxaca** *(Calle Alcalá Ecke Calle Constitución, Tel. 951/516-2991, Mo geschl.)* befindet. Weiter geht es ostwärts über die Calle Constitución zur Calle Reforma. Einen halben Block Richtung Norden macht man Halt im **Museo de Filatelia de Oaxaca** *(Calle Reforma 504, Tel.*

INSIDERTIPP

Das Essen in Oaxaca ist fantastisch. Kosten Sie unbedingt den einheimischen Käse, Wurst, Schokolade und natürlich Heuschrecken. Trinken Sie auch ein Gläschen Mescal und essen Sie den Wurm, wenn Sie mutig sind.

KATHERINE AMATO

NATIONAL GEOGRAPHIC-Feldforscherin

951/516-8028, Mo geschl.) Wieder auf der Calle Constitución geht es links auf die Cinco de Mayo, wo nach eineinhalb Blocks der **Ex-Convento de Santa Catalina** (heute Hotel) folgt. Einige Blocks weiter liegt das **Teatro Macedonio Alcalá,** im Stil der Belle Epoque, an der Ecke Cinco de Mayo und Avenida Independencia. Man geht weiter weiter nach Süden, wo die Cinco de Mayo nun Armenta y López heißt und biegt rechts in die Calle Colón ein. Zwei Blocks gen Westen – die Colón heißt jetzt Las Casas – erreicht man den **Mercado Benito Juárez** ❺, der seit 1892 besteht. Hier kann man Blockschokolade kaufen (für köstliche heiße Schokolade mit Zimt) oder *queso oaxaqueño* (einheimischen Käse). Man verlässt den Markt an der Südwestseite.

Nach Überquerung der Aldama geht es zur **Iglesia San Juan de Dios** ❻ *(Aldama Ecke 20 de Noviembre).* Der ursprüngliche Adobe-Bau aus dem Jahr 1526 wurde in der Mitte des 17. Jahrhunderts ersetzt.

Ein paar Schritte in Richtung Süden, und schon ist man am **Mercado 20 de Noviembre**, der früher als Krankenhaus für das Kloster nebenan diente. Heute ist hier alles voller Essstände, an denen es Hühnersuppe und Eintopf gibt.

Nach der Besichtigung des Markts geht es nun über die Calle Miguel Cabrera nach Norden zum Zócalo. An der Südseite steht der neoklassizistische **Palacio de Gobierno** ❼, an der Rückseite gibt es ein Wandgemälde zu sehen, das die Geschichte von Oaxaca umreißt. Nun überquert man den Platz, um sich die **Catedral** ❽ an der benachbarten Plaza **La Alameda** anzusehen. Sie stammt aus dem 16. Jahrhundert. Der **Zócalo** ist der beste Platz der Stadt, um eine Pause zu machen. Seine vielen durchgehend geöffneten Cafés unter den Laubengängen sind bei den oaxaqueños sehr beliebt.

Siehe auch Karte S. 254 B3
➤ Arcos de Xochimilco
2,5 km
4–5 Stunden
➤ Zócalo

Dominikanerklöster in Oaxaca

Mit der Christianisierung Neu-Spaniens wurde begonnen, nachdem die spanische Armee unter Cortez Tenochtitlán – heute Mexiko-Stadt – dem Erdboden gleichgemacht hatte. Die ersten Missionare in der Neuen Welt waren Franziskaner, die sich zunächst im bevölkerungsreichen Zentralmexiko niederließen. Ein paar Jahre später zogen die Dominikaner dann von Mexiko-Stadt aus gen Süden.

Die Kirche Santo Domingo in Oaxaca

Man hat die eifrigen Dominikaner oft wegen der enormen Summen kritisiert, die sie für ihre Gotteshäuser ausgaben; sogar Baumeister aus Europa holten sie ins Land. In Zusammenarbeit mit nicht minder talentierten einheimischen Handwerkern kreierten diese Priester-Architekten eine Stilmischung aus Renaissancemotiven mit gotischen und Mudéjar-Elementen der spanischen plateresken Schule. Doch sogar die dicken festungsartigen Mauern und gedrungenen Türme, die Erdbeben überstehen sollten, können nicht von der reichen Ornamentik und der hohen Qualität der Bruchsteine ablenken. Wie sehr sich die Dominikaner der Ästhetik verschrieben hatten, wird in den einzigartigen Entwürfen, kunstvollen Altaraufsätzen und herrlichen Gemälden in einer ganzen Kette von Klöstern fassbar, die von Puebla in Zent-

INSIDERTIPP

Santo Domingo ist in seiner barocken Fülle überwältigend. Jeder Zentimeter strahlt ein Gefühl von Macht und Reichtum aus.

OLIVER SACKS
Neurologe, Schriftsteller und NATIONAL GEOGRAPHIC*-Autor*

ralmexiko bis nach Guatemala reicht.

Nach den Reformgesetzen von 1859 wurden viele Kirchen geplündert, nachdem man die Ordensmitglieder vertrieben hatte. Die **Iglesia y Ex-Convento de Santo Domingo**, eine der ersten Klosterkirchen von Oaxaca, wurde beschädigt, nachdem man sie zu Kasernen umfunktioniert hatte.

Inzwischen hat man sie restauriert. Die prachtvolle vierteilige Retablo-Fassade der Kirche besteht aus einer Stilmischung von Renaissance mit Barockelementen und wird von zwei majestätischen Glockentürmen flankiert. Innen erweitert sich weißer Stuck mit goldenen und mehrfarbigen Reliefs zu Gewölben und Nischen. Jeder Zentimeter dieses Innenraums ist mit Verzierungen im Puebla-Stil überhäuft. Der Stammbaum des Ordensgründers, Domingo de Guzmán (ca. 1170–1221), wächst aus einem Weinstock über die Decke der Galerie. Rechts in der Kirche gibt es in der **Capilla del Rosario** (Rosenkranzkapelle) eine Überfülle von Arabesken und Engeln zu sehen.

Der zweigeschossige weiße Kreuzgang aus Kalkstein, beherbergt das **Museo de las Culturas de Oaxaca** *(Alcalá Ecke Constitución, Tel. 951/516-9741, Mo geschl., $$).* Im Erdgeschoss finden sich ein Buchladen und die **Biblioteca Francisco de Burgos**, eine Bibliothek mit über 20 000 historischen Bänden. Wer die Barocktreppe hinaufgeht, bekommt im Ober-

Oaxaca
254 B3
Besucherinformation
Murguía 206
951/516-0123

Künstler des 20. Jahrhunderts und *el Tequio*

Das zapotekische Wort *tequio*, das man mit „Last" übersetzen kann, bezieht sich auf die Verpflichtung eines Menschen, zum Wohl der Gemeinschaft einen Beitrag zu leisten – eine Sitte seit den Tagen von Monte Albán (siehe S. 264f.). Francisco Toledo, ein erfolgreicher zeitgenössischer Maler und Grafiker aus Juchitán, nimmt diese Verpflichtung überaus ernst. Er hat seine Energie auf viele Kulturprojekte in Oaxaca gelenkt – und auch die eine oder andere Spende getätigt. So konnte das Instituto de Artes Gráficos ins Leben gerufen werden, eine hervorragende Ausstellung mit Bibliothek zur Kunst der Grafik, Mexikos erstes Briefmarkenmuseum, eine Bibliothek mit Büchern in Blindenschrift sowie in Vistahermosa eine Werkstatt zur Papierherstellung.

Toledos Zeitgenosse Rudolfo Morales, der 2001 verstarb, war nicht weniger aktiv. Die beiden schufen den gemeinnützigen Verein **Los Amigos de Monte Albán**, der sich die Erhaltung von Monte Albán und die Restaurierung verschiedener Dominikanerklöster in Oaxaca zum Ziel gesetzt hat.

Im Kreuzgang des Ex-Convento de Santo Domingo ist das Museo Regional de las Culturas de Oaxaca untergebracht

geschoss üppiges Dekor im Puebla-Stil zu sehen. Im Saal 3 sind die unglaublichen Schätze aus den Gräbern der Zapotekenstätte Monte Albán (siehe S. 264f) zu bewundern, darunter Gold-, Sil-

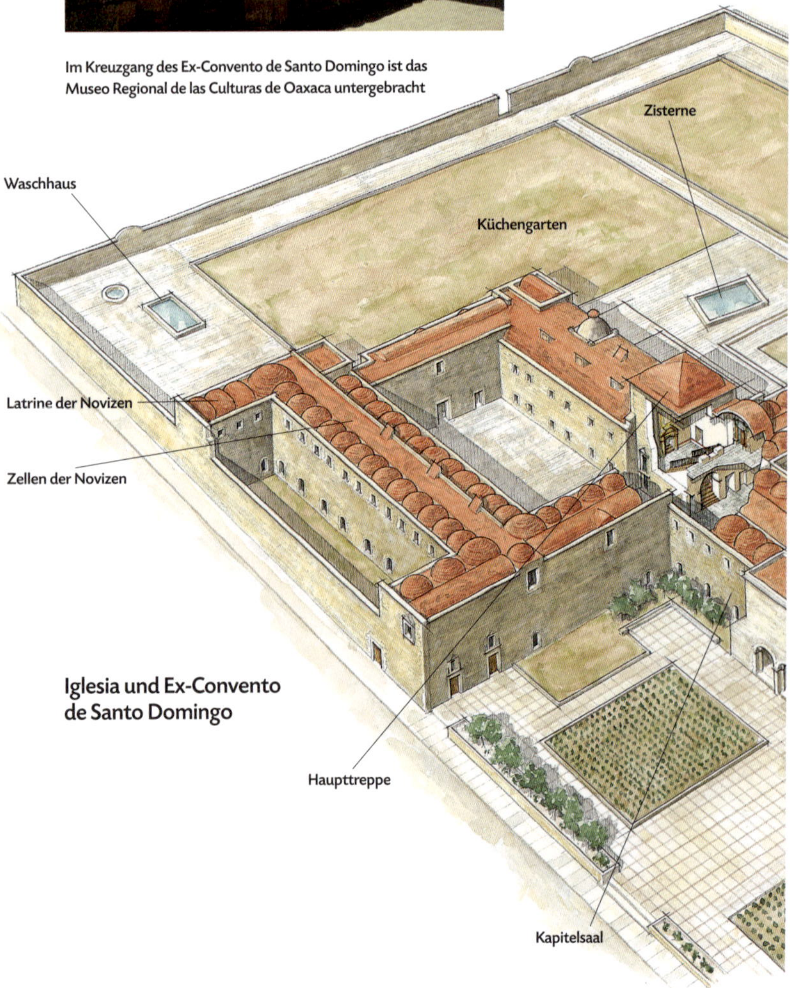

Iglesia und Ex-Convento de Santo Domingo

ber-, Muschel- und Jadeschmuck. Es gibt englischsprachige Gratis-Führungen durch den **Jardín botánico** *(Di, Do, Sa 11 Uhr, $$$)*. Einstündige Führungen in Spanisch *($$)* finden täglich um 10, 12 und 17 Uhr statt.

Weitere wichtige Klöster im Valle de Oaxaca sind **Cuilapan** an der Straße nach **Zaachila** (siehe S. 270), **Tlacochahuaya** mit seiner prächtigen Orgel mit 1620 Pfeifen (siehe S. 266), und die **Iglesia del Santo Cristo** bei Tlacolua de Matamoros (siehe S. 268). In der Region Mixteca Alta nördlich von Oaxaca hat man **Yanhuitlán** mit alten Bautechniken restauriert. Ein Stück weiter gelangt man nach **Coixtlahuaca,** dessen Tempel früher Quetzalcóatl geweiht war, und nach **Teposcolula** mit der angeblich schönsten Freiluftkapelle in ganz Oaxaca. ■

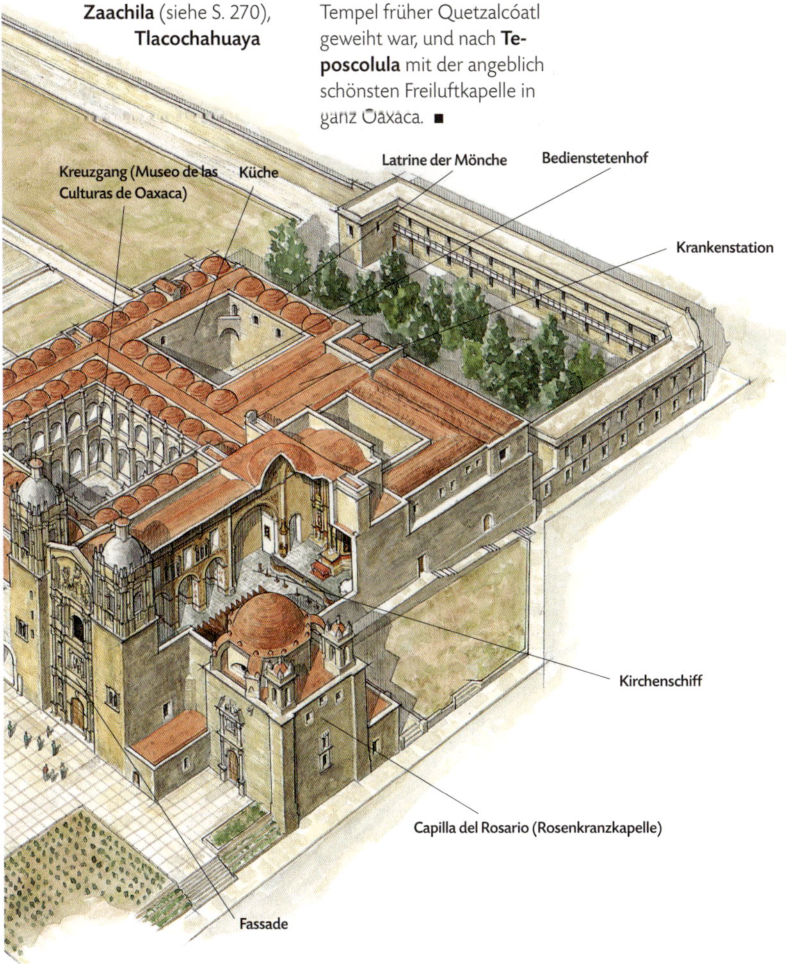

Monte Albán

Ein Jahrtausend vor der Ankunft der Spanier im Jahr 1521 erlebte die Zapotekenstadt Monte Albán ihre Blüte. Damals stieg aus den präzise hintereinander errichteten, kunstvollen Tempeln der Duft von Kopal auf. Das Regenwasser wurde in Zisternen aufgefangen und zur Bewässerung genutzt. Auf den Märkten wurden einheimische Waren vertrieben.

Monte Albán liegt auf einem Berg mit Blick über drei Täler und zählte zu den fortschrittlichsten Städten seiner Zeit

Die Gesellschaft war hierarchisch organisiert mit Kriegsherren, Kriegern, Priestern und Beamten in der Oberschicht. Künstler und Handwerker lebten und arbeiteten in unterschiedlichen Vierteln, je nach Zunft. Eine zentrale Herrscherpersönlichkeit existierte nicht. Die Führung teilten sich wohl mehrere Familien, die einen gemeinsamen Vorfahren hatten. Wie auch viele Jahrhunderte später im Oaxaca der Kolonialzeit lebten auch hier die wohlhabenden und einflussreichen Familien in der Nähe des Hauptplatzes.

Die Baumeister dieser bemerkenswerten Stadt waren zwar die Zapoteken, doch geht man davon aus, dass die ursprünglichen Einwohner Mixe-Zoques vom Isthmus waren oder Verwandte der Olmeken aus Veracruz. Die Zapoteken siedelten hier erstmals um 500 v. Chr., um zwölf Jahrhunderte später aus unbekannten Gründen wieder zu verschwinden.

Hundert Jahre später funktionierten die Mixteken den Ort zu einem Friedhof um. Die Gräber waren geschmückt und enthielten reiche Beigaben. Über 200 Begräbnisstätten hat man bislang entdeckt. Am beeindruckendsten ist die **Tumba 7** mit mehr als 500 Schmuckstücken aus Gold, Bernstein und Türkisen sowie Objekten aus Jade, Silber, Bergkristall und Knochen. Die meisten Artefakte sind im Museo Regional de las Culturas de Oaxaca in der Innenstadt von Oaxaca ausgestellt.

Heute können mehrere der Gräber besichtigt werden, z. B. die **Tumba 104** im Nordwesten der Anlage. Man beachte den Maisgott, Pitao Cozobi, der oben an der Fassade zu sehen ist.

An den beiden Seiten der **Gran Plaza** liegen die **Plataforma Norte** und die **Plataforma Sur,** jede mit Steintreppen und breiten Balustraden. Die Bauwerke weisen generell unregelmäßig geformte Steine auf, die mit Mörtel zementiert wurden, um dann mit großen Steinen und mehreren Schichten Stuck verblendet zu werden. Die **Estructura I** in der Mitte der Gran Plaza ist eine typisch zapotekische Konstruktion. Oben auf dem Gebäude befinden sich einfache oder doppelte Steinplatten – sie sind auf dem **Edificio H** besonders gut sichtbar – mit Darstellungen, die den Himmel oder den Rachen eines Jaguars symbolisieren.

Die ersten Bewohner errichteten ihre Gebäude aus monolithischen Steinblöcken, zum Teil mit kunstvollen Basreliefs. Eines der schönsten Beispiele ist die **Galería de los Danzantes** an der Westseite der Plaza. Sie ist mit großen nackten, männlichen Figuren verziert, die getötete Feinde oder Herrscher besiegter Städte darstellen. Ihre Namen und auch die der Städte sind längs ihrer entstellten Körper in Zapotekenglyphen eingemeißelt. Die **Estructuras K, L** und **IV Sur** zählen zu den ersten, die hier entstanden. In der **Estructura H** barg das Grab von fünf jungen Männern eines der größten Kunstwerke der Zapoteken: die Jademaske des Fledermausgottes. Sie befindet sich im Museo Nacional de Antropología in Mexiko-Stadt (siehe S. 198ff).

An der Nordostecke der Plaza erreicht man den *juego de pelota,* einen typischen Ballspielplatz der Region. Er hat die Form einer römischen Eins und wird auf beiden Seiten von schrägen Wänden mit Stufen gesäumt.

Auf dem Gelände findet sich ein gut bestückter Andenkenladen und eine Buchhandlung sowie ein hervorragendes Restaurant. Alle 30 Minuten fahren Busse vom **Hotel Ribera del Ángel** *(Calle Mina 518, fünf Blocks südwestlich vom Zócalo, Tel. 951/516-6175, $)* ab. ■

Monte Albán
- 254 B2
- 10 km südwestlich von Oaxaca
- 951/516-1215
- $$

ERLEBNIS: Amarant für die Gesundheit

Puente a la Salud Comunitaria *(Tel. 951/518-6642, www.puentemexico.org)* **ist eine gemeinnützige Organisation im ländlichen Oaxaca, die Ernährung und Lebensunterhalt armer Familien durch den Anbau von Amarant verbessern will. Das nährstoffreiche Getreide ist in der Region heimisch, benötigt relativ wenig Wasser und ist ein wertvolles Erzeugnis. Sie können teilnehmen und Büroarbeit leisten oder die Bauern in natürlichen Anbaumethoden unterweisen. Sie können auch den örtlichen Mitarbeitern, die gesundheitliche Beratungen durchführen, helfen, dieses gesunde Nahrungsmittel in den armen Dörfern bekannt zu machen. Es gibt eine begrenzte Anzahl bezahlter und ehrenamtlicher Stellen.**

Fahrt nach Mitla

Östlich von Oaxaca befinden sich an der MEX 190 vier archäologische Stätten, mehrere Dominikanerklöster aus dem 17. Jahrhundert, der größte Baum der Welt und Zapotekenstädte vor der Kulisse der Berge. Diese rauchig blauen Berge scheinen aus den Maisfeldern zu beiden Seiten der Straße aufzuragen.

Rund 13 Kilometer südöstlich von Oaxaca ist der ganze Stolz des winzigen Ortes **Santa María el Tule** ❶ ein 2000 Jahre alter Ahuehuete-Baum. Diese Mexikanische Sumpfzypresse ist breiter als hoch, überragt aber dennoch eine Kirche aus dem 17. Jahrhundert, die daneben steht.

Nach weiteren 6,5 Kilometern auf der Autobahn biegt man rechts nach **Tlacochahuaya** ❷ ab, ein kleines Zapotekendorf mit einer malerischen Plaza und Adobe-Häusern mitten in den Maisfeldern. Die Dominikanerkirche samt Kloster aus dem 17. Jahrhundert wurde auf die Fundamente eines vorspanischen Tempels gebaut.

Wieder auf der MEX 190 biegt man nach 1,5 Kilometern rechts auf eine Staubstraße ab, die nach **Dainzú** führt. Diese Zapotekenstadt wurde kurz nach 300 v. Chr. gegründet, stammt also aus derselben Epoche wie Monte Albán. Sehenswert sind die Basreliefs; sie zeigen Darstellungen von Ballspielern mit Jaguargesicht unten am **Edificio A,** den Überresten einer Plattform mit Stufen.

Noch einmal 1,5 Kilometer weiter erreicht man den Abzweig nach **Teotitlán del Valle** ❸, das für seine handgewebten Zapotekenbrücken bekannt ist. Die meisten Brücken werden heute aus Wolle oder Synthetik mit Chemiefarben gefertigt. So mancher hat sich schon nach Teotitlán aufgemacht, um einfach einmal im **Tlamanalli** *(Av. Juárez 39, Tel. 951/524-4006, Mo geschl., $$$)*, einem bekannten Zapotekenrestaurant, zu Mittag zu essen. Es ist nur von 13 bis 16 Uhr geöffnet.

NICHT VERSÄUMEN:

Santa María el Tule • Tlacochahuaya • Tlacolula • Mitla

Weiter geht es über die MEX 190, bis nach acht Kilometern die Ruinen von **Lambityeco** *($)* erreicht sind, ein wichtiges Zentrum für Salzbergbau, das 750 zugunsten von Yagul verlassen wurde. In der **Estructura 195** sind die Altarsteine

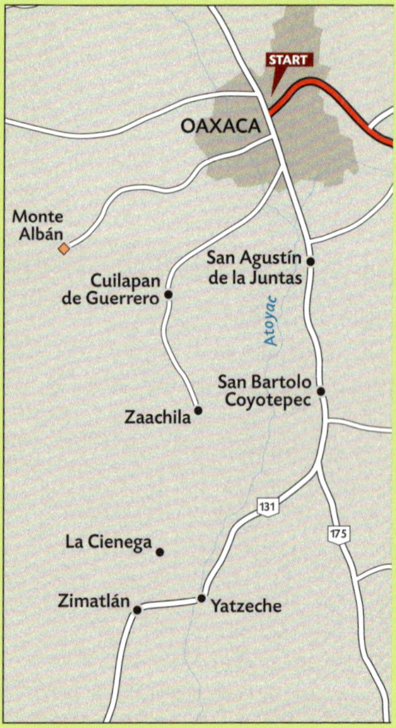

Der 2000 Jahre alte Ahuehuete-Baum von Santa María el Tule

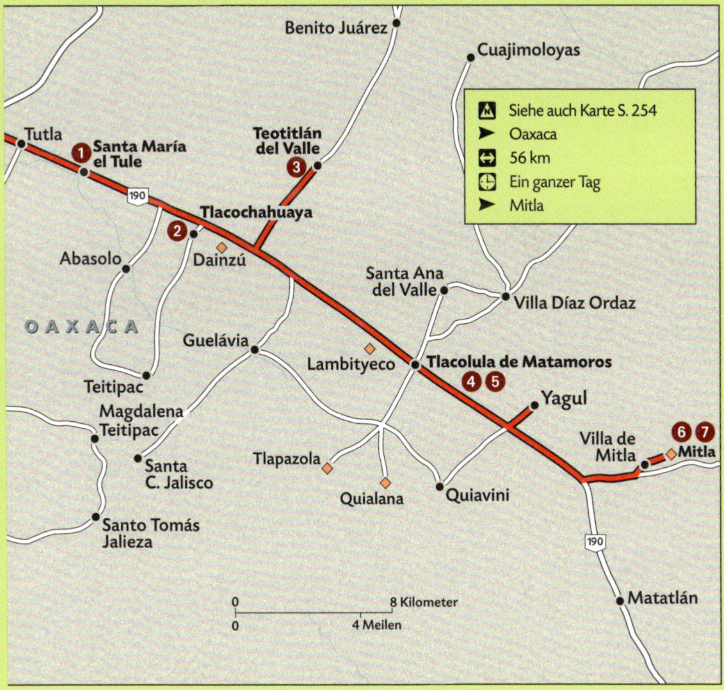

mit Figuren und den Insignien der herrschenden Fürsten und Fürstinnen verziert. Man beachte an der **Estructura 190** die beiden identischen Darstellungen von Cojijo, dem Gott des Regens, Donners und Blitzes, mit einer Maske.

Wieder auf der Landstraße fährt man 1,6 Kilometer bis **Tlacolula** 4, wo bis heute Frauen mit geblümten Kopftüchern und Faltenröcken am Sonntagsmarkt den Ton angeben. Ein kleinerer Markt wird unter der Woche abgehalten. In der **Iglesia del Santo Cristo**, einer Dominikanerkirche aus dem 17. Jahrhundert, ist die **Capilla del Rosario** 5, die Rosenkranzkapelle, ein beeindruckendes Beispiel für vergoldeten Stuck und mehrfarbige Reliefs.

INSIDERTIPP:

Wer sich in der Nähe von Oaxaca aufhält und Hierve el Agua (siehe S. 280) oder die Ruinen von Mitla besucht, findet bei Don Cenobio in Mitla *(www.hoteldoncenobio.com)* eine bequeme Unterkunft. Es gibt auch einen bezaubernden Garten.

GARY FEINMAN

National Geographic-Feldforscher

Richtung Südosten fährt man nun ein paar Kilometer zur Kultstätte **Yagul** *(Tel. 951/516-4828, $)*, einer befestigten Zapotekenstadt, die zur Verteidigung oben auf dem Berg errichtet wurde. Der **Palacio de los Seis Patios** diente früher als Herrscherresidenz. Nach fünf Kilometern erreicht man über einen kurzen Umweg die Ruinen von **Mitla** 6 *(Tel. 951/568-0316, $), mictlán* auf Náhuatl, was so viel wie „Platz der Toten" heißt. Die Zapoteken verlegten ihre Operationsbasis, nachdem Monte Albán im 8.Jahrhundert verlassen worden war, in dieses religiöse Zentrum – aber auch nach Zaachila, Cuilapan und Lambityeco. Wie Monte Albán wurde auch Mitla von den Mixteken eingenommen, nachdem die Zapoteken den Ort im 11. Jahrhundert verlassen hatten. Als die Spanier kamen, war er noch intakt.

Die Ausgrabungsstätte besteht aus fünf Gebäudegruppen, die von einer Festung auf dem Berg in der Nähe bewacht wurden. Von den beiden Gruppen, die bislang ausgegraben wurden, ist der Komplex Grupo de las Columnas (Säulengruppe) wirklich außergewöhnlich. Lang gestreckte Hallen aus Naturstein flankieren die gesamte zentrale Plaza. Der **Templo de las Columnas** im ersten Komplex hat seinen Namen von den sechs gewaltigen Säulen, die einst die Holzbalken und das große Flachdach trugen. Von hier betritt man den **Patio de las Grecas** 7, einen schmalen Innenhof mit kunstvollen Mosaiken an den Wänden. Wie in Puuc in Yucatán wurde auch hier die künstlerische Leistung durch den Kalkstein ermöglicht. Im Gegensatz zu anderen Kulturen der gleichen Epoche in Mesoamerika weist die Ornamentik der Mixteken keine Götter, menschlichen Figuren oder Tiere auf. Die schmalen Räume, die sich um den Innenhof gruppieren, waren wahrscheinlich Gräber; die Ausgrabungsstätte selbst diente als Sitz des Hohepriesters der Zapoteken.

Die **Grupo de la Iglesia** (Kirchengruppe) ist ein ähnliches Bauwerk, das jedoch abgerissen wurde, um im 16. Jahrhundert die **Iglesia de San Pablo Apostol** zu errichten, die nach dem Schutzheiligen Mitlas, dem Apostel Paulus, benannt ist. Die Steine der Außenwände der Kirche zeugen noch vom alten Erbe. Hinter dem Gotteshaus sind einige Gebäude mit Patios und verzierten Türstürzen das Einzige, was vom Originalgebäude erhalten ist.

Städte rund um Oaxaca

Rings um Oaxaca wird in großen wie auch kleinen Städten Volkskunst hergestellt, die dann die Läden der Innenstadt füllt. Einige dieser Orte sind wohlhabend, so z. B. Teotitlán del Valle; die Weber haben sich attraktive Wohnhäuser gebaut. Aber es gibt auch arme Ortschaften mit Mais- und Alfalfa-Felder. Zapotekisch wird noch in vielen Haushalten gesprochen.

Die spanischen Eroberer führten zwar neue Produktionsmethoden ein, doch haben sich viele Einheimische die Techniken ihrer Vorfahren bewahrt. Die Spanier verboten den Schmieden auch, mit Edelmetallen zu arbeiten, und so stellen die Handwerker heute wunderschön geprägtes und gegossenes Blech her. Kreuze und Heilige bilden einen Gegensatz zu Skorpionen, Vögeln, Fröschen und anderen traditionellen Mustern, die auf einfachen Webstühlen gefertigt werden.

Ein Teil des Y-förmigen Tals von Oaxaca, gesehen von den Höhen von Monte Albán

Westlich von Oaxaca liegt **Atzompa** im Schatten von Monte Albán. Es ist für sein grün glasiertes Porzellan und die einzigartigen irdenen *muñecas bordadas*, bestickte Puppen, bekannt. Die verstorbene Teodora Blanca entwarf diese 0,75 bis einen Meter großen weiblichen Figuren mit Elefantenköpfen, Echsen und anderem Getier. In den Straßen der Stadt bieten Künstler ihre Waren an.

In **Arrazola** sieht die Szenerie ganz anders aus. Hier werden in Familienbetrieben mit Ausstellungsraum die farbenfrohen *alebrijes*, geschnitzte und bemalte Holzfiguren, angeboten; die Auswahl reicht von Minis bis zu metergroßen Monstern.

San Martín Tilcajete bringt wie Arrazola fantastisch bemalte Holzfiguren hervor. Einige Künstler haben sich auf Teufel spezialisiert, andere auf Saufkumpane. Die meisten machen auch fantasievolle Tiere. **La Unión Tejalapan** produziert wunderschöne, naive Holzstatuetten, beispielsweise süße Kleinkinder und nette Tiere vom Bauernhof. Die Stadt, die sich über mehrere Hügel

Oaxaca
254 B3
Besucherinformation
Av. Juárez 703
951/516-4828

hinzieht, wird von Touristen selten besucht.

Südlich von Oaxaca gibt es an der MEX 175 mehrere historische Städte, zum Beispiel **San Bartolo Coyotepec** *(12 km von Oaxaca),* das für seine schwarze Keramik bekannt ist. Die unglasierte Ware wird über Nacht in den Brennöfen gebrannt, wodurch eine schimmernde Patina von Metallgrau bis zu einem samtigen Schwarz entsteht. Man kann gegenüber der Gemeindekirche in den Kooperativen der Stadt einkaufen.

Zwölf Kilometer weiter südlich erreicht man **Santo Tomás Jalietza,** wo die Kooperative der Stadt im Freien Gürtel, Tischläufer und andere Webarbeiten verkauft. Genauso weit ist es nach **Ocotlán,** das für seine edlen Macheten und Messer bekannt ist; oft sind die Klingen verziert. Die restaurierte Dominikanerkirche mit Kloster an der Plaza sollte man sich nicht entgehen lassen. Das darin befindliche Museum zeigt Werke des einheimischen Künstlers Rudolfo Morales (1925–2001) und der Schwestern Aguilar, deren weibliche Figuren zu einer Art Symbol für Oaxaca wurden.

Auf der Straße nach **Zaachila,** mitten in den Bergen von Zimatlán, sieht man oft Ochsen- und Pferdekarren. Am Donnerstag kommen die Einheimischen in aller Frühe zum Viehmarkt am Stadtrand. In der Innenstadt bleibt der Markt bis zum Nachmittag in Betrieb. Man kann auch eines der beiden vorspanischen Gräber besichtigen, die bislang ausgegraben wurden, oder die hübsche Kirche

Brotverkäuferin in den Straßen von Ocotlán

Marktstädte

Die folgenden Märkte sind für die Einheimischen, nicht für Touristen gedacht und bieten die Möglichkeit, typische Volkskunst zu kaufen.
Montag Miahuatlán, 100 Kilometer südlich von Oaxaca an der MEX 175
Dienstag Ayoquezco, 150 kilometer südlich von Oaxaca an der MEX 131; Atzompa (siehe S. 269)
Mittwoch San Pedro y San Pablo Etla, 19 Kilometer nördlich von Oaxaca an der MEX 190; Zimatlán, 25 Kilometer südlich von Oaxaca an der MEX 131
Donnerstag Zaachila, 15 Kilometer südlich von Oaxaca an der MEX 175 West
Freitag Ocotlán, 33 Kilometer südlich von Oaxaca an der MEX 175 Ost; San Bartolo Coyotepec (s. S. 269); Santo Tomás Jalietza (s. S. 270)
Samstag Mercado de Abastos, Oaxaca (siehe S. 256)
Sonntag Tlacolula (siehe S. 268), östlich von Oaxaca an der MEX 190

Virgen de Juquila aus dem 18. Jahrhundert

La Sierra Norte

Etwa eineinhalb Stunden (66 km) nördlich von Oaxaca-Stadt ist **Llano Grande** *(Tel. 200/125-7541)* für die Freundlichkeit seiner Bewohner und den herrlichen Kiefern-Eichen-Mischwald in seiner Umgebung bekannt. Dieses Städtchen aus dem 19. Jahrhundert bietet fantastische Ausblicke und eine beeindruckende Artenvielfalt. Während der Semana Santa finden in Yaa Tini, einem Aussichtspunkt außerhalb der Stadt, Messen statt.

In den Nebelwäldern um **Ixtlán de Juárez** *(Tel. 955/553-6075)* gibt es endemische Orchideen in Fülle. Einheimische aus **Santa Martha Latuvi** *(Tel. 200/125-7108)* informieren Besucher über Heilkräuter, vor Ort gebrannten Alkohol und Brotbacken. **Santa María Yavesía** *(Tel. 951/553-6042)*, gegründet als Hazienda eines Minenbesitzers ist von Urwald (Vogelbeobachtung) umgeben und bietet Unterkünfte bei einheimischen Familien ebenso wie Camping. Näher an der Hauptstadt Oaxaca liegt auf 2100 Metern Höhe **Santa Catarina Lachatao** *(Tel. 951/514-8271)* mit Kopfsteinpflasterstraßen, Ziegeldächern und einer Kirche aus dem 16. Jahrhundert.

INSIDERTIPP

In der Umgebung von Oaxaca finden Sie schöne Webarbeiten: Wollteppiche in Teotitlán del Valle, Gürtel in Santo Tomás Jalietza und Stickarbeiten in Mitla.

GARY FEINMAN
NATIONAL GEOGRAPHIC-Feldforscher

Für diese Zielorte stehen die oben genannten Telefonnummern oder der regionale Anbieter **Sierra Norte** *(Tel. 951/514-8271, www.sierranorte.org.mx)*; man kann reservieren und erhält auf der Website weitere Informationen. ■

ERLEBNIS: Mexikanisch kochen lernen

Die mexikanische Küche zählt zu den reichhaltigsten in Amerika. Zutaten aus der Neuen Welt wie Schokolade, Mais, Chilis und Truthahn werden kombiniert mit den Lebensmitteln, die von den spanischen Invasoren mitgebracht wurden, darunter Zucker und Weizen. Die Vielfalt des Landes trägt zu den regionalen Varianten der Küche bei.

Der Bundesstaat Oaxaca leistet einen wesentlichen Beitrag zur mexikanischen Küche. Auf ihrer Ranch außerhalb der Stadt Oaxaca bietet Susana Trilling von **Seasons of My Heart** (*Tel. 951/508-0469, www.seasonsofmyheart.com*) eintägige, Wochenend- oder Wochenkurse. Susana reist manchmal nach San Miguel de Allende, wo sie als Gast Vorträge bei **La Cocina** (*Tel. 888/407-3168 in den USA, www.mexico cooks.com*) hält. Der Besitzer Kris Rudolph hat sich auf gesunde Varianten klassischer mexikanischer Gerichte spezialisiert und bietet Touren zum Markt ebenso wie Kochkurse.

Wer die Zubereitung exotischer Gerichte von der Halbinsel Yucatán lernen will, ist in der **Kochschule Los Dos** (*www.los-dos.com*) von David Sterling in Mérida richtig. Küchenchef David teilt nicht nur die Esstische des restaurierten Kolonialhauses mit seinen Kunden, sondern auch die Räume darüber. Die Schule ist zugleich ein bezauberndes B & B. Auch Jon Jarvis und Estela Salas Silva im Bundesstaat Tlaxcala bieten Unterkünfte an. Ihre Schule **Mexican Home Cooking** (*Tel. 246/468-0978, http://mexican homecooking.com*) bietet Koch- und Backkurse mit einem Angebot an archäologischen Ausflügen.

Bei einem Kochkurs von Cocinar Mexicano wird Mais geschält

Cocinar Mexicano (*Tel. 777/317-9769, http://cocin armexicano.com*) führt in Mexiko-Stadt einen Workshop für Köche und Küchenpersonal durch, samt Gespräch mit Chefköchen. Für die Allgemeinheit bietet die Kochschule mehrtägige Kurse in malerischen Städten außerhalb der Hauptstadt an.

Wer nicht nur die mexikanische Küche, sondern auch Spanisch lernen will, hat dazu bei einigen Sprachschulen Gelegenheit, die auch Kochkurse auf dem Lehrplan haben. Zwei davon sind die **Veracruz Language School** (*http://www.veracru zspanish.com*) und die **Querétaro Language School** (*www.queretarolanguageschool.com/cooking.htm*).

Gastköche kommen jeden November zum **International Gourmet Festival** (*www.festival gourmet.com*) nach Puerto Vallarta. Während der **Restaurant Week** in der zweiten Maihälfte bieten fast drei Dutzend von Puerto Vallartas Top-Restaurants Festpreismenüs zu günstigeren Preisen an. Information jeweils unter 322/222-2247.

Oaxacas Küste

Die Küste von Oaxaca verläuft in Bogenform von Ost nach West, von der Grenze zu Guerrero nach Chiapas. Zapoteken und auch einige Mixteken besiedeln die gesamte Küste. Zoques und Mixes haben sich am Isthmus niedergelassen. Die Kulturen haben sich schließlich vermischt, doch vielerorts spricht die indigene Bevölkerung noch ihre eigene Sprache.

Pinotepa Nacional

Etwa eine Stunde von der Küste entfernt ist Pinotepa Nacional weniger Touristenziel als vielmehr ein wichtiges Handelszentrum. Bis weit ins 20. Jahrhundert trugen die Frauen hier um den Oberkörper nur einen weißen Baumwollschal. Bis heute sieht man rote, pinkfarbene und lila Wickelröcke, deren Muster von Dorf zu Dorf variieren.

Die Mixtekenmänner – der vorherrschende Stamm hier – führen im Karneval, Ostern und an wichtigen Feiertagen kunstvolle Tänze auf, die auf Geschichten beruhen, die seit Generationen tradiert werden, deren Sinn heute jedoch verblasst ist. Die Tänzer tragen dazu Masken von Hasen, Hunden und doppelgesichtigen Spaniern.

Außerhalb von Pinotepa Nacional gibt es keine Unterkünfte.

Der Ort **Pinotepa de Don Luis,** 24 Kilometer nordöstlich von Pinotepa Nacional, feiert mit Begeisterung den Karneval mit Höhepunkt am Faschingssonntag vor Aschermittwoch und die Semana Santa (Karwoche).

Ein Blick auf die zerklüftete Küste von Bahías de Huatulco im südlichen Oaxaca

Pinotepa Nacional
254 A2

Parque Nacional Lagunas de Chacahua
254 A1/A2/B1/B2

Puerto Escondido
254 B1
Besucherinformation
Pérez Gasga s/n (westliches Ende des Adoquín)
954/582-1186
www.puertoescondidovisitalo.com

Parque Nacional Lagunas de Chacahua

Wer gerne Vögel beobachtet, sollte die Lagunen an der Küste und die Mangrovensümpfe des rund 15 Hektar großen Parque Nacional Lagunas de Chacahua besuchen; er liegt etwa auf halbem Weg zwischen Pinotepa Nacional und Puerto Escondido.

Den Eingang zum Park erreicht man über die MEX 200 und dann 27 Kilometer weiter über eine relativ gute Staubstraße. Man kann auf eigene Faust über Río Grande hierher kommen. Bequemer ist es, in Puerto Escondido einen Ausflug bei **Viajes Dimar** *(Av. Pérez Gasga 905, Tel. 954/582-0737, $$$$$)* zu buchen.

Mit dem gleichen Veranstalter kann man zur 16 Kilometer entfernten **Laguna de Manialtepec**, einer 16 Kilometer langen Lagune mit Mangroven fahren. In der Regenzeit, d. h. im Sommer, bildet der Río Manialtepec an der Mündung eine Bucht aus, die vor allem Schlangenhalsvögel, Papageien, Jacanas und Reiher anlockt.

Puerto Escondido

An der Küste konnte sich der Tourismus erst ab Puerto Escondido ausbreiten, das nun über die MEX 131 direkt und über Pochutla (MEX 175) indirekt mit der Stadt Oaxaca verbunden ist. Die Surfer haben diese kleine Stadt als Erste entdeckt; ihr Name bedeutet „versteckter Hafen". Bis in den 1970er Jahren die Straße asphaltiert wurde, mussten sich die Wassersportler über eine Staubstraße mit Schlaglöchern zu den besten Wellen der Welt vorkämpfen. Heute kann man in ein Flugzeug steigen, wenn man an den alljährlich ausgetragenen Surfwettbewerben im August und Mitte November teilnehmen möchte. Mitte November finden dazu auch eine Kulturwoche, ein Wettbewerb im Sportfischen und eine Schönheitskonkurrenz statt. Ein wichtiges Fest zu Ehren der Virgen de la Soledad erlebt seinen Höhepunkt am 18. Dezember, wenn die Fischer ihre Schutzheilige bei einer Prozession über den Ozean fahren.

INSIDERTIPP

La Crucecita, Huatulco, im Bundesstaat Oaxaca, ist eine neue Stadt mit altmexikanischem Charme. Die Küste ist unberührt und geschützt und ein großer Teil der Umgebung steht unter Naturschutz.

JON CHURCH
NATIONAL GEOGRAPHIC-Mitarbeiter

Puerto Escondido konnte sich seine Identität bewahren. Besonders die Fußgängerzone, die sich über vier Blocks erstreckt, lockt Unmengen Touristen an; der Menschenstrom in *el adoquinado* (Pflasterstraße) ebbt nur ab, wenn es mittags brütend heiß ist oder wie aus Kübeln schüttet. Mittags landen die Fischer ihren Fang an der **Playa Marinero** an, dem zentralsten Strand der Stadt. Mit dem Boot können Sonnenhungrige nach **Puerto Angelito** und zur **Playa Carrizalillo** fahren, zwei verschwiegenen Buchten, wo man in einfachen Lokalen Meeresfrüchte, *ceviche*, Bier und Sprudel erhält; man kommt auch zu Fuß oder mit dem Taxi hin.

Privatwohnungen, Hotels und Restaurants liegen im Westen auf den Hügel von **Carrizalillo** und **Rinconada**; eleganter ist **Bacocho** mit einigen der schickeren Hotels, Discos und Wohnungen von Puerto Escondido. Es ist leer hier im Vergleich zu *el adoquín* und der **Playa Zicatela**, wo die Surfer auf große Wogen warten oder in palmblattgedeckten Restaurants fachsimpeln. Wunderschön ist es, bei Sonnenuntergang einen Cocktail in den vielen Restaurants und Bars am Zicatela-Strand oder auf dem Rasen vor dem Hotel Posada Real an der Playa Bacocho einzunehmen.

Wer eine präkolumbische Erfahrung machen will, besucht eine der beiden *temazcalli*: winzige, traditionelle Saunen, die man aus dem Gestein der Region erbaut hat. Aromatisiertes Wasser wird auf die heißen Kohlen gekippt, es entsteht ein reinigender Dampf. Die **Villas Temazcalli** *(Via Temazcalli, Tel. 954/582-1023)* bieten Massagen sowie Dampfbäder auf einer Klippe über dem Zicatela-Strand. Das **Hotel Aldea del Bazar** *(Av. Benito Juárez s/n, Playa Bacocho, Tel. 954/205-08)* an der Playa Bacocho hat auch *temazcalli*.

Puerto Ángel

Puerto Ángel
254 B1

Puerto Ángel, 83 Kilometer südöstlich von Puerto Escondido ist eine verschlafene Stadt mit einem kleinen Marinestützpunkt.

Man kann hier nicht viel unternehmen – vielleicht den Fischern zuschauen, wie sie ihren Fang anlanden, und die Strände erkunden. Wer in der Nähe der Stadt schwimmen möchte, fährt zur **Playa Panteón** an der Westseite der Bucht. Oder man heuert einen Fischer an, der einen zur **Playa la Boquilla** fährt, einem

ERLEBNIS: Fischer feiern das Meer

Im Lauf der Jahrhunderte hat das Meer den mexikanischen Fischern reiche Beute, aber auch Tragödien beschert. Viele Orte feiern ihren Ortsheiligen mit der Bitte um Sicherheit auf See. Am 18. Dezember ehren die Fischer von Puerto Escondido, Oaxaca, die Patronin des Bundesstaates und Schutzheilige der Fischer, la Virgen de la Soledad. Schließen Sie sich der Prozession von der Kirche des Ortes zur Bucht an, wo dann die Jungfrau aufs Meer gebracht wird, um die Fische zu segnen. Das Fest endet mit Tanz und einem Feuerwerk. Weitere maritime Feste sind die Dia de la Marina (Tag der Marine) in Puerto Peñasco und Guaymas am 1. Juni und ähnliche Feste von Ixtapa bis Zihuantanejo am 2. Mai, die voller Freude die Verbindung der Menschen zum Meer feiern.

Die spektakulären Feste von Oaxaca

Selbst das bescheidendste Dorf feiert im Bundesstaat Oaxaca seinen Schutzheiligen und gibt für die Festlichkeiten, die manchmal Wochen dauern, einen Großteil des Jahresbudgets aus. Einheimische führen Paraden an; gleich dahinter fahren Schönheitsköniginnen auf Festwagen. Alles kreischt vor Vergnügen, wenn die Stiere losgelassen und Knallfrösche unters Volk geworfen werden.

Zapotekenfrauen vom Isthmus von Tehuantepec in Partystimmung

Überall in Oaxaca mischen sich vorspanischer und christlicher Glaube, und es entstehen Zeremonien, die so berauschend sind wie ein Schluck purer Zuckerrohrschnaps. Und das ist dann auch im wahrsten Sinn des Wortes der Fall beim **Paso y Credo,** einer feierlichen, religiösen Prozession, bei der die Männer von Pinotepa de Don Luis (siehe S. 273) von morgens bis abends um die Stadt marschieren und dabei etwa bei jedem dritten Schritt einen rituellen Schluck Schnaps trinken. Bei den Festlichkeiten am Osterwochenende bemalen sich die Männer und Jungen den Körper mit roten Zeichen und Sprüchen und nehmen an einer fiktiven Schlacht ihrer Vorfahren teil.

Andere Bräuche, der **Día de los Muertos** (Allerseelen) z. B., zeugen von der Vermischung der Traditionen der Alten und Neuen Welt. Am Vorabend von **Allerheiligen** (1. Nov.) beginnen die Familien, verstorbene Kinder – *los angelitos* oder Engelchen – mit Kerzen, ihrem Lieblingsessen und, typisch mexikanisch, lauten Böllern ans Grab zu locken. Wie überall in Mexiko wird die eigentlich düstere Stimmung durch überschäumende Feste überspielt, unter die Pietät mischt sich die *picardía*, etwas Schelmenhaftes. Altäre werden mit traditionellen Totenschädeln aus Kandiszucker geschmückt, die neben den orangegelben *cempasúchil* (Studentenblumen), Erdnüssen und dem *pan de muertos* (süßes Brot, das mit Totenköpfen verziert ist) in fluoreszierenden Farben leuchten. Diese Bräuche dauern bis **Allerseelen** (2. Nov.) an.

Selbst ganz eindeutig christliche Riten haben in Oaxaca ihr eigenes Flair. Am **Viernes Santo** (Karfreitag) vollführen Büßer in roten Roben und Spitzmützen eine feierliche Prozession durch die Stadt: **El Desfile del Silencio** (Stille Prozession). Recht locker ist dagegen die **Segnung der Tiere** am 31. August.

Zur Weihnachtszeit findet *las calendas* statt; dann tanzen die Feiernden mit einem Korb voller Opfergaben auf dem Kopf von Kirche zu Kirche. Eine der ungewöhnlichsten Traditionen in Oaxaca ist **La Noche de Rábanos** (Rettichnacht) am 23. Dezember; aus Rettichen werden Bilder gefertigt.

Weiteres zu den Festen von Oaxaca siehe „Unterhaltung & Freizeit", S. 389.

ruhigen Strand an einer hübschen Bucht nur wenige Minuten entfernt.

Der berühmteste Strand in dieser Gegend ist die **Playa Zipolite** (6 km), wo man auch oben ohne ein Sonnenbad nehmen kann. Hier und im angrenzenden **San Agustanillo** haben fleißige Einheimische legere Lokale mit Palmdächern und einfache Pensionen am ganzen Sandstrand entlang eingerichtet; Kinder bieten *pescadillas,* Tortilla mit gegrilltem Fisch, Mineralwasser und Bier in Kästen an, in denen das Eis zum Kühlen schnell schmilzt. San Agustanillo ist auch bei Bodysurfern beliebt, Ripptiden machen das Schwimmen allerdings zu einem Risiko.

Ganz in der Nähe ist **Mazunte** ein weiterer schöner, wilder Strand. Hier liegt das **Centro Mexicano de la Tortuga** *(Domicilio Conocido, www.centromexicanodelatortuga.com, Mo geschl.).* Im Rahmen einer Führung sieht man Schildkröten in großen Wasserbecken und erfährt alles über die sieben im Meer lebenden Arten und einige Süßwasserschildkröten, die in Mexiko heimisch sind.

Huatulco

Zweifelsohne besticht Huatulco, 50 Kilometer nordöstlich von Puerto Ángel, als Naturschönheit und mit seinem Charme. Neun hübsche Buchten mit Dutzenden von klaren Lagunen prägen die 35 Kilometer lange Küste. Das glasklare Wasser und viele felsige Buchten eigenen sich hervorragend zum Schnorcheln; schwimmen kann man das ganze Jahr über wunderbar. An Sonne und Palmen besteht kein Mangel, und dass die Sierra de Miahuatlán gleich hinter dem Strand aufragt, verleiht der Szenerie etwas Intimes. Aber die stillen Tage sind wohl gezählt, ab 2020 sollen jährlich 12 Millionen Besucher kommen.

Die malerische **Bahía de Tangolunda** weist bereits sechs stattliche Feriensiedlungen auf. Hier findet man Hotels wie das Quinta Real oder das Camino Real sowie einige weitere Fünf-Sterne Hotels und den einzigen 18-Loch-Golfplatz (Tel. 958/581-0059) der Gegend. Man kann Surfbretter, Katamarane und andere Wassersportgeräte mieten. Außerdem ist es möglich, offizielle Tauchprüfungen abzulegen; die nötige Ausrüstung kann man leihen. Oder man bucht eine Schnorcheltour durch **Action Sports**

Kaskaden

Huatulco hat mehr zu bieten als nur den Strand. Auch die hinter der Bucht gelegenen üppig bewachsenen Berge haben ihre Sehenswürdigkeiten wie die Copalitilla-Kaskaden, eine lange Reihe von Becken und Wasserfällen im dichten Dschungel mit vielen Vögeln und Schmetterlingen. Es werden auch geführte Touren angeboten.

Huatulco

254 C1

Besucherinformation

Blvd. Benito Juárez s/n, Bahía Tangolunda

958/581-0486 oder 0176

http://huatulco.magazzine.net

Istmo de Tehuantepec
255 D2

Marina *(Tel. 958/581-0055).* **Playa Consuelo** und **Playa el Arrocito** sind kleine Strände, der Erstere ist nur mit dem Boot zugänglich.

Die Bahía Santa Cruz wurde ebenfalls für den Tourismus erschlossen. Es gibt Hotels, Läden, einen Anlegeplatz für Kreuzfahrtschiffe und mehrere Plazas mit Cafés. Am südlichen Ende der Bucht lockt die **Playa la Entrega**, ein

INSIDERTIPP

Fördern Sie den Ökotourismus mit einem Besuch bei der Forschungseinrichtung Centro Mexicano de la Tortuga. Sehen Sie dort einige der bedrohten Meeresschildkrötenarten der Region.

PAM GROUT
National Geographic-Autorin

Wasserpark, der unter Naturschutz steht, Taucher und Schnorchler an. An der Marina Santa Cruz kann man über **La Sociedad Cooperativa Tangolunda** *(Tel. 958/587-0081),* bei **Bahías Plus** *(Carrizal 704, La Crucecita, Tel. 958/587-0216)* oder anderen Anbietern Bootsausflüge und Touren zum Sportfischen buchen.

In der größten Bucht, der **Bahía Chahué**, gibt es ein Spa, einen Yachthafen für private Yachten, einen Strandclub und den größten Parkplatz, den man sich vorstellen kann. An der Straße nach La Crucecita liegen verstreut die wenigen Hotels, Restaurants und Bars von Chahué, alle nur ein paar Schritte vom Strand.

Etwa eineinhalb Kilometer landeinwärts liegt **Crucecita,** eine nette Kleinstadt mit Restaurants und Nachtleben.

Beliebt ist ein Tagesausflug in die Berge an der Küste zu einer der **Kaffeeplantagen,** die Einwanderer aus Europa im 19. Jahrhundert hier gründeten. Reisebüros arrangieren auch Ausflüge ins **Centro Mexicano de la Tortuga** in Mazunte, zur **Bahía Manialtepec** und zu den **Lagunas de Chacahua**.

Istmo de Tehuantepec

Von den drei wichtigsten Städten am Isthmus liegt nur das Handelszentrum **Salina Cruz** direkt am Meer. Die touristischen Einrichtungen sind in der ganzen Gegend recht rustikal. Weder **Juchitán** noch **Tehuantepec** sind besonders malerisch; es ist hier einfach nur heiß und staubig. Wer dennoch kommt, hat ein Faible für die Kultur und die lebhaften, witzigen Menschen, meist Nachfahren der Zapoteken. Viele Touristen machen hier auf dem Weg nach Chiapas Halt oder weil sie *las velas,* Feiern, die zwischen April und September stattfinden, sehen wollen. In Juchitán lohnt ein Besuch der **Casa de la Cultura** *(José F. Gómez, einen Block von der Plaza entfernt),* in der man sich Kunst des 20. Jahrhunderts und archäologische Funde ansehen kann. ■

ERLEBNIS: Mexikos Kultur aus der Nähe betrachtet

Wo könnte man besser in die mexikanische Kultur eintauchen als in Oaxaca? Abkömmlinge von Mestizen und Mixteken, Zapoteken sowie Triquis und Chatinos – bei den Einwohnern mischen sich so manche Kulturen. Zum Glück gibt es eine Reihe von ausgezeichneten Fremdenführern.

In den Hügeln außerhalb der Stadt Oaxaca bietet **Casa Sagrada** (*Tel. 951/516-4275, www.casasagrada.com*) kulturelle Erfahrungen, die sich als Familienurlaub präsentieren. Die Ranch liegt direkt bei Teotitlán del Valle, wo zapotekische Teppiche entstehen. Im Angebot sind Ausritte für erfahrene Reiter und für Anfänger, Yoga, *limpias* (spirituelle Reinigungen), Massagen und Akupunktur. Für leidenschaftliche Köche werden halbtägige und einwöchige Kochkurse angeboten.

Traditions Mexico (*Tel. 951/571-3695, www.tradionsmexico.com*), vormals Manos de Oaxaca, bietet Touren zu entlegenen Dörfern in Oaxaca, wo Töpfer ihre schlichte und doch wunderschöne traditionelle Keramik fertigen. Im Lauf der Jahre hat sich das Angebot vergrößert, doch die Gruppen bleiben klein. Heute stehen auch Foto- und kulinarische Ausflüge auf dem Programm, doch der Schwerpunkt liegt auf dem regionalen Kunsthandwerk, darunter Weberei und Töpferei. Die Touren *(7–9 Tage)* besuchen ländliche Siedlungen und die Teilnehmer sollten das Rustikale und Einsame mögen. Man erfährt, wie die Zapoteken weben (Hand- und Standwebstühle), oder wie natürliche Farben aus Purpurschnecken und Insekten (Karmin stammt von der Cochenilleschildlaus) erzeugt werden. Am schönsten ist es, die Kunsthandwerker kennenzulernen.

My Mexico Tours *(Tel 831/476.9693 in den USA, www.mymexicotours.com)* organisiert traditionellere Reisen, die trotzdem den Schwerpunkt auf kulturelle und kulinarische Erfahrungen legen; die Fahrten führen nach Chiapas Michoacán und in die Städte San Miguel de Allende und Guanjuanato im zentralen Hochland, außerdem nach Oaxaca. Die Reisegruppen sind klein, im Schnitt acht bis zehn Personen.

Valente Nieto Real, Töpfer in San Bartolo Coyotepec

Weitere Sehenswürdigkeiten

Grutas de San Sebastián

Eine interessante Exkursion von Oaxaca führt in die finsteren Höhlen von San Sebastián. Einheimische zeigen einem die 400 Meter lange unterirdische Höhle mit fünf Kammern von 20 bis 70 Metern Höhe. Man sollte eine Taschenlampe mitbringen und Wanderschuhe anziehen. Die Höhlen liegen 84 Kilometer südwestlich von Oaxaca-Stadt.
254 B2

Hierve el Agua

Die versteinerten Wasserfälle gelten als Attraktion, und viele Stadtbewohner reisen gern in diese Berge. Ein Rundweg führt in den Canyon hinein; dort hat man den besten Blick auf die einzigartigen Gesteinsformationen. Vom Busbahnhof der zweiten Klasse reisen Busse mehrmals täglich hierher (80 km). Früher konnte man in sauberen Hütten übernachten, doch nach Streitigkeiten in den Dörfern dürfte das mittlerweile schwierig sein. Salina Blanca besitzt kleinere versteinerte Fälle. In der anderhalb Stunden von Oaxaca und nahe bei San José de Gracia gelegenen Stadt findet man ein paar Restaurants, Verleiher von Zelten und Campingausrüstung sowie Führer zu den oft ausgetrockneten Flussläufen.
A254 C2 C951/502-1200

INSIDERTIPP

Um den herrlichen Sonnenuntergang in Oaxaca zu genießen, eignet sich der Fels hinter den Ruinen von Yagul, 35 Kilometer östlich von Oaxaca-Stadt (siehe S. 268).

GARY FEINMAN
National Geographic-Feldforscher

Von San Pedro Amusgos nach la Mixteca Alta

Fährt man auf der MEX 125, kommt man an Amuzgofrauen vorbei, die am Straßenrand bei **San Pedro Amusgos,** 51 Kilometer nördlich von Pinotepa Nacional (siehe S. 273), in Läden *huipiles,* weite Blusen, verkaufen. Die Stadt feiert ihren Namenspatron Petrus am 29. Juni mit einer Prozession; die Fiesta de la Virgen Rosario findet am ersten Sonntag im Oktober statt.

Die Landstraße schlängelt sich durch die Region Mixteca Alta bis zur Hauptstadt; man kommt unterwegs nach **Tlaxiaco**, einst eine strategisch gelegene Aztekengarnisonsstadt, in der eines der ersten Dominikanerklöster von Oaxaca steht. Mariä Himmelfahrt wird in den Tagen vor und am 15. August gefeiert.
254 A2/A3

Schrein der Virgen Morena de Juquila

Jedes Jahr pilgern Hunderttausende zum Schrein der Virgen Morena de Juquila, der dunkelhäutigen Jungfrau. Manche legen gar den ganzen Weg zu Fuß zurück. Das Objekt der Verehrung ist eine kleine Statue, der man große Wundergaben zuschreibt. Der Legende zufolge blieb das Haus mit der Figur von einem Feuer, das fast das ganze Dorf zerstörte, unbeschadet; die Haut der Jungfrau nahm jedoch eine dunkle Färbung an.

Santa Catalina Juquila, eine Kleinstadt inmitten von Bergen mit angenehmem Klima, bietet den Pilgern einfache Unterkünfte. An den Tagen vor dem Namenstag der Heiligen, dem 8. Dezember, finden religiöse und kulturelle Veranstaltungen statt. Der Ort liegt 198 Kilometer von Oaxaca-Stadt entfernt an der MEX 135.
254 A3 ■

Eine Region mit vom Dschungel überwucherten Pyramiden, schöner Landschaft und einem Katholizismus, der Spuren von Naturreligion trägt

Chiapas

Blumenmotiv an der Kirche San Juan Chamula

Chiapas

Ist von Chiapas die Rede, denkt man an die Maya, das größte Indiovolk nördlich von Peru. Bis heute spricht ein Viertel der Bevölkerung von Chiapas eine indianische Sprache, allein im Hochland gibt es vier Mayavarianten. Viele indigene Gruppen konnten sich ihren traditionellen Lebensstil bewahren. Mais stellt die Lebensgrundlage dar: Er wird in einem täglichen Ritual andächtig zu Tortillas verarbeitet.

Tzotzilmänner aus San Juan Chamula: Die meisten Einheimischen tragen Tracht

Die Eroberung von Chiapas durch die Spanier im 16. Jahrhundert war kurz und brutal. Da es hier kein Gold oder andere Reichtümer gab, etablierten die Konquistadoren kurzerhand San Juan Chamula als Sklavenmarkt.

Im Gegensatz zu den Azteken waren die Maya zur Zeit der Konquista von ihrem Goldenen Zeitalter (250-900), als Städte wie Palenque oder Yaxchilán florierten, weit entfernt. Die Maya der klassischen Periode zählten aber zu den fortschrittlichsten Zivilisationen der Welt und waren Meister der Mathematik, Astronomie, Architektur und Kunst.

Heute ist Chiapas einer der ländlichsten Bundesstaaten von Mexiko. Seine Ökonomie beruht auf Fischerei, Waldwirtschaft und Ackerbau. Kaffee, Baumwolle, Bananen und Kakao zählen zu den Hauptexportgütern. Chiapas besteht vor allem aus Bergland, hat mit den benachbarten Tabasco, Campeche und Guatemala jedoch ein Stück tropisches Tiefland gemein. Die Hauptstadt des Bundesstaats, Tuxtla Gutiérrez, liegt in der zentralen Ebene umgeben von Plateaus. Ausländische Touristen besuchen nur selten die Pazifikküste mit ihren vielen kleinen Buchten und Fischerdörfern. 2006 verwandelte sich dank einer millionenteuren Umgestaltung Pu-

NICHT VERSÄUMEN:

erto Madero zum neuen Hafen Puerto Chiapas, wo nun große Kreuzfahrtschiffe mit vielen Touristen anlegen sollen.

Da hier viel Regen fällt, gibt es Wasserfälle, Seen und die *selva lacandona,* einen der letzten tropischen Regenwälder „Nord"-Amerikas. Hier siedelten sich die Lakandonen an, als sie vor den spanischen Übergriffen aus ihrer Heimat Yucatán flohen. Noch bis vor ein paar Generationen kam dieses Waldvolk in den vom Dschungel überwucherten Ruinen von Bonampak zum Gebet zusammen. Heute sind diese und andere archäologischen Stätten der Hauptanziehungspunkt für Touristen. Eine weitere bedeutende Sehenswürdigkeit ist San Cristóbal de las Casas, eine Kolonialstadt mit reicher alter Kultur und indianischer Volkskunst, die ganze Heerscharen von Besuchern anlockt. ■

Tuxtla Gutiérrez & Umgebung

Tuxtla bedeutet auf Náhuatl „Ort der Kaninchen", und Gutiérrez bezieht sich auf Joaquín Miguel Gutiérrez, der 1824 die Vereinigung von Chiapas mit Mexiko vorantrieb. Der Ort löste 1892 San Cristóbal de las Casas als Hauptstadt ab, nachdem sich San Cristóbal im Unabhängigkeitskrieg mit den Royalisten verbündet hatte. Tuxtla ist Umschlagplatz für Kaffee und Tabak.

Die größte Durchgangsstraße von Tuxtla ist die Avenida Central, die den Hauptplatz, die **Plaza Cívica,** zweiteilt. Rund um den Platz liegen das Postamt, die **Catedral San Marcos** und mehrere Regierungsgebäude. Attraktiver ist der **Parque de la Marimba** *(Av. Central Ecke Calle 8 Poniente),* ein schattiger Platz, auf dem Paare täglich von 18 bis 22 Uhr zu Marimba-Klängen tanzen. Wer nicht zu den Tanzbegeisterten zählt, sucht sich einen Klappstuhl und hört dem Orchester zu.

In Tuxtla Gutiérrez kann man ein Taxi mieten und sich am Rand des Cañón del Sumidero entlangfahren lassen

Die **Casa de las Artesanías** *(Blvd. Belisario Domínguez 2035, Tel. 961/602-9800, So geschl.)* nordöstlich vom Zócalo ist ein staatlicher Laden mit Kunsthandwerk und hat im rückwärtigen Bereich eine ethnografische Ausstellung.

Hauptanziehungspunkt der Stadt ist der geruhsame **Zoológico Miguel Álvarez del Toro** *(Calzada Cerro Hueco s/n, Tel. 961/614-4765, Mo geschl., $),* etwa acht Kilometer von der Innenstadt entfernt. Der Zoo vermittelt einen hervorragenden Überblick nicht nur über die Tierwelt von Chiapas, sondern auch über die Pflanzen. Ein kleines Museum, ein Laden und ein Lokal runden die Anlage ab. Aus der Innenstadt verkehrt ein Kleinbus ab der Calle 1a Oriente und der Calle 7a Sur.

14 Kilometer östlich von Tuxtla Gutiérrez liegt **Chiapa**

de Corzo, wo die Bootsfahrten in den Cañón del Sumidero (siehe gegenüber) losgehen. Zur Zeit der spanischen Invasion beherrschte der kriegerische Stamm der Chiapaneco, der sich um 1300 etabliert hatte, die Gegend. Er kämpfte mit den Maya um die Kontrolle der Salzbergwerke und Kakaofelder und machte ihnen das Leben generell so schwer, dass sie sich schließlich mit den Spaniern verbündeten.

Den Hauptplatz schmückt **La Pila,** ein achteckiger Brunnen (1562), der angeblich von einem Diadem der spanischen Königin Isabel inspiriert sein soll. Neben dem Ex-Convento de Santo Domingo aus dem 16. Jahrhundert gelangt man einen Block südlich der Plaza zum **Museo de la Laca** *(Tel. 961/616-0055, Mo geschl.),* in dem Lackarbeiten aus heimischer Produktion, aber auch aus der ganzen Welt zu sehen sind. Wer im Januar hier ist, sollte die *parachicos* nicht versäumen, ein Straßenfest, bei dem Transvestiten das Bild bestimmen.

Eine Straße vom Zócalo von Chiapa de Corzo entfernt legen die Boote *($$$$)* in den beeindruckenden **Cañón del Sumidero** ab. Diese steile, 1000 Meter tiefe Schlucht schuf der Río Grijalva vor Millionen von Jahren, bis er 1981 durch die Presa de Chicoasén, einen Damm, gebändigt wurde. Mit etwas Glück kann man hier Falken, Reiher, Eisvögel, Spitzkrokodile und andere Tiere sehen.

In der Schlucht richtete die Ixcaret-Gruppe den **Parque Sumidero** *(Av. Independencia s/n, Barro San Miguel, Tel. 961/600-6654, www.sumidero.com, $$$$$)* ein, mit einem Pool, naturbelassenen Bereichen und – gegen eine zusätzliche Gebühr – weiteren Abenteueraktivitäten.
Der Eintrittspreis ist hoch, daher lohnt es sich, einen ganzen Tag einzuplanen.

30 Kilometer von Tuxtla auf dem Weg über Ocozocoautla liegt die **Sima de las Cotorras** *(Tel. 968/689-0289, e-mail: simadelascotorras@gmail.com),* ein kraterartiges Erdloch von 90 Metern Breite und 160 Metern Länge. Zur Dämmerung fliegen Hunderte von Vögeln ein und aus. Dazu empfiehlt es sich in einer der Hütten vor Ort *($, Zelten ist auch erlaubt)* zu übernachten und mit den Hühnern, hier mit den *cotorras,* den Mönchssittichen, schlafen zu gehen. ■

INSIDERTIPP

Wenn Sie sich Mitte Januar in der Nähe von Tuxtla Gutiérrez aufhalten, machen Sie einen Abstecher ins nahe Chiapa de Corzo. Die Trachten und Feiern während der Feria de Enero sind faszinierend.

KATHERINE AMATO
NATIONAL GEOGRAPHIC-Feldforscherin

Tuxtla Gutiérrez

283 B3

Besucherinformation

Blvd. Belisario Domínguez 950, Edificio Plaza de las Instituciones, 3. Stock

961/617-0550 Nebenstelle 35012 oder 1800/280-3500 (gebührenfrei innerhalb Mexikos)

www.turismochiapas.gob.mx

Chiapa de Corzo

283 B3

Besucherinformation

Av. Domingo Ruiz I

961/616-1013

San Cristóbal de las Casas

San Cristóbal liegt inmitten von kiefernbestandenen Bergen und geht mit seiner Schönheit ungezwungen um. An den Kopfsteinpflasterstraßen ziehen sich Reihen von einfachen bunten Häusern entlang, und sogar die Horden von Rucksacktouristen vermögen das Flair dieser ebenso gastlichen wie exotischen Stadt nicht zu trüben. Der Ort liegt auf einer Höhe von 2100 Metern.

Die Farben der Kathedrale stehen für die vier Himmelsrichtungen im Weltbild der Maya

Als erster Bischof von San Cristóbal verbesserte de las Casas die Lage der Indígenas, die unter der *encomienda*, einer Art Sklaverei (siehe S. 28) zu leiden hatten.

Die Spanier teilten die neue Stadt in Viertel ein; jedes bekam seine eigene Kirche, seinen Schutzheiligen und seine Erwerbstätigkeit. Bis heute bleiben die Einwohner der Stadt bestimmten Vierteln treu, wenn sie etwa in **La Merced** Süßigkeiten und Heilige aus Wachs oder in **Guadalupe** handgemachte Holzspielsachen, Kerzen und Leder kaufen. Die besten Feuerwerksartikel findet man in **Santa Lucía**.

Der **Zócalo** heißt offiziell Plaza 31 de Marzo; hier schlägt das Herz der Stadt. An der Westseite steht der klassizistische **Palacio Municipal,** im Norden die **Catedral**. Sie ist aus dem 16. Jahrhundert und wurde später im Stil des Barock umgebaut.

Nördlich und westlich des Zócalo widmen sich zwei Museen den heimischen Mineralien: **El Museo de Jade** *(Av. 16 de septiembre 16, Tel. 967/678-2550, www.eljade.com, $)* und **El Museo de Ambar** *(Calle Diego de Mazariegos, neben La Merced, Tel. 967/ 678-9716, Mo geschl., $)*. Letzteres informiert nicht nur anschaulich über Bernstein *(ambar)*, sondern verfügt auch über einen ansprechenden Souvenirladen.

Von zwei Kirchen etwas oberhalb der Stadt genießt man nach einem kurzen Fußmarsch einen herrlichen Blick. Der **Templo de Guadalupe** *(am Ende von Real de Guadalupe)* liegt im Westen. Der **Templo de San Cristóbal** *(Hermanos Domínguez Ecke Ignacio Allende)* befindet sich weiter oben und bietet deshalb die schönere Aussicht, ist jedoch selten geöffnet.

Gedrehte Säulen und andere Barockelemente zieren die kunstvolle Fassade des **Templo y Ex-Convento de Santo Domingo** *(Av. Lázaro Cárdenas s/n)*. Im Innenraum bestechen die herrlichen vergoldeten Altaraufsätze aus Holz sowie die Kanzel mit edlen Schnitzereien. Im weitläufigen Kirchhof findet ein Markt mit Kunsthandwerk statt. Im angrenzenden ehemaligen Kloster **San Jolobil** (siehe S. 385) kann man edle handgewebte Textilien mit Brokat kaufen.

Interessant ist auch der Besuch des bunten **Mercado municipal** *(Av. General Utrilla Ecke Nicaragua)* ein paar Blocks weiter im Norden. Hier geht es besonders samstags hoch her, wenn Tzeltal- und Tzotzilmänner und -frauen in ihren farbenfrohen Trachten kommen; die Frauen flechten bunte Bänder in die Zöpfe.

Ein weiteres Privathaus, das in ein Museum umfunktioniert wurde, ist **Na Bolom** *(Av. Vicente Guerrero 33, Tel. 967/678-1418, Mo geschl., $)*. Die Schweizer Fotojournalistin Trudy Blom und ihr Mann, der dänische Archäologe Franz Blom, die hier jahrzehntelang Studenten, Forscher und Lacandón-Indianer willkommen hießen, haben es als einzigartiges Gästehaus mit Restaurant, botanischem Garten und einer Forschungsbibliothek hinterlassen. Touren ($$$$$) nach San Juan Chamula und Zinacantán starten täglich um 10 Uhr. ■

Museo Sergio Castro

Wer mehr über die hiesige Webkunst und Kultur erfahren möchte, besucht das Museo Sergio Castro *(Guadalupe Victoria 61, Tel. 967/ 678-4289, $)*. Der Kunsthistoriker Sergio Castro hält hier in verschiedenen Sprachen allabendlich Vorträge, auch mit Dias, über die örtliche Weberei; man sollte aber anrufen, um einen Termin zu vereinbaren.

San Cristóbal de las Casas

283 B3

Besucherinformation

Av. Miguel Hidalgo 2

967/678-6570 oder 967/678-0665 (Palacio Municipal)

Mayadörfer rund um San Cristóbal

Religion, Spiritualität, Familie und Pflichtgefühl sind den Maya in Chiapas überaus wichtig; sie bestimmen den Alltag ebenso wie Bräuche und Riten. Die kunstvollen Muster, die sorgsam in Textilien gewebt werden, besitzen eine spezielle Bedeutung. Die Dörfer der Tzotzil und Tzeltal rings um San Cristóbal sind isoliert, sodass sich alteTraditionen erhalten haben.

Die Chamula sind eine große und relativ wohlhabende Gruppe von Indianern, die Tzotzil sprechen und ihr Kultzentrum in **San Juan Chamula,** rund elf Kilometer von San Cristóbal, haben. Die meisten Frauen und Mädchen tragen flauschige schwarze Wollwickelröcke, die mit Baumwollgürteln zusammengehalten werden, dazu kurzärmelige blaue oder weiße Blusen mit dekorativen Verzierungen. Die traditionelle Männerbekleidung besteht aus weißen Baumwollhosen mit einem weißen Hemd und einem wärmenden Wollponcho.

Sonntags findet auf der Plaza vor der Kirche von San Juan Chamula ein bunter Markt statt

Geographischer wie spiritueller Mittelpunkt dieser Stadt ist die hübsche **Kirche**, die Johannes dem Täufer geweiht ist. Die Bogenlaibung des Portals ist mit stilisierten Blumen in Meergrün, leuchtendem Violett, Rosa, Gold und Blautönen geschmückt – im Kontrast zur schlichten weißen Fassade.

In der Kirche finden keine Messen statt, es gibt auch keine Kirchenbänke. Ringsum steigen Schwaden von Weihrauch auf. Die Gläubigen beten in einer Art Singsang im Schein von zahllosen Kerzen. An den Wänden stehen katholische Heilige; sie tragen Gewänder, die von den Frauen gewebt wurden. Fotografieren und Filmen ist hier strengstens verboten; mit drakonischen Geldstrafen ist zu rechnen.

ERLEBNIS: Mit Experten unterwegs

Manche Menschen wollen im Urlaub vor allem Spaß haben, andere brauchen oder wünschen sich genaue, aktuelle Information von ihren Führern.

MayaSites Travel Services (*Tel. 877/620-8715 in den USA, www.mayasites.com*) vertraut auf die Dienste von Archäologen mit großer praktischer Erfahrung (und einem Doktortitel), die Touren zu den Mayastätten leiten. Zu den bekannten Reiseleitern gehören Christopher Powell, der sich an der University of Texas in Austin auf die Mayakultur spezialisierte und seit Jahrzehnten an Ausgrabungen in Mexiko teilnimmt, und Lilia Lizama Aranda, die in Yucatán zur Welt kam.

Für all die Archäologieinteressierten, die sich selbst die Finger schmutzig machen wollen, bietet die Website des **Archaeological Institute of America** (AIA; *Tel. 617/353-9361 in den USA, www.archaeological.org*) eine Liste von Stätten, an denen Studenten und Freiwillige aktiv werden können.

National Geographic Expeditions (*Tel. 888/966 8687, www.national geo graphic expeditions.com*) organisiert Touren nach Mexiko (wie auch in andere Teile der Welt), die von hochrangigen Feldforschern und Gelehrten begleitet werden.

An die Smithsonian Institution angegliedert ist **Smithsonian Journeys** (*Tel. 877/338-8687 in den USA, www.smithsonianjourneys.org*); hier gibt es spezielle Touren nach Mexiko mit dem Schwerpunkt auf Kunst, Architektur und Archäologie.

Wer San Juan Chamula besucht, muss sich in der Touristeninformation registrieren lassen, eine Gebühr für die Kirchenbesichtigung entrichten und sich über die Verhaltensweise belehren lassen. Man sollte die Kirche an Sonn- oder Feiertagen besichtigen, wenn sich auf dem Platz davor die Händler drängen.

Rund acht Kilometer entfernt liegt **Zinacantán,** eine Stadt der Tzotzil, die für ihre Blumen bekannt ist. Sie werden auf dem Sonntagsmarkt in der Stadt verkauft, vor allem jedoch en gros im Tiefland unten. Die *huipiles* (Blusen) der Frauen sind hier ebenso mit Blumenmustern bestickt wie die rosa, schmal gestreiften Hemden der Männer.

Zu sehen sind in Zinacantán die **Iglesia de San Lorenzo** (*Isabel la Católica Ecke 5 de Febrero, $*) und daneben das **Museo Sna Tsotz Levetik**, ein traditionelles Gebäude.

Am besten lernt man Zinacantán und San Juan Chamula im Rahmen eines Halbtagsausflugs (*$$$*) kennen, den man über Na Bolom (siehe S. 287) oder **Alex and Raul** (*Tel. 967/678-3741, e-mail: alexyraultours@yahoo.com.mx*) buchen kann. Reisebüros bieten Ausritte (*$$$$*) nach San Juan de Chamula an.

Nach einer spektakulären Fahrt durch die Berge nördlich von San Cristóbal gelangt man nach **San Pedro Chenalhó,** in einem hübschen Flusstal gelegen. Der Sonntagsmarkt wird hier wie ein Ritual begangen. Ebenso eindrucksvoll ist die Fahrt durch die Berge in den Tzeltalort **Tenejapa,** 27 Kilometer nordöstlich von San Cristóbalsat. ■

San Cristóbal de las Casas

283 B3

Besucherinformation

Av. Miguel Hidalgo 2

967/678-6570 oder 967/678-0665 (Palacio Municipal)

Palenque

Palenque ist eine archäologische Ausgrabungsstätte in einem der letzten und größten tropischen Regenwälder der Region. Die eleganten Pyramiden mit exquisiten Tempeln sind von Bäumen umstanden, um die sich Schmarotzerpflanzen schlingen. Die ganze Anlage schimmert in der Tropensonne und ist von kleinen Bächen durchsetzt. Durch bislang noch nicht ausgegrabene Abschnitte des 1780 Hektar großen Naturparks führen Pfade.

Die geometrischen Ruinen von Palenque stehen in deutlichem Kontrast zur Dschungelumgebung

Von allen Mayastätten ist Palenque am elegantesten, geheimnisvollsten und am besten erreichbar.

Dass der Ort leicht zugänglich war, trug sicher zum Anfangserfolg bei. Palenque entstand auf einer natürlichen Terrasse mit Blick über den Río Usumacinta; die Stadt diente als Handelszentrum zwischen dem Petén (Guatemala), dem Hochland von Chiapas und dem Grijalva-Tal. Über den breiten Fluss wurde jedoch nicht nur Ware verschifft, sondern auch Gedankengut verbreitet, und zwar vor allem in der Epoche der Spätklassik (600–800), als Palenque seine Blütezeit erlebte.

Große Wandtafeln in der ganzen Stadt sollten die königliche Dynastie und ihre Errungenschaften preisen. Das Fehlen von brauchbarem Gestein in der Region erklärt die Verwendung von exquisiten Basreliefs in Kalkstein und Stuck an Stelle der Stelen, die überall sonst in der Welt der Maya bevorzugt wurden. Viele der Steinmetzarbeiten gehen auf Chan Bahlum zurück, dessen Linie über elf Generationen bis zu einer mythischen Herrscherin zurückreicht.

Wirklich bemerkenswert sind hier die drei Stucktafeln im **Templo de las Inscripciones** (Inschriftentempel) mit rund 620 Glyphen. Hier stehen Mitglieder des Königshauses mit kunstvollem Federkopfschmuck auf monströsen Masken; jeder hält eine Repräsentation des Gottes K'awil, eines der drei Götter, die als mythische Ahnen verehrt wurden. Der Zugang zu diesem Tempel wurde beschränkt. Vom Eingang aus gesehen rechts darf der **Templo de la Calavera** (Tempel des Schädels) noch bestiegen werden.

Der Monumentalbau wurde von Chan Bahlums Vater, Pakal dem Großen oder auch Kan-Hanab-Pakal II., als königliche Grabstätte in Auftrag gegeben. Nach langen Jahren der Grabungen legte 1952 Alberto Ruz Lhuillier die bis heute kunstvollste Grabstätte Mexikos frei. Im Inneren der Pyramide führen 60 schmale Stufen zur Krypta, wo Stuckreliefs mit Herrscherporträts die Wände schmücken.

Die fünf Tonnen schwere Steinplatte aus Kalkstein, die den Sarkophag abschließt, stellt auf einem Flachrelief den Abstieg Pakals in die Unterwelt dar. Der Inhalt der Krypta, die Überreste von Pakal, Ringe, Halsketten, Ohrschmuck und die Totenmaske aus einem Jademosaik, sind in Mexiko-Stadt im Museo Nacional de Antropología (siehe S. 198ff.) zu sehen.

Am anderen Ufer des Río Otolum liegt **Grupo de la Cruz** (Kreuzgruppe). Im Jahr 1998 fand man im Tempel 19 einen bislang unbekannten Herrscher, Uc-Pakal-Kinich. Die Gruppe, die den Hauptplatz flankiert, hat ihren Namen von den Kreuzmotiven am **Templo de la Cruz Foliada** (Blattkreuztempel).

Im seinem Hof finden sich hier mehrere Reliefs, die gefangene feindliche Herrscher in erniedrigenden Posen zeigen. Das Steinpaneel stellt kein Kreuz, sondern einen heiligen Ceiba-Baum dar, der mit Maiskolben geschmückt ist und Chan-Balums Aufstieg thematisiert.

Am nördlichen Ende der Plaza gelangt man über fünf Terrassen zum **Templo de la Cruz** (Kreuztempel), der ebenfalls den Weltenbaum als Motiv aufweist. Sein Dachkamm ist einer der höchsten in Palenque und in hervorragendem Zustand. Die Paneele hier zeigen die königlichen Vorfahren, wobei ihre Rolle als Mittler zwischen Himmel und Erde betont wird.

An der Westseite der Plaza dominieren Kriegs- und Opferthemen am gut erhaltenen **Templo del Sol** (Sonnentempel), wo das Gesicht des Jaguargottes hinter einem Mayaschild hervorlugt.

Am anderen Flussufer diente der **Palacio** (Palast) der Königsfamilie als Residenz, jedoch auch zu rituellen Zwecken.

An den Treppen im Westen verkünden Glyphen die

INSIDERTIPP

Seien Sie vorsichtig bei Nutzung der öffentlichen Verkehrsmittel in der Gegend von Palenque. Die Fahrer verlangen den doppelten Preis von Ihnen, wenn Sie für einen Touristen gehalten werden.

KATHERINE AMATO
National Geographic-Feldforscherin

Palenque
283 C4
Besucherinformation
Carr. Catazaja–Palenque bei Km 27,5 Ecke Calle Dr. Manuel Velasco Suárez, Plaza Chula Vista, Local 2
916/345-0356

Geburt von Pakal dem Großen; sie sind die ältesten hier.

Hat man den **Río Murciélago** (Fledermausfluss) überquert, zweigt rechts ein Weg zum **Grupo C** ab, sechs kleineren Tempeln, die rund um den Hauptplatz liegen. Der Weg links führt zum **Grupo Murciélagos** (Fledermausgruppe), den Adelsquartieren sowie zu mehreren Wasserfällen, die das **Baño de la Reina** (Bad der Königin) bilden.

Im Osten des Río Otolum ragt der vierterrassige **Templo del Conde** (Tempel des Gra-

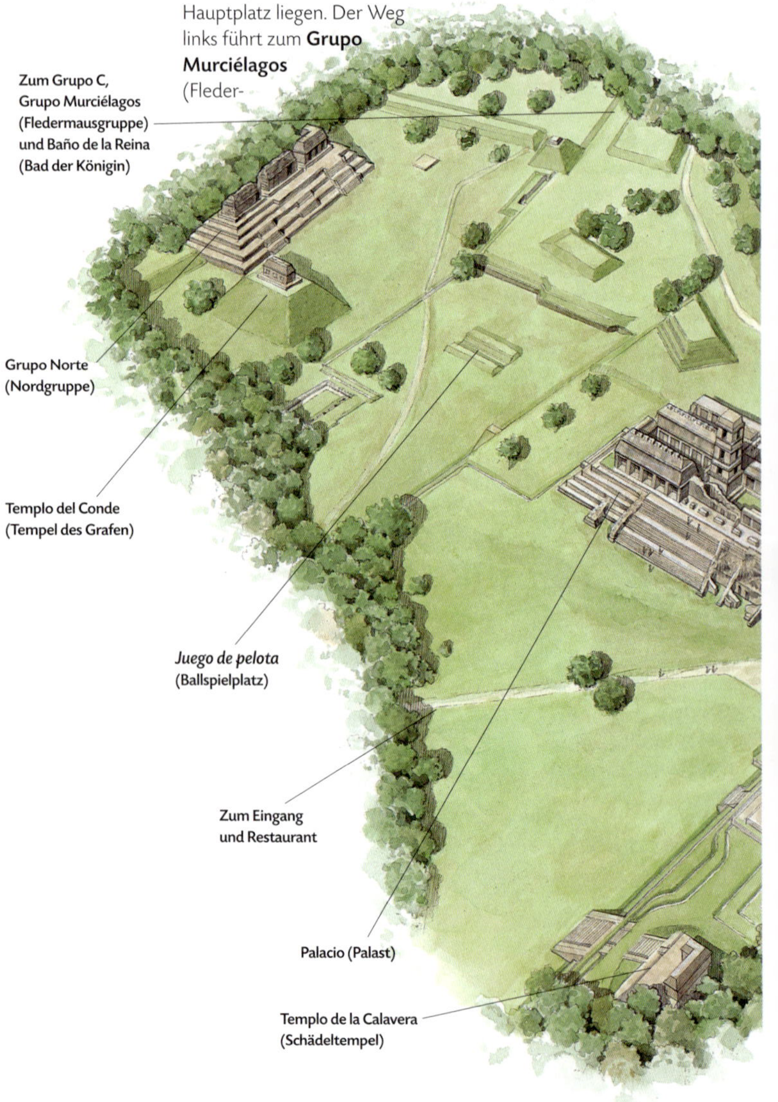

fen) auf; er ist nach einem deutschen Exzentriker benannt, der hier wohnte. Gleich in der Nähe liegen ***juego de pelota*** (Ballspielplatz) sowie **Grupo Norte** (Nordgruppe) mit Plätzen und Tempeln aus der Endphase der Stadt.

Es ist gut die heißesten Stunden des Tages im Restaurant zu verbringen. Das **Museum** *(Mo geschl.)* mit Klimaanlage ist in der Eintrittsgebühr inbegriffen, es liegt beim Haupteingang, etwa einen Kilometer die Straße entlang. Vom archäologischen Bereich führt der *andador ecológica* (Öko-Pfad) vorbei an Grupo Murciélagos und C. Die großartigen Exponate sind in Englisch, Spanisch und Tzotzil beschriftet. Zur Sammlung gehört auch der **Palaststein**, ein aufwendiges Steinrelief, das die Genealogie von Palenques Herrschern darstellt. Pendelbusse ($) verkehren zwischen den Ruinen, den Hotels und der Stadt. ■

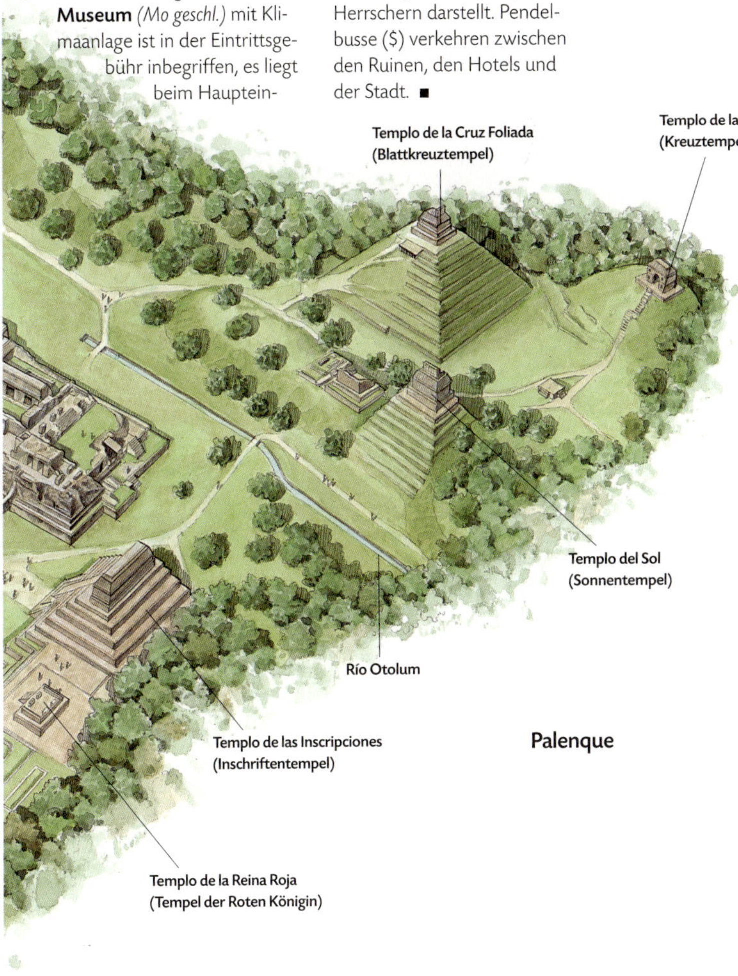

Palenque

Fahrt von Palenque zum Parque Nacional Lagunas de Montebello

Diese Route folgt der Panamericana (MEX 199) zwischen Palenque und dem Parque Nacional Lagunas de Montebello. Sie lässt den Tropendschungel hinter sich, schlängelt sich in die Berge und weiter in die üppigen Täler von Ocosingo, bis es dann nach San Cristóbal de las Casas hinaufgeht. Von dieser herrlichen Kolonialstadt führt die Straße bergab bis zur Grenze von Guatemala.

Die Ruinen von Toniná von oben gesehen

Zum Übernachten können folgende Orte empfohlen werden: Palenque, San Cristóbal de las Casas und entweder Comitán de Domínguez oder der elegante Parador Santa María bei Chinkultic und den Lagunas de Montebello.

Nach der Besichtigung der Ausgrabungen von Palenque ❶ (siehe S. 290ff) fährt man auf der MEX 199 22 Kilometer in Richtung Süden, um sich den 40 Meter hohen Wasserfall Misol-Há ($) anzusehen. Man kann unten im Teich schwimmen oder die Höhle hinter den Fällen erkunden. Es gibt hier einen einfachen Zeltplatz, Toiletten, Hütten *(www.misol-ha.com; misol-ha@palenque.com.mx, $)* und ein schlichtes Lokal.

Rund 40 Kilometer nach Süden folgt man nun einer Staubstraße bis zu den imposanten Wasserfällen **Agua Azul** ❷ *($)*. Mitten in wild wuchernder Tropenvegetation stürzt der Río Bascán in Hunderten von weiß schäumenden Wasserfällen in eine steinige Schlucht; er bildet dabei Becken aus, die dem Ort ihren Namen verliehen haben: „blaues Wasser". Man kann den Canyon hinunterspazieren, um in den miteinander verbundenen Becken zu schwimmen, oder hinauf, wenn man ein anderes Panorama bewundern möchte.

NICHT VERSÄUMEN:

Palenque • Agua Azul • Toniná • San Cristóbal de las Casas • Parque Nacional Lagunas de Montebello

Fährt man weiter in Richtung Süden, macht die Landstraße viele Kurven und schlängelt sich an Feldern und Farmen vorbei bergauf; das oft drückende Tiefland weicht dem frischeren Klima des Valle de Ocosingo. Die Stadt Ocosingo ist hübsch, wird aber von Touristen in der Regel kaum besucht.

Ein Umweg von zehn Kilometern auf einer asphaltierten Straße südöstlich von Ocosingo bringt einen nach **Toniná** ❸ *(919/670-9589, $)*, das Anfang des 10. Jahrhunderts seine Blütezeit erlebte, zu der Zeit also, als Palenque verlassen wurde. Hier ragt an der Gran Plaza mit 70 Metern eine der höchsten Pyramiden der Mayawelt auf.

Der Komplex wurde vor über tausend Jahren errichtet. Die nachfolgenden Generationen bauten immer neue Paläste

Kristallklar ist das Wasser von Agua Azul während der Trockenzeit

und Tempel; bis dato hat man vier der Paläste und zehn der Tempel auf sieben Terrassen identifiziert. Auf der sechsten Terrasse hat man 1992 das erstaunlich gut erhaltene **Relief der Vier Sonnen** gefunden. Das vier Meter lange Relief zeigt einen Mayakodex, der die vier Himmelsrichtungen der Schöpfung beschreibt. Ganz oben befinden sich der **Tempel der Gefangenen** und der **Tempel des beschlagenen Spiegels.** Am Fuß der Pyramide wurde der **Sarkophag** eines der letzten Herrscher der Stadt, Tzotz-Choj, gefunden. Im Eintrittspreis ist auch das kleine, aber sehenswerte **Museum** *(Mo geschl.)* enthalten.

Nach weiteren 112 Kilometern auf der MEX 199 fährt man dann auf der MEX 190 vorbei an Farmen, Vieh und Kaffeeplantagen nach **San Cristóbal de las Casas** ❹ (siehe S. 286f.). Nach der Stadtbesichtigung nimmt man die MEX 190 (Panamericana) in Richtung Südosten zur Grenze nach Guatemala.

Nach rund 22 Kilometern hält man rechts nach einem Abzweig Ausschau, der ins Tzeltaldorf Amatenango del Valle führt. Der Ort ist nicht ausgeschildert, man erkennt ihn jedoch gleich an den Keramikgefäßen und -figuren, die vor den Häusern stehen.

Nun fährt man 40 Kilometer nach **Comitán de Domínguez** 5 *(Touristeninformation, Calle Central Benito Juárez 6, Plaza Principal, Tel. 963/632-0244)*, eine wunderschöne Kleinstadt im Kolonialstil, die den Spaniern als Handels- und Transportzentrum diente. Heute besitzt sie die gleiche Funktion für Tzeltalindianer und Mestizen der Umgebung.

Wer sich für mexikanische Geschichte interessiert oder einfach ein Faible für Gebäude der republikanischen Epoche und Antiquitäten hat, sollte der **Casa-Museo Dr. Belisario Domínguez** *(Av. Belisario Domínguez Sur 35, Tel. 963/632-1300, Mo geschl., $)* einen Besuch abstatten. Dieser Arzt und Senator von Chiapas war einst ein Revolutionsheld; seine offenkundig wenig schmeichelhafte Einschätzung der Huerta-Verwaltung führte 1913 zu seiner Ermordung. Dr. Domínguez kam 1863 in diesem hübschen Haus zur Welt. Zu sehen sind seine Instrumente und medizinischen Geräte wie auch Fotos, Dokumente und Briefe aus der Zeit der Revolution.

Weitere Sehenswürdigkeiten in Comitán sind die **Catedral Santo Domingo de Guzmán** *(1a Av. Oriente Sur, am Hauptplatz)*, die **Iglesia San Caralampio** *(2a Calle Norte Oriente Ecke 4a Av. Oriente, Tel. 963/632-0673)* sowie das **Museo de Arte Hermila Castellanos** *(Av. Central Sur 51, Tel. 963/632-2082)* mit hervorragenden Exponaten zeitgenössischer mexikanischer Kunst.

Hinter Comitán sind es etwa zehn Kilometer bis **Tenam Puente** *($)*, einer großen, aber wenig spektakulären archäologischen Ausgrabungsstätte. Das Kult- wie auch Wohnzentrum wurde aus strategischen Gründen oben auf dem Berg erbaut und erlebte seine Blütezeit während der Klassik und frühen Nachklassik, nachdem die Maya Städte wie Palenque verlassen hatten.

Weiter geht es auf der Panamericana, bis man nach sieben Kilometern auf eine Straße zu den Lagunas de Montebello abbiegt. Nach 19 Kilometern führt linkerhand eine Staubstraße nach **Chinkultic** 6 ($), einer Mayastadt, die vor ein paar hundert Jahren verlassen wurde, nachdem sie ihren Zenit in der Spätklassik (600–900) erreicht hatte. Im **Cenote Azul,** einer Doline, kann man schwimmen. Außerdem gibt es einen Ballspielplatz, der jedoch weniger beeindruckt, da seine Flachreliefs ins Museo Nacional de Antropología nach Mexiko-Stadt (siehe S. 198ff) gebracht wurden.

Letzte Station auf dieser Fahrt ist der **Parque Nacional Lagunas de Montebello** 7 (siehe S. 298f), wo man von verschiedenen Aussichtspunkten über ein Dutzend Seen betrachten kann.

Verkehrsregeln

Mexikanische Straßen sind im Allgemeinen gut, doch Kopfsteinpflaster in Kolonialstädten wie San Cristóbal de las Casas machen es den Stoßdämpfern schwer. Schwierigkeiten kann es auch in der Regenzeit geben, wenn sich Schlaglöcher bilden und Staubpisten zu einigen Stränden, archäologischen Stätten und kleinen Orten unpassierbar werden. Auch wenn es teuer ist, lohnt es sich, wann immer möglich, Mautstraßen zu nehmen.

Die wichtigsten zu beachtenden Verkehrsschilder sind:
Curva peligrosa **– Gefährliche Kurve**
Disminuye su velocidad **– Langsamer fahren**
No rebase **– Überholverbot**
No rebase con raya continua **– Überholverbot bei durchgezogener Linie**
Puesto de control militar **– Militärischer Kontrollpunkt**
Topes/vibradores **– Bremsschwellen**

Parque Nacional Lagunas de Montebello

Die Lagunas de Montebello, der einzige Nationalpark in Chiapas, erstrecken sich über 6022 Hektar mit vorrangig Kiefernwäldern an der Südgrenze Mexikos zu Guatemala. Seen unterschiedlichster Färbung sprenkeln ihn wie glasklare Murmeln. Die Tönung beruht auf den verschiedenen Oxiden, die dem Wasser schillernde Schattierungen verleihen.

Einer von mehr als 50 Seen im Parque Nacional Lagunas de Montebello

Auf dem Grund der Seen wachsen Schlingpflanzen, und nach einigen Badeunfällen wird abgeraten, hier zu schwimmen. Man sollte dabei allerdings bedenken, dass die Mexikaner auch nicht besonders aufs Schwimmen erpicht sind. Doch selbst sie halten einige der Seen für sicher, und die übrigen kann man auf Flößen, mit dem Ruder- oder Tretboot erkunden.

Junge Burschen warten am Eingang zum Park. Sie setzen sich zu einem ins Auto und übernehmen gegen ein Trinkgeld die Rolle des kundigen Führers. Gleich nach dem Eingangstor gabelt sich die gepflasterte Straße. Die linke Straße führt zu der **Laguna Encantada** (Verwunschener See); ein halbes Dutzend Seen kann man in der Ferne glitzern sehen.

Am Ende der Straße lohnt eine Wanderung um die große **Laguna Bosque Azul**

INSIDERTIPP

Selbst wenn Sie nur Grundkenntnisse in Spanisch besitzen, wenden Sie diese an. Die Einheimischen mögen das.

NINA-NOELLE HALL
NATIONAL GEOGRAPHIC-Mitarbeiterin

(Blauer Waldsee); man kann auch ein preiswertes Ruder- oder Tretboot mieten.

Wer die südlichen Seen besuchen will, fährt wieder zum Parkeingang zurück und wählt nun den rechten Abzweig an der Gabelung nach Tziscao, etwa zwölf Kilometer entfernt. Man erreicht nach einem zehnminütigen Fußmarsch über eine Staubstraße zuerst die große **Laguna de Montebello**, in der man gut schwimmen kann. Man kann direkt am Ufer parken, wo Einheimische Pferde vermieten und Snacks verkaufen.

Dann geht es weiter nach Tziscao. Eine beschilderte Straße führt zu fünf kleineren Seen, **Cinco Lagos**. Die Seengruppe liegt ca. 30 Minuten von der Hauptstraße entfernt. Ein Stück weiter gelangt man über eine asphaltierte Straße steil hinunter zum dunkelblauen **Lago Pojoj**. Der letzte wichtige See im Park ist der **Lago Tziscao**; er wurde nach dem Ort am Ostufer benannt.

Das **Hotel Tziscao** (*Tel. 963/633-5244, $*) bietet ziemlich muffige Hütten, Camping und ein Restaurant für Gäste. Das Ufer hat einen Sandstrand, man kann schwimmen oder mit dem Ruderboot den See umrunden.

Das Seengebiet liegt rund 60 Kilometer südöstlich von Comitán; dort erhält man in der Touristeninformation eine Landkarte. Am besten lässt sich der Park mit dem Auto erkunden. Wer lieber mit dem Bus oder Taxi fährt, findet die entsprechenden Transportmittel in Comitán. Die Busse fahren sowohl die Laguna Bosque Azul als auch Tziscao an, und man kann nach Belieben aussteigen. ■

Bernstein aus Chiapas

Chiapas ist eine von nur einer Handvoll Gegenden in der Welt, wo es Bernstein, ein versteinertes Harz gibt. Es dauert Millionen von Jahren, bis dieses glänzende Material entsteht, das in Minen abgebaut wird. Die Farbe reicht in 30 Schattierungen von Gelb bis Rot; Einschlüsse von Insekten, Luftblasen oder kleinen Blättern sind möglich. Manche Menschen glauben, dass Bernstein *malas vibras* (schlechte Schwingungen) vom Körper fernhält und schätzen ihn deshalb als Schmuckstein.

Parque Nacional Lagunas de Montebello

283 C2

Besucherinformation

Primera Avenida Poniente Sur #3 Comitán

963/632-4047, 963/632-8253 oder 01800/280-3500 (gebührenfrei innerhalb Mexikos)

Der Maya-Kalender

Die Maya und die Azteken verwendeten den gleichen 260-Tage-Ritualkalender, einen Almanach für astrologische Vorhersagen wie auch eine Entscheidungshilfe im Alltag; in der Sprache der Maya hieß er *tzolkin*, auf Náhuatl *tonalamatl*. Jeder Tag wurde von mehreren Göttern regiert, deren Persönlichkeit den Tag ebenso beeinflusste wie Sonne, Mond und Planeten.

Zusammen bedeuten Affen-, Götterkopf- und Schädelglyphe 16 Tage

Der Tzolkin oder heilige Kalender bestand aus einem Zyklus von 260 Tagen. Wie bei unserem Kalender folgten die Wochentage endlos aufeinander, es waren allerdings 20 und nicht sieben. Mit jedem Tag verknüpft war eine Zahl von eins bis 13, was somit 260 Tage ergab, wie zwei Ahau oder acht Eb. Jeder Tag wurde von einer Gottheit gleichen Namens und einer Zahl regiert. Die Zahl 13 brachte Glück; sowohl der 13. Tag als auch Tage mit diesem Zahlenpaar.

Zu diesem heiligen Kalender ersannen Mathematiker einen Sonnenkalender mit 365 Tagen; sie wussten, dass es sich nur um eine Annäherung der Umlaufbahn der Erde um die Sonne handelte. Dieser Kalender, Haab, bestand aus 18 Perioden von 20 Tagen, 360 insgesamt, und dazu noch fünf Unglückstagen am Ende einer jeden Periode, genannt Uayeb. Die Tage zwischen dem Ende eines „Jahres" und dem Anfang des nächsten waren den Astronomen und Priestern der Maya zufolge extrem instabil und gefährlich, da sie keinem der beiden Jahre wirklich angehörten. Diese beiden Kalender wurden dann kombiniert.

Da sich diese drei zyklischen Kalendersysteme schließlich wiederholten, waren sie überaus nützlich bei der Aufzeichnung historischer Ereignisse. Aus diesem Grund erfanden die Maya den sogenannten *long count*, einen Kalender, der auf Vielfachen der Zahl 20 beruhte. Die Grundeinheit war ein Tag (genannt *kin* oder Sonne), gefolgt von einem *uinal* (20 Tage), einem *tun* (360 Tage) und so weiter. Eine Datumsangabe lautete z. B. »Es passierte vor fünf Jahrhunderten, acht Dekaden, drei Jahren, zwei Wochen und vier Tagen.«

In der gesamten Epoche der Klassik wurden Mayastelen exakt datiert. Legt man diese Zeitrechnung zu Grunde, erfolgte die Schöpfung im Jahr 0.0.0.0.0., was der Mayaexperte Sir Eric Thompson (1898–1975) als den 11. August 3114 v. Chr. interpretierte.

Die Maya waren von der Mathematik fasziniert und trieben endlose Zahlenspiele. Sie hatten beim Zählen ein Zahlen-Stellen-System und erfanden die Null, wobei sie möglicherweise ein Konzept der Olmeken adaptierten. Sie vermochten die Umlaufbahn der Venus und anderer Planeten fast so exakt zu berechnen wie die Astronomie heute. ■

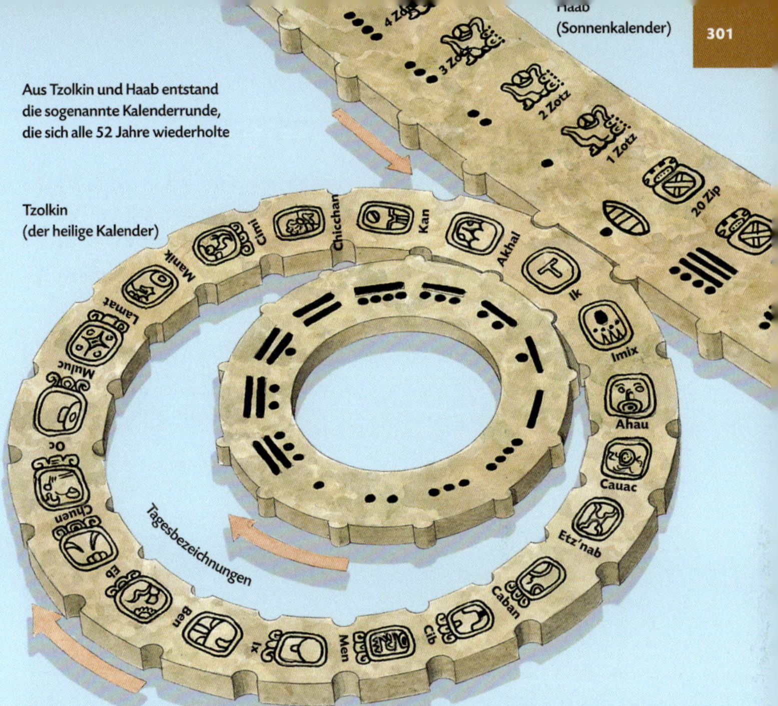

Am Ende des Haab kommen die Uayeb, fünf Tage, die Unglück bringen

Monatsglyphen des Haab

Die Zahlen

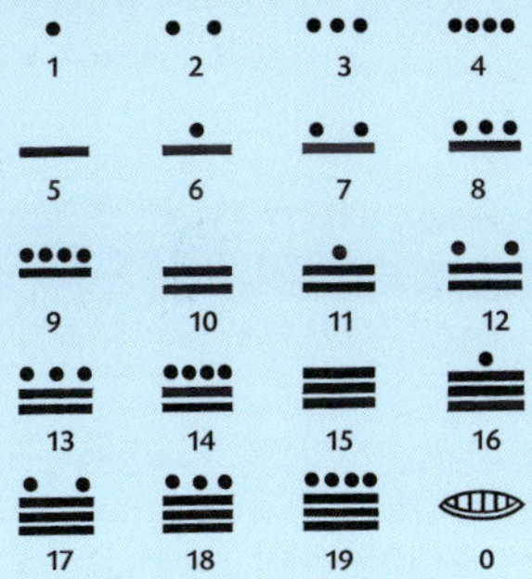

Das Zahlensystem der Maya beruht auf 20 Einheiten, nämlich den zehn Fingern und zehn Zehen. Die Zahlen ließen sich entweder mit Kopfglyphen oder mit Hilfe eines Zahlen-Stellen-Systems darstellen, das auf der Zahl Fünf basierte. Ein Punkt steht für Eins, ein Strich für fünf und eine Muschel oder Ähnliches für null. Die Zahl 20 sieht dann beispielsweise so aus:

Yaxchilán & Bonampak

Sowohl Yaxchilán als auch Bonampak erlebten ihre Blütezeit in der Spätklassik. Der wild wuchernde lakandonische Regenwald von Ostchiapas leistete einen Beitrag zur Versorgung der Bevölkerung, der Río Usumacinta samt seinen Nebenflüssen erleichterte den Transport von Waren. Heute gehören beide Orte zu den touristisch wenig besuchten Zielen der Mayakultur.

Mit Stuck versehene Türstürze, Stelen und überwucherte Gebäude sind die Kennzeichen von Yaxchilán

Yaxchilán
283 D3
Besucherinformation
916/617-0550 (Tuxtla Gutiérrez) oder 01800/280-3500 (gebührenfrei innerhalb Mexikos)

Yaxchilán

Ein Teil des Reizes beider archäologischer Stätten besteht in ihrer Lage mitten im Dschungel. Um die mächtigen Mahagonibäume ranken sich Reben und blühende Aufsitzerpflanzen und schaffen ein Zuhause für Tukane, Papageien, Tyrannen, Trupiale und Tangaren. In den stickigen Kammern der Ruinen des Palasts aus Kalkstein hängen die Fledermäuse, Tausendfüßler kriechen über die feuchten grünen Wände – und blutrünstige Moskitos warten auf Touristen.

Etwa 190 Kilometer südöstlich von Palenque wurde Yaxchilán auf einer Terrasse in einer weiten Schleife des Río Usumacinta errichtet. Von den Wipfeln der gigantischen Ceiba-Bäume, den Maya heiligen Lebensbäumen, hört man die

Brüllaffen kreischen. Man betritt das Gelände durch das Edificio 19, **El Laberinto** (Gebäude 19, das Labyrinth); es hat seinen Namen von den zahllosen kleinen Räumen. Das obere Geschoss besteht aus einer zentralen Halle, umgeben von mehreren Räumen. Schmale Stufen führen in die unterirdischen Kammern. All diese graugrünen Gebäude haben der Anlage den Namen „Ort der grünen Steine" verliehen und stehen an der breiten, mit Gras bewachsenen **Gran Plaza.** Dazu gehören ein Dampfraum im **Edificio 14** und ein i-förmiger **Juego de Pelota**, der Ballspielplatz.

Elegante Dachkämme und Reste von herrlich gearbeiteten Figuren aus Stein und Stuck an der Fassade sind sicher die beeindruckendsten Strukturen von Yaxchilán. Eine große Anzahl von kunstvoll gemeißelten Türstürzen und Stelen erzählt die Geschichte der Eroberung und von den Riten. Inschriftenforscher haben Glyphen identifiziert, die den Aufstieg zur Macht, Geburtsdaten und Hochzeiten symbolisieren. Zu den beeindruckendsten Türstürzen zählen die von Edificio 12, 16 und 22. Die **Stele 11** wurde aus mehreren Kilometern Entfernung zur Gran Plaza geschafft und ist das Glanzstück der Stätte. Die größere Figur stellt den Herrscher Yaxchiláns dar, den Vogel-Jaguar.

Südlich der Gran Plaza führen Treppen zur **Gran Acrópolis** hinauf, von der aus man einen herrlichen Blick über die Anlage genießt. Hier befindet sich das gut erhaltene **Edificio 33** mit der Skulptur eines Vogel-Jaguars, dem allerdings der Kopf fehlt; ihm ist das Gebäude geweiht. Die kunstvollen Dachkämme des Tempels sind komplett erhalten, doch befinden sich die Türstürze im British Museum in London. Ein kurzer Spaziergang durch den Dschungel führt zur **Acrópolis Sur** mit dem **Edificio 40**, das noch Spuren der Originalfresken zeigt, und zur **Acrópolis Pequeña** mit Basreliefs an den Türstürzen der **Edificios 42** und **44**.

INSIDERTIPP

Besuchen Sie archäologische Stätten so früh wie möglich. Die Hitze am Nachmittag kann sehr drückend sein, vor allem in Chiapas oder Oaxaca.

KATHERINE AMATO
NATIONAL GEOGRAPHIC-Feldforscherin

Bonampak

Ein weniger wichtiges Zentrum unter der Oberaufsicht von Yaxchilán ist Bonampak *($$)* weiter südlich.

Es wurde etwa um 600 in der Nähe des Río Lacanjá gegründet, einem Nebenfluss des Usumacinta. Die ersten Fremden, die diese Stätten besuchten, waren zwei Ameri-

Bonampak
283 D3

Besucherinformation
Carr. Catazaja–Palenque Km 27,5 Ecke Calle Dr. Manuel Velasco Suárez, Plaza Chula Vista, Local 2
916/345-0356 (Palenque)

kaner in Diensten der United Fruit Company, die 1964 Lakandonen bewegten, ihnen eine Ritualstätte zu zeigen.

Der Höhepunkt eines Besuchs in Bonampak sind die Fresken des **Templo de las Pinturas** (Tempel der Malereien). Im Museo Nacional de Antropología (siehe S. 198ff.) sind die Wandmalereien zwar restauriert zu sehen, doch zeugen die verblassten Szenen vor Ort von einer wunderbaren Kraft. Im ersten Raum ist die Königsfamilie über ihren Thronfolger überglücklich; Musiker sorgen für Unterhaltung. Über der Tür ist der Herrscher von Bonampak, Chaan Muan, im Lendenschurz mit Jaguarfell zu bewundern.

Den zweiten Raum beherrschen Schlachtenszenen. Ein Gefangener kniet vor Chaan Muan, während andere gefoltert und gedemütigt werden. Ein Gefangener von Rang ist auf den Tempeltreppen zusammengebrochen. Im dritten Raum wird der Sieg mit einer Blutentnahmezeremonie gefeiert. Frauen durchbohren jemandem die Zunge, die Herrscher vollführen dazu einen Tanz.

Die kraftvollen Wandmalereien von Bonampak entstanden gegen Ende des 8. Jahrhunderts

Diese Wandmalereien gehören zum schönsten, was die Mayakunst der Klassik hervorgebracht hat. Man legte viel Wert auf Ausdrucksstärke, Verkürzungen lassen die Perspektive realistisch wirken, und jedes Paneel ist ein Triumph der harmonischen Komposition. Die Wandmalereien aus dem Jahr 790 scheinen das letzte Werk auf diesem Gelände zu sein. Chaan Muan und seine Braut aus Yaxchilán, Frau Kaninchen, sind wohl die letzten Herrscher von Bonampak gewesen. Weitere Tempel und Paläste an der Gran Plaza und der angrenzenden **Acrópolis** kann man sich von einem Führer erklären lassen.

Von Palenque aus kann man beide Ausgrabungsstätten besichtigen. Eine halbstündige Bootsfahrt von Frontera Corozál (dort gibt es bequeme Unterkünfte für Touristen) rundet die Fahrt nach Yaxchilán ab. Von Ocosingo, Comitán und Palenque kann man jedoch auch mit **Servicios Aereos San Cristóbal** (*Tel. 963/632-4664, www.serviciosaereossancristobal.com*) eine Exkursion im Flugzeug unternehmen. Ein Insektenschutzmittel, Wasser, Sonnencreme, Hut und in Grenznähe auch Papiere sollte man immer dabei haben. ■

Weitere Sehenswürdigkeiten

Reserva de la Biósfera El Triunfo

Das Biosphärenreservat El Triunfo liegt in der Sierra Madre de Chiapas und wurde 1990 gegründet. Die Fläche von 200 000 Hektar besteht aus Bergen, Tälern und Ebenen. Kiefern, Misch- und Tropenwald sind das Zuhause seltener Katzenarten. Im Nebelwald leben die seltenen Quetzale.

Man muss sich eine Woche im Voraus eine Genehmigung besorgen, wenn man den Naturpark besuchen will; der günstigste Zeitpunkt fällt in die Trockenzeit (Mitte November bis Mitte Mai). Der Eingang zum Park liegt 184 Kilometer südlich von Tuxtla Gutiérrez; man fährt über Ángel Albino Corzo. Einzige Übernachtungsmöglichkeit ist ein rustikales Gästehaus; man darf aber zelten.

283 B2

961/611-3891 oder 961/611-3975

INSIDERTIPP

Die Ökolodge Las Guacamayas in der Selva Lacandona ist fantastisch für Ökotouristen. Die Unterkünfte sind sehr schön.

KATHERINE AMATO

National Geographic-Feldforscherin

Reserva de la Biósfera Montes Azules

Zusammen mit dem Biosphärenreservat von Calakmul und der Petén-Region in Guatemala stellt Montes Azules den größten verbliebenen Regenwald nördlich vom Amazonasdelta dar. Das Reservat (331 000 Hektar) mit dem Namen „Blaue Berge" weist enorme Höhenunterschiede auf: Vom Meeresspiegel am Río Lacandón geht es im Westen bis auf 1600 Meter hinauf. Hier wachsen tropische Wälder und in Höhenlagen Kiefern. Von den 3000 Pflanzenarten sind 320 Orchideen. Januar bis September eignen sich am besten für einen Besuch.

Die Infrastruktur im Park hält sich in Grenzen. Der Ort Emiliano Zapato bemüht sich um den Ökotourismus und bietet Übernachtungsmöglichkeiten in bequemen Häusern. Auf einer viertägigen Exkursion mit Zelt lernt man die **Laguna Miramar**, den größten See, kennen, hier kann man wandern, schnorcheln und Kanu fahren. Es besteht die Möglichkeit, fünf Stunden über Land von Ocosingo aus an den See zu fahren oder mit einem Kleinflugzeug anzureisen. Den Flug bucht man über **Servicios Aereos San Cristóbal** (siehe S. 304).

Am Südrand des Parks liegt das **Centro Ecoturístico Las Guacamayas** oder **Ara Macao** *(Reforma Agraria, Tel. 664/134-1137)*, ein staatliches Gästehaus, das von der Gemeinde betrieben wird und sich dem Ökotourismus verschrieben hat. Die einfachen Hütten stehen am rechten Ufer des Río Lacandón, in dem man schwimmen, angeln und im Kanu auf Entdeckungsfahrt gehen kann. Es gibt geführte Wanderungen in den Wald, in dem Harpyien sowie andere Greifvögel, Tukane und die vom Aussterben bedrohten Arakangas (Hellroten Aras) leben. Über Landstraßen geht es südlich von Palenque in fünf Stunden nach Reforma Agraria. Kleinflugzeuge starten in Ocosingo oder Comitán.

283 C3/D3

Reserva Huitepec

Am Osthang des 2700 Meter hohen Vulkans Huitepec, einem der höchsten Berge von Chiapas, liegt der Naturpark

Huitepec *(Mo geschl., $)* von 135 Hektar Größe. Eichen dominieren in den unteren Regionen, weiter oben hüllen Nebelwälder die Epiphyten und Farne ein. Viele der gut 300 Pflanzenarten werden seit Generationen von den Maya für medizinische und religiöse Zwecke verwendet. Man kann alleine wandern oder am Dienstag oder Donnerstag an einer geführten Tour teilnehmen. Gebucht wird über **Pronatura** in San Cristóbal de las Casas *(Pedro Moreno 1 Ecke Juárez, Barrio Santa Lucia, Tel. 967/678-5000, www.pronatura-sur.org).*
283 B3

Tapachula

Mayastelen und Artefakte gibt es im **Museo Regional del Soconusco** *(8a Av. Norte 24 zwischen 1a und 3a Poniente, Tel. 962/626-4173)* zu sehen oder auch vor Ort in **Izapa** *(Carr. nach Talisman s/n, $)*, einer archäologischen Stätte an die 15 Minuten von der Stadt entfernt. Rund einen Kilometer vom Eingang befindet sich **Grupo F** mit Pyramiden, Stelen, einem Ballspielplatz und Altären, der am besten restaurierte Teil. Nordöstlich von Tapachula und nur einen Steinwurf von Guatemala gibt die Stadt **Unión Juárez** einen Stützpunkt für Wanderungen in die Berge ab. Sein Badezeug sollte man mitnehmen, wenn man zu den **Cascadas de Muxbal** unterwegs ist. Bergfreunde können auf einer Zweitagestour den 4085 Meter hohen **Tacaná**, einen Vulkan, erklimmen. Elf Kilometer außerhalb der Stadt entstand Anfang des 20. Jahrhunderts die Kaffeeplantage **Centro Ecoturístico Santo Domingo** *(Municipio Unión Juárez, Tel. 962/627-0055, www.centroecoturisco santodomingo.com, $)*. Das Gebäude beherbergt ein Museum, Gästezimmer und ein Restaurant.
283 C1 Calle Octava Norte 20, Antiguo Palacio 962/625-5409 ■

ERLEBNIS: Rustikale Unterkünfte

Wer bereit ist, die ausgetretenen Pfade zu verlassen, findet in Chiapas gute Gelegenheit zu Begegnungen mit Natur, Mensch und Tier. Die folgenden Ökotourismus-Unternehmen bieten Einnahmequelle und bringen Reisende zu Zielen abseits der Touristengruppen.

Nordwestlich von Tuxtla Gutiérrez, an der Straße nach Tabasco, vermietet der **Rancho del Lago del Rey Nezahualcoyotl** (*Carr. de Cuota a Ocozocuautla Km 136,6, Tel. 967/678-2550, www.ranchochiapas.com*) Hütten über dem Damm. Río La Venta bietet Flussfahrten zu Höhlen und Felsformationen.

Im südlichen Chiapas, sind die wunderschönen Wasserfälle **El Chiflón** (*www.chiflon.com.mx*) bedeutend weniger besucht als Misol-Ha Agua Azul. Es gibt Hütten zwischen den Bäumen. An der Anlegestelle, wo die Boote nach Yaxchilán abfahren, besitzt **Escudo Jaguar** (*Frontera Corozal, www.escudojaguarhotel.com*) behagliche strohgedeckte Hütten und ein hübsches Restaurant. In einem der Lakandonendörfer nahe der Ruinen von Bonampak, ermöglicht **Campamento Río Lacanjá** (*Tel. 967/674-6660 in San Cristóbal, www.ecochiapas.com*) Einblick ins ländliche Leben. Schlichte, hübsche Zimmer teilen sich eine Veranda und ein kleines Restaurant.

Alle oben genannten Unterkünfte kosten weniger als 60 $ pro Nacht.

Schöne Strände und faszinierende Mayaruinen, verbunden durch Autobahnen, und das alles auf einer Halbinsel so flach wie eine Tortilla

Die Halbinsel Yucatán

Straßenszene im gastlichen Campeche

Die Halbinsel Yucatán

Auf der ganzen Halbinsel Yucatán dösen ländliche Städte im Schatten von weiß getünchten Klöstern aus dem 16. Jahrhundert. Jeder der drei Bundesstaaten der Halbinsel – Quintana Roo, Campeche und Yucatán – hat zahlreiche archäologische Stätten im Dschungel zu bieten. Wer hier Urlaub macht, kann zum Hochsee- und Fliegenfischen gehen oder am zweitgrößten Riff der Welt schnorcheln. Nirgends sonst in Mexiko herrscht auf so engem Raum so große Vielfalt.

Das Riff Palancar vor der Isla Cozumel lockt Kreuzfahrtreisende und Taucher an

Die Halbinsel Yucatán ist ein Landstrich ohne Flüsse und Seen, aber dennoch von Tropenwäldern bedeckt. Das Regenwasser sickert durch die poröse unterirdische Kalksteinplatte, um dort ein weitläufiges Flusssystem zu schaffen. Dolinen oder Wasserlöcher – auf Spanisch *cenotes,* in der Sprache der Maya *dzonot* – entstehen, wenn die dünne Kalksteinschicht einbricht; Teiche und türkisfarbene Lagunen sind das Resultat. Allein im Bundesstaat Yucatán hat man über 2000 Stück entdeckt.

Den alten Maya war das Wasser heilig; sie beteten den Regengott Chac Mool an. In der Periode der Klassik (250–900) bauten Architekten, Astronomen und Mathematiker sagenhafte Städte. Kosmologie, geschichtliche wie kultische Ereignisse und kulturelle Errungenschaften wurden im Chilam Balam, einem Dokument, das bis ins 19. Jahrhundert fortgeführt wurde, festgehalten. Die Maya versahen ihre Stelen und andere Steinmonu-

Nicht versäumen:

- Tanzen in einem Club in Cancún **311**
- Sich treiben lassen im tiefblauen Karibischen Meer **312**
- Schnorcheln oder tauchen in den Korallenriffen von Cozumel **316**
- Schildkröten schützen in Akumal **317**
- Per Boot durch das Schilf der Reserva de la Bíosfera Sian Ka'an **321**
- Schwimmen in einer *cenote* **324**
- Einen Spaziergang in der Innenstadt von Campeche **324**
- Den Brüllaffen in Calakmul zuhören **329**

mente mit phonetischen Hieroglyphen. Viele sind erhalten und können auch interpretiert werden.

Yucatán ist von den Maya und den Spaniern geprägt, doch sind auch Libanesen, Franzosen und andere eingewandert. In der einzigartigen Küche hier werden Zitrusfrüchte, Honig und scharfer Habanero-Chili mit Safran, Annatto (rote Samen eines Gewürzstrauchs, Kapern und Pflaumen kombiniert.

Die Vielfalt spiegelt sich auch in den Festen wieder. Hanal Pixan (Allerseelen) wird in Mérida, Campeche und auf dem Land mit Essen und Altären für die Toten gefeiert. Campeche und Cozumel sind für ihren Karneval bekannt. ■

Quintana Roo

Quintana Roo wurde 1974 ein eigener Bundestaat, kurz nachdem die Regierung Cancún aus der Taufe gehoben hatte. Es sollte nicht lange dauern, bis beide einen Aufschwung nahmen. Der Bundesstaat wartet mit beliebten Urlaubsorten, bedeutenden Mayaruinen und einer Küste der Superlative auf.

Cancúns traumhafte Strände locken Touristen aus aller Welt an

Das subtropische Klima von Quintana Roo ist fast das ganze Jahr über perfekt. Die Karibik spült die weißen Sandstrände von Cancún bis Chetumal, an der Grenze zu Belize, sauber. Der Dschungel bedeckt fast das gesamte Kalksteingebiet. Unterirdische Flüsse plätschern durch Höhlen und in Dolinen.

Zwischen September und November treten jedoch Hurrikans auf. In den vergangenen Jahre haben die Wirbelstürme einen großen Teil des schneeweißen Sandes von Cancún abgetragen, der durch Sand von anderen Orten ersetzt wurde.

Cancún lockt die meisten Besucher des Bundesstaates an. Abenteuerlustige Touristen erkunden die sogenannte Riviera Maya, die Küste zwischen Cancún und Tulum.

Zwischen der Festlandküste von Quintana Roo und den Inseln Cozumel und Mujeres liegt das zweitgrößte Korallenriff der Welt. In einigen Bereichen stößt man auf alte Schiffswracks. Die zerstörten Korallen sind mittlerweile wieder nachgewachsen. Die Südküste von Quintana Roo, einst Standort kleiner Tauchlodges und Privathäuser, wird jetzt Costa Maya genannnt und umfasst auch die Küste südlich von Sian Ka'an und das Inland mit den Maya-Stätten sowohl von Quintana Roo als auch von Campeche. Majahual, die größte Stadt zwischen Punta Allen und Campeche, hat sich zu einem Kreuzfahrthafen entwickelt. Golfplätze und Resort-Hotels sind in Planung. Die schönsten Stellen hat man zu Naturparks erklärt oder als Ferienorte gestaltet.

Cancún

Die Stadt Cancún ist die Schöne und Reiche in der Welt der Ferienorte. Sanftes, türkisblaues Meer umgibt vorgelagerte Inseln an der Nordküste und die Lagunen zum Festland hin; an der östlichen Karibikküste mit ihren weißen Sandstränden ist die Brandung etwas heftiger.

Cancún wurde 1970 von staatlichen wie auch privaten Investoren entworfen und zieht heute 3,5 Millionen Besucher pro Jahr an. Der Flughafen hat das zweitgrößte Passagieraufkommen in Mexiko. Die All-inclusive-Hotelanlagen bieten abwechslungsreiche Unterhaltung. In den meisten der Hotels am Meer kann man Ausrüstungen für Wassersport aller Art leihen und dann tauchen, fischen, segeln oder surfen gehen (siehe S. 316).

Cancún hat eine große Einkaufszone mit Boutiquen, allerdings weniger Märkte im Freien. In den Diskotheken wird bis morgens getanzt, und die Restaurants bieten internationale, regionale, mexikanische und kalifornische Küche. Wellness-orientierte Resort-Hotels sollen die All-Inclusive-Angebote verdrängen. Die Insel kann mit fünf Golfplätzen aufwarten. Außerdem gibt es weitere fünf Spitzenklassehotels in Richtung Süden an der Riviera Maya und eines auf Cozumel.

Kulturfanatiker lassen sich wohl eher von den Dutzenden von restaurierten Mayaruinen begeistern, die über

Fortsetzung Seite 316

Cancún
309 F4
Besucherinformation
Av. Tulum 26
Ecke Coba
998/881-2745
www.cancun.info

La Feria del Cedral

Mitte des 19. Jahrhunderts erhoben sich die Maya, die praktisch Sklaven in ihrem eigenen Land waren, gegen die spanischen und Mestizen-Oberherren. Heute feiern die Abkommen der Maya, die auf die Insel Cozumel flohen, alljährlich und danken Gott für seine Hilfe. Die Gebete beginnen im Morgengrauen des 23. April und werden täglich fortgeführt bis zum Tag des Heiligen Kreuzes am 3. Mai. An diesem Tag führen weibliche Nachkommen der Gründer *la danza de las cabezas de cochino* (Tanz der Schweineköpfe) auf, der ein Opfer an Gott darstellt (und für weniger religiöse Besucher ein fantastisches Fotomotiv). Die Feiern dehnten sich im Lauf der Jahre aus; heute gibt es auch Pferderennen, Rodeos, kulturelle Veranstaltungen und Livemusik.

Fahrt an der Riviera Maya entlang

Die Küste an der MEX 307 entlang wird als „Riviera Maya" angepriesen und steckt voller Überraschungen. Taucher machen sich zu den Dolinen und Höhlen in Buchten auf, die vor Fischen schier überquellen. Kulturbeflissene erklettern Pyramiden, und Einkaufswütige streifen durch die Volkskunstläden. Sie alle treffen sich dann abends beim Essen – mit fangfrischem Fisch.

Der Ökopark Xcaret verbindet Natur, Kultur und Archäologie der Riviera Maya

In den 1980er Jahren hatte die MEX 307 nur zwei Spuren. Lieferwagen und Busse zockelten gemächlich dahin und teilten sich den Asphalt mit Dorfbewohnern, die mit ihren Macheten am Straßenrand Äste zum Verheizen abschlugen. Einige wenige Straßenschilder wiesen den Weg zu den Zeltplätzen und kleinen Hotels am weißen Sandstrand.

Die Straße ist jetzt vierspurig. Gigantische Schilder werben für Vergnügungsparks.

NICHT VERSÄUMEN:

Playa del Carmen • Xcaret • Paamul • Tulum

Puerto Morelos ❶, 36 Kilometer südlich von Cancún, wurde bislang vom Bauboom verschont, doch es wächst, hat einen neuen Yachthafen sowie elegantere Restaurants und Läden. Ein Ko-

Golf von Mexiko
Río Lagartos
Isla Holbox
Isla Contoy
RESERVA DE LA BIOSFERA RÍA LAGARTOS
El Cuyo
Chiquilá
Colonia Yucatán
START
Cancún
Puerto Juárez
Kantunilkin
Laguna Nichupté
Tizimín
Leona Vicario
180D
307
YUCATÁN
X-can
181
El Ideal
1 Puerto Morelos
Tres Reyes
Punta Bete
Punta Maroma
Xcalacoco
Valladolid
3 Xcaret
Playa del Carmen 2
Playacar
Paamul 4
San Miguel de Cozumel
Puerto Aventuras
Akumal
5 Xel-Ha
PARQUE NATURAL DE QUINTANA ROO
Isla Cozumel
Tulum
Tulum 6
307
QUINTANA ROO
KARIBISCHES MEER
Vigía Chico
295
Punta Allen
Bahía de la Ascención
184
Felipe Carrillo Puerto
7
RESERVA DE LA BIÓSFERA SIAN KA'AN
Bahía del Espíritu Sa
Siehe auch Karte S. 309
Cancún
130 km
3 Stunden bis 3 Tage
Tulum
307
0
40 Kilometer
0
20 Meilen
Cafetal

rallenriff, durchsetzt von Schiffswracks schützt die Küste vor der Brandung.

Einige abgelegene Luxushotels beanspruchen zwar ein Stück Dschungel und Strand nördlich und südlich des Ortes, doch viele Gäste, zieht es nach wie vor in die lockerere Atmosphäre der kleinen Hotels in der Stadt. Wer nach Cozumel übersetzen will, nimmt im Süden der Stadt die Fähre.

Schotter- und Asphaltstraßen führen von der MEX 307 zu diversen Badeorten, Naturparks und Stränden. The Tides und weitere exclusive Ferienanlagen gibt es in **Punta Maroma.**

Playa del Carmen ❷, zehn Kilometer südlich von Punta Bete, war lange Zeit der wichtigste Zwischenstopp auf dem Weg von Cancún nach Tulum. In wenigen Jahrzehnten ist die Stadt auf mehr als 100 000 Einwohner angewachsen. Banken, Supermärkte, Läden mit Autoersatzteilen und Billighotels sind an der Avenida Juárez, der Zufahrtsstraße von der MEX 307, bunt durcheinander gewürfelt. Bis zum Pier zieht sich eine Schlange von Lastwagen und Taxis hin, denn dort legen die Fähren nach Cozumel ab. Internationale Restaurants, hervorragende Läden mit Kunsthandwerk und einfallsreiche kleine Hotels säumen die Avenida 5.

Man kann tauchen, mit dem Boot fahren, an einem Ausflug zu archäologischen Stätten teilnehmen oder einfach in einer Hängematte träumen. Im Süden der Stadt gelangt man nach **Playacar**, einer noblen Anlage mit 18-Loch-Golfplatz und mehreren Hotels zwischen gepflegtem Rasen und verstreuten Mayaruinen. All-inclusive-Hotels säumen die weißen Sandstrände in Playacar; einige liegen weit außerhalb der Stadt. Aras und andere Papageien kann man in der Voliere in **Xaman-Há** *(Tel. 984/873-0593, $$$)* in Playacar bewundern.

INSIDERTIPP

Ziehen Sie einen Ausflug in die Maya-Stadt Filipe Carrillo Puerto in Betracht, und erkunden Sie die Rebellion der Maya gegen die Spanier im 18. Jahrhundert.

JAMES DION
NATIONAL GEOGRAPHIC Center for Sustainable Destinations

Wer wenig Zeit hat, besucht den Freizeitpark **Xcaret** ❸ *(Tel.984/873-2643, www.xcaret.com, $$$$$)*, fünf Minuten südlich von Playa del Carmen. Man sollte den ganzen Tag bleiben, damit sich der Eintrittspreis auch bezahlt macht.

Zu sehen gibt es eine Fledermaushöhle, ein Museum, einen botanischen Garten und einen Schmetterlingspavillon; man kann sich einen unterirdischen Fluss hinuntertreiben lassen, in der Salzwasserlagune schnorcheln, durch Höhlen wandern, reiten, in einem der fünf Lokale essen – oder einfach im Sand dösen. Man sollte bis zum Abend bleiben, dann wird nämlich eine Show, eine Mischung aus Mayamythen und mexikanischen Volkstänzen, aufgeführt.

Hinter Xcaret wird der Verkehr bei **Paamul** ❹, dem krassen Gegenstück zum Vergnügungspark, dann weniger. Schildkröten und Menschen ziehen sich in diesen kleinen Hafen zurück, die Ersteren graben ihre Nester im Sand, die Letzteren buchen einige Nächte in einem bescheidenen Hotel. Hier kann man gut schnorcheln und tauchen, und im Lokal kommen hausgemachte Tacos und frischer Fisch auf den Tisch.

Wem der Sinn nach mehr Luxus steht, der fährt nach **Puerto Aventuras**, einem am Reißbrett entworfenen

Ferienort mit Hotels, Apartments, einem Yachthafen und 9-Loch-Golfplatz. Es lohnt eine Pause für das **Museo Pablo Bush Romero**, das nach dem berühmtesten Taucher der Region benannt ist. Zu den Exponaten gehören frühe Pressluftausrüstungen, Riffteile und Kriegsbeute von Schiffswracks. Taucher pflegen sich im nahen **Akumal** zu treffen, wo Romero in den 1920er Jahren seine Tauchbasis hatte. Hütten dieser Küste, wurde von den Planern von Xcaret aufgemöbelt. Im Schatten riesiger Tropenbäume führt ein Weg zu einer leuchtend blauen Bucht, in der sich die Schnorchler tummeln. Fahrten nach Tulum legen oft hier einen Stopp ein. Ein Paradies für Taucher und Schnorchler sind die unterirdischen Flüsse und Seen in **Hidden Worlds Cenotes** *(Tel. 984/877-8535, www. hidden worlds.com.mx, $$$$$).*

Die Lagune von Xel-Ha

und Privatunterkünfte säumen die kleine Bucht.

Eine Besichtigung der fünf Millionen Jahre alten Kavernen und Höhlen in **Aktun Chen** *(Tel. 998/892-0662, www. aktunchen.com, $$$$$)* führt gleichsam in fremde Welten. Führer geleiten die Besucher durch den Dschungel, vorbei an Klammeraffen, zu dunklen Höhlen mit Tropfsteinen. In einer Höhle scheint ein milchig grüner *cenote* zu glühen. **Xel-Ha** 5 *(Tel. 984/884-9422, www. xelha.com, $$$$$)*, der erste Ökopark

Zum von Dschungel umgebenen Anwesen gehören mehrere *cenotes* und Fledermaushöhlen, die durch holperige Straßen verbunden sind.

Die Riviera-Maya-Route endet in **Tulum** 6 (siehe S. 320f.) mit seinen berühmten Ruinen, die von vielen Tagesausflüglern besucht werden. Tulum ist beträchtlich gewachsen.

Am Ende der Straße liegt die **Reserva de la Biosfera Sian Ka'an** 7 (siehe S. 320f.), die noch etwas vom alten Flair von Quintana Roo vermittelt.

Cozumel
309 F3
Besucherinformation
Calle 2 Norte 299-B
987/872-7636
www.islacozumel.com.mx

Cozumel Association of Dive Operators
987/872-5955 oder 987/872-5966 (Fax)

Hotel Na Balam
Calle Zazil-Ha 118 Playa Norte
998/770-0279 oder 0058
www.nabalam.com

die gesamte Halbinsel verstreut sind. Tulum (siehe S. 320) und Chichén Itzá (siehe S. 338ff.) sind mit dem Auto in zwei bis drei Stunden von Cancún aus erreichbar. Man kann einen Mietwagen nehmen oder einen Ausflug buchen, wenn man die Ruinen besichtigen möchte. Außerdem laden Wasserlöcher zum Schnorcheln und unterirdische Flüsse zum Tauchen ein; schön sind alte Städte wie Izamal. Cancún eignet sich auch gut als Ausgangspunkt für Tagestouren entlang der Küste nach Süden.

INSIDERTIPP

Das Hotel Na Balam auf der Isla Mujeres ist eine wenig bekannte relaxte Oase mit üppigen Gärten. Es gibt hier auch Yogakurse und einen herrlichen Blick auf den Strand.

PAM GROUT
NATIONAL GEOGRAPHIC-Autorin

Inseln & Tauchen

Die weltweit zweitgrößte Kette von Korallenriffen zieht sich von der Nordspitze der Halbinsel Yucatán bis nach Belize. Zugang zu den Riffen hat man von der Isla Mujeres, Cancún, und der Küste von Quintana Roo, wobei das Hauptziel jedoch die Isla de Cozumel ist.

Mayafrauen kamen früher vom Festland nach **Cozumel**, um Ixchel, die Göttin der Fruchtbarkeit, zu verehren. Heute pilgern die Touristen hierher, um den Riffen zu huldigen. Die Taucher lassen sich durch Gärten von bunten Korallen und Schwämmen treiben. Schnorchler genießen ein ähnliches Panorama in der **Parque Chankanaab** *(Tel. 987/872-2940, www.cozumelparks.com, $$$$)*, wo in den seichten Riffen weit mehr als 60 Fischarten zu Hause sind.

Das Leben auf der Insel spielt sich hauptsächlich in **San Miguel** ab. Das älteste Hotel auf der Insel, La Playa, beherbergt auch das **Museo de la Isla Cozumel** *(Tel. 987/872-1475, $)* mit Exponaten zur Geschichte des Riffs und der Region.

Die längste Straße auf der Insel schlängelt sich im Süden durch die Wildnis, wo Wind und Wellen an Kalksteinfelsen donnern. Abzweigungen führen zu diversen Strandclubs. **Mr. Sancho's** *(Carr. Costera Sur Km 15, Tel. 998/112-1933, www.mrsanchos.com)* wartet mit Restaurant und Bar auf und bietet Reiten, Swimmingpools und Wassersportgeräte aller Arten. Es kostet keinen Eintritt, aber man muss dort etwas essen oder trinken. Hängematten unter Palmen findet man an der **Playa San Francisco**.

Fast an der Südspitze der Insel erstreckt sich der **Faro Celarain Eco Park**, auch Parque Punta Sur *(Tel. 987/872-2940, $$$)* genannt; dort gibt es einen Strand, wo man

ERLEBNIS: Rettung der Schildkröten

An Mexikos Küsten leben die Oliv-Bastardschildkröte, Atlantik-Bastardschildkröte, Suppenschildkröte, Schwarze Suppenschildkröte, Unechte Karettschildkröte, Lederschildkröte und Echte Karettschildkröte. Viele von ihnen sind vom Aussterben bedroht. Und obwohl Mexiko den Verzehr von Schildkrötenfleisch und -eiern verboten hat, lassen sich alte Gewohnheiten nur schwer ausrotten.

Schlüpflinge der Oliv-Bastard-Schildkröte wandern zum Meer

Die verschiedenen Arten graben die Eigruben im Sommer und Herbst. Die Weibchen wandern an den Strand, wo sie Gelege von 50 bis 120 runden, weißen lederigen Eiern ablegen, die sich dort 15 bis 60 Tage entwickeln. Wenn die Jungen schlüpfen und an die sandige Oberfläche kommen, müssen sie sich auf ihrem Weg zum Meer vor Fressfeinden wie Krebsen und Seevögeln hüten.

An der Karibikküste bietet das **Centro Ecológico Akumal** *(Tel. 984/875-9095, ceakumal.org)* Programme zum Schutz der Unechten Karett- und der Suppenschildkröten der Region. Die Schildkrötensaison (Eiablage und Schlupf) ist von Mai bis Oktober. Akumal liegt 90 Kilometer südlich von Cancún zwischen Playa del Carmen und Tulum. Freiwillige können in den Schutzprogrammen mitarbeiten. Die Gebühr für einen Besuch des Centers und einen Nachtspaziergang liegt in der Regel bei zehn US-Dollar.

Am Pazifik engagieren sich viele Hotels in Puerto Vallarta und Costalegre in Programmen zum Schutz der Schildkröteneier. Vom Spätsommer bis zum Herbst können Hotelgäste beim Rücktransport der Jungtiere zum Meer helfen. Zu den Hotels, die solche Programme bieten zählen das CasaMagna Marriott (siehe S. 368), das Dreams Puerto Vallarta (siehe S. 368), das Four Seasons Punta Mita *(Tel 329/291-6000)*, das Westin *(Tel 322/226-1100)* und das Velas Vallarta.

Open Air *(Tel. 322/222-3310, e-mail: openair@vivamexico.com)* hat darüber hinaus Nachtspaziergänge im Angebot. Ähnliche Touren gehören zum Programm von **Ecotours de México** *(Tel. 322/222-6606, www.ecotoursvallarta.com)*, **Vallarta Adventures** *(Tel. 322/297-1212, www.vallarta-adventures.com)* und **Wildlife Connection** *(Tel. 322/225-3621, www.wildlifeconnection.com)*. Die Kosten betragen etwa 50 US Dollar pro Person.

Nördlich von Puerto Vallarta in San Pancho, in Nayarit, gibt es beim **Grupo Ecológico de la Costa Verde** *(Tel 311/258-4100, www.project-tortuga.org)* Einführungen sowie die Möglichkeit als Freiwilliger Schildkrötenpopulationen zu überwachen und zu schützen.

In Baja California arrangieren **Baja and Beyond Tours** *(http://beyondbaja.com)* mehrtägige Touren zu einem Schildkröten-Schutzcamp nördlich von Los Cabos.

Isla Mujeres
309 F4

Besucherinformation
Av. Rueda Medina 130
998/877-0307

www.islamujeres.com.mx

gut schnorcheln kann. Dort liegt auch ein Leuchtturm und ein Schifffahrtsmuseum.

Biologen kampieren im Sommer an der **Punta Morena**, um die Eier von Meeresschildkröten vor Wilderern zu schützen. Dort, wo das Hauptquartier der Biologen war, befindet sich das Hotel **Ventanas al Mar** *(www.ventanasalmar.com.mx)*.

Landeinwärts befinden sich die Ruinen von **San Gervasio** *(Carretera Transversal, Tel. 987/872-2940, $$)*. Dieses Kultzentrum war von 300 bis 1500 in Betrieb und hat wohl über 300 Gebäude umfasst. Über ein Dutzend sind restauriert worden, darunter ein Tempel der Göttin Ixchel.

Taucher und Individualisten schätzen die **Isla Mujeres**, einen acht Kilometer langen Kalksteinvorsprung nur elf Kilometer nordöstlich von Cancún. Schwarzspitzen- und Ammenhaie dösen hier in Höhlen 24 Meter unter Wasser.

An der Insel liegen mehrere Riffe verstreut. Das **Coral Scuba Center** *(Av. Matamoros 13, Tel. 998/877-0061)* offeriert Exkursionen zu den Haibuchten und zum **Manchones Reef**. Schnorchler besuchen das Unterwasserreservat **El Garrafón** *(Carretera Garrafón, Tel. 998/193-3360, www.garrafon.com, $$$$$)*, das 1999 von den Leuten, die Xcaret (siehe S. 314) ins Leben riefen, modernisiert wurde. Die preiswerteste Tour kostet 69 US Dollar; sie umfasst ein Lunch, Getränke, eine Kajaktour und die Fahrt ab Cancún. Eine Canopy-Tour und andere Aktivitäten kosten mehr.

Das Meer am Hauptstrand der Insel, der **Playa Norte**, ist besser zum Schwimmen als zum Schnorcheln geeignet; es gibt hier Lokale und kleinere Hotels. Die Stadt besteht aus ein paar Straßen mit Restaurants, Hotels und Geschäften.

Reiseagenturen auf der Isla Mujeres bieten Vogelbeobachtung und Schnorcheln auf der **Isla Contoy**, 30 Kilometer weiter nördlich, an. Die kleine Insel ist ein Natur-

Das Riff El Garrafón bei der Isla Mujeres

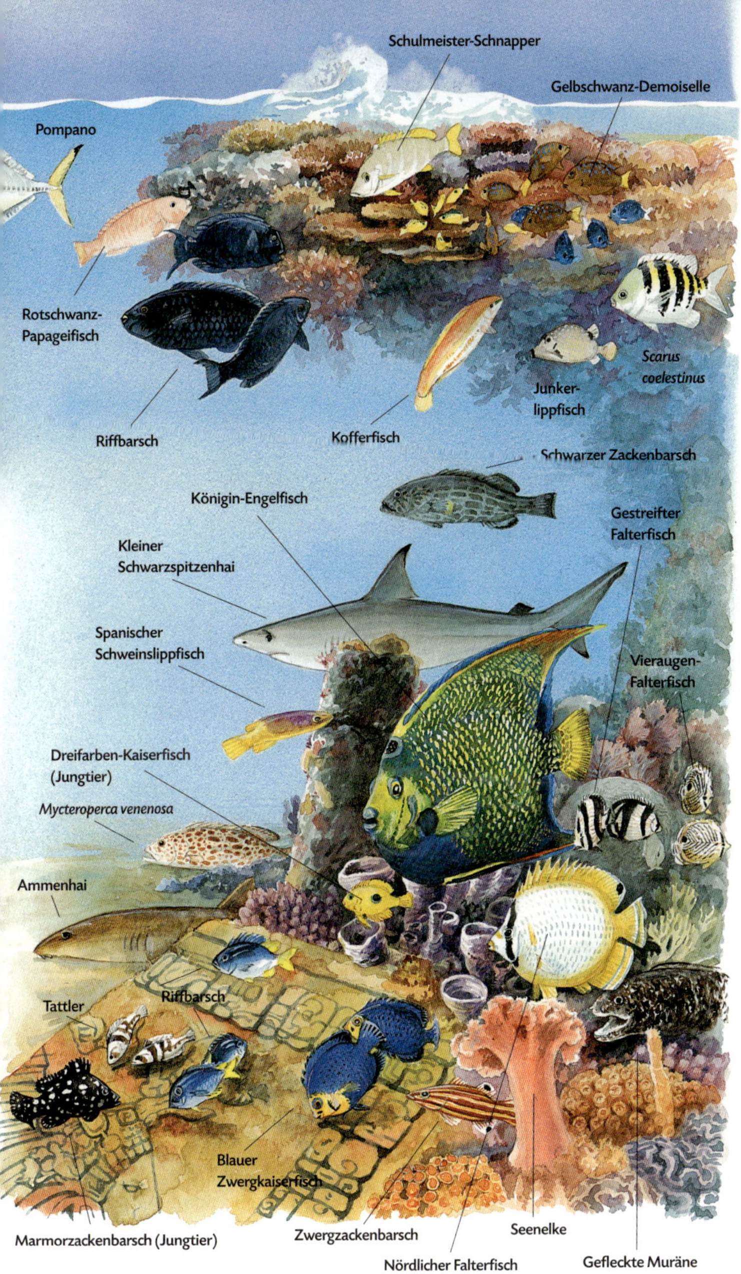
Schulmeister-Schnapper
Gelbschwanz-Demoiselle
Pompano
Rotschwanz-Papageifisch
Scarus coelestinus
Junkerlippfisch
Riffbarsch
Kofferfisch
Schwarzer Zackenbarsch
Königin-Engelfisch
Gestreifter Falterfisch
Kleiner Schwarzspitzenhai
Spanischer Schweinslippfisch
Vieraugen-Falterfisch
Dreifarben-Kaiserfisch (Jungtier)
Mycteroperca venenosa
Ammenhai
Tattler
Riffbarsch
Blauer Zwergkaiserfisch
Marmorzackenbarsch (Jungtier)
Zwergzackenbarsch
Nördlicher Falterfisch
Seenelke
Gefleckte Muräne

ERLEBNIS: Erkundung von Sian Ka'an

Sian Ka'an, ein Musterbeispiel der nachhaltigen Erschließung in sensiblen tropischen Ökosystemen, arbeitet ökologisch verantwortungsvoll, u. a. mit Mülltrennung, Regenwassersammlung sowie Sonnen- und Windkraft. Alle Einnahmen, die mit dem Tourismus erzielt werden, fließen in weitere entsprechende Programme. Hier können Sie also unbesorgt auf Erkundungstour gehen und das Gefühl haben, dem idyllischen Land auch etwas zurückzugeben.

Das **CESiaK Ecological Center** *(Tel. 984/871-2499, www.cesiak.org)* stellt einheimische Fischer ein, die Ausflüge zur Vogelbeobachtung, zum Fliegenfischen und zu kulturellen Stätten führen. Ganztägige Touren geben Gelegenheit, mehrere Mayastätten zu besuchen, auf einem Floß den Fluss hinunterzufahren, zu schnorcheln, in einem *cenote* zu schwimmen, spazieren zu gehen und Vögel zu beobachten. CESiaK bietet auch rustikale Unterkünfte in voll ausgestatteten Zelten.

Vogelliebhaber und Archäologiefans können Bootsausflüge mit **Eco Colors** *(Tel. 998/884-3667, www.ecotravelmexico.com)* genießen, einer umweltfreundlichen Firma, die Tag- und Nachttouren durch die Lagunen und Kanäle des Parks organisiert. Es gibt Rad-, Vogelbeobachtungs-, Trekking-, Schnorchel- und archäologische Ausflüge.

Tulum
309 E3
984/206-3150
$$

Reserva de la Biósfera Sian Ka'an
309 E2/E3
Besucherinformation
998/884-3667
www.ecotravelmexico.com

schutzgebiet und ein Refugium für rund hundert Vogelarten. Besucher dürfen nicht auf der Insel übernachten; Vogelbeobachter lassen sich am besten in der Morgendämmerung von einem Boot nach Contoy bringen; dann sind die Vögel am aktivsten.

Tulum & Sian Ka'an

Eine Burg thront oben auf einem grasbewachsenen Fels mit Blick über die Karibik bei **Tulum**. Vor 600 Jahren verließen sich die Mayaseefahrer auf bestimmte Lichtstrahlen, die durch die Fenster fielen, wenn sie ihre Schiffe durch die trügerischen Riffe ans Ufer steuerten.

Tulum zählt zu den beliebtesten Sehenswürdigkeiten bei der Entdeckung der Welt der Maya. Touristen steigen jeden Morgen aus dem Bus von Cancún, das nur 130 Kilometer weiter nördlich liegt. Die Besucher nehmen einen Pendelbus zu den Ausgrabungen und müssen sich an bestimmte Routen halten, wenn sie die rund 60 Gebäude besichtigen. Man darf **El Castillo** nicht mehr erklimmen.

Zwischen 1100 und der spanischen Konquista wurde Tulum vermutlich von wohlhabenden Kaufleuten regiert. Die Einwohner beteten den Herabstürzenden Gott an, dessen Porträt man über einer Tür des gleichnamigen Tempels sieht. Dieser Gott stellt vielleicht den Bienengott dar, eine wichtige Gottheit in einer Gegend, die für ihren Honig bekannt ist. Die Wandgemälde im **Templo de los Frescos** stellen Mayagötter und -göttinnen dar.

Die spanischen Eroberer, die 1511 die Schiffskatastrophe bei Tulum überlebten, fanden ein lebhaftes Handelszentrum vor. Zwei der Matrosen blieben in Tulum. Der eine, Gonzalo Guerrero, heiratete ein Mayamädchen und wurde so Vater des ersten Mestizenkindes der Halbinsel. Er half den Maya 1517, die Invasoren abzuwehren.

Tulum war zwar der einzige wichtige Ort am Meer, doch arbeiteten und lebten die Maya an der ganzen Küste von Quintana Roo. Ingenieure erbauten in den Mangrovenlagunen südlich von Tulum Kanalsysteme, die mit heiligen Stätten durchsetzt waren. Ihr Werk steht in der 516 110 Hektar großen **Reserva de la Biosfera Sian Ka'an**, drei Kilometer südlich von Tulum am Südende der Riviera Maya, unter Schutz. Es handelt sich um das letzte Stück unerschlossenes Land an der Karibikküste. Das Ökosystem mit Mangrovesümpfen, Süßwasserlagunen, Stränden, Grasland und Dünen wurde 1987 zum Unesco-Welterbe erklärt.

Die Mehrzahl der Menschenwohnt beim Ort Punta Allen an der Spitze der 35 Kilometer langen Halbinsel. Das Abzapfen von Chicle ist im Naturschutzgebiet, das etwa ein Drittel von Mexikos Karibikküste einnimmt, nicht mehr erlaubt. Ökologisch verträgliche Fischerei ist eine Einkommensquelle der Einheimischen, sie fischen Langusten, Haie und Tarpune. Es gibt Lodges für angelnde Gäste, die hier fliegenfischen dürfen.

Eine Staubpiste führt entlang der Halbinsel Punta Allen. Die Fahrt kann drei Stunden dauern, daher ist es wichtig, viel Wasser, Snacks und einen Reservereifen mit sich zu führen. Einige kleine Hotels und Restaurants in Punta Allen bieten das Nötigste. In Sommernächten kommen Meeresschildkröten zur Eiablage an Land.

Über 350 Vogelarten hat man in den Lagunen von Sian Ka'an entdeckt. Boote gleiten an Vögeln, Meeresschildkröten und einsamen Maya-Ruinen vorbei, während Führer die Geschichte und Ökologie des Küstenstreifens von Sian Ka'an (in der Mayasprache „Geburt des Himmels" erklären.

Amigos de Sian Ka'an *(Tel. 998/8806024 in Cancún, www.amigosdesiankaan.org)* ist eine private gemeinnützige Organisation, die eng mit den Parkangestellten zusammenarbeitet. ■

Tulum war eine blühende Handelsstadt der Maya, als die ersten Spanier eintrafen

Weitere Sehenswürdigkeiten

Chetumal

Nur wenige Touristen kommen bis Chetumal, der Hauptstadt von Quintana Roo. Die Stadt liegt an der Bahía de Chetumal, wo sich in verschwiegenen Buchten Manatis (Seekühe) verstecken. Hotels und Lokale sind auf Geschäftsreisende eingestellt sowie auf Touristen, die nach Belize weiter wollen. Das exzellente **Museo de la Cultura Maya** *(Tel. 983/832-6838, Mo geschl., $$)* ist ein Muss für archäologisch Interessierte.
309 D1 Av. 5 de Mayo Ecke Carmen Ochoa de Merino, 1 Block vom Strand entfernt

Cobá

Etwa eine halbe Stunde vom Meer entfernt ragen die Ruinen von Cobá im Dickicht des Dschungels auf. Die Ausgrabungen erstrecken sich über 210 Quadratkilometer. Bislang hat man nur fünf Prozent der Monumente restauriert, darunter die Pyramide **Nohuch Mul**, deren 120 Stufen man erklimmen sollte. Am Ende der Pfade liegen ein Ballspielplatz, kleinere Pyramiden und Tempel. Viele Stelen sind mit lebensgroßen Darstellungen von Königen und Königinnen versehen. Bis heute entzünden die Maya vor zwei oder drei dieser Stelen Kerzen und Weihrauchstäbchen. Man sollte viel Wasser mitnehmen und eine Landkarte, die man gleich am Parkeingang erhält. Die einzelnen Sehenswürdigkeiten liegen weit voneinander entfernt; Fahrräder können ausgeliehen werden.
309 E3 Carr. a Cobá, 48 km westlich von Tulum $ $

Kohunlich

Von dieser Mayastätte mit 200 Monumenten sind nur wenige restauriert. Am beeindruckendsten ist die **Pirámide de los Mascarones** (Pyramide der Masken) mit einem Zwei-Meter-Basrelief, das Stuckmasken aus der Epoche der Frühklassik (300–450) sehen lässt. Sie sollen den Sonnengott darstellen. Auch die Akropolis und der Ballspielplatz lohnen einen Besuch.
309 D1 67 km westlich von Chetumal an der MEX 186 $ $

Laguna Bacalar

Die Laguna Bacalar, 40 Kilometer nördlich von Chetumal, speist sich aus Süß- und Salzwasserbächen sowie Quellen und ist der zweitgrößte See Mexikos. Man nennt ihn „See der sieben Farben", da er in verschiedenen Grün- und Blautönen schillert. Am Ufer gibt es Ferienorte, Restaurants, Hotels und Ferienhäuser. Wer die Mayaruinen besichtigen möchte, startet hier.
309 D2

Majahual & Xcalak

Die 64 Kilometer lange **Halbinsel Xcalak** ist wie Sian Ka'an touristisch noch nicht erschlossen. Kreuzfahrtschiffe legen in Puerto Costa Maya nördlich von Majahual an, der größten Stadt an der Küste. Ausflugsbusse befahren die Straße zwischen der Küste und den Mayastätten. Noch ist die Straße, die südlich von Majahual ins Fischernest Xcalak führt, nur teilweise asphaltiert.

Unweit der Küste ziehen sich Riffe entlang; die **Banco Chinchorro**, ein 38-Kilometer-Riff, gleicht einem Schiffsfriedhof. Bei ruhiger See kann man sich von Xcalak aus zum Tauchen hinschippern lassen. **Costa de Cocos** *(www.costadecocos.com)*, ein Hotel mit Hütten am Sandstrand, hat einen Laden, der Tauchern alles bietet. Es werden auch Touren zum Hochseefischen organisiert.
309 E1/E2 ■

Campeche

Mayaruinen finden sich überall im Bundesstaat Campeche. Calakmul liegt tief im größten mexikanischen Regenwald. Edzná, die bekannteste und am häufigsten besuchte präkolumbische Stätte, ist kaum eine Autostunde von der Hauptstadt Campeche entfernt. Campeche kann mit hübschen Kolonialgebäuden aufwarten und eignet sich als Ausgangspunkt für Ausflüge.

Die Tempel von Hochob weisen Elemente der Architektur von Río-Bec- und Chenes-Stil auf

Campeche ist eine der verschlafensten Hauptstädte Mexikos. Der Verkehr schleppt sich im historischen Zentrum, das früher zum Schutz vor Piraten von einer Mauer umgeben war, träge dahin. Heute schlendern die Fußgänger über den *malecón,* Geschäftsleute diskutieren in ihren Lieblingslokalen.

Die nach Westen ausgerichteten Strände von Campeche an der gleichnamigen Bucht locken wenige Touristen an. Dafür finden sich im seichten, warmen Wasser an den Stränden mit Sand und Gras bei Seybaplaya schöne Wasservögel, und nette Kleinstädte wie Champotón sind für Jäger und Sportfischer interessant. Die MEX 186 führt von Escácega landeinwärts zu den Ruinen von Xpujil, Becán und Chicanná, bevor es dann gen Osten weiter zur Küste von Yucatán geht. Abenteuerlustige zieht es in den Dschungel des Biosphärenreservats Calakmul, wo Hunderte von Mayaruinen noch darauf warten, ausgegraben zu werden.

Campeche
309 C3
Besucherinformation
Av. Ruíz Cortines s/n, Plaza Moch-Couloh
981/127-3300
www.portal.camp.gob.mx

Eine Straße verläuft von Xpujil in Richtung Norden; so ist es möglich, auch die Ruinen von Hopelchén zu besichtigen und sich unterwegs Mayahütten anzusehen, die noch bewohnt sind. Es handelt sich dabei um runde oder ovale Häuser mit dicken Adobe-Mauern und Strohdächern.

Stadt Campeche

Die einzigartige, recht abgelegene Stadt Campeche hat Romantik. Sie war früher komplett von einer Mauer umgeben und bewahrt ihre stille Eleganz des 17. Jahrhunderts. Seit 1987 hat man Hunderte von Gebäuden in zarten Pastellfarben wie Hellgelb, Erdbraun, Ocker, Dillgrün oder Gold gestrichen und Campeche so zu einem lebenden Museum der Architektur der Kolonial- und Republikzeit entwickelt.

Francisco de Montejo gründete Campeche 1540. Bald gewann die Stadt durch ihren Hafen an Bedeutung, denn von hier wurden Gold und Silber nach Spanien verschifft. Daraufhin belagerten fast 200 Jahre lang Piraten die Stadt. Erst 1686 entschloss sich die spanische Krone zu vorbeugenden Maßnahmen: Campeche wurde komplett mit einer Mauer umgeben und ein doppeltes Fort wurde errichtet.

Heute ist die Altstadt, **Viejo Campeche**, ein Gebiet von fünf mal neun Blocks. Die sechseckige Stadtmauer ist größtenteils zerstört, die sieben Bastionen, *baluartes*, sind restauriert worden. Die beiden Eingänge, die einzigen Zugänge zur Stadt, das Meeres- und das Landtor, sind im Original erhalten.

Das Landtor, die **Puerta de Tierra** *(Calle 18 gegenüber Calle 59)*, gibt eine dramatische Kulisse für eine zweistündige Ton- und Lichtschau *($$)* mit Tanz und Musik ab. Das Meerestor, die **Puerta del Mar** *(Calle 8 Ecke Calle 59)*, ist ein großer Torbogen zwei Blocks vom Meer.

Heilige *cenotes*

Die Halbinsel Yucatán besteht aus porösem Kalkstein, der Dolinen oder *cenotes* bildet, wenn er einbricht. Wasser war den Maya heilig, der Regengott Chac zählte zu den wichtigsten Göttern. In Höhlen, die ebenfalls als heilig betrachtet wurden, ließ man Opfer zurück. Menschenopfer wurden in rituelle Brunnen gestoßen, wie dem in Chichén Itzá – das sollte Regen bringen.

Heute zahlen Schnorchler stolze Preise, um in Xcaret (siehe S. 314) im Untergrund zu schwimmen; Taucher bevorzugen Dos Ojos, verbunden durch einen unterirdischen Fluss. Nicht ganz so teuer ist der kleine grüne *cenote* in Dzibalchatún bei Mérida und Ik Kil, ein wunderschöner Teich in Pisté. Gut schwimmen kann man im Cenote Zaci am Stadtrand von Valladolid.

Fragen Sie die Einheimischen nach entlegeneren Plätzen wie den *cenotes* Azul und del Pato bei Champotón, Campeche. Ab der Hacienda Cuzamá, südöstlich von Mérida, gibt es Kutschfahrten entlang der alten Eisenbahnlinien zu drei herrlichen *cenotes*.

Im Stadtzentrum weist die klassizistische **Catedral de la Concepción Immaculada** *(Calle 55 Ecke Calle 10)* Renaissance-Elemente auf. Das herausragendste Stück der Kirche ist ein Heiliges Grab aus Ebenholz, das mit Engeln aus Silber bedeckt ist. Es befindet sich im kleinen Kirchenmuseum.

Die Kathedrale flankiert die Nordseite der **Plaza Principal**. Im Gegensatz zu anderen Hauptplätzen in Mexiko ist hier im Park selten etwas los. Die meisten Leute spazieren lieber auf der Promenade am Meer, dem *malecón,* entlang. Am Wochenende spielt im Musikpavillon das Symphonieorchester.

Mit das Schönste, was man in Campeche tun kann, ist in der Stadt herumzubummeln. Wer sich lieber chauffieren läst, kann eine Tour mit der Trambahn *($$)* machen, die am Hauptplatz abfährt. Es gibt drei verschiedene Touren.

Will man den **Mercado municipal** *(Av. Circuito Baluartes zwischen Calle 51 & 55)*, den städtischen Markt, besuchen, muss man das historische Zentrum verlassen. Von den Panamahüten und einigen Webwaren abgesehen, ist Campeche nicht für Kunsthandwerk bekannt. Aber man findet Andenken und T-Shirts sowie Artikel aller Art für den täglichen Gebrauch.

An beiden Enden der Stadt liegen strategisch günstig die beiden alten Festungen. Als der **Fuerte San Miguel** *(Av. Escénica s/n)* am südlichen Stadtrand 1771 fertig gestellt war, fanden auch die Piratenüberfälle ein Ende. Heute ist in dieser Festung hoch oben auf dem Berg das **Museo de la Cultura Maya** *(Mo geschl., $)* untergebracht. Zu sehen sind vorspanische Artefakte aus dem ganzen Staat, beispielsweise einige Statuetten von der Isla de Jaina, die Leute unterschiedlichen Ranges und Berufes darstellen (siehe S. 331), sowie imposante Jade-Totenmasken aus Calakmul.

INSIDERTIPP

Besuchen Sie das Sonntagsfest in Campeche und kosten Sie einen *machacado,* das regionale Dessert aus Obst, Milch und Eis.

LUZ MARIA MEJIA
National Geographic-Feldforscherin

Im Nordosten der Stadt beherbergt der **Fuerte San José** *(Av. Francisco Morazan s/n)* das **Museo de Armas y Barcos** *(Mo geschl., $)*. Im kleinen Museum sind neben Waffen und Modellschiffen auch Manuskripte und religiöse Kunst zu sehen.

In einigen der Bastionen der einstigen Stadtmauer sind ebenfalls Museen untergebracht. Der **Baluarte San Carlos** *(Calle 8 Ecke Calle 65, Mo geschl.)* birgt ein Museum,

Edzná
309 C2
Besucherinformation
45 km südwestlich von Campeche
981/811-1314 (INAH)
$$

das sich der Stadt widmet. Der **Baluarte de la Soledad** *(Calle 8 Ecke Calle 57)* an der Südseite des Hauptplatzes beherbergt eine Sammlung von Mayastelen im **Museo de las Estelas** *(Mo geschl., $)*.

Hinter den dicken Mauern des **Baluarte Santiago** *(Calle 8 Ecke Calle 49, $)* verbirgt sich ein kleiner botanischer Garten. Der **Baluarte de San Pedro** *(Calle 51 Ecke Calle 8)* fungiert als Laden für einheimisches Kunsthandwerk.

INSIDERTIPP

Die MEX 186 in Campeche ist von Mayaruinen gesäumt. Auch wenn sie schwer zu erreichen sind, lohnt ihr Besuch sich sehr.

ELAINE GLUSAC
NATIONAL GEOGRAPHIC-Autorin

Edzná

Edzná befindet sich an der Kreuzung der Handelsrouten zwischen der nördlichen Halbinsel Yucatán, dem südlichen Tiefland und Ah Kin Pech (heute die Stadt Campeche); mehrere Architekturstile sind zu sehen. Aus der Klassik stammen viele Stelen auf dem Gelände; sie sind im südlichen Tiefland ebenso typisch wie Dachkämme und Kraggewölbe. Die symbolhaften Steinmosaike sind für den Puuc-Stil typisch. Einzigartig in Edzná ist jedoch das Bewässerungssystem, das ab 200 v. Chr. entstand.

Von den Gebäuden liegen die meisten nicht weit vom Hauptplatz, der **Plaza Principal**, und nebenan an der **Gran Acrópolis.** Weiter südlich gelangt man zum ***juego de pelota***, dem Ballspielplatz, und zum **Templo Sur** (Südtempel). Das beeindruckendste Bauwerk der Ausgrabungsstätte ist der **Templo de los Cinco Pisos** (Tempel der fünf Stockwerke), der zur Gran Acrópolis gehört. Über eine Freitreppe gelangt man in jedem Stockwerk zu einem Heiligtum. Den Tempel oben ziert ein Dachkamm. Jedes Jahr vollzieht sich zur Zeit der Aussaat *(1.–3. Mai)* und zur Erntezeit *(7.–9. Aug.)* hier ein Sonnenphänomen: Sonnenstrahlen fallen ins Innere und erleuchten das Gesicht des Gottes Itzamná auf einer Stele.

Einige der ältesten Bauten finden sich an der **Pequeña Acrópolis** (Kleine Akropolis) im Süden der Gran Acrópolis. Jedes der vier Gebäude, die auf der erhobenen Plattform stehen, zeigt in eine der vier Himmelsrichtungen. Im Westen dieser Akropolis ragt der **Templo de los Mascarones** (Maskentempel) mit Stuckmasken des auf- und untergehenden Sonnengottes im Osten bzw. Westen auf. Reiseveranstalter in Campeche bieten Fahrten *($$$$$)* zu den Licht-Ton-Spektakeln an Freitag- und

Samstagabenden. Die Schau (*$$$*) beginnt im Sommer um 20, im Winter um 19 Uhr.

Reserva de la Biósfera Calakmul

Calakmul ist der größte verbliebene tropische Regenwald Mexikos. Der leicht erhöhte Grat auf Yucatán stellt eine ökologische Verbindung zwischen den Regenwäldern im Petén von Guatemala und den trockeneren Wäldern Richtung Norden dar. In diesem Naturschutzgebiet lie-

Obwohl es sich um ein Naturschutzgebiet handelt, wird der Park von Waldwirtschaft und Bebauung bedroht. Einwanderer aus Tabasco, Veracruz und Chiapas haben sich hier seit den 1950er Jahren niedergelassen; Holzeinschlag und Brandrodung, Ackerbau und Jagd sind an der Tagesordnung. Die Pronatura Península de Yucatán, ein nichtkommerzielles Unternehmen, ist mit dem Management des Parks betraut.

Reserva de la Biósfera Calakmul
309 C1

Den Templo de los Cinco Pisos, Edznás größter Bau, zierten ursprünglich Stuck und Farben

gen die Mayaruinen Xpujil, Chicanná und Becán; sie sind über die Landstraße erreichbar. Um nach Hormiguero, Calakmul und Río Bec zu gelangen, muss man mehr Mühen auf sich nehmen. Calakmul bietet mit einer Fläche von 723 185 Hektar vielen Säugetierarten ein Zuhause.

Nach der Gründung des Kreises Calamuk 1996 wurde Xpujil zum Regierungssitz erklärt. Die MEX 186 durchschneidet den Park bei dieser Kleinstadt; es gibt hier einige Lokale und einfache Hotels, mehrere Buslinien, Telefon, Fax und Internet. Die zweispurige Straße verbindet

Chetumal, die Hauptstadt von Quintana Roo, mit Escárcega, das für die Versorgung von Campeche wichtig ist. Von Xpujil gen Norden gelangt man nach Hopelchén und in den Bundesstaat Yucatán.

Besucher können von Campeche aus Exkursionen buchen oder im Chicanná Ecovillage Resort bei Xpujil einen Führer anheuern. Alle Ausgrabungsstätten sind täglich von 8 bis 17 Uhr geöffnet ($).

Die nah beieinanderliegenden Stätten Chicanná, Becán und Xpujil lassen sich in einem oder einem halben Tag besichtigen. Die Ausgrabungen sind eine Kombination aus dem Architekturstil der Chenes-Kultur mit tiergestaltigen Masken an den Türstürzen – sie herrschen im nördlichen Campeche vor – und dem Río-Bec-Stil, der sich durch Doppeltürme an den Seiten mit aufgesetzten falschen Tempeln, durch abgerundete Ecken und Scheintreppen charakterisiert.

Becán war einst die Hauptstadt in der Río-Bec-Region, wurde aber wie viele andere Stätten bislang noch nicht ganz ausgegraben

Chicanná ist ein kleines Ausgrabungsgelände; der Name bedeutet „Haus des Schlangenrachens". Der Ort wurde in der späten Vorklassik eingenommen und erreichte seine Blüte in der Spätklassik.

Vögel kreischen, wenn man durch den kleinen Wald von Sapotill-Bäumen zum Hauptplatz spaziert, um den sich die meisten Gebäude gruppieren. Typisch für die Strukturen im Chenes-Stil ist die Fassade der **Estructura II**, eine Maske, die den Schöpfungsgott Itzamná darstellt. Sein offener Mund bildet das Haupttor; darüber hat man aus dem Stein seine Reißzähne, Nase und schielenden Augen gemeißelt. Seitlich an diesem Gebäude waren die vertikalen Reihen mit Chac-Masken aus Steinmosaik früher mit Stuck bedeckt und leuchtend rot bemalt. Diese Elemente finden sich an vielen Bauten hier.

Becán, 1,5 Kilometer entfernt, fungierte als Hauptstadt der Río-Bec-Region. In den frühen Tagen der Besiedelung umschloss ein Wassergraben die Innenstadt.

Vor der **Estructura III** gibt es die Reste eines Rundaltars zu sehen, der den gefiederten Schlangengott Kukulcán oder Quetzalcóatl, wie er bei den Tolteken und den Völkern weiter nördlich hieß, darstellt. Ein Tunnel mit Fledermäusen zieht sich durch die **Estructura VIII**. Steigt man auf die Pyramide hinauf, sieht man in acht Kilometern Entfernung im Nordosten den Templo de las Tres Torres von Xpujil aufragen.

Xpujil hat seinen Namen von einer Orchideenart, die hier wild wuchert. Wie Chicanná und Becán erlebte auch Xpujil seine Blütezeit in der Spätklassik und verbindet den Chenes- mit dem Río-Bec-Stil. Eingebaute Bänke wie bei der **Estructura III** und **IV** lassen darauf schließen, dass es sich bei den Gebäuden um Wohnhäuser handelte.

Rund 23 Kilometer südwestlich wurde **Hormiguero** (Ameisenhaufen) nach den Tunneln der Plünderer benannt, die Wissenschaftler 1933 entdeckten. Drei Gebäudegruppen (Norden, Mitte, Süden) sind von Wohnhäusern umgeben. Der Río-Bec-Stil herrscht vor, typisch sind die Türme an der Seite sowie die gerundeten Ecken und falschen Treppen der **Estructura II** der Südgruppe. Die Tropenwälder rund um das Gelände sind von Weiden, Steppe und Sümpfen durchsetzt.

Río Bec ist Teil einer Gruppe von 18 Kultbauten, die so weit verstreut liegen, dass die Archäologen unsicher sind, ob sie einer einzigen Gemeinschaft gehörten. Man kann in Xpujil einen Führer mieten und mit ihm zu diesen Ausgrabungen am Río Bec wandern.

Calakmul zählt zu den Mayaruinen, die bislang am wenigsten erforscht wurden; es liegt tief im Naturschutzgebiet, an die 60 Kilometer von der MEX186 entfernt.

INSIDERTIPP

Stehen Sie früh auf, wenn Sie Affen sehen wollen. Sie sind am aktivsten, wenn es noch kühl ist.

KATHERINE AMATO
NATIONAL GEOGRAPHIC-Feldforscherin

Der Botaniker Cyrus Lundell entdeckte 1931 diese Stadt. Sie lag früher an einem Süßwassersee und erinnert im Stil an die Petén-Region in Guatemala. Calakmul war von der Mitte der Vorklassik (500-300 v. Chr.) bis zur späten Nachklassik (1200–1521) ununterbrochen bewohnt.

Offensichtlich hat das Gelände mehrere Wachstumsperioden und Blütezeiten erlebt. Es war 500 Jahre lang die Hauptstadt eines Königreichs mit dem Namen Cabeza del Serpiente (Schlangenkopf), das Orte im Tiefland wie Dos Pilas, Naranjo und Caracol einte. Nach dem Tod des Führers Jaguarpranke scheint Calakmul seine Beziehungen mit den Nachbarn im Norden der Río-Bec-Region intensiviert zu haben; Ge-

Hopelchén
309 C3

Hochob
309 C2

Dzibilnocac
309 C2

bäude wie die **Estructura V** zeugen vom Einfluss des Rió-Bec-Stils. Zu der Zeit wurden viele Stuckstelen errichtet. Die Stadt fungierte ab 1000 als Kultzentrum.

Hopelchén, Hochob & Dzibilnocac

Östlich der Stadt Campeche liegt Hopelchén. Die Mennoniten kommen von ihren Farmen hierher, um Käse feilzubieten und Lebensmittel zu kaufen. Noch immer tragen viele ihre Trachten und sprechen den niederdeutschen Dialekt ihrer Vorfahren. Südlich der Stadt liegen Hochob und Dzibilnocac, zwei kleinere Ausgrabungsgelände mit Architektur im Chenes-Stil der Region.

Im Norden von Xpujil befindet sich Hochob 14 Kilometer von Dzibalchén an der Straße nach Chencho. Bislang wurden eine Plaza und vier Gebäude freigelegt, die auf einem Hügel liegen. Die Fassaden des **Palacio del Este** (Ostpalast) und des **Palacio Principal** (Hauptpalast), beide an der Plaza, sind mit riesigen Masken geschmückt; sie sind wichtige Elemente der Chenes-Architektur. Der Palacio del Este weist eine zoomorphe Figur auf, der Palacio Principal zeigt den Sonnengott Itzamná, dessen Augen über die Tür schielen. Man sieht Chac-Masken und Reste von Dachkämmen.

Hinter dem Palast sind ein paar Vertiefungen im Boden alles, was vom alten Bewässerungssystem geblieben ist. Die Scheintreppen und -türme der **Estructura III**, ebenfalls an der Plaza, werden von falschen Tempeln gekrönt; sie sind ein Charakteristikum des Río-Bec-Stils.

Im Norden von Dzibalchén gelangt man zu den Ruinen von Dzibilnocac in der Stadt Iturbide, mit Plattformen, Pyramidenbasen, Palästen und Kammern mit Gewölbedecken. Der **Templo Palacio** (Estructura I) vereint mehrere Architekturelemente. Er hat ein falsches Treppenhaus und mit Tempeln versehene Türme. Gut erhaltene Chac-Masken schmücken den oberen Tempel. Das Gelände war von 250 bis 900 ein Kultzentrum, jedoch bereits um 500 v. Chr. bewohnt. ■

Zwei Wochen Karneval bringen doppelt so viel Spaß

Der Karneval von Campeche (Mardi Gras) ist wohl der älteste in Mexiko, wird aber von ausländischen Touristen meist nicht beachtet. Auf die rituelle Verbrennung des „Mal Humor" („Schlechte Laune"), folgen zwei Wochen mit Umzügen, Maskenwettbewerben, Tanz, Pop- und Rockkonzerten und grandiosen Feuerwerken. Die müden Teilnehmer sind theoretisch bereit für die nüchterne Fastenzeit, die am Aschermittwoch beginnt.

Weitere Sehenswürdigkeiten

Die Küste von Campeche

Eine Fahrt am Meer entlang birgt ein paar angenehme Überraschungen. Einer der attraktivsten Strandabschnitte befindet sich um **Seybaplaya**, einem Fischerdorf rund 32 Kilometer südlich von Campeche. Am schmalen Strand dümpeln bunt bemalte Boote. 1,5 Kilometer in Richtung Norden gelangt man nach **Payucán**, wo Reiher und Schnepfenvögel im seichten Wasser nach Beute Ausschau halten. Eine Stunde südlich liegt **Champotón**, der größte Ort zwischen Campeche und der Industriestadt auf der Isla del Carmen. In der Bucht von Champotón, **Bahía de la Mala Pelea** (Bucht des üblen Kampfes), besiegten die Maya erstmals die Spanier. Champotón kann man als Ausgangspunkt zum Jagen und Fischen nutzen.

308 B2

Grutas de Xtacumbilxunaan

Nicht weit von der Grenze zu Yucatán bilden die Höhlen von Xtacumbilxunán unterirdische Kammern mit Gesteinsformationen aus. Den alten Maya waren diese Höhlen heilig. Für jene, die auf der MEX 261 aus dem Norden von Hopelchén kommen, lohnt sich der kleine Umweg zu den Höhlen. Besucher können die beleuchteten Höhlen durchwandern; Erläuterung gibt es über Kopfhörer auch auf Englisch.

309 C3 981/816-1782
$$ Mo geschl.

Das nördliche Campeche

Zwischen der Stadt Campeche und dem Bundesstaat Yucatán führt die MEX 180 an mehreren Kleinstädten vorbei. Nach Hecelchakán aus dem 17. Jahrhundert, 60 Kilometer nördlich von Campeche, fahren die Campechanos gern wegen der *cochinita pibil* (Schweinebraten gewürzt mit Samen vom Orleansbaum), die am Hauptplatz angeboten wird. Die **Isla de Jaina** kann nicht besichtigt werden, doch kann man die berühmten Statuetten der Insel im **Museo Arqueológico del Camino Real** *(Mo geschl., $)* von Hecelchakán bewundern. 24 Kilometer weiter lohnt eine Pause in **Calkiní**, wo man sich die **Klosterkirche San Clarisa** mit geschnitzter Kanzel und schönem Hauptaltar ansehen kann.

Becal ist der Geburtsort der *jipis*, Strohhüte, die bei uns zum Leidwesen der Campechanos als „Panamahüte" bezeichnet werden. Die Modelle werden in den Kellern der Wohnhäuser hergestellt, wo die Feuchtigkeit für die Geschmeidigkeit der Pflanzenfasern sorgt.

309 C3 ■

Der Bundesstaat Yucatán

An der Halbinselspitze ist Yucatán der flachste Bundesstaat; hier gibt es kaum Regen. Der Tropenwald ist niedrig und gestrüppartig. Heiß ist es immer, doch in der Regenzeit im Spätsommer und Herbst stechen auch noch die Insekten. Am kühlsten ist es von Dezember bis Februar, wenn die Einheimischen mit dicken Jacken herumlaufen, die Touristen in T-Shirts aber schon am Schwitzen sind.

Chichén Itzá, eine der Hauptausgrabungsstätten auf Yucatán, ist eingehend erforscht

Hauptanziehungspunkt auf Yucatán sind die Mayaruinen. Trotz der vielen Touristen gilt Chichén Itzá als Topziel für Archäologiefans. Auf dem Gelände befinden sich der größte Ballspielplatz Mesoamerikas, ein heiliger Brunnen und Stufenpyramiden mit Flachreliefs. Das zweite Kleinod Yucatáns ist Uxmal, eine von einem halben Dutzend Ausgrabungsstätten an der Puuc-Route südlich von Mérida. In dieser Gegend mit sanft geschwungenen Hügeln befinden sich auch hübsche Städte mit Franziskanerklöstern und duftenden Märkten.

Die Haziendas beschäftigten sich früher mit Viehzucht, Mais-, später Zuckerrohr- und auch Sisalanbau, wurden in der Landreform nach der Revolution aber verkauft und aufgeteilt. Einige davon sind heute Luxus- oder rustikale Hotels und Restaurants.

Mérida

Wenig in Mérida erinnert an die große Vergangenheit der Stadt als Kultzentrum in der Maya-Epoche der Nachklassik. Einiges zeugt vom alten Glanz und Reichtum der Kolonialzeit. Die Stadt präsentiert sich heute als Mischung aus indigener Kultur, die durch das brutale Hazienda-System entstand, der Anpassungsfähigkeit der Maya und Ideen aus dem Ausland.

Im Gegensatz zu Tenochtitlán, das nach viermonatiger Belagerung eingenommen wurde (siehe S. 27), leistete T'ho 15 Jahre lang Widerstand. Die resoluten Maya kämpften zuerst gegen Francisco Montejo (El Adelantado) und später gegen seinen Sohn, Montejo el Monzo, der 1542 schließlich doch den Sieg davontrug.

Heute ist Mérida eine Stadt mit mehr als 734 000 Einwohnern. Im historischen Zentrum ballen sich Hotels, es stehen aber auch Hochhäuser an der **Prolongación del Paseo Montejo.** Es gibt Restaurants aller Arten und Preisklassen. Restaurierte Kirchen und Theater liegen zwischen den ein- und zweistöckigen Gebäuden verstreut.

Um das Herz der Stadt, den Zócalo bzw. **die Plaza Mayor** *(zwischen Calle 60 & 62, 61 & 63)* liegen viele Gebäude der zweiten und dritten Generation. Die **Casa de Montejo** *(Calle 63, Südseite der Plaza)*, heute eine Bank, ist eines der schönsten Beispiele für platereske Profanarchitektur der Stadt, wenngleich nur die Fassade original erhalten ist.

Mérida
309 C4
Besucherinformation
Teatro Peon Contreras, Calle 60 zwischen Calles 57 & 59
999/924-9290
www.merida.gob.mx.turismo

ERLEBNIS: Sonntag mit den Einheimischen

Wenn Sie Ihre Zeit in Yucatán planen, sollten Sie einen Sonntag in Mérida verbringen. Nur an wenigen Orten in Mexiko finden so viele kostenlose Kulturveranstaltungen statt. Kinder, Eltern und Großeltern genießen kostenlose Konzerte, Clowns und Komödianten auf der Straße. Am Hauptplatz *(zwischen Calles 60 & 62, 61 & 63)* gibt es eine Bühne und Sitzplätze. An der Calle 60 bis zum Santa Lucia Park wird Essen und Kunsthandwerk verkauft, zeigen Clowns ihre Künste und von 9 bis 21 Uhr gibt es Live-Unterhaltung.

An der Ostseite der Plaza hat man die ursprüngliche Kirche in die **Catedral San Ildefonso** *(Calle 60 Ecke 61)* integriert. Der Bau wurde 1561 begonnen und im Lauf der Jahrhunderte ergänzt. Innen tragen zwölf massive Säulen das Rippengewölbe über dem Kirchenschiff im Stil der spanischen Romanik. Links vom Hauptaltar ist der **Cristo de las Ampollas** (Christus der Brandblasen) eine Replik.

Nebenan war das **Museo de Arte Contemporáneo** *(Calle 60 zwischen Calle 63 & 61-A, Tel. 999/928-3258, Di geschl.)* früher Bischofsresi-

Dzibilchaltún
309 C4
$

Oxkintok
Zugänglich von Maxcanú aus, 62 km südlich von Mérida an der MEX 180

denz; heute ist im Obergeschoss zeitgenössische Kunst zu sehen.

In Mérida scheint am Sonntag die ganze Stadt einen Bummel durchs Zentrum zu machen, alle im Sonntagsstaat. Die Plazas rund um den Zócalo verwandeln sich zur Bühne für Volkstänze, Straßentheater und zu Märkten mit Kunsthandwerk und Antiquitäten (siehe S. 333).

Das **Museo de la Ciudad** *(Calle 56 No. 529A zwischen 65 & 65 A, Tel. 999/923-6869, Mo & und am Wochende ab 14 Uhr geschl.)* im ehemaligen Postamt kostet keinen Eintritt. Die Dauerausstellung erzählt die Geschichte der Stadt; Wechselausstellungen präsentieren Werke einheimischer Künstler.

INSIDERTIPP:

Sie entgehen den Touristenmassen in Uxmal und Chichén Itzá, wenn Sie ein Auto mieten und nach Oxkintok fahren. Die Stätte ist für Publikum geöffnet und liegt nur eine Stunde von Mérida entfernt.

SCOTT HUTSON
NATIONAL GEOGRAPHIC-*Feldforscher*

Am Donnerstagabend spielen um 21 Uhr im **Parque Santa Lucía** *(Calles 60 & 55)* Musikanten auf, und junge Leute führen Tänze der Region vor. Am Samstag nach 20 Uhr kommen Touristen und Einheimische zur **Noche Mexicana** *(Paseo de Montejo & Calle 47)* zusammen, einem Fest im Freien mit Musik, Tanz und Kunsthandwerk. Ein Stück die Straße hinauf gelangt man zum **Palacio Cantón**, einem Herrenhaus aus apricot- und cremefarbenem Carraramarmor, dorischen und ionischen Säulen und Verzierungen im italienischen Beaux-Arts-Stil; hier ist das **Museo de Antropología e Historia** *(Calle 43 & Paseo de Montejo, Tel. 999/923-0557, Mo geschl, $)* zu Hause. Die meisten der Exponate stammen aus der 16 Kilometer nördlich gelegenen Mayastadt Dzibilchaltún. Die meisten der 8000 Bauten sind noch nicht ausgegraben, doch der jadegrüne *cenote* zum Schwimmen und die Ruinen lohnen den Ausflug.

Der **Parque Centenario** *(Av. Itzaes zwischen Calle 59 & 65)* mit Wäldern, einem See zum Bootfahren, Kinderspielplatz und einem kleinem Zoo am westlichen Stadtrand von Mérida ist ein erfrischendes Refugium. Die **Eremita de Santa Isabel** *(Calle 66 & 77, 16–19 Uhr geöffnet)* ist eine Oase des Friedens; hier gibt es einen vorspanischen Altar und andere Maya-Artefakte in gepflegten botanischen Gärten. Die Kirche ist der Jungfrau der erfolgreichen Reise geweiht.

Als Mérida gegründet wurde, war die Innenstadt der Oberschicht vorbehalten; Indianerstädte und später Mestizensiedlungen lagen im Umkreis. Jede dieser Enklaven war eine Welt für sich, wobei das gesellschaftliche und religiöse Leben sich rund um die Gemeindekirche abspielte. Im 20. Jahrhundert wurden diese Orte dann alle eingemeindet.

Das **Barrio de Santiago** im Nordosten lohnt einen Besuch am Dienstagabend, wenn 1940er-Jahre-Bands im Park gegenüber vom **Templo de Santiago Apóstol** *(Calle 59 & 70)* aufspielen. Dem Hauptplatz am nächsten liegt das **Barrio San Juan** mit seiner Kirche aus dem 16. Jahrhundert *(Calle 69 & 62)*. An die acht Blocks südwestlich vom Hauptplatz hieß das **Barrio de San Cristóbal** im 19. Jahrhundert die Einwanderer aus dem Libanon und aus Italien willkommen. Seine Kirche *(Calle 50 & 69)* ist innen nüchtern, beeindruckend sind die Bilder der Jungfrau von Guadalupe (siehe S. 192f.).

Nordwestlich der Innenstadt war **La Mejorada** früher von San Cristóbal durch einen Hügel getrennt, der im Unabhängigkeitskrieg zerstört wurde. Das ehemalige Franziskanerkloster *(Calle 59 & 50)* beherbergt heute eine Architekturschule sowie das **Museo de la Música** *(Mo geschl.)*.

Mérida eignet sich bestens als Standort, um die Region zu erkunden. Hier gibt es alles, von der Pension bis zum Fünf-Sterne-Hotel, und auch hervorragende Restaurants. Außerdem findet man viele Geschäfte.

Im Bundesstaat Yucatán gibt es ein Dutzend restaurierte Haziendas (unter *www.merida.gob.mx* findet sich eine Liste auf Spanisch). Einige, wie die **Hacienda Petec** *(Tel. 999/911-2600, www.hacienda petec.com)*, werden vermietet; andere bieten elegante Unterkünfte und Restaurants. Etwa

1561 begonnen, ist die Kathedrale von Mérida mit ihrer schlichten Renaissancefassade die älteste auf dem amerikanischen Kontinent

15 Minuten nördlich von Mérida lockt die **Hacienda Xcanatun** *(Tel. 999/941-0213, www.xcana tun.com)* mit hübschen Zimmern, einem Restaurant und einem Spa. Etwa genauso weit südöstlich von Mérida liegt die **Hacienda Teya** *(Tel. 999/988-0800, www.haciendateya.com)*.

Küste & Küstenorte

Während Quintana Roo Genießer und Taucher anlockt,

ERLEBNIS: Feiern mit gefiederten Freunden

Im November kommen jedes Jahr, zusammen mit einer Reihe von Zugvogelarten, Vogelbeobachter zum Yucatan Bird Festival *(www.yucatanbirds.org.mx)* nach Mérida und Uxmal. An vier Tagen gibt es Vorträge, Workshops und Ausstellungen in Mérida, außerdem Ausflüge zur Vogelbeobachtung. Auch ein Kinderprogramm, ein Fotowettbewerb und Vogelzählungen wurden nicht vergessen. Yucatán ist mit 550 Arten aus 75 Familien reich an Vögeln; Liebling aller ist der Karibik-Flamingo.

Progreso
309 C4
Besucherinformation
Casa de la Cultura, Calle 80 No. 176 Ecke Calle 25
969/935-0104

zieht es an die Küste von Yucatán Angler und Vogelbeobachter. Die Naturparks bei Celestún und der Río Lagartos bieten heimischen wie auch Zugvögeln ein Zuhause, zudem den vom Aussterben bedrohten Meeresschildkröten und anderen seltenen Tieren und Pflanzen.

Mit seinen knapp 50 000 Einwohnern ist **Progreso** für die Leute aus Mérida eine Feriensiedlung für die heißesten Sommermonate. Die Hafenstadt mit ihrem breiten, langen Sandstrand hat wenig Atmosphäre. Die Calle 19 führt am Meer entlang; hier gibt es Lokale, in denen man Meeresfrüchte essen kann, und einfache Cafés. Der Pier von Progreso wurde zweimal ausgebaut, der Hafen ausgebaggert, um Kreuzfahrtschiffe aufzunehmen. Sechs Kilometer Richtung Westen liegt **Yucalpetén**, wo internationale Handelsschiffe anlegen. Drei Kilometer weiter gibt es in **Chelem** Restaurants und kleine Hotels am Strand; Fischer bieten eine Tour *($$)* durch die Lagune an.

Die einzig wichtige Küstenstraße des Bundesstaates verläuft zwischen Progreso und Dzilám de Bravo nach Osten. Eine zweispurige Straße führt an Salzebenen, die schon in vorspanischer Zeit genutzt wurden, und mit Gras bewachsenen Dünen hinter dem Strand vorbei. Die Einwohner von Mérida verbringen gern in **Chicxulub Puerto**, einem Fischerdorf östlich von Progreso, ein Wochenende. Hier zieht sich der 180 Kilometer breite **Krater Chicxulub** entlang, den ein Meteorit vor rund 65 Millionen Jahren geschaffen hat. Durch den Druck sollen die Dolinen auf der Halbinsel entstanden sein. Am Meer gibt es kleinere Fischerdörfer wie **San Crisanto**, wo einheimische Führer Touristen durch die Mangroven ($) begleiten und sie zu kristallklaren *cenotes* bringen. Gegenüber vom Baseballplatz liegt die Agentur, die diese Ausflüge organisiert. Westlich von Mérida war früher **Sisal** der wichtigste Hafen des Bundesstaates, musste seine Vorrangstellung Ende des 19. Jahrhunderts jedoch an Progreso abgeben. Auch wenn das Fischerdorf hübsch ist, zieht es die Touristen doch meist nach **Celestún,** 90 Kilometer westlich von Mérida. Von hier fahren kleine Boote durch die Mangroven der **Reserva de la Biosfera Ría Ce-**

lestún, wo Wasservögel, Zugvögel und Tausende von korallenroten Flamingos leben. Am Rand des Geländes liegt Celestún, eine ruhige Stadt, die sich auf Tagesausflügler und Rucksacktouristen eingestellt hat. Drei Stunden dauert ein Ausflug, auf dem man Flamingos – am besten von September bis März – sehen kann, dazu eine Süßwasserquelle und einen Wald von versteinerten Bäumen.

Direkt im Norden von Valladolid liegt an der Küste die **Reserva de la Biosfera Ría Lagartos**. Die salzige Bucht ist das Zuhause von Schneesichlern, Silberreihern, Schmuckreihern und Flamingos. Im Restaurant **Isla Contoy** *(Calle 9 No. 105 Ecke Calle 14, Tel. 986/ 862-0452, www.rialagartosexpe ditions.com)*. kann man eine dreistündige Tour *($$$$$ mit dem Boot)* buchen.

Zum Angeln und Entspannen eignet sich vortrefflich die **Isla Holbox** – in der Sprache der Maya „dunkles Loch". Die Fähre ($$) setzt achtmal am Tag über. Die meisten Hotels organisieren Fliegen- und Hochseefischen *(jeweils $$$$$)*. Saison ist von April bis Juli, wobei man ganzjährig zum Hochseefischen gehen kann.

Chichén Itzá

Die architektonisch beeindruckendste Mayastätte auf der Halbinsel Yucatán ist sicher Chichén Itzá. Die frühesten Strukturen, darunter der Rundbau eines Observatoriums, stammen aus der Zeit der Klassik (250–900) und weisen Elemente der Puuc-Region westlich von Mérida auf. Das Castillo entstand gegen Ende der Klassik bis zur frühen Nachklassik (900–1200).

Im Gegensatz zu den überwucherten Stätten von Palenque und Yaxchilán wirkt Chichén Itzá schon fast militärisch. Auf Mauern und Stelen sind Krieger, Schlachten und Menschenopfer dargestellt, die den Glauben, dass es sich bei den Maya um ein friedliches Volk handelte, Lügen strafen. Über 30 sorgsam rekonstruierte Bauwerke erheben sich über künstlichen Plattformen. Hunderte liegen noch verfallen im Dschungel. Das Gelände erstreckt sich über 100 Quadratkilometer,

Chichén Itzá
- 309 D3
- Hwy. 180, 116 km östlich von Mérida
- 999/942-1400
- $$$

Der Bundesstaat Yucatán besitzt viele Kilometer einsamer Strände

von denen nur eine Fläche von neun Quadratkilometern besichtigt werden kann: Grupo Central (Zentralgruppe), Grupo Norte (Nordgruppe) und Old Chichén.

Chichéns älteste Monumente befinden sich im südlichen Teil der Ausgrabungsstätte, einem Gebiet, das die Maya etwa um 400 erstmals besiedelten. Es war bereits verlassen, als die Itzá im achten Jahrhundert aus dem Süden kamen, um hier eine große Stadt zu bauen. Die Itzá waren ein Volk von Seefahrern aus dem heutigen Tabasco. Dass es sich bei ihnen um Eindringlinge oder zumindest Außenseiter handelte, belegt die Tatsache, dass der Name in der Sprache der Maya „die unsere Sprache schlecht sprechen" bedeutet.

Gebäude, die man einst für von den Tolteken beeinflusst hielt, dominieren im **Grupo Norte**, wo Pyramiden und Tempel etwa im zehnten Jahrhundert auf bereits bestehenden Strukturen errichtet wurden. Mehr als 35000 Menschen lebten im 11. Jahrhundert in diesem Gebiet, als Chichén Itzá ein bedeutendes Kult- und Handelszentrum war. Aber um 1250 wurde die Stätte erneut verlassen.

Archäologen glaubten lange, dass die Tolteken von Tula (siehe S. 232) 965 Kilometer westlich in der frühen Nachklassik (um 900) Chichén Itzá eroberten und den Maya ihren Glauben aufzwangen. Heute geht man jedoch vom Gegenteil aus. Chichén Itzá beeinflusste Tula, aber es gab keine Eroberung. Türkise, die in Chichén Itzá gefunden wurden, stammten von Leuten aus der amerikanischen Oasenkultur im südlichen Arizona, und Gold wurde bis aus Costa Rica herangeschafft.

Das Durcheinander entstand auf Grund der Ähnlichkeit im Architekturstil, bei den Steinmetzarbeiten sowie in der Symbolik. Eine der bedeutendsten Übereinstimmungen

ERLEBNIS:
Schauspiel zur Tagundnachtgleiche im Land der Maya

Die alten Maya waren geschickte Mathematiker, Astronomen und Architekten, die Sonne, Sterne, Mond und andere Naturerscheinungen verehrten. Einige der wichtigsten Tempel wurden so angelegt, dass sie zur Tagundnachtgleiche eine symbolische Lichtschau bieten. In Chichén Itzá am **Kukulkán-Tempel** feiern Tausende die Tagundnachtgleiche; die Bewegung der Sonne lässt einen schlangenartigen Schatten die Pyramide hinuntergleiten, der nach mehreren Stunden die Skulptur einer Schlange am Fuß des Tempels erreicht.

Wer zur Tagundnachtgleiche ein Lichtschauspiel in **Dzibilchaltún,** 14 Kilometer nördlich von Mérida, erleben will, muss vor Sonnenaufgang aufstehen. Wenn die Sonne aufgeht, scheint sie durch die Fenster des Tempels der sieben Puppen.

Zur Tagundnachtgleiche im Frühjahr bestehen größere Chancen auf einen wolkenlosen Himmel.

ist der Gefiederte Schlangengott. Besondere Bedeutung kommt der Schlange im **Castillo** zu, dem berühmtesten Bauwerk von Chichén Itzá. Die Pyramide wurde auf einem früheren Tempel errichtet, hat vier Freitreppen mit 365 Stufen, eine für jeden Tag im Sonnenkalender. Ein Tempel obenauf soll Kukulcán ehren.

Zur Tagundnachtgleiche im Frühjahr und Herbst, d. h. am 21. März und 21. September, kommen Tausende von Schaulustigen. An diesen Tagen treffen die Sonnenstrahlen so auf die Pyramide, dass ein Schatten in der Form einer Schlange entsteht, die sich die Treppen hinunterwindet, um dort auf den an der Basis eingemeißelten Schlangenkopf zu stoßen.

In Chichén Itzá gibt es viele Beispiele für Menschenopfer. In der Nähe vom Castillo liegt der **Tzompantli**, eine Plattform, in die menschliche Schädel eingemeißelt sind; eine ähnliche Wand findet sich in Tula. Daneben liegt der ***juego de pelota***, der Ballspielplatz. Das traditionelle Ballspiel hatte rituelle wie auch politische Bedeutung. Es war ein Spiel Mann gegen Mann, das ein siegreicher Herrscher gegen seinen besiegten Feind veranstaltete. Der Verlierer wurde dann geopfert oder mit gebundenen Armen und Beinen von der Spitze der Pyramide heruntergerollt, bis er am Boden zerschellte. Der Kampf hatte eine festgelegte Form,

In der Bildmitte ragt Caracol auf, in der Ferne dahinter der Tempel, der Kukulcán, der Gefiederten Schlange, geweiht ist

sodass der erfolgreiche Herrscher den Gefangenen immer besiegen konnte. Damit dem erfolgreichen Herrscher der Sieg auch sicher war, hungerte er seinen Widersacher mehrere Wochen lang vor dem Spiel aus und brach ihm vor Spielbeginn auch schon einmal einen Arm oder Bein. Belege für dieses rituelle Ballspiel finden sich in Mixteken-Hieroglyphen, Maya-Codices und Überlieferungen von Augenzeugen.

Vom Ballspielplatz führt ein Pfad zum **Cenote de los Sacrificios**, einem natürlichen

Brunnen, in den die Kultopfer möglicherweise geworfen wurden. Der mexikanische Taucher Pablo Bush Romero war der Erste, der den Brunnen erforschte; Jacques Cousteau sollte folgen. Beide fanden Menschenskelette sowie Jade- und Goldfigurinen in den schlammigen Tiefen.

Wieder am Castillo ziehen sich Reihen von verzierten Steinsäulen, **Mil Columnas**, vor dem **Templo de los Guerreros** (Kriegertempel) entlang, den einige Reste von Fresken schmücken. Weitere Wandmalereien, Schlachtenszenen nämlich, bedecken die Wände des **Templo de los Jaguares**. Mehrere Statuen von Chac Mool sind über das Gelände verstreut. Die liegende Figur hält eine flache Platte, auf der den Göttern menschliche Herzen dargereicht wurden, in der Hand.

Geheimnisvoller und reicher verziert ist der Grupo Sur. Er wird vom **Caracol** (Schneckenhaus) beherrscht, der die Struktur ihren Namen verliehen hat. Höchstwahrscheinlich wurde das Gebäude als Observatorium benutzt. Der zweistufige Bau weist Treppen und Terrassen auf. Sie führen in einen Rundturm mit Fenstern, die in die vier Himmelsrichtungen weisen. Die Maya waren eifrige Himmelsforscher und studierten die Phasen des Mondes und die Sterne, um daraus ihre Zeitrechnung abzuleiten.

Der Puuc-Stil wird in der Architektur der **Casa de las Monjas** (Nonnenhaus) besonders offensichtlich; die Spanier verliehen dem Gebäude diesen Namen. Kunstvolle Friese zieren die Treppen und Fensterstürze oben an dem lang gestreckten Bau.

Eine Statue von Chac Mool im Templo de los Guerreros von Chitzén Itzá

Neben dem Nonnenhaus ist **La Iglesia** (Die Kirche) ebenfalls reich mit Tierfiguren und Zickzackband am Dachgesims geschmückt. Ein überwucherter Pfad führt von hier nach **Chichén Viejo** (Alt Chichén), wo die Itzá ihrer Fantasie in Form von Chac-Masken, Basreliefs mit Jaguaren und Göttern sowie Zickzackdekorationen freien Lauf ließen.

Wer an Mayaruinen auch nur ein klein wenig Interesse hat, sollte einen Tag mit Übernachtung hier verbringen. In **Piste** gibt es einige günstige Hotels und Restaurants; schöner ist es aber, näher an den Ausgrabungen zu nächtigen. Die Archäologen, die Anfang des 20. Jahrhunderts hier tätig waren, wohnten in der Hacienda Chichén, die ebenso wie das Hotel Mayaland einen eigenen Zugang zu den Ruinen hat. So ist eine Pause möglich, bevor die im Preis inbegriffene Licht-Ton-Schau beginnt.

Uxmal & La Ruta Puuc

Das Mayawort *puuc* beschreibt nicht nur das „Bergland" im südlichen Yucatán und nordöstlichen Campeche, sondern auch die Städte der Spätklassik, die hier blühten und den charakteristischen Architekturstil. Zwischen 200 und 1000 gab es in diesem kleinen Gebiet mehr als hundert blühende Siedlungen. Da es hier sehr wenige *cenotes,* natürliche Brunnen, gibt, ließen sich die Ansiedlungen nur unterhalten, nachdem Völker aus dem Norden eingewandert waren, die *chultunes,* Wasserreservoirs, bauten. Sie schufen später auch ein hydraulisches System.

Mit dem Niedergang der Städte wie Tikal (Guatemala) im südlichen Tiefland zur Zeit der Klassik kam es zu einer Blütezeit der Puuc-Kultur von 800 bis 1000, die Mayaforscher als Endklassik bezeichnen. In dieser Epoche gab es politische Beziehungen zwischen den Städten; viele waren durch *sacbes,* Straßen aus weißem Gestein, miteinander verbunden. Die Kultzentren wurden, wie in Mesoamerika üblich, verlassen, nachdem sie den Zenit der Zivilisation er-

Ein Glas Wasser gefällig?

Sie sollten die Warnungen in Mexiko kein Wasser zu trinken zwar beachten, doch manche Getränke lohnen einen Versuch. Sie müssen aber darauf schauen, dass Mineralwasser aus der Flasche verwendet wurde. *Agua fresca* oder *agua de sabor* (Fruchtsaftgetränk) ist eine köstliche Alternative zu chemiebelasteten Limonaden. Kosten Sie auch Orangeade, mit weniger Kalorien als der reine Saft. Aus regionalen Produkten wird der leckere Wassermelonensaft *(agua de sandía)* gemacht, ebenso *agua de jamaica,* ein erfrischendes Getränk aus den Blüten des Hibiskus (nicht die Art, die als Zierpflanze verwendet wird).

Uxmal
309 C3
999/944-0033 (INAH in Mérida)

reicht hatten. Wissenschaftler machen dafür Überbevölkerung, Mangel an Grundnahrungsmitteln, Krankheiten und Kriege verantwortlich. Der wahre Grund bleibt ein Geheimnis. Die Architektur im Puuc-Stil wird wegen der Harmonie und perfekten Proportionen bewundert. Sie ist bekannt für ihre Fassaden mit Steinmosaiken, gitterförmigen Kalksteinverkleidungen, kleinen Reliefsäulen und Chac-Masken mit langer gebogener Nase. In einem Land, in dem es wenig Regen und keine überirdischen Flüsse gibt, war der Regengott Chac eine wichtige Gottheit. Die Mauern der Gebäude waren unten meist glatt und im oberen Bereich mit geometrischen Mustern geschmückt. Der Kragbogen, eine Erfindung der Maya, ist in Formvollendung am Palacio del Gobernador (Gouverneurspalast) in Uxmal zu sehen.

INSIDERTIPP

Uxmal lockt zwar weniger Touristen an als Chichén Itzá, trotzdem lohnt es sich, frühmorgens oder am späten Nachmittag zu kommen, um dem großen Ansturm zu entgehen.

DEAN ARNOLD
NATIONAL GEOGRAPHIC-Feldforscher

Uxmal, 78 Kilometer südlich von Mérida an der MEX 261, ist von einer Mauer umgeben; es war im 19. Jahrhundert die Lieblingsstätte des Forschers John Lloyd Stephens, der mit seinem Reisegefährten, dem Künstler Frederick Catherwood, mehrere Male hierher kam. Uxmal (der Name bedeutet „dreimal erbaut") war die Hauptstadt der Puuc-Region; der Ort wurde um 800 gegründet und erlebte seine Blütezeit unter dem Fürsten Chac, der von 900 bis etwa 950 regierte. Der Name Uxmal bezieht sich auf die drei Bauphasen. Die Stadt gilt als die schönste Puuc-Stadt.

Aus dem Dschungel ragt die 38 Meter hohe **Casa del Adivino** (Pyramide des Wahrsagers) auf. Das Bauwerk mit ungewöhnlicher elliptischer Basis, gerundeten Ecken und harmonischem Design gilt als eines der schönsten je erbauten in ganz Mexiko. Steile Treppen auf beiden Seiten führen zum Tempel hinauf, der mit Darstellungen des Planeten Venus, der Sonne, Blumen und Schlangen geschmückt ist. Dieses Gebäude wird, wie einige andere auch, nachts in einer in Spanisch präsentierten Ton-Licht-Schau angestrahlt *($ für Kopfhörer mit englischem Kommentar)*.

Ein Stück weiter ist die **Casa de las Monjas** (Nonnenhaus) ein Viereck aus vier großen niedrigen Palästen um einen offenen Hof. Die Spanier gaben dem Bauwerk diesen Namen, weil die 74 Kammern mit Kraggewölben sie an Klosterzellen erinnerten. Der obe-

Uxmal bedeutet „dreimal erbaut" und bezieht sich auf die drei unterschiedlichen Bauphasen der Stätte

re Teil der Wände des Palasts ist mit kunstvollen Chac-Masken und Schlangen geschmückt, die sich mit Gitterornamenten abwechseln. Zu dieser Gruppe gehört auch der ***Juego de pelota*** (Ballspielplatz) sowie die **Casa de las Tortugas** (Schildkrötenhaus). Der erst kürzlich restaurierte **Cuadrángulo de los Pájaros** (Vogelviereck) wurde nach dem Vogelmuster über dem Eingang benannt.

Als eines der herrlichsten Beispiele für die Puuc-Architektur gilt der **Palacio del Gobernador** (Gouverneurspalast), der etwa um 900 auf einer Stufenplattform entstand. Er scheint als Residenz wie auch als Administrationszentrum der Oberschicht gedient zu haben. An der Ostseite ist die Wand durch einen der schönsten falschen Bögen der Mayawelt unterbrochen. Der Fries besteht aus 20 000 Mosaiksteinchen.

Nur an die 22 Kilometer südöstlich lag **Kabah** („Starker Mann"), durch eine Sacbé mit Uxmal verbunden. Im Osten liegen die meisten rekonstruierten Gebäude, darunter der beeindruckende **Palacio de los Mascarones** (Palast der Masken), dekoriert mit zwei mal drei Reihen von Chac-Masken übereinander, jede aus Steinmosaik. Geht man um das Gebäude herum zur Rückseite, sieht man riesige Kriegerfiguren mit Lendenschurz und Ketten um den Hals.

Nicht weit von hier ist **Sayil** („Platz der Blattschneiderameise") eine der ältesten Puuc-Stätten. Das beeindruckendste Bauwerk ist der dreistöckige **Gran Palacio** (Großer Palast), neben dem Palast in Uxmal die Verkörperung des Puuc-Stils schlechthin. Er weist über 90 Räume auf, die früher einmal von der Oberschicht bewohnt gewesen sein müssen.

Xlapax („Alte Mauer") ist nur ein paar Kilometer entfernt; die kleine Ausgrabungsstätte wurde bislang kaum von Archäologen rekonstruiert. Auch hier ist der Palast mit Masken des Regengottes Chac geschmückt.

IINSIDERTIPP

Ticul ist bekannt für seine Töpferwaren. Sie können eine Töpferwerkstatt besuchen, vor allem wenn Sie versprechen, etwas zu kaufen.

DEAN ARNOLD
NATIONAL GEOGRAPHIC-Feldforscher

Labná („Altes Haus") ist etwa noch mal so weit entfernt. Der Ort war bereits im ersten Jahrhundert bewohnt, das bedeutendste Bauwerk ist jedoch der Arco de Labná (Bogen von Labná) aus der Zeit der Spätklassik; an der Westfassade sind typische Mayahäuser mit Strohdächern und stilisierte Schlangen dargestellt. Der Bogen ist der besterhaltene seiner Art, diente vermutlich kultischen Zwecken und bildete den Abschluss einer Sacbé.

Die Landstraße schlängelt sich nun in Richtung Norden zu den Grutas de Loltún (siehe S. 345f.), einer Tropfsteinhöhle, und zur **Ruta de los Conventos,** einer Reihe von Klöstern, die Anfang des 16. Jahrhunderts erbaut wurden. Sie mögen zwar viel von ihrer ursprünglichen Pracht verloren haben, doch führt die Straße über typische Maya- und Mestizenstädte nach Mérida zurück. Wer die Gotteshäuser besichtigen möchte, sollte morgens oder am Spätnachmittag kommen, da viele von 12 bis 16 Uhr geschlossen sind. Unterwegs lohnt der Markt von **Oxcutzcab**, der für seine süßen Orangen *(chinas)* bekannt ist.

Östlich von Oxcutzab gewann die Mayastadt Maypan Bedeutung, als Chichén Itzá seinen Niedergang erlebte. Einige Wissenschaftler glauben, das Chichén von Mayapán erobert wurde. Die Stätte ist längst nicht so kunstvoll wie andere Puuc-Orte, es gibt dort nur wenige wichtige Tempel und auch keinen Ballspielplatz. Die acht Kilometer lange und rund sechs Meter dicke Mauer lässt darauf schließen, dass es sich um eine befestigte Stadt handelte. Der Ort wurde wohl um 1440 geplündert und niedergebrannt, das Ende der Puuc-Allianz.

Die Puuc-Route lässt sich im Rahmen eines Tagesausflugs von Mérida oder Ticul aus schnell absolvieren, schöner ist es, wenn man sich zwei Tage Zeit nimmt. Zwei Tage haben auch den Vorteil einer Übernachtung in einem der hübschen Hotels in der Nähe der Ruinen von Uxmal. Tagesausflüge gibt es täglich per Bus *(Calle 69 zwischen Calles 68 & 70)* ab Mérida. Die Busse halten an weniger wichtigen Stätten 30 Minuten, in Uxmal anderthalb Stunden *($)*. ■

Weitere Sehenswürdigkeiten

Ek Balam

Ek Balam, was „schwarzer Jaguar" bedeutet, entstand etwa zur gleichen Zeit wie Uxmal (siehe S. 342ff.) und erlangte einige Bedeutung zwischen 800 und 1000. Heutzutage erfreuen sich die Ruinen zunehmender Beliebtheit bei Reisegruppen. Denn die Stätte ist nicht nur über eine zweispurige Straße auf halbem Weg zwischen Valladolid und Tizimín zu erreichen, sondern auch leicht zu erkunden. Die Archäologen sind sich nicht sicher, ob die Doppelmauer, die die Stadt umgab, der Verteidigung diente oder symbolischen Charakter hatte. Unter den Mauerresten befinden sich ein frei stehender Bogen, ein Ballspielplatz und andere Gebäude, errichtet im Chenes-Stil. Der eindrucksvollste Bau ist die Akropolis mit großartigem Reliefschmuck, die von nachfolgenden Herrschern hinzugefügt wurde und schließlich als königliches Grab fungierte.

309 E4 $ $

Grutas de Balankanché

Nur wenige Kilometer nordöstlich von Chichén Itzá wurden diese Höhlen von den Maya für heilige Zeremonien genutzt. Die äußeren Höhlen waren den Einheimischen seit langem bekannt, 1950 entdeckte man eine versiegelte Kammer mit alten Artefakten. Der Keramik kann man entnehmen, dass der Ort Tausende von Jahren Zivilisationen der Vorklassik, Klassik und Nachklassik zu religiösen Zwecken diente. In der Endklassik wurde der Maya-Regengott Chac durch Tláloc ersetzt, der in ganz Zentralmexiko verehrt wurde. Es wurden auch Darstellungen von Xipe Totec, dem Gott des Frühlings und der Erneuerung, gefunden. Die Höhlen sind täglich von 9 bis 17 Uhr geöffnet. Führungen finden stündlich statt.

309 D3 $ Führungen $$

Grutas de Loltún

17 Kilometer nordöstlich von Labná liegen die Grutas de Loltún, eines der größten Höhlensysteme der Halbinsel, an der Puuc-Route. Die Höhlen waren von 9000 bis 3000 v. Chr. von nomadisierenden Sammlern und Jägern bewohnt; sie hinterließen Steinwerkzeug. Viel später nutzten Einheimische in der Epoche der Klassik die Höhlen als Wasserquelle. Man hat Wassergefäße aus Keramik der Nachklassik im Stil von Mayapán und Chichén Itzá ausgegraben.

La Mordida

La mordida (wörtlich „der Biss") besitzt in Mexiko lange Tradition. Bezahlen Sie einen kleinen Betrag, um Vorhaben zu erleichtern; bezahlen Sie ein großes Schmiergeld, um sich aus großen Problemen freizukaufen. Doch Mexiko ändert sich, und es ist mitunter schwierig zu wissen, wem man Geld anbieten kann und wem nicht. Ausländer stehen meist auf der Straße vor dieser Frage. Tatsächliche oder vorgebliche Verstöße gegen Verkehrsregeln erledigen sich meist, wenn Sie dem Polizisten mit der Frage, ob er die Strafe für Sie bezahlen kann, Geld geben. Wenn Sie sich ungerecht behandelt fühlen oder Bestechung nicht unterstützen wollen, können Sie dem Polizisten zur Wache folgen. Doch die meisten Menschen möchten solche Situationen so schnell und so einfach wie möglich klären.

Die Maya verehrten fünf Entitäten: Bäume, Steine, Berge, Bergpässe und Erdöffnungen, nämlich *cenotes* und Höhlen, die sie als Übergang zwischen der physischen und der spirituellen Welt für heilig hielten. Führungen in Englisch beginnen um 11 und 14, in Spanisch um 12.30 und 15.30 Uhr. Die Führer leben nur vom Trinkgeld, also einen kleinen Betrag geben.
309 C3 $ $$

Izamal

Tausende von Jahren war Izamal ein bedeutendes religiöses Zentrum. Hauptattraktion der geschäftigen Stadt ist der **Convento de San Antonio de Padua**, der aus dem Material einer Pyramide erbaut wurde, die dem Gott der Himmel, Itzamná, geweiht war. Es gibt es Licht- und Tonshows, allerdings nur in spanischer Sprache (Di, Do und Sa 20.30 Uhr). Man kann auf dem Platz einen Ponywagen mieten, um die Stadt zu besichtigen, und sich dabei auch die **Pirámide Kinich Kakmó** ansehen, alles was von der königlichen Mayastadt geblieben ist. Die Wagen sind auch nützlich für den Einkauf von Kunsthandwerk. Denn die Fahrer kennen Adressen, wo man Kunsthandwerk direkt von der Werkstatt kaufen kann.
309 D4

Izamal war in der Zeit vor der Conquista ein Wallfahrtsort

INSIDERTIPP

Die beste Jahreszeit für einen Besuch der Stätten und Städte von Yucatán sind Spätherbst und Frühwinter. Dann herrscht weder die Regen- noch die Trockenzeit.

DEAN ARNOLD
National Geographic-Feldforscher

Valladolid

Valladolid ist die zweitgrößte Stadt Yucatáns – etwa zwei Stunden Fahrt sowohl von Cancún als auch von Mérida entfernt –, vermittelt einem aber das Gefühl, in einer Kleinstadt zu sein. Im Jahr 1847 war das landwirtschaftliche Zentrum der Kolonialzeit Schauplatz der Kastenkriege, in denen die unterdrückten Maya viele Spanier umbrachten. An der Plaza Principal lohnen der Besuch der **Catedral** und drei Blocks Richtung Südosten der **Ex-Convento San Bernardino** aus dem 16. Jahrhundert.

Außerhalb der Stadt kann man den **Cenote Zací** und den heiligen **Cenote Dzitnup** besichtigen; durch ein kleines Loch in der Decke filtert Licht, um die grünblaue unterirdische Quelle zu beleuchten.

Von Valladolid als Standort lassen sich auch gut die Ruinen von Chichén Itzá oder die Nordküste besuchen.
309 E3 ■

Reise-informationen

Die Jungfrau von Guadalupe

REISEINFORMATIONEN

REISEPLANUNG

Reisezeit

Der Zeitpunkt Ihrer Reise hängt davon ab, was Sie unternehmen wollen, wie Ihre finanziellen Möglichkeiten sind und welche klimatischen Bedingungen Sie wünschen. Mexiko ist ein großes und geographisch sehr abwechslungsreiches Land. Die Monate Juni bis Oktober gelten hier als Nebensaison mit weniger Touristen und geringeren Hotelpreisen bzw. Flugkosten, weil dies die feuchteste Zeit des Jahres ist und es dann am späten Nachmittag meistens Schauer gibt – die allerdings die Luftverhältnisse in Mexiko-Stadt regelmäßig verbessern. Ende September und im Oktober muss man darüber hinaus noch am Golf sowie an der mittleren und südlichen Pazifikküste mit Hurrikans rechnen. Auch in Baja gibt es vereinzelt Hurrikans. Obwohl es hier und in den nördlichen Wüsten im Sommer sehr heiß ist, schwärmen hart gesottene Angler allerdings von den herrlichen Bedingungen. In den Städten des Hochlandes ist es von März bis Mai am heißesten. Schwüles Wetter herrscht während der Regenzeit in der auch sonst heißen Tropenregion im Süden des Landes vor. Dann gibt es dort noch mehr Stechinsekten als sonst. Um sowohl die Regenzeit als auch die Hochsaison zu umgehen, sollten Sie den späten Frühling oder den Spätherbst als Reisezeit wählen.

Die Hochsaison reicht von Ende November bis zur Karwoche (Semana Santa). Besonders hoch sind die Hotelpreise während der Weihnachtsfeiertage und Silvester sowie an Ostern. Für diese Zeit sollten Unterkunftsreservierungen rechtzeitig vorgenommen werden, weil dann sowohl Mexikaner als auch ausländische Touristen bevorzugt reisen.

Um die mexikanische Kultur kennenzulernen, eignen sich die Wochen vor Weihnachten, die Karwoche, Allerseelen, die Karnevalszeit oder die vielen anderen farbenfrohen Feste des Landes (siehe „Feste & Fiestas", S. 19 die Kapitel über die einzelnen Regionen und „Unterhaltung & Freizeit", S. 386, für spezielle Vorschläge). In Mexiko wird der Namenstag des Heiligen einer Stadt oder eines Dorfes immer mit einem Fest begangen. Orte mit der Bezeichnung San Juan z.B. feiern den Tag des heiligen Johannes am 24. Juni. In San Miguel de Allende finden zu Ehren des Erzengels Michael in den Tagen vor dem 29. September Feierlichkeiten statt. Beim staatlichen Fremdenverkehrsamt erhalten Sie weitere Informationen über die lokalen Feiertage.

Nicht vergessen

Obwohl sich Mexikaner heute im Allgemeinen schon freier kleiden als früher, sind insbesondere die Stadtbewohner und Geschäftsleute modebewusst und auf ihr Äußeres bedacht. Abgesehen von den freizügigeren Küstengebieten tragen Mexikanerinnen selten kurze Hosen, und die Männer verzichten lediglich am Strand auf ihre Hemden. Reisende sollten für tropische Gegenden zwar leichte und bequeme Kleidung mitnehmen, aber auch eine angemessene Abendbekleidung nicht vergessen. In Mexikos Bergregionen und auf den Hochplateaus ist es tagsüber zwar heiß, aber in der Nacht kann es empfindlich abkühlen. Bequemes Schuhwerk ist für die Besichtigung archäologischer Stätten – auch Sonnenhut nicht vergessen – sowie für Pflasterstraßen und Wanderungen notwendig. Leichte, langärmelige Oberbekleidung (Moskitojacken) schützen vor Insektenstichen.

Wegen der Intensität der Sonneneinstrahlung sind Sonnenbrillen und Kopfbedeckungen unerlässlich. Jodtabletten reinigen Leitungswasser, wenn z. B. beim Campen oder Wandern abgefülltes Wasser nicht verfügbar ist.

Einreise

Neben dem Reisepass, der mindestens noch sechs Monate Gültigkeit haben muss, benötigen Sie die Touristenkarte (*tarjeta de turista*), die Sie sowohl bei den diplomatischen Vertretungen Mexikos als auch an den Grenzübergängen oder sogar während des Fluges erhalten können. Sind Sie ohne Grenzkontrolle aus den USA nach Mexiko gereist, bekommen Sie die Touristenkarte in Mexiko-Stadt beim Instituto Nacional de Migración, Ave. Ejército Nacional Nr. 862, México, D.F. Bei der Ausreise muss die Karte den Behörden vorgelegt werden. Der Ausweis mitreisender Kinder sollte ein Lichtbild enthalten.

Drogen, Medikamente & Waffen

Um Probleme mit dem Zoll zu vermeiden, sollten Medikamente in den Originalverpackungen mitgeführt werden. Drogen wie Marihuana oder Kokain sind verboten, und die Strafen für Drogenmissbrauch sind streng.

Es ist weiterhin untersagt, Waffen und Munition ins Land einzuführen. Anderenfalls drohen hohe Geldbußen oder Haftstrafen. Jäger benötigen neben ihren Ausweispapieren eine spezielle Genehmigung für die zeitweise Einfuhr von Waffen. Es ist daher ratsam, vorher mit einem Jagdclub o. Ä. in Kontakt zu treten.

Haustiere

Haustiere wie Hunde oder Katzen dürfen mit einem Gesundheitszeugnis eingeführt werden, das nicht älter als 72 Stunden ist. Außerdem muss ein Nachweis über Impfungen gegen Tollwut und andere ansteckende Krankheiten erbracht werden.

Impfungen & Erkrankungen

Es sind keine Impfungen vorgeschrieben, aber ein ausreichender Schutz gegen Tetanus und Hepatitis B sowie Diphtherie sollte vorhanden sein. Soll die Reise ins Landesinnere, abseits der Touristenzentren führen, ist eine Malariaprophylaxe ratsam. Außerdem sollten Sie sich draußen durch entsprechende Kleidung und innen durch Moskitonetze vor Insektenstichen schützen.

ANREISE

Mit dem Flugzeug

Von Deutschland aus gelangt man mit der Mexicana de Aviación (069/06105/206080) und der Lufthansa (0180/5838426) nach Mexiko; Flugzeit rund 12 Std. Von Österreich und der Schweiz gibt es keine Direktverbindungen. Pauschalreisen werden z.B. von TUI (01805/884266), Meiers Weltreisen (01805/337400) und Studiosus (00800/240224 02) angeboten.

Der größte Flughafen für in- und ausländische Flüge ist der Benito Juárez Airport in Mexiko-Stadt. Sie sollten alle Flüge 72 Stunden vorher bestätigen. Benutzen Sie in Mexiko-Stadt lediglich offizielle Flughafen-Taxen und zahlen Sie den Fahrpreis bereits vor der Abfahrt.

Mit dem Schiff

In der Karibik, aber auch im Pazifik verkehren viele Fähren und Kreuzfahrtschiffe. Mexikanische Häfen sind z. B. Cabo San Lucas, Mazatlán, Puerto Vallarta, Manzanillo, Zihuatanejo/Ixtapa und Acapulco an der Westküste . Karibikkreuzfahrten legen in Progreso, Cozumel, Cancún, Playa del Carmen und Puerto Costa Maya an der Riviera Maya an.

Mit dem Bus

Von den Vereinigten Staaten aus können Sie auch per Bus – z.B. mit Greyhound Lines (Tel. 800/2312222) – in die meisten großen mexikanischen Städte reisen.

Mit dem Auto

Wenn Sie mit dem Auto von den USA nach Mexiko reisen, sollten Sie prüfen, ob der Versicherungsschutz ausreichend ist. An den häufig benutzten Grenzübergängen gibt es immer viele Versicherungsagenturen, die Policen für einen Tag, eine Woche oder ein Jahr ausstellen. Einige helfen auch bei den Formalitäten für die Kraftfahrzeugeinfuhr, wenn man weiter als 25 km nach Mexiko hineinfährt (gilt nicht für Baja California und Baja California Sur). Diese erhält man bei den mexikanischen Grenzübergängen am besten gegen Zahlung per Kreditkarte plus ca. 190 Pesos Bearbeitungsgebühr, da bei Barzahlung eine Kaution je nach Wert des Autos von bis zu 9000 Pesos veranschlagt wird. Wenn Sie das Auto nicht spätestens nach 180 Tagen zurückbringen, werden hohe Strafen fällig, ja unter Umständen droht sogar die Pfändung des Autos. Während des Zeitraumes sind wiederholte Grenzübertritte allerdings erlaubt. Sie sollten unbedingt darauf achten, dass Sie beim Verlassen des Landes eine Ausfertigung der Einfuhrerlaubnis vorweisen können.

Sie müssen als Autofahrer in Mexiko weiterhin stets den Mietvertrag für das Auto, einen Versicherungsnachweis und eine gültige Fahrerlaubnis mit sich führen. Sollten Sie das Auto finanziert haben, so benötigen Sie darüber hinaus eine spezielle Genehmigung der Bank oder des Kreditinsitutes, das Auto nach Mexiko bringen zu dürfen.

UNTERWEGS IN MEXIKO

Mit dem Flugzeug

Die wichtigsten mexikanischen Fluglinien sind Mexicana de Aviación und das Tochterunternehmen Mexicana Click Aerocaribe *(gebührenfrei innerhalb Mexikos Tel. 01-800/502-2000)*, Aeroméxico und Aeromar *(gebührenfrei innerhalb Mexikos Tel. 01-800/021-4010, www.aeromexico.com.mx & www.aeromar.com.mx)* sowie Aviacsa *(Tel. 01800/006-2200, www.aviacsa.com)*. Volaris *(www.volaris.com.mx)* fliegt Mexiko-Stadt und 22 andere Ziele in Mexiko an.

Mit dem Bus

Mexiko ist ein Land der Busse; wo eine Straße ist, ist sicher auch ein Bus nicht weit. Für längere Reisen empfehlen sich die erste Klasse *(primera)* oder die Luxusklasse. Diese Busse verfügen über Klimaanlage, Toiletten und Videofilme. Außerdem halten sie seltener.

In den größeren Städten gibt es moderne Busbahnhöfe, die die Bezeichnung *central camionera* oder *central de autobuses,* tragen. Hier werden auch Tickets verkauft. Ländliche Gebiete oder kleine Ortschaften werden häufig nur von Bussen zweiter Klasse angesteuert, von denen nicht alle klimatisiert sind. Diese Busse halten, wann immer Passagiere aus- oder einsteigen wollen, was zur Folge hat, dass sich die Fahrtzeiten stark verlängern können.

Für Busreisen sollten Sie sich mit Proviant, abgefülltem Wasser und Toilettenpapier versorgen. Einige Überlandbusse halten an Restaurants. Das deutsche Auswärtige Amt und andere Regierungen raten von Nachtfahrten in Bussen ab. Gerade auf Strecken, die häufig von Touristen befahren werden, kommt es vermehrt zu Überfällen. Es gibt zahlreiche billige Stadtverbindungen, die aber insbesondere zu den Stoßzeiten hoffnungslos überfüllt sind.

Mit dem Auto

Die Straßenverhältnisse sind sehr unterschiedlich. Die gebührenpflichtige *cuota* befindet sich im besten Zustand und ist auch die schnellste und sicherste Straße. Die *libre*, deren Benutzung kostenlos ist, lassen sich aber auch gut befahren. In feuchteren Gegenden kann die Fahrt allerdings durch Schlaglöcher beeinträchtigt werden. In ländlichen Gebieten droht Gefahr durch Vieh, das die Straßen überquert. Sie sollten nicht nachts fahren und sich vor Beginn einer Fahrt immer nach dem Straßenzustand erkundigen. Es ist obligatorisch, sich an die Geschwindigkeitsbeschränkungen und Parkvorschriften zu halten. Besondere Vorsicht ist am Ortseingang und -ausgang geboten, weil hier häufig Bodenwellen zur Geschwindigkeitsregulierung installiert sind.

Auf den Schnellstraßen sind 100 km/h erlaubt, in Städten 30 bis 40 km/h. Die meisten Verkehrsschilder sind auch ohne spanische Sprachkenntnisse verständlich. Das Schild mit dem Wort *Circulación* und einem Pfeil, das in Städten häufig vorkommt, bedeutet Einbahnstraße. *No rebasar* oder *No rebase* weist auf ein Überholverbot hin, und *Ceda el paso* bedeutet Vorfahrt gewähren. Auf den Schnellstraßen zeigen mexikanische Fahrer durch Betätigung des linken Blinklichts an, dass das nachfolgende Auto freie Fahrt zum Überholen hat.

Alle Tankstellen gehören dem staatlichen Mineralölkonzern PEMEX. Es werden drei Sorten Treibstoff verkauft: Magna (bleifrei), Premium (Super) und Diesel. Sie sollten auch einen noch halb vollen Tank wieder auffüllen, wenn Sie auf Überlandfahrten an einer Tankstelle vorbeikommen. Nur wenige Tankstellen haben in der Nacht geöffnet. Die Tankwarte erhalten ein kleines Trinkgeld. Somit wird u. a. sichergestellt, dass der Zähler vor dem Tanken auf Null zurückgestellt wird.

Mietwagen

Mietwagen sind in diesem Land sehr teuer und die Servicepauschalen sind hoch. Wer schon vor der Reise von Zuhause aus bucht, kann beträchtlich sparen. Die kleinen, ortsansässigen Unternehmen können zwar billiger sein als internationale Autoverleiher wie Hertz, National oder Budget, doch sind die Autos dieser Unternehmen in der Regel besser gewartet. Sie müssen eine Kreditkarte als Garantieleistung vorweisen. Stellen Sie sicher, das die IVA (Mehrwertsteuer) im Preis enthalten ist, welche Versicherungen notwendig sind und wie hoch die Selbstbeteiligung ist. Manche Kreditkartenunternehmen verlangen für die Deckung keine Extra-Gebühren.

Bei Tagesausflügen ist es meistens günstiger, ein Taxi zu nehmen. Fragen Sie in Ihrem Hotel oder bei der Touristeninformation oder verhandeln Sie direkt mit einem freundlichen Taxifahrer. Sie brauchen dann nicht auf den Verkehr zu achten und erhalten vielleicht auch noch zusätzliche Erläuterungen oder Spanischunterricht vom ortskundigen Fahrer.

Mit der Fähre

Auto- und Personenfähren verbinden Baja California Sur mit dem Festland. Reisende, die mit ihrem Auto von Baja nach Sonora oder Sinaloa fahren, benötigen eine Einfuhrgenehmigung (siehe „Anreise mit dem Auto", S. 349). Von Santa Rosalía gibt es zweimal wöchentlich eine Fährverbindung nach Guaymas, Sonora (Tel. 622/222-0204). Die Kosten für die siebenstündige Überfahrt liegen je nach Kabinenklasse bei 550 Pesos pro Person und 2500 Pesos für Fahrzeuge (für Wohnmobile werden Aufschläge berechnet). Mehrere Fähren pro Woche verbinden La Paz mit Topolobampo, Sinaloa (Tel. 668/862-1003). Der Fähranleger für La Paz befindet sich ca. 16 Kilometer nördlich der Stadt in Pichilingue, die Karten werden in La Paz, 5 de Mayo 502 *(Tel. 612/123-0208)* verkauft. Die fünfstündige Verbindung von La Paz nach Mazatlán wird täglich angeboten und kostet etwa halb so viel wie nach Topolobampo oder Guayamas. Besonders für Fahrten während der Ferien sind langfristige Reservierungen erforderlich. Lassen Sie sich die Reservierung zehn Tage vor der Fahrt noch einmal bestätigen.

An der karibischen Küste verkehren stündlich Fähren und Tragflächenboote zwischen Playa del Carmen und Cozumel. Die Autofähren legen in Puerto Morelos *(Tel. 987/872-0950)* ab. Die Personenfähren fahren häufiger als die Autofähren; sie sind preiswerter, komfortabler und weniger lebhaft. In Cozumel angekommen, können Sie dann ein Auto, Moped oder einen elektrischen Golfwagen mieten. Tägliche Personenfähren verbinden Puerto Juárez nördlich von Cancún mit der Isla Mujeres.

Mit dem Zug

Abgesehen von der Fahrt durch den Copper Canyon mit der Chihuahua al Pacifico Railway (siehe S. 90f.) ist für Mexikoreisende von Fahrten mit dem Zug abzuraten.

UNTERWEGS IN MEXIKO-STADT

Mit dem Auto

Selbst wenn Sie mit dem Auto bis Mexiko-Stadt gefahren sind, sollten Sie hier das Auto abstellen und mit dem Taxi oder mit der Metro fahren. Das Verkehrschaos in der Stadt sollten Sie den Einheimischen überlassen. Wenn Sie doch selbst fahren, achten Sie auf die Bestimmungen zur Verringerung der Luftverschmutzung, bei der es auf die letzte Ziffer auf dem Nummernschild ankommt, an welchem Tag Ihr Auto gefahren werden darf. Bei Missachtung droht sowohl Einheimischen als auch Ausländern eine hohe Geldstrafe. Informationen bekommen Sie an den Tankstellen oder unter *www.mexicocity.gob.mx.*

Mit dem Bus

Mexiko-Stadt verfügt über ein umfassendes und trotzdem günstiges Busnetz. Die Fahrtstrecken der einzelnen Linien können an den Haltestellen ausgehängt sein oder sind bei der Touristeninformation zu erfragen. Eine der Buslinien, die besonders von Touristen genutzt wird, verbindet den Chapultepec Park mit dem Zócalo über den Paseo de la Reforma, die Avenida Juárez und die Calle Madero. Busfahrten zur Rushhour sollten möglichst vermieden werden, weil die meisten Busse dann überfüllt sind und nur langsam vorwärts kommen. In diesen Bussen sollten Sie ebenso wie in der Metro die Sicherheitshinweise beachten.

Die Randgebiete der Stadt werden im Wesentlichen von vier Terminals bedient. Im Hotel oder bei der Touristeninformation kann man Ihnen den richtigen Busbahnhof nennen. Generell deckt der Terminal Central del Norte *(Tel. 55/5689-9745, www.centraldelnorte.com)* den Norden ab; von TAPO *(Tel. 55/5522-5400)* gehen Busse nach Osten; vom Terminal Sur, auch Tasqueña genannt, (Tel. 55/5689-9754) in den Süden, und vom Terminal Central Poniente *(Tel. 55/5271-4519)* in den Westen der Stadt.

Mit der Metro

Das Metronetz in Mexiko-Stadt ist gut ausgebaut und nicht teuer. In die Vororte z. B. nach Xochimilco verkehrt *el tren* ligero, der zum Teil auch überirdisch fährt. Metropläne gibt es an den meisten Stationen und bei der Touristeninformation. Die erste Metro fährt zwischen 5 und 6 Uhr am Morgen, die letzte gegen Mitternacht. In den Zeiten zwischen 6 und 10 Uhr und zwischen 17 und 20 Uhr sind einzelne Wagons für Frauen und Kinder vorgesehen, um sie vor dem Gedränge zu schützen. Aber selbst die überfüllte Metro ist immer noch dem Verkehrschaos auf der Straße vorzuziehen. Allgemein muss vor Taschendieben und vor Zudringlichkeiten gegenüber Frauen gewarnt werden. Achten Sie auf Ihre Wertsachen und Ihr Gepäck. Bargeld sollte nur in einem Gürtel oder in einer versteckten Tasche vor dem Körper mitgeführt werden.

Mit dem Taxi

Die Taxen in Mexiko-Stadt haben seit einigen Jahren einen schlechten Ruf, und das zu Recht. Denn das Ausrauben von Fahrgästen mit vorgehaltener Waffe war an der Wende zum 21. Jahrhundert an der Tagesordnung. Sie sollten der Sicherheit wegen mit Funktaxen fahren, fragen Sie im Hotel. Wenn Sie ein Taxi auf der Straße anhalten, beachten Sie Folgendes: Das Taxi sollte weiß sein und nur eine weitere Farbe aufweisen (in der Regel Orange oder Grün); das amtliche Kennzeichen sollte hinten und seitlich am Taxi angebracht sein (und es sollte das offizielle Taxischild mit farbigem Streifen sein). Taxis, die man auf der Straße aufhält, kosten für gewöhnlich nur einen Bruchteil von Funktaxis.

Es ist ratsam, den Preis vor Beginn der Fahrt auszuhandeln. Die Fahrer bekommen normalerweise kein Trinkgeld. Außerhalb von Mexiko-Stadt sind bisher nur wenig Überfälle bekannt geworden.

Mit der Straßenbahn

Straßenbahnfahrten mit Erläuterung bei Turibus *(Tel. 55/5553-1901 oder 55/5518-1003, $$$$$)* bieten eine sichere, kostengünstige und bequeme (wenn auch angesichts der Verkehrsstaus nicht gerade schnelle) Möglichkeit, um zu den wichtigsten Sehenswürdigkeiten zu gelangen. Man kann während der Tour nach Belieben aus- und zusteigen. Tagsüber führen die Touren *(Mo–Sa 9–21 Uhr, $$$$, Ticketverkauf an Bord)* u. a. vom historischen Zentrum bis Chapultepec mit zwei Dutzend Haltestellen wie Parque Chapultepec, La Condesa, La Alameda, Zócalo, Monumento a la Revolución; die südliche Tour führt von La Condeas nach Tlalpan, mit Stopps u. a. an der Plaza de Toros México, am Frida-Kahlo-Museum, an der archäologischen Stätte Cuicuilco, in San Angel. Es gibt auch täglich Fahrten nach Teotihuacán: 9 Uhr ab Auditorio Nacional, 9.15 ab Angel de la Independencia, 9.30 ab Glorieta de Colón und 9.45 ab Catedral Metropolitana.

PRAKTISCHE TIPPS

Kommunikation

Post

Die Post in Mexiko arbeitet nicht ausgesprochen schnell. DHL und FedEx sind z.B. internationale Kurierdienste, die in Mexiko tätig sind. Einige Mexikaner ziehen insbesondere außerhalb der Städte immer noch das Telegrafieren vor. Telegrafenstationen gibt es entweder in den Postämtern oder direkt nebenan. Sie sind in der Regel montags bis freitags von 9 bis 18 Uhr (einige schließen bereits um 15 Uhr) und samstags von 9 bis 12 Uhr geöffnet.

Telefon, Fax, E-Mail & Adressen

Die Vorwahl für Telefongespräche oder Faxe von Deutschland, Österreich oder der Schweiz nach Mexiko lautet 0052. Innerhalb des Landes ist stets die 01 noch vor der Ortsvorwahl zu wählen. Gebührenfreie Nummern beginnen immer mit 01-800.

Alle Ortschaften und Städte haben siebenstellige Rufnummern mit einer dreistelligen Vorwahl

(LADA). Eine Ausnahme sind Guadalajara, Monterrey und Mexiko-Stadt; diese haben achtstellige Rufnummern und eine zweistellige Vorwahl. Das Vorwahlsystem wurde 2001 komplett geändert, doch viele Einheimische und auch manche Printmedien beziehen sich noch immer auf die alten fünf- und sechsstelligen Nummern.

Auslandsgespräche sind in Mexiko sehr teuer, insbesondere von Telefonzellen aus, die privaten Gesellschaften gehören. Wenn Sie sichergehen wollen, wählen Sie die 0 und fragen Sie nach den Kosten. Sollte man Ihnen die Auskunft verweigern, suchen Sie am besten eine Telefonzelle auf, die der staatlichen Telefongesellschaft gehört. Die meisten Hotels verlangen für Auslandsgespräche zusätzliche hohe Servicegebühren. Sie bieten häufig weder Direktwahl noch Modem. In Apotheken und an Zeitungskiosken werden LADATEL-Telefonkarten im Wert von 20, 50 oder 100 Pesos verkauft. Es gibt nur noch wenige Münztelefone. Für Auslandsgespräche von Telefonzellen aus sollten Sie in jedem Fall 100-Pesos-Karten bereithalten. Wählen Sie 0049 für Deutschland, 0043 für Österreich und 0041 für die Schweiz.

In den meisten Städten gibt es private Fax-Dienste, die die Gebühren entweder pro Minute oder pro Seite berechnen. In großen wie auch in kleinen Städten gibt es Cybercafés mit Internetanschluss. Die Gebühren liegen zwischen 20 und 40 Pesos pro Stunde. Da Fiberglaskabel noch nicht weit verbreitet sind, kann es insbesondere in den Stoßzeiten zu langen Übertragungszeiten kommen.

In Mexiko gibt es immer noch einige Straßen ohne Hausnummern. Hinter dem Straßennamen stehen dann die Buchstaben „s/n", die Abkürzung für sin número (ohne Nummer). Zur besseren Orientierung wird vielleicht noch eine Seitenstraße oder eine andere Referenz genannt. Die Nummer eines Gebäudes an einer Landstraße *(carretera)* kann z. B. „Carr. Transpeninsular Km 19.5." lauten. Das bedeutet, dass das Haus bei Kilometer 19,5 an der Carr. Transpeninsular zu finden ist. Oft wird das Wort „calle" auf Stadtplänen und bei Adressen einfach weggelassen.

Maße & Gewichte

In Mexiko findet hauptsächlich das metrische System Anwendung. Entfernungen werden in Kilometer, Temperaturen in Grad Celsius angegeben.

Elektrizität

Das mexikanische Stromnetz arbeitet mit 110 Volt/60 Hertz Wechselstrom. Sie benötigen einen US-Adapter für Ihre elektrischen Geräte und einen Überspannungsschutz für Laptops. Bei Stromausfall oder Spannungsabfall sollten Sie Ihren Computer schnellstmöglich ausschalten.

Etikette & Bräuche

Die Mexikaner sind höflich und freundlich, Fremden gegenüber sind sie aber auch nicht allzu zwanglos. In der spanischen Sprache gibt es ebenso wie im Deutschen die vertrauliche *tú* und die förmliche Anrede *usted.*

Mexikaner empfinden es als unhöflich und gar peinlich, wenn sie eine Frage nicht beantworten können oder einer Bitte nicht Folge leisten können. Sie schicken Sie lieber in die falsche Richtung, als ihr Gesicht zu verlieren. Fragen Sie also häufiger nach dem Weg und finden Sie selbst Orientierungspunkte. Genaue Straßennamen werden oft erst auf Nachfrage genannt.

Es wird als unangemessen betrachtet, eine Kirche in knapper Freizeitkleidung zu betreten. Stören Sie nicht während des Gottesdienstes!

Sprachunterricht

Spanischunterricht wird von privaten und universitären Instituten angeboten. Einige konzentrieren sich intensiv auf die Erlernung der Grammatik. Andere Kurse haben eher kulturelle Inhalte (z. B. Kochen, Handarbeiten oder Archäologie). Bei *intercambios* handelt es sich um eine Konversation zwischen einem Mexikaner, der z. B. Deutsch lernen möchte, und einem deutschen Muttersprachler, der die spanische Sprache erlernen möchte. Die Kurse sind in der Regel auf zwei bis vier oder mehr Wochen ausgelegt. Man kann bei Familien Unterkunft finden, aber auch ein Apartment oder ein Hotelzimmer mieten. Einige Familien vermieten gleich mehrere Zimmer an Sprachschüler. Um das Leben einer mexikanischen Familie wirklich kennenzulernen, kann es sinnvoller sein, zu einer Familie zu gehen, die nur ein Zimmer vermietet. Weitere Informationen zu Sprachschulen in Mexiko finden Sie unter *www.worldwide.edu.*

Alkohol

Alkoholische Getränke dürfen erst an Personen über 18 Jahre verkauft und ausgeschenkt werden. Es finden aber selten Kontrollen statt. Finden in Mexiko Wahlen statt, so ist Alkohol während dieser Zeit grundsätzlich verboten.

Medien

Zeitungen und Zeitschriften

Die meisten mexikanischen Journalisten sind finanziell an die Regierung oder an einzelne Politiker gebunden, was eine unabhängige Berichterstattung unmöglich macht. Die größten Zeitungen sind die linksgerichtete *La Jornada* und die *Reforma*, die der Regierung kritisch gegenübersteht. *The Herald* ist eine englischsprachige mexikanische Zeitung. In größeren Städten, in den Hotels und an den Flughäfen gibt es internationale Presseerzeugnisse. In Städten mit vielen englischsprachigen Bewohnern gibt es eigene englische Wochen- oder Monatszeitungen. Die Sanborn's-Filialien sind sowohl Restaurants als auch Buchhandlungen mit vielen Magazinen, Büchern und Zeitschriften.

Fernsehen & Radio

Die meisten Mexikaner informieren sich durch Fernsehen oder Radio über das Tagesgeschehen. Neben den beiden staatlichen Fernsehsendern gibt es noch sechs private Stationen. Bei dem größten und einflussreichsten Sender Televisa laufen allabendlich eine Reihe bekannter Soaps. Hotels mit hauptsächlich ausländischen Touristen verfügen meistens über Satelliten- oder Kabelfernsehen. Letzteres ist in weiten Teilen des Landes verbreitet.

Geld

Die mexikanische Einheitswährung ist der Peso. Banknoten werden zu einem Wert von 20, 50, 100, 200 und 500 Pesos ausgegeben. In Mexiko ist Bargeld immer noch das Hauptzahlungsmittel; wenigstens sollte man aber eine gewisse Summe für Trinkgeld bereithalten. US-Dollars werden in grenznahen Städten und in den größeren Touristenzentren akzeptiert, aber es ist immer günstiger, mit Pesos zu bezahlen.

In Banken und in Wechselstuben *(casa de cambio)* können Sie Bargeld tauschen und Travellerschecks einlösen. Die *casa de cambio* haben normalerweise kundenfreundlichere Öffnungszeiten und sind schneller in der Bedienung bei ähnlichen oder sogar niedrigeren Gebühren als die Banken. Die Wechselkurse können auf der Webseite www.waehrungsrechner.de abgefragt werden.

Geldautomaten (ATMs oder *cajeros automáticos*) sind bereits im ganzen Land zu finden, doch sollten Sie immer auch Bargeld oder Travellerschecks bei sich tragen, falls die Automaten nicht funktionieren oder kein Geld mehr auszahlen können. An Geldautomaten bekommen Sie zwar sehr gute Wechselkurse, aber hier muss man je nach Institut mit hohen Gebühren rechnen. Sie sollten Geldautomaten weder in der Nacht oder an entlegenen Orten benutzen. Mit Kreditkarten bekommt man ebenfalls einen guten Wechselkurs. MasterCard und Visa sind weit verbreitet, etwas weniger bekannt ist American Express. Sie werden allerdings ohnehin fast ausschließlich in Hotels und Restaurants akzeptiert, die von Touristen besucht werden.

Die Mehrwertsteuer, IVA, wird von manchen Läden, Restaurants und sogar Hotels ignoriert; doch wird sie meist aufgeschlagen, wenn Sie eine Quittung verlangen.

Gesetzliche Feiertage

An gesetzlichen Feiertagen schließen die Banken, Behörden und viele Geschäfte. Die Öffnungszeiten von Museen und Touristenattraktionen müssen im Einzelfall erfragt werden. (Siehe auch „Festivals & Fiestas", S. 19, und „Unterhaltung & Freizeit", S. 386ff.)

1. Jan. Neujahr (Año Nuevo)
5. Feb. Tag der Verfassung (Proclamación de la Constitución)
21. März Geburtstag von Benito Juárez (Natalicio de Benito Juárez)
1. Mai Tag der Arbeit (Día del Trabajo)
16. Sept. Unabhängigkeitstag (Día de la Independencia)
20. Nov. Tag der Revolution (Aniversario de la Revolución Mexicana)
25. Dez. Weihnachten (Navidad)

Öffnungszeiten

Die Geschäftszeiten sind von Region zu Region unterschiedlich. In stärker industrialisierten Gebieten öffnen die Behörden und Firmen von 9 bis 17 Uhr, einige schließen aber auch schon um 15 Uhr. In heißeren Gegenden kann es eine zwei- bis vierstündige Mittagspause geben. Die Öffnungszeiten verlängern sich am Abend dann zum Teil bis 20 Uhr. Einige Büros öffnen aber am Nachmittag auch gar nicht mehr. Obwohl die Banken am Nachmittag von 15 bis 17 Uhr geöffnet sind, bieten einige Institute nur am Vormittag Geldwechsel an. Theater und Museen sind montags meistens geschlossen. Die Öffnungszeiten der Geschäfte sind von 9 bis 19 oder 20 Uhr. Insbesondere in den tropischen Regionen kann es auch vorkommen, dass die Läden eine Siesta von zwei bis vier Stunden machen und gegen 16 oder 17 Uhr erst wieder öffnen. Dies trifft sogar auf Kirchen zu. Kinos haben am Mittwoch ermäßigte Preise.

Fotografieren

Digitalfotografie ist heute weit verbreitet. An den meisten Orten können Sie bei Bedarf Fotos von Ihrer Digitalkamera auf eine CD herunterladen lassen; wer einen Laptop dabei hat, kann die Bilder auf einen USB-Stick laden. Schwarz-Weiß- und Diafilme sind nur schwer zu bekommen, bringen Sie sie von zu Hause mit. Achten Sie beim Kauf von Filmen aufs Verfallsdatum.

Bei der Aufnahme von Einheimischen in traditioneller Kleidung sollten Sie sehr diskret sein und in jedem Falle um Erlaubnis bitten. In touristischeren Gegenden können Sie Fotos von einer Digitalkamera auf eine CD herunterladen.

Heilige Stätten

Ungefähr 90 Prozent aller Mexikaner sind Katholiken. In manchen Städten hat man den Eindruck, als sei an jeder Straßenecke eine Kirche zu finden. Obwohl sie häufig Museen gleichen, sollten Sie nicht vergessen, dass es Weihestätten sind, in denen angemessene Kleidung erwartet wird; Männer müssen ihre Kopfbedeckung abnehmen. Unterlassen Sie die Besichtigung während der Messe.

Touristeninformationen und

Hotels geben Auskunft über die interessantesten Kirchen der Stadt. Einige bieten Gottesdienste mit Mariachi oder gitarrenbegleitete und englischsprachige Messen an. In den meisten Städten gibt es wenigstens ein protestantisches – häufig allgemein evangelikales – Gotteshaus.

Sicherheit

Ihr gesunder Menschenverstand schützt Sie als Reisende in Mexiko am besten vor Übergriffen. Sie sollten wachsam, aber nicht ängstlich sein. Die Straßenkriminalität entwickelte sich erst ab 1994, als die Abwertung des Peso zu erhöhter Armut und somit zu verstärkter Kriminalität führte. Nehmen Sie Wertgegenstände wie z.B. teuren Schmuck nicht mit in den Urlaub. Halten Sie Handtaschen dicht am Körper, und achten Sie auf Kriminelle, die Taschen mit einem Rasiermesser aufschneiden.

In Mexiko-Stadt ist besondere Vorsicht geboten. Benutzen Sie die hoteleigenen Taxen. Bitten Sie in Restaurants oder Geschäften, Ihnen ein Taxi zu rufen, notieren Sie sich die Nummer eines vertrauenswürdigen Taxiunternehmens oder suchen Sie einen Taxistand *(sitio de taxis)*. Siehe auch „Unterwegs in Mexiko-Stadt mit dem Taxi", S. 351.

Mexikanische Polizisten sind unterbezahlt; Korruption ist sowohl in Regierungskreisen als auch in der Privatwirtschaft an der Tagesordnung, obwohl stets versucht wird, *la mordida* („den Biss") zu unterbinden (siehe „La Mordida", S. 345).

Wenn Sie Opfer eines geringfügigeren Verbrechens geworden sind, sollten Sie anhand der Schadenshöhe abwägen, ob Sie sich der überaus ineffektiven Justiz ausliefern wollen. Sie können auch bei der Touristeninformation nachfragen, ob es eine Stelle gibt, die für die Belange der Touristen etwa im Falle eines Diebstahls zuständig ist. Bei schwereren oder Raubüberfällen sollten Sie sich in jedem Fall an die Botschaft oder an ein Konsulat Ihres Landes wenden.

Zeitverschiebung

Im größten Teil des Landes gilt die Hora Central (MEZ minus sieben Stunden; nur Quintana Roo auf Yucatán: MEZ minus sechs Stunden). In Baja California Sur, Sonora, Sinaloa, and Nayarit gilt die Hora de Montana (MEZ minus acht Stunden), und in Baja California Norte gehen die Uhren nach der Hora del Pacífico (MEZ minus neun Stunden). Die Sommerzeit gilt von Anfang April bis Ende Oktober (plus eine Stunde).

Trinkgeld

In den einfacheren Lokalen zahlen die Mexikaner wenig oder gar kein Trinkgeld. Der Richtwert liegt aber bei zehn Prozent der Rechnung. In Touristen-Restaurants sind für guten Service zehn Prozent angebracht. Vergewissern Sie sich aber, ob die Bedienung nicht schon im Preis enthalten ist. Taxifahrer bekommen kein Trinkgeld, es sei denn, sie warten, während Sie etwas einkaufen oder besichtigen. Hotelangestellte bekommen zehn Pesos pro Tag, Pagen zehn Pesos pro Koffer. Für Gruppenführungen rechnet man mindestens zehn Pesos pro Person für einen halben Tag, und bei Einzelführungen werden fünf bis zehn Prozent des Tourenpreises als Trinkgeld erwartet. An Tankstellen und in Toiletten kann man auch Trinkgeld geben.

Toiletten

Die Qualität der sanitären Anlagen kann gut, aber auch sehr schlecht sein; meistens gibt es aber weder Klobrillen noch Toilettenpapier. Sie sollten die Waschräume in Ihrem Hotel oder unterwegs in Restaurants, Cafés oder Bars aufsuchen. Außer in Touristenhotels und -restaurants sollten Sie das Toilettenpapier nicht in die Toilette werfen, sondern in den dafür vorgesehenen Eimer neben der Toilette. Es erscheint zwar sehr unangenehm, aber so werden verstopfte Wasserleitungen vermieden.

Einrichtungen für Behinderte

Die Ausstattung mit behindertengerechten Einrichtungen wie Rampen oder breite Türen ist in Mexiko zwar noch wenig verbreitet, aber es werden insbesondere in den moderneren Hotels landesbezüglich große Fortschritte gemacht. Sie sollten sich deshalb vor Antritt Ihrer Reise genau informieren.

Besucherinformation

Nützliche Telefonnummern & Websites

Das mexikanische Tourismusministerium gibt englischsprachige Telefonauskunft u. a. über das Wetter, Feiertage, Sicherheitsfragen und Einreisebestimmungen, aber auch Hotel- und Restauranttipps (Tel. 0052-800/4463942). Die Webseite www.mexico-travel.com kann bei der Reisevorbereitung nützlich sein.

Verbraucherschutz in Mexiko-Stadt: Tel. 55/5568-8722.
Mex. Rotes Kreuz: Tel. 065.
Die folgenden Nummern gelten im ganzen Land mit Ausnahme einiger Städte. Die Telefonauskunft erreicht man unter 040 und die Polizei unter 060.

IM NOTFALL

Botschaften & Konsulate

Die ausländischen Botschaften befinden sich alle in Mexiko-Stadt. In einigen großen Städten gibt es aber auch Konsulate.

Botschaft Deutschland
Horacio 1506, Colonia Polanco, 11510 México, D. F., Tel. 55/5283-2200, Fax 55/5281-2588.

Botschaft Österreich
Sierra Tarahumara 420, Colonia Lomas de Chapultepec, 11000 México, D. F., Mexiko, Tel. 55/5251-1606, 55/5251-9792, Fax 5245-0198.

Botschaft Schweiz
Torre Optima, piso 11, Avenida Paseo de las Palmas 405, Lomas de Chapultepec, 11000 México, D.F., Postanschrift: Embajada de la Suissa, Apartado 10-724, 11002 México, D.F., Mexiko, Tel. 55/9178-4370, Fax 55/5520-8685.

Gesundheit

Am häufigsten erleiden Reisende in Mexiko Darmerkrankungen. Der Auslöser hierfür kann allein die ungewohnte Zusammensetzung des Trinkwassers sein. Größere Probleme können durch verunreinigtes Trinkwasser oder mangelnde Sorgfalt im Umgang mit Obst und Gemüse auftreten. Durchfall (auch *turista*, oder „Montezumas Rache" genannt) ist die häufigste Erkrankung. Obwohl Vorsicht immer angebracht ist, sollten Sie sich das kulturelle Erlebnis nicht entgehen lassen, in kleineren Lokalen mit einheimischem Publikum einzukehren, denn auch in den Touristenlokalen ist man vor einer Infektion nicht sicher.

Sie sollten sich aber daran halten, nur in Flaschen abgefüllte Getränke, dazu gehört auch Wasser, zu trinken. Für Eiswürfel nur gereinigtes Wasser verwenden. Schälen Sie Ihre Früchte und Ihr Gemüse und vermeiden Sie rohen Fisch oder rohe Schaltiere. Wenn Sie an „Montezumas Rache" erkranken, trinken Sie viel und schonen Sie sich einige Tage, bis die Symptome verschwinden. Im schlimmsten Fall können durch verunreinigtes Wasser Hepatitis, Salmonellen oder andere schwere Erkrankungen hervorgerufen werden. Bei Fieber, lang anhaltendem Durchfall oder Kopfschmerzen sollten Sie einen Arzt aufsuchen.

In Mexiko-Stadt und Guadalajara ist die Luft besonders zwischen Dezember und Mai so stark verschmutzt, dass bei Senioren, kleinen Kindern und bei Menschen mit Atembeschwerden gesundheitliche Probleme auftreten können. In Mexiko-Stadt wird die Luftverschmutzung begünstigt durch die Höhenlage (2250 m) und die Berge rund um die Stadt, die den Smog einkesseln. In den ersten ein oder zwei Tagen sollten Sie zur Eingewöhnung auf anstrengende Aktivitäten sowie auf Alkohol und fettes Essen verzichten.

Die Apotheken *(farmacías)* bieten medizinische Beratung und rezeptfreie Medikamente. Außerdem kann man Ihnen nötigenfalls einen englischsprachigen Arzt nennen. Auch im Hotel gibt man Ihnen gerne Auskunft.

Maßnahmen bei einem Autounfall

Das mexikanische Recht schreibt leider vor, dass im Falle eines Unfalls mit Sach- oder Personenschaden die Unfallbeteiligten so lange in Haft genommen werden, bis die Schuld geklärt ist. Das ist der Grund, weshalb viele Mexikaner Fahrerflucht begehen. Eine mexikanische Autoversicherung verringert die Haftung und kann Sie vor dem Gefängnis bewahren (siehe auch „Anreise mit dem Auto", S. 349). Die Versicherungsdauer beträgt zwischen einem Tag und einem Jahr. Die Leistungen können medizinische Haftung, Insassenschutz, rechtlichen Beistand, Kautionsleistung und Abschleppdienst umfassen. Die volle Absicherung beinhaltet zudem noch die Haftpflicht bei Kollisionsschäden und den Schutz bei Diebstahl. Diese Einrichtung ist aber vor allem für regelmäßige Besucher aus den USA wichtig.

LESETIPPS

Websites & Links
www.mexico-travel.com. ist die Tourismus-Website der mexikanischen Regierung. Viele Informationen bietet *www.mexicodesconocido.com.* Mexico Online *(www.mexonline.com)* präsentiert Reiseinformationen und aktuelle Nachrichten.

Bücher

Distant Neighbors, Alan Riding (Knopf Publishing Group, New York, 1989).

The Hummingbird's Daughter, Luis Alberto Urrea (Little, Brown & Company, New York, 2005).

Das Labyrinth der Einsamkeit, Octavio Paz (Suhrkamp, Frankfurt, 1998).

The Mexicans: A Personal Portrait of a People, Patrick Oster (HarperCollins, Publishers, New York, 2002).

Weltatlas der alten Kulturen, Amerika vor Kolumbus, Michael D. Coe (Christian, München, 1999).

The People's Guide to Mexico, Carl Franz and Lorena Havens (John Muir Publications, Santa Fe, NM, 1995).

Reise nach Mexiko: Geschichten fürs Handgepäck, Anja Oppenheim Valdiviezo(Hrsg.) (Unionsverlag, Zürich, 2009.)

Travelers' Tales Mexico, Ed. James O'Reilly and Larry Habegger (Travelers' Tales, Inc., San Francisco, 1994).

Geschichte der Eroberung von Mexiko, Bernal Díaz (Insel, Frankfurt, 1988).

Viva Mexico!, Antonio Haas (Librería Británica, 1999).

Hotels & Restaurants

Mexiko bietet zwar einige hübsche kleine Hotels sowie viele große Ferienanlagen und Stadthotels, aber es hat keine so große Auswahl wie andere Länder. In den großen Feriengebieten und Städten sind auch die bekannten internationalen Hotelgruppen vertreten. Außerdem haben sich einige mexikanische Hotelketten etabliert. Unabhängige Hotels gibt es in allen Preiskategorien. Den mittleren Preisbereich decken viele schöne kleine Hotels ab, die bei vergleichbarem Standard niedrigere Preise verlangen als in Europa oder in den USA. Die größte Auswahl an Hotels bieten diejenigen Städte, die am meisten Besucher anziehen.

Das Angebot an Restaurants ist überaus vielfältig. Es reicht von Ketten wie Sanborns – wo sich auch Kinder vor Speisekarten mit bekannten Gerichten wohl fühlen – über Marktstände bis zu den eleganten Lokalen in exklusiven Hotels.

Unterkünfte

In ganz Mexiko gibt es günstige Unterkünfte, die teilweise staatlich subventioniert werden. In von Touristen wenig besuchten Gegenden finden sich nur wenige Unterkünfte, fragen Sie im Zweifelsfall im Rathaus *(municipio)*. Vor allem in Gegenden von besonderer landschaftlicher Schönheit oder kultureller Attraktivität, wie Oaxaca und Chiapas, gibt es vom Staat finanzierte und der Gemeinde betriebene Unterkünfte. Informationen bieten die Touristeninformationen, die auch bei Reservierungen helfen.

Campingplätze sind vor allem auf der Halbinsel Baja California zu finden. Auf öffentlichem Grund wie etwa an Stränden ist das Campen nicht erlaubt. B&Bs oder Gästehäuser sind relativ selten und werden meistens von Ausländern geführt. Aber es gibt z. B. in Städten wie San Cristóbal de las Casas, Oaxaca und San Miguel de Allende kleine, außergewöhnliche Hotels. Sie können mehrere Tausend Pesos für ein Zimmer zahlen, aber auch für weniger als 800 Pesos bekommen Sie zwar etwas weniger Komfort, aber eine ebenso reizvolle Unterkunft.

In den großen internationalen Hotels der Ferienorte bezahlen Sie für ein Zimmer genauso viel wie in den USA oder Europa. Die Preise werden meistens in Dollar angegeben. Hier spricht das Personal auch Englisch, es gibt einen Concierge-Service, Swimmingpools, funktionierende Fahrstühle, Zimmersafes und Minibars, Kabel- oder Satelliten-TV etc. In den Badeorten sind stets einige All-Inclusive-Hotels vertreten.

In den Städten Mexiko-Stadt, Guadalajara, Aguascalientes und Monterrey bieten die Hotels auch Schreibservice, Business Centers, Besprechungsräume, Modemanschlüsse und Telefone mit Direktwahl. Gerade die letzten beiden Angebote sind allerdings noch nicht weit verbreitet. Einige Hotels, die sich mehr an Geschäftskunden richten, bieten spezielle Wochenendarrangements (mit z. T. 50 Prozent Ermäßigung).

Zu bestimmten Zeiten ist eine rechtzeitige Reservierung erforderlich. Orte wie Cabo San Lucas und Cancún sind während der Ferien an Ostern, im Juli und August bzw. an Weihnachten besonders ausgebucht. Hotels in den Orten, wo spezielle Feste stattfinden, können sogar schon ein Jahr im Voraus ausgebucht sein, wie z.B. Taxco während der Karwoche, Veracruz während des Karnevals oder Oaxaca während der Weihnachtsfeiertage.

Die Höhe der Steuern ist von Staat zu Staat unterschiedlich. Meistens werden 15 Prozent gefordert, zu denen noch zwei Prozent Hotelsteuer hinzukommen. In anderen Staaten werden nur 12 Prozent verlangt. Die bescheideneren Hotels berechnen entweder gar keine Steuern, oder sie sind bereits im Preis enthalten. Wenn nicht anders vermerkt, haben die Zimmer der hier aufgeführten Hotels alle ein eigenes Bad und sind das ganze Jahr über geöffnet. Wenn als Adresse „domicilio conocido" vermerkt ist, bedeutet das, dass es in diesem Ort zwar keine Straßenbezeichnungen gibt, aber jeder Ihnen die Richtung weisen kann.

PREISE

HOTELS

Preise für ein Doppelzimmer in der Hochsaison.

$$$$$	Über $ 300
$$$$	$ 200–$299
$$$	$ 120–$199
$$	$ 60–$119
$	Unter $ 60

RESTAURANTS

Preise für ein Drei-Gänge-Menü ohne Getränke.

$$$$$	Über $ 35
$$$$	$ 23–$35
$$$	$ 15–$22
$$	$ 8–$14
$	Unter $ 8

Kreditkarten

AE American Express, DC Diners Club, MC Mastercard, V Visa.

Restaurants

Die Mittagsmahlzeit wird normalerweise zwischen 14 und 17 Uhr eingenommen. Das Tagesmenü (in besseren Restaurants als „el menu del día" und in einfacheren Lokalen als „comida corrida" bezeichnet) ist meistens sehr günstig, wird aber auch selten vor 13.30 Uhr oder 14 Uhr angeboten. Es besteht meistens aus einer Suppe, Reis oder Pasta, einem Fleischgericht, einem Dessert und Kaffee oder Tee. Auch ein Getränk kann im Preis enthalten sein; meistens wird *agua de sabor* angeboten. Hierbei kann es sich um alles von Limonade bis hin zum Melonenwasser handeln.

Mit *Antojitos* sind eigentlich Vorspeisen gemeint; regionale Spezialitäten wie Memelas, Tacos oder Enchiladas (siehe S. 35) können aber durchaus so reichhaltig wie Hauptgerichte sein. Das Abendessen ist traditionell eher ein leichtes Essen. In den Touristengebieten kann man aber auch am Abend ein mehrgängiges Menü bestellen. Doch ist es meistens sehr viel teurer als ein Mittagessen. In den kleineren und kaum von Touristen aufgesuchten Orten und in weniger modernen Städten schließen die Restaurants oft schon gegen 19 oder 20 Uhr. (Restaurants mit dem Hinweis „nur Mittagessen" sind von 13 bis 18 Uhr geöffnet.)

Während die Restaurants und Cafés in den Hotels während des ganzen Tages geöffnet sind, haben einige Lokale nur mittags und abends geöffnet. Sie schließen häufig zwischen 17 oder 18 und 19 Uhr. In einigen Cafés kann man erst ab 9 oder 10 Uhr frühstücken. Bevor Sie Trinkgeld geben, sollten Sie überprüfen, ob der Service nicht doch schon in der Rechnung enthalten ist. Da sich die Öffnungszeiten während des Jahres durchaus ändern können, sollten Sie sich vorher telefonisch vergewissern und einen Tisch reservieren.

M = Mittagessen
A = Abendessen

In der folgenden Auswahl sind die Städte der einzelnen Regionen alphabetisch geordnet. Die Hotels und Restaurants der einzelnen Städte sind innerhalb der Preiskategorie wiederum alphabetisch sortiert.

BAJA CALIFORNIA

BAHÍA DE LOS ANGELES

LOS VIENTOS SPA & RESORT

$$

CARR. 1, POBLADO
LA VENTANA
TEL. 646/178-2614
www.losvientosspaandresort.com

Das Spa ist nicht immer zugänglich und nicht alles, was die Website anbietet, gibt es wirklich. Das hübsche Hotel mit dem ausgezeichneten Restaurant liegt am Strand.

15 AE, MC, V

CATAVIÑA

DESERT INN CATAVIÑA

$$

MEX 1, KM 173, IN CATAVIÑA
www.desertinns.com

Das schöne, vor Kurzem neu gestaltete Hotel mitten in der Wüste liegt in der Nähe von prähistorischen Höhlenmalereien. Im Restaurant mit der Backsteinkuppel gibt es Fisch- und internationale Gerichte.

27 MC, V

ENSENADA

LAS ROSAS

$$$

CARR. TIJUANA-ENSENADA
KM 105,5
TEL. 646/174-4310
www.lasrosas.com

Die Farben Blau und Pink dominieren in diesem romantischen Familienbetrieb zehn Minuten nördlich der Innenstadt. Vom Pool aus hat man einen herrlichen Blick über die Bucht. In der Bar gibt es am Wochenende Jazz oder Blues, das Restaurant serviert gute mexikanische und internationale Küche.

48 AE, MC, V

EL REY SOL

$$

AV. BLANCARTE 130
TEL. 646/178-1601
www.posadaelreysol.com

Das dreistöckige Hotel mit komfortablen Zimmern, die zum Parkplatz hin orientiert sind, erinnert an ein Motel. Auf der Rückseite gibt es einen kleinen Pool. Die Attraktion des Hotels ist jedoch das preisgekrönte französische Restaurant mit typischen Gerichten wie Ente à l'orange und vielerlei Pasteten.

52 MC, V

CASAMAR

$$–$$$

BLVD. LÁZARO CARDENAS 987
TEL. 646/174-0417

Hier kommt frischer regionaler Fisch auf den Tisch. Eine Besonderheit sind die Calamari, die mit einer Austernsoße serviert werden. Die Bedienung ist sehr freundlich. Vom ersten Stock aus kann man einen herrlichen Meerblick genießen; hier ist allerdings der Raucherbereich.

MC, V

LA PAZ

POSADA DE LAS FLORES

$$$

ALVARO OBREGÓN 440
TEL. 612/125-5871
www.posadadelasflores.com

Dieses kleine Boutique-Hotel in einem Haus im Kolonialstil liegt der Strandpromenade gegenüber. Von einigen der Zimmer kann man den Sonnenuntergang genießen. WLAN und Internet in den Zimmern und Gemeinschaftsräumen im Preis inbegriffen, ebenso Frühstück und Nachmittagstee.

8 MC, V

LAS TRES VIRGENES

$$$$

CALLE MADERO 1141 ECKE
CONSTITUCIÓN

TEL. 612/165-6265
Teuer, doch empfehlenswert für alle, die einen besonderen Abend verbringen wollen. Das mexikanisch-mediterrane Essen ist einfallsreich und lecker, auch die Weinkarte ist gut.
M geschl.

LA PAZTA
$$
ALLENDE 36
TEL. 612/125-1195
Die Trattoria serviert hausgemachte Nudelgerichte und andere italienische Spezialitäten. Auch Tische im Freien.
M & Di geschl..
AE, MC, V

LORETO

COCO CABANAS
$$
TEL. 613/135-1729
FAX. 613/135-0355
www.cococabanasloreto.com
Bequeme, schlicht ausgestattete Hütten mit einer voll eingerichteten Küche und einem überdachten Patio, nur ein kleines Stück vom Strand und vom Hauptplatz entfernt.
8 Keine Kreditkarten

PACHAMAMA
$–$$
CALLE ZAPATA 3
TEL. 613/135-2219
Gute argentinische Küche (auch internationale und mexikanische Gerichte) in lockerer, fröhlicher Atmosphäre.
Di & Sept. geschl., & Sept.
Keine Kreditkarten

LOS CABOS

CASA NATALIA
$$$$
BLVD. MIJARES 4, SAN JOSÉ DEL CABO, 23400
TEL. 624/146-7100
www.casanatalia.com
Ein freundliches europäisches Paar hat diese kleine Oase mit internationalem Schick geschaffen. Neue mexikanische und internationale Küche. Transfer zum Strandclub und Frühstück im Preis inbegriffen. Spa und WLAN gegen Aufpreis.
16 AE, MC, V

HILTON LOS CABOS
$$$$
CARR. TRANSPENINSULAR KM 19,5
TEL. 624/145-6500 OR
www.hilton.com
Neben eleganten Zimmern mit edlen Bädern bietet das Hilton (näher an San José als an San Lucas) einen der wenigen Strände, wo man Schwimmen kann. Kinder- und haustierfreundlich. Sushi-Bar.
375
AE, MC, V

ME CABO BY MELIÁ SAN LUCAS
$$$$–$$$$$
PLAYA EL MÉDANO S/N, SAN LUCAS
TEL. 624/145-4444
www.me-cabo.com
Das raffiniert-elegante ME Cabo Meliá liegt nahe der Bucht, dem Strand, den Läden, Restaurants und Bars. Die Zimmer unterscheiden sich in Größe und Ausstattung, aber alle sind in erdfarbenem Dekor. Kommen Sie früh ins Yhi Spa, um den Unterwasser-Massagestuhl zu genießen.
155
AE, MC, V

LOS MILAGROS
$$
MATAMOROS 16, CABO SAN LUCAS
TEL. 624/143-4566
www.losmilagros.com.mx
Dieses gemütliche preiswerte Schmuckstück in San Lucas ist ein Wunder im teuren Los Cabos. Nah am Strand, dem Yachthafen und vielen guten Restaurants.
16

TROPICANA INN
$
BLVD. MIJARES 30, SAN JOSÉ DEL CABO
TEL. 624/142-1580
www.tropicanainn.com.mx
Die Zimmer sind schlicht, doch es gibt einen Pool und das beliebte Restaurant mit Bar, in dem oft kubanische Musik erklingt.
39

NICK-SAN
$$$
BLVD. MARINA, PLAZA DE LA DANZA, CABO SAN LUCAS
TEL. 624/143-4484
(FILIALE, LAS TIENDAS DE PALMILLA, CARR. TRANSPENINSULAR KM 7.5, TEL 624/144-6262)
www.nicksan.com
Die Einheimischen schwärmen von den frischen Meeresfrüchten, die meist von Sushi-Köchen zubereitet werden. Fans kommen in einer Woche Urlaub immer wieder.
MC, V

LA FONDA
$–$$
AV. HIDALGO ECKE 12 DE OCTUBRE, SAN LUCAS
TEL. 624/143-6926
Auf der vielfältigen Speisekarte dominieren Gerichte aus ganz Mexiko, von Tacos über Suppen bis zu vollständigen Mahlzeiten; es gibt auch einige Gerichte aus vorspanischer Zeit. Das Restaurant im Hazienda-Stil ist sehr hübsch.
Öffnet nach 13.30. So geschl.

MULEGÉ

SERENIDAD
$$
MEX 2, 4 KM SÜDL. VON MULEGÉ, 23900
TEL. 615/153-0530
www.hotelserenidad.com
serenidad@mulege.com.mx
Die Zimmer sind einfach, aber der palmenbestandene Pool ist populär, ebenso das Restaurant,

in dem das Essen gut schmeckt und die Portionen groß sind. Das Anwesen besitzt eine eigene Landebahn und einen Campingplatz. (Im Sept. kein Restaurant.)
50 P MC, V

TECATE

DER BESONDERE TIPP

RANCHO LAPUERTA SPA
$$$$$
MEX 2, 5 KM WESTLICH VON TECATE, 21275
TEL. 665/654-9155
www.rancholapuerta.com
Bereits seit 1940 bietet die Familie Szekely (mit mittlerweile mehr als 250 Mitarbeitern) ihren Gästen auf der Ranch von gut 1200 ha ein ständig wachsendes Angebot im Wellness-Bereich: Hot-Riverstone und Luffa-Meersalz-Massagen, Gesichtsmassagen, Yoga, Meditation, Wandern etc. An- und Abreisetag ist Samstag. Bungalows im Hazienda-Stil und mit mexikanischem Kunsthandwerk ausgestattet liegen inmitten der luxuriösen Pools, Mineralbäder und Gärten. Gesunde, leckere, häufig vegetarische Kost und ein Shuttle-Service vom Flughafen in San Diego, Kalifornien, sind inbegriffen. Eine Reservierung ist erforderlich.
87 MC, V

TIJUANA

CAMINO REAL
$$$$
PASEO DE LOS HÉROES 10305, ZONA RÍO
TEL. 664/633-4000, 01800/901-2300 (GEBÜHRENFREI INNERHALB MEXIKOS)
www.caminoreal.com/tijuana
Geschmackvoll eingerichtet, aber von eher konservativer Atmosphäre ist dieses hoch aufragende Hotel in der Nähe des Tijuana-Kulturzentrums und der Innenstadt eher eine Adresse für Geschäftsreisende.
250 P Alle gängigen Kreditkarten

CIEN AÑOS
$$$–$$$$
AV. JOSÉ MARÍA VELASCO 1407
TEL. 664/634-3039
www.cien.info
Moderne mexikanische Küche in einem anmutigen Restaurant in der Nähe des Kulturzentrums. Steaks sind ebenso eine Spezialität wie *pollo cien años* – Hühnchen und Kartoffeln in würziger Chilisoße. Als Dessert ist köstlicher Obsttorte mit Ziegenmilch sehr zu empfehlen. Angemessene Kleidung wünscenswert.
P Alle gängigen Kreditkarten

TODOS SANTOS

HOTEL CALIFORNIA
$$$
JUÁREZ S/N IN MORELOS
TEL. 612/145-0525
www.hotelcaliforniabaja.com
Die dicken Mauern und die Meeresbrise halten das Hotel angenehm kühl. Eine Bar ist vorhanden, das Restaurant wird häufig empfohlen.
11 MC, V

CAFÉ SANTA FE
$$$
CENTENARIO 4
TEL. 612/145-0340
An den Tischen im Garten des italienischen Cafés sitzen oft Gäste aus Los Cabos und La Paz. Beliebt sind die Salate und die hausgemachten Pastas.
Di & Sept.–Okt. geschl.
MC, V

DER NORDWESTEN

ALAMOS

HACIENDA DE LOS SANTOS
$$$$
MOLINA 8
TEL. 647/428-0222
FAX 647/428-0367
www.haciendadelossantos.com
Reichhaltig mit Antiquitäten ausgestattete Anlage mit Billardzimmer, Theater und einer Cantina (19. Jh.). Die individuell eingerichteten Zimmer haben einen offenen Kamin; die Betten sind mit feinem Leinen bezogen. Im Wellness-Center gibt es einen Masseur und einen Trainer. Kinder sind nicht willkommen.
25 P Alle gängigen Karten

CHIHUAHUA

HOLIDAY INN HOTEL & SUITES
$$$
ESCUDERO 702, FRACC. SAN FELIPE
TEL. 614/439-0000
www.holiday-inn.com/chihuahuamex
Schönes, zweistöckiges All-Suites-Hotel in einer Wohngegend in der Nähe des Zentrums. Kontinentales Frühstück ist im Preis enthalten. Die Zimmer haben eine Küche. Außerdem gibt es Sauna, Whirlpool und viele weitere Annehmlichkeiten.
74 P Alle gängigen Karten

LA CASA DE LOS MILAGROS
$$
VICTORIA 812, NAHE OCAMPO
TEL 614/437-0693
Einheimische und Touristen genießen leichte mexikanische Gerichte entweder drinnen in der restaurierten Hazienda

oder im Patio. Fröhliches Ambiente und Folkloremusik (Do bis So nach 21 Uhr).
M geschl. MC, V

DURANGO

HOTEL GOBERNADOR
$$
AV. 20 DE NOVIEMBRE 257
TEL. 618/813-1919
www.hotelgobernador.com.mx
Das Hotel Gobernador besitzt mehrere Restaurants und Bars; es bietet Transfer zum Flughafen, kontinentales Frühstück und WLAN. Kathedrale und Hauptplatz sind leicht zu Fuß zu erreichen.
100
AE, MC, V

EL FUERTE

HOTEL EL FUERTE
$$
MONTESCLAROS 37
TEL. 698/893-0226
www.hotelelfuerte.com.mx
Antike Möbel lehnen an dicken Mauern, und üppiger Wein rankt über die Balkone. Die restaurierte Hazienda hat sehr viel Atmosphäre vom alten Mexiko zu bieten.
30 MC, V

HIDALGO DEL PARRAL

HOTEL ADRIANA
$
CALLE COLEGIO 2
TEL. 627/522-2570 ODER 01800/543-3525 (GEBÜHRENFREI INNERHALB MEXIKOS)
Das einfache, aber gemütliche familienfreundliche Hotel nicht weit vom Hauptplatz von Hidalgo bietet einen bewachten Parkplatz gleich beim Haus, ein Restaurant und kostenloses WLAN. Es gibt einen Computer für Gäste ohne Laptop und einen kleinen Fitnessraum.
56 AE, MC, V

MAZATLÁN

PUEBLO BONITO
$$$
CAMARÓN SÁBALO 2121, ZONA DORADA
TEL. 669/989-8900 ODER 800/990-8250
www.pueblobonito.com
All-Suites-Hotels am Strand. Die Zimmer verfügen über eine Küche und einen Patio. Live-Musik und Kerzenlicht sorgen in Angelo's Restaurant mit seiner kontinentalen Küche für ein schönes Ambiente.
246 2
AE, MC, V

HOTEL FREEMAN POSADA BEST WESTERN
$$
OLAS ALTAS 79 SUR
TEL. 669/985-6060
freeman.grupoposadadelrio.com
Buchen Sie ein Zimmer mit Meerblick in diesem Best Western nur einen Steinwurf von Alt-Mazatlán entfernt. Die kleinen innen gelegenen Räume sind weniger schön. Wi-Fi und Frühstücksbüfett im Preis inbegriffen. Auch von der Bar und vom Pool herrlicher Blick.
120 AE, MC, V

PLAYA MAZATLÁN
$$
AV. PLAYAS LAS GAVIOTAS 202, ZONA DORADA
TEL. 669/989-0555
www.hotelplayamazatlan.com
Alteingesessene Ferienanlage in Mazatlán. Die Zimmer sind sauber. Sie haben einen gefliesten Fußboden und eine eigene Terrasse. Am schönsten sind die Zimmer mit Blick zum Strand.
411 3
AE, MC, V

LAS LUPITAS
$$$$
BUGAMBILIAS 100
TEL. 669/989-2309
Einige sagen dazu Molekularküche, andere nennen die Kochkunst mexikanisch-mediterran. In jedem Fall ist das Essen hier für Mazatlán teuer, aber auch sehr gut präsentiert. Das preisgekrönte Las Lupitas im Hotel D'Gala in der Zona Dorada serviert chilenischen Lachs, Lammkotelett, Osso buco und Thunfisch-Tatar in einem geschmackvoll gestalteten Speisesaal.
AE, MC, V

LA PUNTILLA
$–$$
MUELLE LA PUNTILLA
TEL. 669/982-8877
Resopaltische und langweilige weiße Plastikstühle werden unwichtig angesichts der großen Auswahl an ausgezeichnetem Fisch und Meeresfrüchten. Die Front des Restaurants ist offen und gibt den Blick auf den Fähranleger frei, dem es den Namen verdankt.
A geschl. Keine Kreditkarten

PUERTO PEÑASCO

VIÑA DEL MAR
$$
CALLE 1RO. DE JUNIO BEIM MALECÓN KINO S/N, COL. EL PUERTO 83550
TEL. 638/383-3600
FAX 638/383-3714
www.vinadelmarhotel.com
Das Hotel hat ein Restaurant mit Meerblick, einen großen Pool und einen Whirlpool. Die Zimmer sind einfach, aber sorgsam dekoriert. Die Suiten haben eine Küche, manche auch ein Jacuzzi. Schönheitssalon mit Massage, zwei Bars und Konferenzsaal.
110
MC, V

SAN CARLOS

HOTEL MARINA TERRA
$$$
CALLE GABRIEL ESTRADA S/N

TEL. 622/225-2020 ODER 01800/500-2040 (GEBÜHRENFREI INNERHALB MEXIKOS)
www.marinaterra.com
Die pastellfarbenen Zimmer sind Geschmackssache, fantastisch ist jedoch der Ausblick auf den Berg Tetakawi. Der geschäftige Yachthafen lockt Segler an und das Restaurant füllt sich vor allem zum Frühstücksbüfett am Wochenende. Das Chocolate Spa eröffnete 2009.
112 2 Alle gängigen Kreditkarten

SIERRA TARAHUMARA (COPPER CANYON)

POSADA MIRADOR
$$$$$
ESTACIÓN POSADA BARRANCA
TEL. 668/818-7046
FAX 668/818-0046
www.mexicoscopper canyon.com
Blockhaus-Lodge mit wunderschönem Blick über den Canyon. In dieser Lodge kann man auch nach Reit- und Wanderausflügen fragen. Die Zimmer haben Heizung, Kamin und Balkon, aber kein Telefon oder TV. Die Mahlzeiten in familienfreundlichem Ambiente sind im Preis enthalten. Vor allem bei Gruppen beliebt.
48 AE, MC, V

DER BESONDERE TIPP

COPPER CANYON SIERRA LODGE
$$$
DOMICILIO CONOCIDO, CUSARARÉ
www.coppercanyonlodges.com
Etwa 15 Minuten mit dem Auto liegt dieses Hotel von Creel entfernt, das hübscheste der Gegend und unschlagbar im Preis. Drei köstliche Mahlzeiten sind im überraschend niedrigem Preis enthalten, serviert im Speisesaal mit offenem Kamin. Zimmer ebenfalls mit Kaminen oder Ofen. Es gibt keine Elektrizität, was sehr zum Charme beiträgt.
22 P Keine Kreditkarten

POSADA DEL OSO
$$$
DOMICILIO CONOCIDO, CEROCAHUI
TEL. 614/421-3372 (IN CHIHUAHUA)
www.mexicohorse.com
Vogelbeobachtern, Wanderern und allen, die große Gruppen meiden wollen, bietet diese familiengeführte Lodge eine hervorragende Alternative.. El Oso, mit einem guten Reitstall, ist ein perfekter Ausgangspunkt für Ausflüge in den Canyon. Hausmannskost und Transfer zum Bahnhof von Bahuichivo im Preis inbegriffen. Gute Preise für Kinder.
21 P Keine Kreditkarten

REAL DE MINAS
$$
DONATO GUERRA ECKE PABLO OCHOA, BATOPILAS
TEL. 649/456-9045
Eine kleine und geschmackvolle Lodge in einem der Herrenhäuser aus dem 19. Jh. in Batopila.
8 P Keine Kreditkarten

MARGARITAS PLAZA MEXICANA
$
ELFIDO BAUTISA S/N, CREEL, 33200
TEL./FAX 635/456-0245
An Komfort und freundlichem Service ist dieses preiswerte Hotel im Ortszentrum nicht zu überbieten. Frühstück und Abendessen sind im Preis enthalten.
25 P Keine Kreditkarten

DER NORDOSTEN

MONTERREY

DER BESONDERE TIPP

HABITA MTY
$$$
VASCONCELOS 150 ORIENTE, SAN PEDRO GARZA GARCIA
TEL. 81/8335-5900
www.hotelhabitamty.com
Wie alle Hotels des Grupo Habita ist auch dieses brandneue in Monterrey einzigartig. Man hat minimalistisches Dekor und antike Möbel mit großem Erfolg kombiniert. Auf dem Dach gibt es eine Terrasse, zwei Pools, eine Bar und ein Solarium. Im Erdgeschoss liegen ein Restaurant, eine Lounge und ein Konferenzzentrum. In den Zimmern lassen sich Xbox, WLAN und iPods anschließen. Elegante Einkaufszentren befinden sich in der Nähe, doch das Stadtzentrum von Monterrey ist etwa eine halbe Stunde entfernt.
39 P 2 AE, MC, V

LUISIANA
$$$–$$$$
AV. HIDALGO 530 ORIENTE
TEL. 81/8343-1561
In diesem Restaurant mit Klubatmosphäre scheint jeder jeden zu kennen. Ziemlich dunkel, aber elegant eingerichtet. Beliebt sind die für diese Gegend typischen Fleischgerichte – Steak oder Ziege – vom Holzkohlengrill und andere mexikanische Gerichte.
So A geschl. Alle gängigen Karten

PARQUE NACIONAL CUMBRES DE MONTERREY

HOTEL CHIPINQUE
$$
MESETA CHIPINQUE 1000, GARZA GARCIA, 66297

TEL. 81/8173-1777
www.hotelchipinque.com.mx
Hoch über der Stadt im gleichnamigen Park gelegen, kommt diese komfortable Lodge denen entgegen, die wandern, Rad fahren, Tennis spielen oder schwimmen möchten. Bei Nacht vom Restaurant schöner Blick auf die beleuchtete Stadt.
72 AE, MC, V

SALTILLO

RANCHO EL MORILLO
$
PROL. OBREGON SUR ECKE PERIFÉRICO ECHEVERRIA
TEL. 844/417-4078
Dieses hübsche familiengeführte Hotel nicht weit von der Umgehungsstraße liegt auf dem Gelände einer früheren Ranch und ist umgeben von Gärten. Es wird leckeres mexikanisches Essen serviert, wie Backhähnchen mit Zucchinisuppe, Reis und käsegefüllten Paprika. Im Restaurant unbedingt reservieren.
14 MC, V

LA CANASTA
$$
BLVD. V. CARRANZA 2485
TEL. 844/415-8050
In diesem gediegenen Ambiente dauern die Geschäftsessen lang: gefliester Fußboden, an der Decke dicke Holzbalken, große Kamine, sowohl antike als auch moderne Möbel. Auf der Speisekarte stehen viele *antojitos* (Vorspeisen) und andere mexikanische Gerichte.
Alle gängigen Karten

TAMPICO

HOLIDAY INN EXPRESS
$$
AV. HIDALGO 2700 ECKE FRESNO
TEL. 833/241-3500 OR 01800/000-0404 (GEBÜHRENFREI INNERHALB MEXIKOS)
www.hiexpress.com
Gemütliche Zimmer in dunklen Farbtönen. Kaffeemaschine, Fön, kostenloses WLAN und Ortsgespräche. In der Innenstadt gelegen, sind es etwa acht Kilometer bis zum Strand. Ein wenig einfallsreiches Frühstücksbüfett ist im Preis inbegriffen.
93 Alle gängigen Karten

ZACATECAS

DER BESONDERE TIPP

QUINTA REAL ZACATECAS
$$$–$$$$
AV. RAYÓN 434
TEL. 492/922-9104
www.quintareal.com
Dieses glamouröse und wunderbar seltsame Hotel wurde in einer Stierkampfarena aus dem 19. Jh. erbaut. Dennoch sind die Räume groß und komfortabel mit Balkon und Bad eingerichtet. Vom Restaurant mit regionaler und internationaler Küche hat man bei Nacht einen wunderschönen Blick auf ein beleuchtetes Aquädukt aus dem 18. Jh.
47 AE, MC, V

HOTEL EMPORIO
$$$
AV. HIDALGO 703
TEL. 492/925-6500
www.hotelsemporio.com
Ein empfehlenswertes Hotel für Urlaubs- und Geschäftsreisende mit kostenlosem WLAN, Fitnessraum, Restaurant, Bar und Konferenzzentrum. In einem historischen Gebäude am Hauptplatz.

HOTEL SANTA RITA
$$–$$$
AV. HIDALGO 507, CENTRO
TEL. 492/925-4141
www.mexicoboutiquehotels.com/santarita
Hinter einer Fassade aus dem 19. Jahrhundert liegt ein Stadthotel mit einer modernen Lobby mit Bar und bequemen, aber schlicht ausgestatteten Gästezimmern. Kostenloses WLAN.
35 AE, MC, V

ZENTRALMEXIKO

AGUASCALIENTES

HOTEL QUINTA REAL AGUASCALIENTES
$$$
AV. AGUASCALIENTES SUR 601
TEL. 449/978-5818
www.quintareal.com
In diesem wunderschönen, traditionsreichen Hotel ist der stilvolle Luxus auf Schritt und Tritt zu spüren. Antike und moderne Möbel harmonieren mit den Mosaiksteinen und dem glänzenden Marmor. Von luxuriösen, mit allem Komfort ausgestatteten Zimmern blickt man über einen Hof im Kolonialstil. Im seriösen Speiseraum werden vielfältige Gerichte serviert.
85 AE, MC, V

GUANAJUATO

LA CASA DE LOS ESPÍRITUS ALEGRES
$$$
EX-HACIENDA DE TRINIDAD 1, MARFIL
TEL./FAX 473/733-1013
www.casaspirit.com
B&B mit unzähligen folkloristischen und antiken Möbeln aus dem 16. Jh., einige Kilometer außerhalb von Guanajuato gelegen. Individuelle, helle Zimmer, einige mit Kamin. Großzügiges Frühstück im überdachten Hof im Preis enthalten.
8 MC, V

QUINTA LAS ACACIAS
$$$
PASEO DE LA PRESA 168

TEL 473/731-1517 ODER 01800/710-8938 (GEBÜHRENFREI INNERHALB MEXIKOS)
www.quintalasacacias.com
Bed & Breakfast im europäischen Stil. Das Haus aus dem 19. Jh. ist zentral gelegen und hat zahlreiche Aufenthaltsräume, wie z. B. eine Bibliothek und eine Bar, begrünte Terrassen und ein Jacuzzi mit Blick auf die Stadt. Die Zimmer sind individuell ausgestaltet.
9 P AE, MC, V

LA CASA DEL CONDE
$$$
CARR. GUANAJUATO–DOLORES HIDALGO KM 5, LA VALENCIANA
TEL. 473/732-2550
Im aus dem 18. Jahrhundert stammenden Haus des ehemaligen Verwalters der Mine La Valenciana befindet sich heute dieses hübsche Restaurant. Serviert werden drinnen oder im begrünten Patio regionale, mexikanische, spanische und italienische Gerichte.
A & So geschl. MC, V

POSADA SANTA FE
$$
JARDÍN UNION 12
TEL. 473/732-0084
Eine unschlagbare Lage am lebendigsten Platz der Stadt. Das Café-Restaurant eignet sich hervorragend, um die Menschen auf der Straße zu beobachten.
AE, MC, V

TRUCO 7
$
TRUCO 7
TEL. 473/732-8374
Freundliches und bodenständiges Restaurant. Das Essen – Steaks, Sandwiches, Enchiladas und andere mexikanische Spezialitäten – ist gut. Die farbenfrohen Bilder und Poster sowie anderer Schnickschnack sorgen für eine lebendige Atmosphäre.
Keine Kreditkarten

QUERÉTARO

LA CASA DE LA MARQUESA
$$$$
MADERO 41
TEL. 442/212-0092
FAX 442/212-0098
www.lacasadelamarquesa.com
Dieses edle Hotel befindet sich im historischen Stadtzentrum in einem restaurierten Haus aus dem Jahre 1756. Suiten mit exklusiven Antiquitäten, handbemalten Kacheln und plüschigen Teppichen. Förmliches Restaurant bietet neue mexikanische und internationale Gerichte an elegant eingedeckten Tischen.
25 AE, MC, V

HOLIDAY INN QUERÉTARO
$$$
AV. 5 DE FEBRERO 110
TEL 442/192-0202
www.holidayinn.com.mx
An der Schnellstraße 57 in der Nähe der Stadt und des Gewerbegebietes liegt diese großzügige Anlage mit Zimmern wie in modernen Motels mit Balkon, Kaffeemaschine und anderen Annehmlichkeiten.
235 P AE, MC, V

MESÓN DE SANTA ROSA
$$
PASTEUR SUR 17, 76000
TEL. 442/224-2623
www.mesonsantarosa.com
Die Möbel, die im Kolonialstil gehalten sind, passen zu dem Gasthaus aus dem 18. Jh. Die zentrale Lage und die moderaten Preise locken viele Stammgäste an. In einem der drei Patios befindet sich ein Restaurant, in dem es mexikanische Spezialitäten mit modernem Flair gibt, wie z. B. geröstetes Zicklein mit Paprika und Pulquesoße.
21 AE, MC, V

EL ARCÁNGEL
$$
GUERRERO NORTE 1
TEL 442/212-6542
Gemütliches Restaurant mit Spitzengardinen. Kleine, eckige Kaffeehaustische stehen im Haus und im überdachten Patio. Sehr empfehlenswert sind die Suppe mit Kürbisblüten oder auch die Tacos mit Hähnchenfleisch.
MC, V

SAN LUIS POTOSÍ

PALACIO DE SAN AGUSTÍN
$$$$
GALEANO 240 AT 5 DE MAYO
TEL 444/144-1900
FAX 444/825-0200
www.palaciodesanagustin.com
Dieses Hotel ist fast ein Museum voller europäischer Kunst und Antiquitäten. Es liegt zentral und gleich ums Eck bei der Kirche, der es seinen Namen verdankt. Bequeme Gästezimmer – jedes individuell – sind sehr hoch und schön ausgestattet.
20 MC, V

PANORAMA
$
CARRANZA 315
TEL 444/812-1777 ODER 01800/480-0100 (GEBÜHRENFREI INNERHALB MEXIKOS)
Geschäftsleute, aber auch Rucksacktouristen zählen zum Stammpublikum dieses alten, angesehenen Anwesens nahe der Plaza los Fundadores. Herrlicher Blick vom Restaurant auf der Dachterrasse.
120 P
AE, MC

POSADA DEL VIRREY
$$$
JARDÍN HIDALGO 3
TEL. 444/812-3280
Beliebtes Restaurant im umgebauten Haus der Frau des

ersten Vizekönigs Mexikos. Im überdachten Hof gibt es hier köstliche, hausgemachte regionale Spezialitäten.

AE, MC, V

LA QUERENCIA

$$

CARRANZA 485 ECKE BOLÍVAR

TEL. 444/151-7999

In diesem ungezwungen Restaurant lockt das Mittagsspecial für 99 Pesos (Hähnchen, Rindfleisch oder Wurst mit gegrillten Chilis und Gemüse) oder die *trova*-Musik, die täglich zwischen 15 und 17 oder nach 21.30 Uhr gespielt wird. Ab 9 Uhr offen.

LA VIRREINA

$$

CARRANZA 839

TEL. 444/812-3750

Gutes Essen, guter Service. Einheimische und Touristen gleichermaßen strömen in dieses restaurierte Gasthaus im historischen Zentrum. Hier gibt es internationale und regionale Spezialitäten.

Alle gängigen Karten

SAN MIGUEL DE ALLENDE

CASA DE SIERRA NEVADA

$$$$

HOSPICIO 42

TEL. 415/152-7040

www.casasierranevada.com, www.mexicoboutiquehotels.com/sierranevada

Einige alte Haziendas wurden bei der Errichtung dieses Luxushotels zusammengefasst. Die Zimmer sind individuell mit Spitzengardinen, antiken Schränken und viel einheimischem Kunsthandwerk eingerichtet. Keine Kinder unter 16 Jahren.

31 AE, MC, V

CASA CARMEN B&B

$$

CORREO 31 ECKE RECREO

TEL./FAX 415/152-0844

www.casacarmensma.com

Dieses B&B, nur einen Block vom Hauptplatz entfernt, ist seit Jahrzehnten in Betrieb. Die Zimmer sind um einen schönen Patio mit Brunnen angelegt. Der Zimmerpreis enthält Frühstück und Mittagessen.

11 Keine Kreditkarten

HARRY'S NEW ORLEANS BAR RESTAURANT

$$$–$$$$

HILALGO 12

CENTRO

TEL. 415/152-2645

www.harrysneworleanscafe.com

Harry's ist eine beliebte Bar mit verschiedenen herrlichen Speisesälen, in denen internationale Gerichte serviert werden. Das Personal ist aufmerksam, das Brot schmeckt wunderbar und die Musik ist eine bunte Rockmischung. Es gibt eine große Auswahl an heißen und kalten Vorspeisen. Von den Beilagen sollten Sie unbedingt die Safrankartoffeln kosten.

AE, MC, V

CAFÉ DE LA PARROQUIA/LA BRASSERÍE

$–$$

CALLE JESÚS 11

TEL. 415/152-3161

In einem wunderschönen Bau im Kolonialstil in der Innenstadt bietet dieses Café leckeres Frühstück und Mittagessen. Es schließt zwischen 16 und 17 Uhr, anschließend öffnet es für den Abend als La Brasserie. Statten Sie auch der Buchhandlung El Tecolote, die im selben Haus ist, einen Besuch ab.

So geschl. (La Parroquia Cafe), So & Mo geschl. (La Brasserie)

Keine Kreditkarten

LOS FAROLES

$–$$

ANCHA DE SAN ANTONIO 28C

TEL. 415/152-1849

„Die Laternen" befinden sich im selben Gebäude wie das ehrwürdige Instituto Allende, einem riesigen steinernen Bau, der einst der Familie Canal, einer der Gründerfamilien von San Miguel gehörte. Auf Grillgerichte spezialisiert.

MC, V

MAMA MÍA

$–$$

UMARÁN 8

TEL. 415/152-2063

Dieser Langzeit-Favorit ist noch immer angesagt. Es gibt Video, Bar, Livejazz, Salsatanzabende und gute italienische sowie leckere internationale Gerichte.

MC, V

DIE PAZIFIKSTAATEN

ACAPULCO

QUINTA REAL

$$$$$

PASEO DE LA QUINTA 6, FRACC. REAL DIAMANTE

TEL. 744/469-1500

www.quintareal.com

Von allen Suiten aus hat man einen wundervollen Blick auf den Ozean. Satelliten-TV, Mini-Bar u. a. sorgen für Komfort; einige Suiten haben einen eigen Pool oder Essbereiche Die Anlage befindet sich hoch oben auf den Klippen mit einem tollen Blick auf Acapulco. Die Pools und der Strand sind zu Fuß oder per Aufzug zu erreichen.

74

AE, MC, V

FAIRMONT ACAPULCO PRINCESS

$$$$

PLAYA REVOLCADERO S/N

TEL. 744/469-1000

FAX 744/469-1016

www.fairmont.com/acapulco

Ferienanlage mit großen luftigen Zimmern, weitläufigem Gelände und mehr als ein halbes Dutzend Restaurants.

Besondere Attraktion sind das riesige Frühstücksbuffet und das Wellnesscenter. Außerdem gibt es zwei 18-Loch-Golfplätze.

1,017 P AE, MC, V

ELCANO

$$–$$$

AV. COSTERA MIGUEL ALEMAN 75
TEL. 744/435-1500, 01800/090-7500 (GEBÜHRENFREI INNERHALB MEXIKOS)
www.hotel-elcano.com.mx

Sauberes Weiß und frisches Himmelblau beherrschen die kleineren, gemütlichen Zimmer, die luftigen Aufenthaltsräume und draußen das Bambuco-Restaurant mit regionalen, neu inspirierten Spezialitäten, wie Tacos mit Shrimps oder Red Snapper gegrillt mit Spargel, Shrimps und Muscheln.

180 P AE, MC, V

ONE HOTEL

$

COSTERA ALEMÁN 16, COL. COSTA AZUL
TEL. 744/435-0470
www.onehotels.com

Dieses neue auf Geschäftsreisende ausgerichtete einfache Hotel hat bequeme Zimmer zu Superpreisen. Die einzige Annehmlichkeit ist die Nähe zum Strand. Frühstück nach amerikanischer Art ist im Preis inbegriffen.

126 P AE, MC, V

BAIKAL

$$$$–$$$$$

CARRETERA ESCÉNICA 1622, COSTERA
TEL. 744/446-6867

Ob all der Rummel gerechtfertigt ist oder nicht – das über den Klippen erbaute Baikal ist momentan die Topadresse. Herrlicher Blick auf die Bucht und Fusion-Küche.

M, Mo, Mai–Nov. geschl. Alle gängigen Karten

MADEIRAS

$$$$

CARR. ESCÉNICA 33, FRACC. EL GUITARRÓN
TEL. 744/446-5636

Das Restaurant bietet seinen Gästen vollendete internationale Gerichte in romantischer Atmosphäre mit Kerzenlicht, leiser Musik und freiem Blick über die Bucht von Acapulco.

P M geschl. AE, MC, V

SR. FROG'S

$$

CARR. ESCÉNICA 28, FRACC. EL GUITARRÓN
TEL. 744/446-5734
www.senorfrogs.com

Diese Filiale der Kette Carlos n' Charlie ist vor allem wegen ihres Blicks auf die Bucht berühmt. Am Donnerstag gibt es *pozole* (Suppe aus Maisgrütze). Andere Spezialitäten sind Barbecue, Nachos, Quesadillas. Essen in Partyszene.

P Tägl. Von 13 bis 1 Uhr geöffnet MC, V

EL AMIGO MIGUEL

$–$$

JUÁREZ 31 AT AZUETA, DOWNTOWN
TEL. 744/483-6981

Seit langer Zeit beliebtes Restaurant etwas abseits des Hauptplatzes von Alt-Acapulco gelegen mit jungem, sehr aufmerksamen Personal. Die traditionellen Fischgerichte sind sehr schmackhaft. Auch das dazugehörige Lokal am Strand bietet gute Küche.

MC, V

LA TORTUGA

$

LOMAS DEL MAR 5-A
TEL. 744/484-6985

Günstige Mittagsgerichte, Platten für zwei Personen und exzellente *tortas* (Baguettes) werden in zwangloser Atmosphäre in einem formlosen Gartenrestaurant in der Innenstadt nahe der Avenida Costera angeboten.

Keine Kreditkarten

100% NATURAL

$

BLVD. COSTERA 200

Auf der Speisekarte dieses einfachen Lokals (gehört zu einer Kette) stehen Sojaburger, Fruchtdrinks (auch Bier oder Wein), gesunde Salate und knusprige Hühnchentacos. Es gibt noch mehrere dieser Lokale dieser Kette in der Stadt.

Geöffnet von 7 bis 23 Uhr
AE, MC, V

BARRA DE NAVIDAD

AMBAR DEL MARE

$$$

AVE. LÓPEZ DE LEGAZPI 158
TEL. 315/355–8169

Dieses Bistro am Strand serviert mediterrane und französische Küche: Schnecken, Ravioli und Pizza sind besonders beliebt. Die Atmosphäre ist gut, die Musik jazzig.

Mai–Nov. M & Di–Do geschl.

CASA DE LA ABUELA

$

AV. LÓPEZ DE LEGAZPI 150

Einen besseren Kaffee bekommen Sie in ganz Barra de Navidad nicht, dazu gibt es köstliche hausgemachte Plätzchen. Auf der Speisekarte finden sich Standardgerichte.

M & Mo geschl.

BUCERÍAS

MARK'S

$$$

LÁZARO CÁRDENAS 56
TEL. 329/298-0303
www.marksbucerias.com

Gutes Essen, nette Atmosphäre und für alle Sportbegeisterten gibt es Sportübertragungen im Fernsehen.

M geschl. MC, V

DUGARELS
$$
AVE. DEL PACÍFICO S/N
TEL. 329/298-1757
Neu, aber sehr zuverlässig, was mexikanische Fischgerichte und guten Service angeht. Beim Nordende der Hauptstraße am Meer.

COLIMA

CEBALLOS
$$
PORTAL MEDELLÍN 12
TEL. 312/316-0100
www.hotelceballos.com
In diesem liebevoll renovierten Gebäude von ca. 1880 wohnten drei Gouverneure. Die elegant eingerichteten und großzügigen Zimmer haben hohe Decken; einige Gästezimmer verfügen über einen kleinen Balkon.
54 MC, V

LOS NARANJOS
$$
BARREDA 34
TEL. 312/312-0029
Einheimische gehen in dieses Restaurant in der Nähe des ruhigen Jardín Quintero. Auf der Speisekarte stehen viele mexikanische Vorspeisen und Fleischgerichte. Schon früh zum Frühstück geöffnet, schließt das Lokal bereits um 20 Uhr.
AE, MC, V

EL CHARCO DE LA HIGUERA
$–$$
JARDÍN DE SAN JOSÉ S/N, ZWISCHEN 5 DE MAYO & TORRES QUINTERO
TEL. 312/313-0192
Das stille Gartenrestaurant bietet eine abwechslungsreiche Speisekarte mit Frühstück, Sandwiches, gegrilltem Fleisch und *pozole* (Maismehlsuppe). Gitarrenmusik abends am Wochenende.
MC, V

COSTALEGRE

EL TAMARINDO
$$$$$
MELAQUE–PUERTO VALLARTA HWY. KM 7.5, CIHUATLÁN
TEL 315/351-5032 OR 800/728-9098 (TOLL-FREE IN U.S.)
www.eltamarindoresort.com
Exklusive Anlage mit wunderschön eingerichteten Villen, die einen eigenen Swimmingpool und Sitzgelegenheiten direkt am ausgezeichneten Strand haben. 18-Loch-Golfplatz. Taucherladen und allerlei Sportgerät wie Fahrräder und Surfbretter. Die Anlage wirkt abgeschieden, doch Barra de Navidad ist nicht weit.
28 Villen
Alle gängigen Karten

PUNTA SERENA
$$$
KM 20 MEX 200
BAHÍA TENACATICA
TEL. 315/351-5427
www.puntaserena.com
Eine All-inclusive-Anlage (Kinder nicht erwünscht) auf einer Klippe hoch über der Tenacatita Bucht gelegen. Wellness, rituelle Dampfbäder, FKK-Strand. Die Zimmer sind elegant, das Publikum ist international.
24 AE, MC, V

GUADALAJARA

QUINTA REAL GUADALAJARA
$$$$–$$$$$
AV. MÉXICO 2727, COL. VALLARTA NORTE
TEL. 33/3669-0600 OR 866
www.quintareal.com
Luxuriöses Anwesen im Kolonialstil gehalten, vor allem für Geschäftsreisende; aber erst 15 Jahre alt mit modernsten Einrichtungen und Annehmlichkeiten. Alle Suiten verfügen über Kamin, Badewanne, komfortable Möbel und einheimisches Kunsthandwerk. Essen Sie auf der Terrasse des Restaurants zu Abend, allerbeste Haute Cuisine.
76
Alle gängigen Karten

DE MENDOZA
$$
V. CARRANZA 16, CENTRO
TEL. 33/3942-5151
www.demendoza.com.mx
Eine großartige Lage, vernünftige Preise, ein Pool und eine schöne Lobby sind die Besonderheiten dieses Hotels nahe des Plaza Tapatío. Suiten mit großer Badewanne und hübscher Balkon.
110
AE, MC, V

QUINTA DON JOSÉ
$$
REFORMA 139, TLAQUEPAQUE
TEL. 33/3635-7522
www.quintadonjose.com
Wegen seiner freundlichen, hilfsbereiten Angestellten ist dies die beste Wahl in Tlaquepoque, auch wenn es nicht besonders schick ist. Es gibt einen Pool und ein mexikanisch-italienisches Restaurant. Ausflüge zu günstigen Preisen. Kostenloses WLAN, kontinentales Frühstück.
15
AE, MC, V

I LATINA
$$$
CALLE INGLATERRA 3128, COL. VALLARTA PONIENTE
TEL. 33/3647-7774
Dieses schicke Restaurant mit der eleganten Bar bildet einen wichtigen Stopp auf einer Tour durch das Nachtleben von Guadalajara. Gutes Essen, raffinierte Cocktails und Besucher, die Spaß haben.
M, Mo & So A geschl.

EL SACROMONTE
$$–$$$
PEDRO MORENO 1398
TEL. 33/3825-5447

In diesem Restaurant, das speziell für seinen Service bekannt ist, werden all Ihre Sinne verwöhnt. Ikonen und Altäre mit Kerzenlicht bringen ein schönes Ambiente in den romantischen Garten. Probieren Sie die köstlichen Suppen und reichhaltigen Hauptspeisen, wie z. B. Ente mit frittierten Rosenblättern.
So geschl. MC, V

RÍO SAN PEDRO
$-$$
JUÁREZ 300, TLAQUEPAQUE
TEL. 33/3659-6136
Essen Sie im Patio oder in dem herrlichen alten Haus, das im gemächlichen Tlaquepaque zum Restaurant umgestaltet wurde. Der kulinarische Leiter und Besitzer Mayo und seine Frau Malena stehen für aufmerksamen Service. Die Küche bietet ausgezeichnetes mexikanisches und internationales Essen. Das Lokal hat lange Öffnungszeiten.
AE, MC, V

IXTAPA/ZIHUATANEJO

CLUB MED IXTAPA
$$$$$
PLAYA QUIETA, ETWA ACHT KILOMETER WESTLICH VON IXTAPA'S HOTELZONE
TEL. 755/553-1000
www.clubmed.com.mx
Eine zweijährige Neugestaltung hat diesen Club Med ins 21. Jahrhundert befördert. Zum Angebot zählen Aktivitäten für Kinder jeden Alters. Es gibt einen schönen Strand, ein gut ausgestattetes Spa und eine lustige Bar mit diversen Filmthemen.
298 All rooms
3 AE, MC, V

DER BESONDERE TIPP

TENTACIONES
$$$$$
CAMINO ESCÉNICA A PLAYA LA ROPA, LOTE 97
TEL. 755/554-8383
www.hoteltentaciones.com
Ein luxuriöser Pool trennt das auf einer Klippe liegende Boutique-Hotel von seiner Patio-Bar und dem ausgezeichneten Restaurant. Die Ausstattung ebenso wie das Essen präsentieren eine asiatisch-mediterrane Mischung. Der Küchenchef wählt die Zutaten und bereitet täglich festgelegte Menüs zu. Reservieren Sie am Tag zuvor einen Tisch und lassen Sie sich überraschen. Sie werden höchstwahrscheinlich sowohl den Blick als auch das fünfgängige Menü mögen. Hinter dem Kau-Kan-Restaurant geht links eine steile Straße hoch. Für Gehbehinderte ist es durch die vielen steilen Treppen ohne fremde Hilfe nicht zugänglich. Das Mittagessen gibt es nur für Hotelgäste.
4 AE, MC, V

VILLAS LAS AZUCENAS
$$
BAJADA DE LOS DELFINES S/N
TEL. 755/544-6593
www.lasazucenas.com.mx
Die berühmte Casa Que Canta *(www.lacasaquecanta.com, $$$$$)* finden Sie sicher auf eigene Faust. Reisende mit kleinerem Geldbeutel wählen „The Lily": neu, sauber, gemütlich mit kleiner Küche, nur 100 Meter von der Playa La Ropa.
9 Alle Zimmer
Nur Barzahlung oder PayPal

COCONUTS
$-$$$
PASAJE AGUSTÍN RAMÍREZ 1
TEL. 755/554-2518
Probieren Sie die Vorspeisen oder ein komplettes Mahl in einem der ältesten und besten Restaurants von Zihuatanejo. Man speist nachts unter den Sternen oder drinnen im umgebauten Haus. Es gibt fast jeden Abend mexikanisch-romantische Livemusik.
Juni–Okt. geschl.
AE, MC, V

LA CRUZ DE HUANACAXTLE

FRASCATI
$$$-$$$$
AVE. LANGOSTA 10
TEL. 329/295-6185
www.frascatilacruz.com
Als gehobenstes Restaurant von La Cruz bietet das Frascati eine große Auswahl an italienischen Gerichten: von Pizza und Pasta bis zu Fleisch, Meeresfrüchten und Fisch. Das zahlreiche Personal ist hilfsbereit, die Tische sind hübsch gedeckt.
M geschl. AE, MC, V

MORELIA

VILLA MONTANA
$$$$
PATZIMBA 201, COL. VISTA BELLA
TEL. 443/314-0231
www.villamontana.com.mx
Nachts sieht man von der Terrasse der Bar die Lichter von Morelia in der Ferne leuchten. Schön eingerichtete Hütten sind auf dem terrassenartig angelegten Anwesen verstreut. Landschaftsgärten sind durchsetzt mit Brunnen und Skulpturen. Großer, modern ausgestatteter Wellnessbereich.
36 AE, MC, V

SAN MIGUELITO
$$-$$$
AV. CAMELINAS S/N, NAHE DEM KONFERENZZENTRUM
TEL. 443/324-2399
www.sanmiguelito.com.mx
Sehen Sie in jeden Raum dieses umgestalteten Wohnhauses. Es gibt Hunderte von Bildern des heiligen Antonius – dessen Bild Frauen in Mexiko verkehrt herum aufhängen und ihm versprechen, es wieder richtig zu drehen, wenn er ihnen einen Ehemann verschafft. Alle Zimmer sind hübsch, mit Spitzenvorhängen und hölzernen Fensterläden. Und die mexikanische Hausmannskost mundet auch.
So geschl. MC, V

PÁTZCUARO

MANSIÓN DE LOS SUEÑOS
$$$
IBARRA 15
TEL. 434/342-5708
www.prismas.com.mx
Das Herrenhaus aus der Kolonialzeit, nahe dem Hauptplatz, wurde vollständig renoviert, wohnlich und hübsch ausgestattet. In einem der beiden Restaurants gibt es oft Musik. Ferner besteht für die Gäste ein Transfer zum Flughafen. Das Hotel bietet Fremdenführer und Massagen an und es hat freundliches Personal.
12 AE, MC, V

MANSIÓN DE ITURBE
$$
PORTAL MORELOS 59, 61600
TEL. 434/342-0368
www.mansioniturbe.com
Ungewöhnliches, aber gefälliges Hotel mit hohen Decken an der Plaza de Quiroga. Obwohl alt und dunkel, ist das restaurierte Gebäude aus dem 17. Jh. jedoch gut gepflegt. Das üppige Frühstück ist im Preis enthalten. Nur Nichtraucherzimmer.
14 MC, V

POSADA DE LA BASÍLICA
$$
ARCIGA 6
TEL. 434/342-1108
www.posadalabasilica.com
Eines der ersten Hotels in Pátzcuaro hat seinen Charm (und seinen Preis) verdreifacht. Die Zimmer wurden mit Holzböden, hübscher Bettwäsche und sparsamem, aber modernem Dekor neu gestaltet. Die herrlichen Holzöfen sind geblieben. Vom Restaurant im zweiten Stock aus bietet sich ein herrlicher Blick auf die roten Dächer von Pátzcuaro und die Berge im Hintergrund.
12 AE, MC, V

PUERTO VALLARTA

CASAMAGNA MARRIOTT
$$$$
PASEO DE LA MARINA 455, MARINA VALLARTA
TEL. 322/226-0000
www.casamagnapuertovallarta.com
Mit dem tollen Spa, dem asiatischen Restaurant, der Sport-Bar und dem hilfreichen Personal übertrifft dieses Haus der internationalen Kette die Konkurrenz. Die Zimmer besitzen Balkone, meist mit Meerblick.
430 AE, MC, V

DREAMS PUERTO VALLARTA
$$$
PLAYA LAS ESTACAS, CARR. BARRA NAVIDAD S/N
TEL. 322/221-5000
www.camino-real-puerto-vallarta.com
Das ehemalige Camino Real wurde kürzlich umgebaut und bietet nun viele Aktivitäten. Gute Lage an einem schönen Sandstrand südlich der Stadt. Im Zimmerpreis sind die Mahlzeiten, Getränke und das Unterhaltungsangebot enthalten.
337 3 Alle gängigen Karten

DER BESONDERE TIPP

HACIENDA ALEMANA
$$
CALLE BASILIO BADILLO 378, COL. E. ZAPATA
TEL 322/222-2071
www.haciendaalemana.com
Die schönen Studios und Suiten sind modern ausgestattet, sie verfügen entweder über einen kleinen Kühlschrank oder eine Küche – die wunderbarerweise täglich nicht nur mit Wasser, sondern auch mit Champagner nachgefüllt werden. Riesige Betten, Doppelfenster, Sauna: Alles ist super! Das Café Frankfurt *(Sept. geschl.)* serviert leckeres deutsches Essen. Die Schweinekoteletts sind ebenso köstlich wie die Spätzle.
12 MC, V

ELOÍSA
$
LÁZARO CÁRDENAS 179, COL. E. ZAPATA
TEL. 322/222-6465 ODER 322/222-0286
www.hoteleloisa.com
Reisende mit kleinem Geldbeutel schätzen dieses gut gelegene Hotel wegen des großen Pools auf dem Dach, des Patios und der preiswerten Zimmer – einige mit Küche und Blick – und Suiten mit Extraschlafzimmer. Es liegt nicht weit von den Restaurants und Läden der Zona Romántica, von der Insel Cuale und der langen Strandpromenade.
MC, V

RIVER CAFÉ
$$$$
ISLA RÍO CUALE S/N
TEL. 322/223-0788
Eine internationale Speisekarte und die hübsche Lage am Ufer des Cuale zeichnen dieses Lokal seit Langem aus. Es ist den ganzen Tag geöffnet, aber besonders empfehlenswert für Frühstück oder Abendessen, wenn winzige weiße Lichter eine romantische Atmosphäre schaffen.
AE, MC, V

MARISCOS 8 TOSTADAS
$$$–$$$$
CALLE QUILLA ECKE CALLE PROA, MARINA VALLARTA
TEL. 322/221-3124
Bedenken Sie bei Ihrer Bestellung, dass die Portionen riesig sind. Fisch und Meeresfrüchte dominieren die Karte: Tostadas und Tacos, Sashimi und Ceviche. Das ursprüngliche Restaurant *(Calle Río Guayaquil*

413 Ecke Calle Ecuador, Col. Versalles, hinter Blockbuster videos, So & Sept. geschl.) bietet eine reichere Auswahl, doch es ist bei Einheimischen lange nicht so beliebt.

M geschl. A Keine Kreditkarten

EL ARRAYÁN
$$$
CALLE ALLENDE 344,
ECKE CALLE MIRAMAR
TEL. 322/222-7195

Man könnte des Essen als „rustikal schick" bezeichnen: modernisierte – und wesentlich teurere – Versionen klassischer mexikanischer Gerichte. Die Tische stehen auf einer großen Veranda, die von einem der namengebenden Bäume, *el arrayán,* beschattet wird. An Wochenenden spielt of die Band Los Frijoleros.

M, Di & Aug. geschl.
MC, V

TRÍO
$$$–$$$$
GUERRERO 264
TEL. 322/222-2196
www.triopr.com

Die geschmackvollen und erfindungsreichen mediterranen Gerichte mit mexikanischem Touch sind bei den Einheimischen populär. Dazu gehören z.B. Lamm mit Minzsauce und Ravioli oder Red Snapper mit Ratatouille und gerösteten Kartoffeln. Das Ambiente ist warm und voller Charme, man fühlt sich wie bei Freunden zu Hause.

M geschl. AE, MC, V

COMÉDOR DE KAME
$
CALLE GUATEMALA ECKE COLOMBIA, COL. 5 ECKE DICIEMBRE
TEL. 322/222-2643

Eigentlich sollte man dieses preiswerte Restaurant gar nicht verraten. Die köstlichen Mais-Tortillas, die frisch vom Rost kommen, sind einfach himmlisch. Im bescheidenen Wohnzimmer des Besitzers – komplett mit Kruzifix und herumspazierenden Chihuahua – wird mittags ein Festpreismenü mit einem Fruchtsaftgetränk, Suppe, einer Auswahl an Hauptgerichten und einem Dessert serviert. Es wird spanisch gesprochen. Das Lokal schließt um 17 Uhr.

So & A geschl.
Keine Kreditkarten

SAN BLAS

GARZA CANELA
$$
PAREDES 106 SUR
TEL. 323/285-0112
www.garzacanela.com

Das zweistöckige Hotel, das von vier Schwestern geführt wird, und das zugehörige Restaurant El Delfín liegen nur zehn Gehminuten vom Strand entfernt. Schöner Garten.

50 AE, MC, V

MIRAMAR PARAISO
$
KM 18 CARR. COSTERA SAN BLAS–LAS VARAS, BAHÍA MATANCHÉN
TEL. 323/254-9030
www.hotelparaisomiramar.com

Das ehemalige Wohnhaus eines Gouverneurs liegt 20 Minuten von San Blas entfernt in der Nähe des Ortes Santa Cruz und hat einen schönen Blick über das Surfmekka an der Matanchén-Bucht. Man kann hier auf dem Gelände auch campen oder sein Wohnmobil abstellen. Es gibt auch ein gutes Restaurant und eine Bar.

28 MC, V

LA ISLA
$$
CALLE MERCADO ECKE PAREDES
KEIN TELEFON

Einen Block von der Plaza entfernt liegt dieses Restaurant, das es schon immer gegeben hat – so hat man das Gefühl. Das Essen ist köstlich, das Ambiente ein bisschen altmodisch. Eine echte Institution in San Blas.

Mo geschl. Keine Kreditkarten

SAN FRANCISCO

HOTEL CIELO ROJO
$$
CALLE ASIA 6
TEL. 311/258-4155
www.hotelcielorojo.com

In San Pancho oder Sayulita gibt es nicht viele Hotels. Dieses ist einfach, aber bezaubernd, mit Stühlen aus *equipale* (Schweinsleder, typisch für Guadalajara), hübschen Kacheln und frischer Farbe. Frühstück und Steuer sind im Zimmerpreis inbegriffen; das zugehörige Restaurant serviert organische Kost. Es liegt etwa drei Blocks vom Strand.

8 MC, V

LA OLA RICA
$$$
AV. TERCER MUNDO S/N
TEL. 311/258-4123

Am Abend werden entweder im Patio oder im schön ausgestatteten Speisesaal internationale Gerichte serviert. Am Strand kann das neue Restaurant Mar y Tierra de La Ola Rica *($$, kein Abendessen, Sept.–Mitte Okt. geschl.)* Fisch, Salate und Burger anbieten.

A, So & Juni–15. Okt geschl.

SAYULITA

VILLA AMOR
$$
PLAYA SAYULITA
TEL. 329/291–3010
www.villaamor.com

Wer die vielen Treppen zu den oberen Zimmern hochgestiegen ist, wird mit einem herrlichen Ausblick über die Bucht belohnt. Die Zimmer sind einfach, aber einfallsreich ausgestattet, mit hübschen Kacheln und Glas aus Guadalajara. Einige haben eine Terrasse

mit einem kleinen Pool. Telefon und Fernsehen gibt es nicht auf den Zimmern. Es besteht die Möglichkeit ein Fahrrad oder ein Surfbrett zu mieten und zum nahen Los-Muertos-Strand zu gehen.
34 einige MC, V

CALYPSO
$$$
AVE. REVOLUCIÓN 44
TEL. 329/291-3704
Eine der ältesten Familien dieses Surferortes betreibt das zweistöckige Restaurant. Bestellen Sie frischen Fisch, würzigen gebratenen Tintenfisch oder einen der großen originellen Salate.
M, So, Juni–Okt. geschl.
MC, V

CHOCO BANANA
$
CALLE REVOLUCIÓN ECKE CALLE DELFIN
TEL. 329/291–3051
Mexikaner und Ausländer lieben dieses Frühstücks- und Burgerlokal, das einem Kanadier gehört, gleichermaßen. Heute mit WLAN ist es populärer denn je. Mit seiner offenen Frontseite liegt es am Platz, nur einen Block vom Strand.
So ab 14 Uhr geschl.
Keine Kreditkarten

TAXCO

AGUA ESCONDIDA
$
PLAZA BORDA 4
TEL. 762/622-1166
www.aguaescondida.com
Sie können mehr ausgeben, aber sparen Sie ihr Geld doch für Silberschmuck. Im Herzen des hügeligen Taxco bietet dieses Hotel einen tollen Blick von der Café-Bar auf dem Dach, einen kleinen Swimmingpool und durchschnittliche Zimmer. Kostenloses WLAN.
50 Keine Kreditkarten

TEPIC

FRAY JUNÍPERO SERRA
$$
LERDO 23 PONIENTE ECKE MÉXICO, 63000
TEL. 311/212-2525
www.frayjunipero.com.mx
Direkt im Zentrum gelegen, verfügt dieses günstige Hotel über gepflegte Zimmer mit Satelliten-TV. Bitten Sie um ein Zimmer mit Badewanne oder um ein Zimmer in der oberen Etage, um bei Nacht einen schönen Blick auf den Kirchturm zu haben.
104 AE, MC, V

URUAPAN

HOTEL MANSIÓN DEL CUPATITZIO
$$
CALZADA RODILLA DEL DIABLO 20, COL. LA QUINTA
TEL 452/523-2100
www.mansiondelcupatitzio.com
Am Rande des Nationalparks Eduardo Ruiz befindet sich das Hotel, das wie eine anmutige Hazienda wirkt. Schöner Blick auf den Park. Frische Blumen beleben das Restaurant mit hauptsächlich mexikanischer Küche.
57 AE, MC, V

MEXIKO-STADT

CONDESA DF
$$$$
AV. VERACRUZ 102, COL. LA CONDESA
TEL. 55/5241-2600
www.condesaDF.com
Elegant und modern, wenn auch nicht warm und behaglich präsentiert sich das Condesa DF. Dieses Haus ist eines der angesagtesten Hotels in ganz Mexiko-Stadt. Die Zimmer, angeordnet um einen zentralen Hof, sind minimalistisch eingerichtet, haben aber TV, DVD und recht kühles Dekor. (Das Habita Hotel in Colonia Polanco gehört zur selben Gruppe.)
40 AE, DC, MC, V

CAMINO REAL MEXICO
$$$
MARIANO ESCOBEDO 700, COL. NUEVA ANZURES
TEL. 55/5263-8888
www.caminoreal.com
Das moderne Hotel nahe dem Chapultepec-Park wurde von dem bekannten Architekten Ricardo Legorreta entworfen. Es verfügt über mehrere Restaurants und ist allen Unkenrufen zum Trotz noch immer beliebt. Da es sich über ein großes Gelände erstreckt, eignet es sich nicht für Gehbehinderte.
713 Chapultepec
Alle gängigen Karten

EMBASSY SUITES MEXICO CITY
$$$
PASEO DE LA REFORMA 69, COL. TABACALERA
TEL. 55/5061-3050 OR 800/362-3779
www.embassysuites.com
Dieses preisgekrönte Hotel, 20 Minuten zu Fuß vom Zócalo, bietet geräumige Zimmer, bequeme Betten und freundliches Personal. Im Preis inbegriffen ist das Frühstück nach Wunsch und Cocktails am Abend. Es gibt ein argentinisches Restaurant.
160
AE, MC, V

SHERATON CENTRO HISTÓRICO
$$$–$$$$
JUÁREZ 70, LA ALAMEDA
TEL 55/5130-5300
www.sheratonmexico.com
Das Sheraton befindet sich gegenüber dem Alameda

Park (in der Nähe von Zócalo und Paseo Reforma). Es ist empfehlenswert für seine großen Zimmer, den modernen Geschäftsbereich und die Konferenzräume. Elegante Architektur und Ausstattung sind ein Markenzeichen des Hotels. Das Restaurant El Cardenal serviert traditionelle mexikanische Gerichte.

457 Alle gängigen Karten

HOTEL MARÍA CRISTINA

$

RIO LERMA 31, COL. CUAUHTEMOC

TEL. 55/5703-1212

www.hotelmariacristina.com.mx

Ruhig liegt dieses seit Langem beliebte Hotel nur einen Block vom Paseo de la Reforma. Es bietet nette Zimmer, ein Restaurant, eine Bar und kostenloses WLAN. Fragen Sie nach Zimmern zum Garten.

150 AE, MC, V

HOTEL STANZA

$

ALVARO OBREGÓN 13 ECKE MORELIA, COL. ROMA

TEL. 55/5208-0052

www.stanzahotel.com

Das frühere Parque Ensenada ist ein preisgünstiges Hotel in Colonia Roma, einem angesagtem Viertel mit hübschen Nachkriegshäusern. Es gibt ein einfaches Restaurant, einen Fitnessraum und ein Bürozentrum.

132 Niños Héroes MC, V

IZOTE

$$$$$

PRESIDENTE MAZARIK 513, LOCAL 3, POLANCO

TEL. 55/5280-1671

Die renommierte Küchenchefin Patricia Quintana kreiert innovative mexikanische Gerichte in diesem eleganten Restaurant. Man sollte die Vorspeisen probieren oder etwas Ungewöhnliches von der Tageskarte. Das Lokal liegt in einer kleine Gasse, das Viertel ist nichts Besonderes.

So geschl. A AE, MC, V

DER BESONDERE TIPP

PUJOL

$$$$$

FRANCISCO PETRARCA 245, POLANCO

TEL- 55/5545-4111

Die Kochexpertin Magda Bodin preist das Pujol als gegenwärtig bestes Lokal in Mexiko-Stadt. Gourmets sollten es keinesfalls versäumen. Die Speisekarte wechselt häufig; versäumen Sie nicht das hervorragende Wild in Kakaokruste mit Bananenoße, wenn es gerade auf der Karte steht. Abends gibt es ein preiswerteres Fünf-Gänge-Menü. Die Techniken des Küchenchefs Olvera sind international, doch sein Geschmack ist hundertprozentig mexikanisch.

Polanco So geschl. AE, MC, V

PHOTO BISTRO

$$$$

PLAZA CITLALTÉPETL 23-F ECKE AV. AMSTERDAM, COL. LA CONDESA

TEL. 55/5286-5945

Dieses französische Bistro ist eines der populärsten Lokale in La Condesa und wird an Wochenden oft sehr voll. Alles auf der Speisekarte schmeckt ausgezeichnet. Der Name bezieht sich auf die künstlerischen Fotos an den Wänden.

PRIMOS

$$$$

CALLE MICHOACÁN 168, COL. CONDESA

TEL. 55/5256-0950

Voilà, ein trendiges Restaurant in der Colonia Condesa, das von allem ein bisschen hat, einschließlich Tapas, Steaks und *torta ahogada* (Sandwiches mit milder Soße) mit Ente statt dem üblichen Schweinefleisch. Die Küche ist täglich zwischen 8 und 23.30 Uhr geöffnet.

AE, MC, D

AZUL Y ORO

$$$

AV. IMÁN ZWISCHEN PERIFÉRICO & INSURGENTES, UNAM CAMPUS

TEL. 55/5622-7135

Wenn Sie im Südteil von Mexiko-Stadt unterwegs sind, sollten Sie unbedingt direkt in dieses Restaurant gehen, dessen bekannter Küchenchef Ricardo Muñoz, Autor des *Diccionario Enciclopedico de Gastronomia Mexicana* ist. Er eröffnete dieses preiswerte Gourmetrestaurant für die Studenten und Professoren der Universität. Es liegt im ersten Stock des Kulturzentrums, serviert schon Frühstück (ausgezeichnete heiße Schokolade) und bleibt bis 20 Uhr (So–Di bis 18 Uhr) geöffnet. Alkohol wird nicht serviert.

Geschl., wenn Semesterferien sind Keine Kreditkarten

LA HACIENDA DE LOS MORALES

$$$–$$$$

VÁZQUEZ DE MELLA 525, COL. POLANCO

TEL. 55/5096-3000

Reiche Einheimische und Geschäftsleute essen elegant in dieser Hazienda aus dem 16. Jahrhundert am Rand des Viertels Polanco. Das Essen ist nur durchschnittlich, aber das Ambiente ist hinreißend.

Polanco (und eine kurze Taxifahrt) Alle gängigen Karten

CAFÉ DE TACUBA

$$

TACUBA 28

TEL. 55/5518-4950

In der dritten Generation werden hier seit 1912 Tacos, frittierte Hühnchen und die berühmten Enchiladas serviert. Das restaurierte Herrenhaus ist gefüllt mit Antiquitäten, Gemälden, handbemalten Kacheln und anderen Dingen. Es liegt in der Innenstadt nahe der Bellas Artes.

Allende AE, MC, V

CAPICUA

$$–$$$

AV. NUEVO LEÓN 66,
LA CONDESA
TEL. 55/5211-5280
www.capicua.com.mx

Das minimalistisch ausgestattete Restaurant serviert köstliche (wenn auch manchmal etwas salzige) Tapas. Es gibt auch spezielle Mittagsangebote, außerdem eine gute Weinkarte. Eine Filiale liegt in San Ángel in der Av. de la Paz 14B.

Sonora So geschl. MC, V

FONDA SAN ÁNGEL

$$–$$$

PLAZA SAN JACINTO,
SAN ÁNGEL
TEL. 55/5550-1641

Dieses lockere Lokal im Süden der Stadt bietet Frühstück, Mittag- und Abendessen. Es gibt Tische im Freien auf San Angels schönster Plaza, oder man sucht sich einen Platz drinnen im kühlen Haus mit den dicken Mauern. Die Speisekarte ist in Spanisch, doch einer der Kellner kann sie Ihnen übersetzen.

P AE, MC, V

MOSAICO

$$–$$$

MICHOACÁN 10,
NAHE AMSTERDAM,
COL. LA CONDESA
TEL. 55/5584-2932

Viele Stammkunden hat dieses kleine Bistro, das köstliche französische und europäische Gerichte serviert. Das Lokal mit einer Bäckerei nebenan ist meist sehr voll, was auch an der exzellenten Weinkarte und der ungezwungenen Atmosphäre liegt.

Metrobus: Campeche So geschl. D AE, MC, V

SPEZIA

$$

AMSTERDAM 241,
COLONIA LA CONDESA
TEL 55/5564-1367

Das derzeit bei Einheimischen sehr beliebte polnische Restaurant bietet geröstete Ente, Borschtsch, gegrillte Forelle. Elegantes Ambiente innen und außen, aber die Gäste wirken eher lässig.

P Chilpancingo So geschl. D AE, MC, V

CARNITAS EL GUERO

$–$$

CALLE XICOTENCATL S/N,
MERCADO DE COYOACÁN
TEL. 55/5659-0620

Nach einem Besuch im Frida-Kahlo-Museum sollten Sie den Markt von Coyoacán besuchen, wo es nach Meinung von Fachleuten die besten *carnitas* – zartes, gut gewürztes Schweinefleisch mit Tortillas – in ganz Mexiko geben soll. Das Essen ist einfach köstlich, aber die Atmosphäre wirkt etwas abenteuerlich, obwohl alles sauber und sicher ist.

A geschl. Keine Kreditkarten

UMGEBUNG VON MEXIKO-STADT

CHOLULA

LA QUINTA LUNA

$$$

CALLE 3 SUR 702
TEL. 222/247-8915
www.laquintaluna.com

Die Zimmer, um einen Patio angeordnet, sind ein erfrischender Mix aus traditionellen Materialien und modernem Design. Das Hotel befindet sich nur einen kurzen Spaziergang vom Zentrum entfernt. Frühstück inklusive.

6 MC, V

VILLA CHOLULA

$$

CALLE 2 PONIENTE 601
TEL. 222/273-7900
www.villasarqueologicas.com.mx

In Mexiko gibt es Club-Med-Anlagen auch an einem halben Dutzend archäologischer Stätten. Im Schatten der riesigen Tepanapa-Pyramide hat diese gepflegte Anlage kleine, aber gemütliche Zimmer.

42 P MC, V

CUERNAVACA

LAS MAÑANITAS

$$$$

RICARDO LINARES 107
TEL. 777/314-1466
www.lasmananitas.com.mx

Diese restaurierte Hazienda befindet sich auf einem Grundstück mit Teichen und Brunnen, das Spa bietet umfangreiche Behandlungen an. Die Suiten sind mit antiken Möbeln, mexikanischem Kunsthandwerk und einem riesigen gefliesten Bad ausgestattet. Genießen Sie innovative regionale Gerichte mit Gartenblick.

25 P AE, MC, V

LAS ESTACAS

$$

RAYÓN 30, CUERNAVACA
CENTRO, TLALTIZAPÁN
(1 STD. AUSSERHALB VON CUERNAVACA)
TEL. 777/312-4412
www.lasestacas.com

Königspalmen und andere subtropische Pflanzen werfen ihre Schatten auf die üppige Anlage, durch die der Estacas fließt. Hier wurden Tarzanfilme gedreht. Die vielen Angebote stehen auch Tagesgästen ($$$$$) zur Verfügung, aber eine Übernachtung im Hotel oder auf dem Campingplatz ist empfehlenswert. Reservierung und Ausgangspunkt für die Fahrt ist Cuernavaca.

MC, V

EL CHICO NATIONAL PAR

L PARAÍSO

$$–$$$

CARR. PACHUCA–MINERAL DEL CHICO KM 19
TEL. 771/715-5654
www.hotelesecoturisticos.com.mx

Das einfache Hotel im El Chico Nationalpark bietet Möglichkeiten zum Mountainbiken und Wandern an. Es liegt nicht weit von der kleinen, malerischen Stadt Mineral del Chico entfernt. Man sollte auch die Mahlzeiten dort einnehmen, da das Essen wirklich gut ist. Auch wer nicht im Hotel wohnt, kann nach Voranmeldung im Restaurant essen.

20 MC, V

PUEBLA

CAMINO REAL PUEBLA

$$$

CALLE 7 PONIENTE 105
TEL. 222/229-0909
www.camino-real-puebla.com

Eines der ersten Klöster in Mexiko wurde bis ins Detail restauriert. Im Restaurant Los Azulejos gibt es ein großes Frühstücksbüfett (im Zimmerpreis inbegriffen); mittags und abends werden gute mexikanische und internationale Gerichte à la carte serviert.

83 AE, MC, V

LA PURIFICADORA

$$$

CALLEJÓN DE LA NORTE 802, PASEO SAN FRANCISCO BARRIO EL ALTO
TEL. 222/309-1920
www.la purificadora.com

Dieses elegant, wenn auch etwas streng gestaltete Hotel befindet sich in einer gründlich umgebauten Eisfabrik aus dem 19. Jahrhundert. Wie alle Häuser des Grupo Habitat ist es hochmodern und doch gemütlich. Günstig gelegen. Es gibt ein Jacuzzi, eine Sauna, kostenloses WLAN und rund um die Uhr Zimmerservice.

26 AE, MC, V

MESÓN SACRISTÍA DE LA COMPAÑÍA

$$

CALLE 6 SUR 304 ECKE CALLEJÓN DE LOS SAPOS, 72000
TEL. 222/242-3554
www.mesones-sacristia.com

Im ganzen Haus sind antike Möbel und andere antike Gegenstände neben modernem regionalem Kunsthandwerk zu finden. Die Zimmer sind gemütlich und rustikal. In der Bar gibt es am Wochenende Livemusik. Im Restaurant werden regionale Spezialitäten serviert. Bei Kochkursen können die Gäste lernen, wie die leckeren Speisen zubereitet werden.

9 Restaurant So geschl. D AE, MC, V

FONDA DE SANTA CLARA

$

AV. 3 PONIENTE 920
TEL. 222/246-1919

Großzügige Portionen regionaler Gerichte gibt es in diesem malerischen, zentral gelegenen Lokal. Angenehme Bedienung. Fabelhafte Vorspeisen. Als Hauptgericht sollten Sie die *tinga* (Geschnetzeltes vom Huhn mit Tomatensoße) und zum Nachtisch das Gebäck probieren.

MC, V

TEOTIHUACÁN

VILLA TEOTIHUACÁN

$$

PERIFÉRICO SUR S/N, SAN JUAN TEOTIHUACÁN
TEL. 555/836-9020
www.villasarqueologicas.com.mx

Bestlage am Rande der archäologischen Stätte. Komfortables, niedrig gebautes Hotel mit kleinen Zimmern, wie immer in den Anlagen von Club Med Arqueológico. Tennisplatz.

42 AE, MC, V

TLAXCALA

MISIÓN TLAXCALA

$$

CARR. TLAXCALA–APIZACO KM 10, ATLIHUETZIA
TEL. 246/461-0000
www.hotelesmision.com

Tlaxcala besitzt einige Hotels. Dieses liegt zwar zehn km außerhalb der Stadt, doch bietet es ruhige Unterkünfte mit WLAN, Spa, Jacuzzi und einem Restaurant mit Blick auf die Atlihuetzia-Wasserfälle.

102 MC, V

PLAZA JARDÍN

$–$$

PORTAL HIDALGO 3
TEL. 246/462-4891

Das Restaurant am Stadtplatz ist täglich von 7 bis 23 Uhr geöffnet Es werden regionale und mexikanische Spezialitäten, dazu einige Steaks und internationale Gerichte serviert: Kosten Sie *mokajete* (Fleisch-Käse-Eintopf) oder die typische Suppe mit Bohnen, Tortillas, Avocados und Chili.

MC, V

GOLFKÜSTE

CATEMACO

LA FINCA

$$

CARR. COSTERA 180 KM 147
TEL. 294/947-9700
www.lafinca.com.mex

Vogelbeobachter lieben das dreistöckige Hotel am See, weil es inmitten der Natur liegt.

Alle Zimmer haben einen Balkon. WLAN und Steuern sind zwar im Preis inbegriffen, doch der scheint in Anbetracht der durchschnittlichen Zimmer ein wenig hoch.

51 MC, V

NANCIYAGA

$$

CARR. CATEMACO–COYAME KM 7 (ÖSTL. DER MEX 180)

TEL. 294/943-0199

www.nanciyaga.com

New-Age-Naturpark für eine naturnahe und friedvolle Erholung (*$$*). Zahlreiche Reiher waten durchs Wasser, und Alligatoren tummeln sich direkt vor den winzigen Hütten am See. Streifen Sie durch den Urwald, oder machen Sie Ruder- oder Kajakausflüge auf dem See. Verschiedene Wellness-Angebote.

11 Hütten Im Okt. Mi geschl. MC, V

VERACRUZ

GRAN HOTEL DILIGENCIAS

$$

INDEPENDENCIA 1115

TEL. 229/923-0280

www.granhoteldiligencias.com

Dieses hübsche Hotel am Hauptplatz im Herzen von Veracruz verfügt über Doppelfenster, die in den Gästezimmern für Ruhe sorgen. Sie können vom kleinen, kühlen Pool im Zwischengeschoss oder dem großen Terrassenrestaurant aus das geschäftige Leben am Platz betrachten. Die Straßenverkäufer dürfen hier nicht ihrem Geschäft nachgehen.

121 AE, MC, V

HOTEL MOCAMBO

$$

CALZADA RUÍZ CORTINES 4000, BOCA DEL RÍO, 94299

TEL. 229/922-0200

www.hotelmocambo.com.mx

In den 1930er Jahren war dieses Haus eine legendäre und exklusive Oase der Ruhe in den Tropen. Sie hat jetzt zwar etwas an Glanz, nicht aber an Charme verloren. Der palmengesäumte Strand lockt immer noch, und zu den Angeboten des Hotels gehören Sauna, Kurbad und Massage.

103 AE, MC, V

VILLA MARINA

$$$

BLVD. AVILA CAMACHO S/N, NAHE DESEMBOCADURAS DE HORACIO DIAZ

TEL. 229/935-1034

Das von 13 bis 1 Uhr geöffnete Restaurant bietet durch die großen Fenster einen großartigen Blick aufs Meer. Steaks, regionale und internationale Gerichte werden hier serviert. Frische Fischgerichte gibt es in mehreren Variationen. Die Bedienung hilft ausländischen Gästen gerne bei der Übersetzung der Speisekarte.

MC, V

GRAN CAFÉ DE LA PARROQUIA

$–$$

CALLE 16 DE SEPTIEMBRE ECKE MALECÓN

TEL. 229/932-2584

Dieses legendäre Kaffeehaus in Veracruz liegt gegenüber dem Malecón. Es öffnet früh (und bleibt bis Mitternacht geöffnet), doch das Frühstück ist relativ teuer. Das Essen ist zwar nur mittelmäßig, doch das Café gehört zu einem Veracruzbesuch.

MC, V

VILLAHERMOSA

CENCALI

$$

JUÁREZ 105 ECKE PASEO TABASCO

TEL. 993/315-1999

www.cencali.com.mx

Das zweistöckige Cencali liegt am See Las Ilusiones. Auf dem großen, tropischen Grundstück laufen häufig Flamingos frei umher. Die kleinen Zimmer haben Badewanne, Fön und Safe. Frühstücksbüfett und Transport von und zum Flughafen im Preis enthalten.

160 AE, MC, V

HOLIDAY INN EXPRESS

$$

PERIFÉRICO CARLOS PELLECIER 4000, TABASCO 2000

TEL. 993/310-4650 ODER 01800/000-0404 (GEBÜHRENFREI INNERHALB MEXIKOS)

Diese einförmigen, bequemen Hotels tauchen überall in Mexiko auf. Die Neubauten bieten behagliche Betten, unbegrenzte kostenlose Ortsgespräche, Computeranschluss im Zimmer und kostenloses WLAN.

88 Alle gängigen Karten

LOS TULIPANES

$$

CARLOS PELLICER 511

TEL. 993/312-9217

Probieren Sie hier Tabascos ungewöhnliche Gerichte. Mit einem schönen Blick über den Grijalva gibt es in diesem Restaurant von Donnerstag bis Sonntag ein umfangreiches Frühstücksbüfett, sonntags von 13.30 bis 18 Uhr auch ein üppiges Mittagsbüfett (*$$$*), das bei den Einheimischen beliebt ist.

So A & Mo geschl. AE, MC, V

HONG KONG

$

5 DE MAYO 343

TEL. 993/312-5996

Wer genug von der mexikanischen Küche hat, kann dieses chinesische Restaurant in der Zona Luz aufsuchen. Typisches Angebot, an Wochenenden Büfett (*$$*). Die Gaststätte schließt um 20 Uhr.

MC, V

XALAPA

POSADA COATEPEC
$$
HIDALGO 9, COATEPEC
TEL. 228/816-0544
www.posadacoatepec.com.mx
Diese ehemalige Villa auf einer Kaffeeplantage, etwa 6,5 Kilometer von Xalapa entfernt, beherbergt geräumige Suiten mit Satelliten-TV; Antiquitäten schmücken die Bar und Lobby. Leider ist das Personal nicht besonders freundlich.
23 P AE, MC, V

MESÓN DEL ALFÉREZ
$
SEBASTIÁN CAMACHO 2 ECKE ZARAGOZA
TEL. 228/818-6351
Die Räume des historischen Hauses direkt hinter dem Regierungspalast sind in warmen, verwaschenen mexikanischen Farben gehalten. So weit es möglich war, wurde Altes bei der Restaurierung erhalten. Das Frühstück ist im Preis enthalten.
20 P AE, MC, V

LA ESTANCIA DE LOS TECAJETES
$$
AVILA CAMACHO 90, LOCAL 12, PLAZA TECAJETES
TEL. 228/818-0732
Das zentral gelegene Restaurant mit dem schönen Blick auf den Park serviert regionale Gerichte mit eigenen Akzenten. Am Wochenende ist es bei Einheimischen beliebt; der Service ist langsam.
P So geschl. D
AE, MC, V

TRATTORIA TAVOLA
$$
GUADALUPE VICTORIA 66 ECKE AZUETO, CENTRO
TEL. 228/817-8990
www.tavolaxalapa.blogspot.com
Die begehrten Tische im Patio stehen um einen großen Baum, nahe den Musikern die mexikanischen Jazz und Blues spielen. Es gibt Pizza, Pasta und Salate. Das Lokal öffnet um 14 Uhr.
Mo geschl. MC, V

OAXACA

HUATULCO

DREAMS
$$$$$
CALLE BENITO JUÁREZ 4, BAHÍA TANGOLUNDA
TEL. 958/583-0400
www.dreamsresorts.com
Die hübschen Zimmer haben MP3-Player und einen Balkon. Die angebotenen Aktivitäten reichen von Volleyball über Themenpartys bis zu zahlreichen Spa-Behandlungen.
421 P
AE, MC, V

CAMINO REAL ZAASHILA
$$$–$$$$
BLVD. BENITO JUÁREZ 5, 70989
TEL. 958/581-0460
www.camino-zaashila.com
Überall in diesem herrlichem, von üppiger Vegetation bewachsenen Anwesen direkt am Strand gibt es Treppen, sodass die Ferien gleichsam zu einer Aerobic-Übung werden. Das Essen ist gut, der Strand exzellent, damit ist für eine Erholung bestens gesorgt.
120 P
Alle gängigen Karten

EDÉN COSTA
$
CALLE ZAPOTECO S/N, BAHÍA CHAHUÉ
TEL. 958/587-2480
www.edencosta.com
Der Hauptanziehungspunkt dieses Hotels ist das exzellente und preiswerte französische Restaurant L'Echalote (*$$–$$$, Mo geschl.*), das auch einige indonesische Gerichte serviert. Das zugehörige Hotel, nur fünf Minuten vom Strand entfernt, ist sehr hübsch.
11 MC, V

DER BESONDERE TIPP

MISIÓN DE LOS ARCOS
$
GARDENIA 902, CRUCECITA
TEL. 958/587-0165
FAX 958/587-1904
www.misiondelosarcos.com
Das mediterrane, persönliche Hotel befindet sich in Crucecita, aber es gibt einen Shuttle-Service zum Santa Cruz Beach Club. Das Restaurant serviert leckeres Frühstück, außerdem mexikanische und europäische Gerichte. Der Fitnessclub ist gut ausgestattet. Kaffee und Desserts werden im Internet-Café gereicht. Die Preise sind niedrig, die Gartensuite sehr empfehlenswert.
14 P AE, MC, V

VE EL MAR
$$
PLAYA SANTA CRUZ (SÜDLICH VON PASEO MITLA), BAHÍA SANTA CRUZ
TEL. 958/587-0364
Hier können Sie bei einem köstlichen Frühstück, Mittags- oder Abendessen mit den Zehen im Sand spielen. Die Tische im Freien stehen unter palmblattgedeckten Dächern.
MC, V

OAXACA

CAMINO REAL OAXACA
$$$$
CALLE 5 DE MAYO 300
TEL. 951/501-6100
FAX 951/516-0732
Die schöne Anlage in einem ehemaligen Kloster aus dem 16. Jh. in einer ruhigen Straße im historischen Zentrum von Oaxaca hat viel Charme. Die Zimmer sind sehr groß und bieten alle Annehmlichkeiten. Das Abendessen im histori-

schen Kolonnadengang um den Innenhof wird von einem Musikertrio unaufdringlich begleitet.

90 AE, MC, V

CASA CONZATTI

$$

GÓMEZ FARIAS 218

TEL. 951/513-8500 ODER 01800/717-9974 (GEBÜHRENFREI INNERHALB MEXIKOS)

www.casaconzatti.com.mx

Dieses Hotel in der Innenstadt war im 19. Jahrhundert das Haus des Botanikers, nach dem es den Namen trägt. Sein Garten nennt sich heute Conzatti Park. Die Zimmer sind mit Kaffeemaschine, Bügelbrett, Fön und Safe ausgestattet. Im Vorraum des Hotels wird regionales Kunsthandwerk verkauft; es gibt ein exzellentes mexikanisches Restaurant.

45

MARQUÉS DEL VALLE

$–$$

PORTAL DE CLAVERÍA S/N

TEL. 951/514-0688

www.hotelmarquesdelvalle.com.mx

Dieses altmodisch wirkende Hotel, ein Originalbau aus der Kolonialzeit, wurde mehrmals umgestaltet und bietet dreierlei Arten von Zimmern (die meisten mit Klimaanlage) zu verschiedenen Preisen und mit unterschiedlicher Ausstattung. Es liegt reizvoll zwischen La Alameda, der Plaza und der Kathedrale.

95 MC, V

LA BIZNAGA

$$

GARCIA VIGIL 512

TEL. 951/516-1800

La Bizagna, das normalerweise am Abend voll von Touristen und Einheimischen ist, bietet im überdachten Hof mexikanische Gerichte. Die Bar ist gut bestückt; der Service ist manchmal leider ein bisschen langsam.

MC, V

LA ESCONDIDA

$$

CARR. YATARENI KM 7, AN DER MEX NACH MITLA

TEL. 951/517-5550

Einheimische kommen am Wochenende und an Feiertagen wegen der Regionalküche. Selbst unter der Woche kommen viele Geschäftsleute und Touristen in das Lokal, das 15 Minuten vom Stadtzentrum entfernt liegt.

A geschl. AE MC, V

CAFE ROYAL

$–$$

GARCIA VIGIL 403 ECKE BRAVO

TEL. 951/514-3239

www.ceceo.org.mx/caferoyal

Einige Blocks vom Zócalo entfernt, bietet dieses französische Bistro Frühstück, ein preiswertes Mittagsangebot (Suppe, Hauptgang und Dessert) und solche Klassiker wie Schnecken und Bœuf Bourguignon.

So geschl. Keine Kreditkarten

LA OLLA

$–$$

REFORMA 402

TEL. 951/516-6668

Das zentral gelegene La Olla serviert gesunde regionale und internationale Gerichte. Das Essen wird frisch zubereitet; das dauert manchmal etwas, doch Kunsthandwerk sorgt für Abwechslung. Mittagsangebot von 13.30 bis 16 Uhr.

So geschl.
Alle gängigen Kreditkarten

PUERTO ESCONDIDO

QUINTA CARRIZALILLO

$$

FOCAS 5 ECKE DELFINES, FRACC. LA RINCONADA

TEL. 954/582-3564

www.quintacarrizalillo.com

Das hübsche neue Hotel ist nach der schönen Bucht benannt. Es bietet eine Sauna, einen Flughafentransfer und Massagen. Die Zimmer haben eine kleine Küche, und eine Kaffeemaschine, aber es gibt kein Restaurant.

11
Keine Kreditkarten

SANTA FE

$$

CALLE DEL MORO S/N, ZICATELA BEACH

TEL. 954/582-0170

www.hotelsantafe.com.mx

Dieses vielleicht netteste Hotel in Puerto hat einen üppigen Garten, komfortable Zimmer und Bungalows sowie mehrere Pools. Das vegetarische Restaurant ist ein echter Gewinn.

77 4
AE, MC, V

GUADUA

$$$–$$$$

CALLE TAMAULIPAS S/N, COL. BRISAS DE ZICATELA

TEL. 954/107-9524

www.guadua.com.mx

Das Guadua, eine elegante *cabana* mit schönem Blick auf den Strand, bietet wohl das beste Essen in Puerto mit köstlicher Fusionsküche. Die Desserts sind einfallsreich und die Bar ist ausgesprochen cool. An manchen Abenden gibt es Livemusik.

M & Mo. geschl. & Mon.
MC, V

LA VIDA VERDE

$$–$$$

BLVD. JUÁREZ S/N, FRACC. LA RINCONADA

TEL. 951/101-5619

Spezialität hier sind Gerichte aus vorspanischer Zeit, etwa Kaktussalat, Kaninchen in milder Chilisauce und Allerlei, was in Bananenblätter gewickelt werden kann.

So geschl. Keine Kreditkarten

TEOTITLÁN DEL VALLE

TLAMANALLI
$$–$$$
AV. JUÁREZ 39
TEL. 951/524-4006
Über dieses anspruchslos wirkende Zapoteken-Restaurant, das nur mittags geöffnet ist, wurden bereits lobende Artikel in der *New York Times* und in Spezialzeitschriften veröffentlicht. Die Mendoza-Schwestern kochen Kürbisblütensuppe, Tamales mit Hühnchen, Truthahn in Mole-Sauce und sogar ein paar vorhispanische Spezialitäten.
A, Mo & Ostern geschl.
Keine Kreditkarten

CHIAPAS

COMITÁN

HOTEL HACIENDA DE LOS ÁNGELES
$–$$
2A CALLE NORTE PONIENTE 6
TEL. 963/632-0074
www.hotelhaciendadelosangeles.com.mx
2005 wurde dieses alte Herrenhaus in ein schickes Hotel verwandelt. Das bei Einheimischen populäre Restaurant bietet von Donnerstag- bis Samstagabend Livemusik und freitags bis samstags Frühstücks- und Mittagsbüfett. Die Juniorsuiten haben sechs Betten, alle Zimmer sind in europäischem Stil ausgestattet. Frühstück im Preis inbegriffen.
25 P
AE, MC, V

MATISSE RESTAURANT-BAR
$–$$
AV. NORTE 16
TEL. 963/632-7152
In diesem hübschen Café werden internationale Gerichte serviert. Bei einheimischen Experten und Geschäftsleuten ist es sehr beliebt.
Mo geschl., öffnet um 14 Uhr AE, MC, V

LAGUNAS DE MONTEBELLO

MUSEO PARADOR SANTA MARÍA
$$$
CARR. A LAGUNAS DE MONTEBELLO KM 22
TEL. 963/632-5116
www.paradorsantamaria.com.mx
Die Hazienda aus der Zeit der Unabhängigkeit liegt ca. 20 Autominuten von den Seen entfernt. Sie ist bekannt für ihre leckeren regionalen Rezepte, wie z. B. gegrillte Hühnchen mit Reis und Rinderzunge mit frittierten Tomaten und Sherry. Sechs wunderschöne Zimmer mit Antiquitäten unterschiedlicher Epochen. Reservierungen im Restaurant empfohlen.
8 P MC, V

PALENQUE

CIUDAD REAL
$$
CARR. A PAKAL-NA KM 1,5
TEL. 916/345-1315
www.ciudadread.com.mx
Das Hotel mit Restaurant hat hübsch ausgestattete, behagliche Zimmer und einen schönen Pool. Es liegt nicht direkt in Palenque, sondern zwischen der archäologischen Stätte und der Stadt.
72 P MC, V

MAYA TULIPANES
$
CAÑADA 6, COL. LA CAÑADA
TEL. 916/345-0201
www.mayatulipanes.com
Einfach möblierte Zimmer haben Kabel-TV mit Fernbedienung und sonnengeschützte Fenster. Hübsche Anlagen um das Haus herum, freundliches Management. Ruhiges Viertel neben dem zentralen Palenque und Straßenrestaurants.
72 P AE, MC, V

LAS TINAJAS
$–$$
AV. 20 DE NOVIEMBRE ECKE ABASOLO
TEL. 916/345-4970
Dieses Restaurant in der Innenstadt wurde so beliebt, dass es in größere Räume umziehen musste und auch dort noch stets gut von internationalen Gästen besucht ist. Den ganzen Tag geöffnet. Spezialität des Hauses ist *pollo palenque*, Hähnchen in einer Spezialsoße.
Keine Kreditkarten

RESTAURANT DON MUCHO
$
CARR. A LAS RUINAS S/N
TEL. 916/341-8209
Im einfachen offenen Patio im Budgethotel El Panchán wimmelt es stets von Einheimischen und Reisenden. Es gibt oft Livemusik und immer üppige Hauptgerichte wie Fisch mit Pasta, Salat und Knoblauchbrot. Euros, Dollars und Pesos werden akzeptiert.
Keine Kreditkarten

SAN CRISTÓBAL DE LAS CASA

CASA VIEJA
$$
MARIA ADELINA FLORES 27
TEL. 967/678-6868
www.casavieja.com.mx
Die Zimmer sind klein, manche dunkel, aber sie sind ruhig und haben kostenloses WLAN. Die Heizung funktioniert nicht besonders gut. Handeln, um einen günstigeren Preis oder Frühstück im Preis inbegriffen zu erhalten, ist möglich, vor allem bei Barzahlung.
37 Alle Zimmer
MC, V

NA BOLOM
$$
AV. VICENTE GUERRERO 33, 29200
TEL. 967/678-1418

Gemütliche Gästezimmer sind auf dem Anwesen verteilt, in dessen Garten das Gemüse für das Restaurant wächst. Jedes Zimmer besitzt einen Kamin und ist mit Fotos und Kunst geschmückt. Familiengerechte Mahlzeiten im großen Speisesaal. Es ist ein Genuss, mit Künstlern oder Archäologen einen Tisch zu teilen. Gesunde regionale und internationale Hausrezepte. Für Nichtgäste ist eine Reservierung im Restaurant erforderlich.

M geschl. MC, V

LA MEDIA LUNA
$

HERMANOS DOMINGUEZ 5
TEL. 967/631-5590
www.hotel-lamedialuna.com

Nicht besonders charmant, aber billig und zentral gelegen. Die Zimmer sind klein, jedoch sauber; die Badezimmer winzig. Doch es gibt kostenloses WLAN und einen Computer. Für die internationalen Gäste werden eine Vielzahl an Touren angeboten. Fragen Sie nach einem Zimmer im hinteren Teil, fern vom Trubel an der Rezeption.

14 MC, V

RESTAURANT MAGUEY
$$–$$$

AV. GENERAL UTRILLA ECKE CALLE 28 DE AGOSTO
TEL. 967/678-0698
www.hotelcasamexicana.com

Dieses hübsche Restaurant gehört zum Hotel Casa Mexicana im Herzen von San Cristóbal. Serviert werden leckere mexikanische Gerichte, vor allem aus Chiapas und Yucatán. Am Sonntag gibt es einen üppigen Brunch.

AE, MC, V

EL EDÉN
$–$$

CALLE 5 DE FEBRERO 19
TEL. 967/678-0085

Zweifellos das beste Essen in der Stadt. Glücklich fügt sich die Genauigkeit des Schweizer Besitzers mit der künstlerischen Ader seiner mexikanischen Ehefrau. Das Ergebnis ist eine hervorragende Küche.

AE, MC, V

TUXTLA GUTIERREZ

CAMINO REAL
$$$

BLVD. DR. BELISARIO DOMÍNGUEZ 1195
COL. SANTA ELENA
TEL. 961/617-7777
www.caminoreal.com

Das schönste Hotel in Tuxtla gehört zur edlen Camino-Real-Gruppe. Moderne Architektur mit Pool und Grünflächen, Open-Air-Bars und Lounges. Beim Fitnessraum gibt es Sauna, Dampfbad und Massage. Das außergewöhnliche, rund um die Uhr geöffnete Café Azulejos bietet ein himmlisches Frühstücksbuffet.

210
Alle gängigen Karten

LAS PICHANCHAS
$$

AV. CENTRAL ORIENTE 837
TEL. 961/611-1139

Dieses Restaurant bietet einen kulinarischen und kulturellen Überblick über Chiapas. Genießen Sie Marimba-Musik am Nachmittag *(14–17.30 Uhr)* oder eine Tanzgruppe am Abend *(21–22 Uhr)*. Serviert werden typische Gerichte aus Chiapas; am besten bestellen Sie das Probiermenü.

AE, MC, V

DIE HALBINSEL YUCATÁN

CAMPECHE

PUERTA CAMPECHE
$$$–$$$$

CALLE 59 NO. 71
TEL. 981/816-7508
www.haciendasmexico.com

Diese Starwood-Hotel nimmt einen ganzen Block eleganter alter Häuser ein. Die Zimmer und Gemeinschaftsbereiche vereinen traditionelle und innovative Designelemente, sehr schön zu sehen etwa in der Ausstattung der Badezimmer. Die bequemen Betten sind luxuriös.

15 AE, MC, V

HOTEL DEL MAR
$$

AV. RUÍZ CORTINES 51
TEL. 981/811-9191
www.delmarhotel.com.mx

Trotz der schlichten Erscheinung und des etwas gelangweilten Personals, ist dieses niedrig gebaute Hotel empfehlenswert für sein Serviceangebot und die Verpflegungsmöglichkeit. Es liegt zwischen der Strandpromenade, perfekt für einen Abendspaziergang, und dem alten meerseitigen Tor, das in die Innenstadt führt. Capitán LaFitte's ist Campeches seit langem beliebte Adresse für einen Drink am späten Abend, ein romantisches Dinner oder einen Tanzabend.

146
AE, MC, V

LA PIGUA
$$

MALECÓN MIGUEL ALEMÁN 179
TEL. 981/811-3365
www.lapigua.com.mx

Maritimes Ambiente in dem lange schon beliebten Lokal im Norden der Stadt, das im Jahr 2005 einer wohltuenden Komplettrenovierung unterzogen wurde.

MC, V

CANCÚN

LE MERIDIÉN CANCÚN
$$$$$

BLVD. KUKULKÁN KM 14,
ZONA HOTELERA
TEL 998/881-2200 ODER 800/543-4300
www.lemeridien.com

Die Aufenthaltsräume und die Zimmer sind elegant in

gedämpfter Atmosphäre gehalten. Der umfassende Spa-Bereich wirkt sehr einladend. Im Restaurant Aioli gibt es einige gute Menüs (optional mit Wein), die monatlich wechseln.
213 Alle gängigen Karten

HILTON CANCÚN GOLF & SPA RESORT
$$$–$$$$
BLVD. KUKULKÁN KM 17,
ZONA HOTELERA
TEL. 998/881-8000
www.hiltoncancun.com
Das hoch aufragende Hotel bietet Tennisplätze, einen Golfplatz, sieben Pools, Wellnessbereich, Beauty-Salon und Fitnessclub. Die geschmackvoll ausgestatteten Zimmer haben alle Meerblick.
426 7 AE, MC, V

EL REY DEL CARIBE
$$
AV. UXMAL ECKE NADER,
INNENSTADT
TEL. 998/884-2028
www.reycaribe.com
Die Zimmer haben eine voll ausgestattete kleine Küche und sind alle in dem üppigen Garten um den etwas kleinen, solarbeheizten Pool mit Badeinrichtungen gelegen. Frühstück inkusive.
24 Alle Zimmer MC, V

LA HABICHUELA
$$$–$$$$
CALLE MARGARITAS 25,
INNENSTADT
TEL. 998/884-3158
www.lahabichuela.com
Mayastatuen, Patios im Kerzenlicht und plätschernde Brunnen schaffen eine romantische Umgebung in diesem beliebten Lokal in der Innenstadt. Pärchen genießen hier moderne mexikanisch-karibische Küche wie z. B. Hummer und Shrimps in Curry.
AE, MC, V

THAI
$$$–$$$$
BLVD. KUKULKÁN KM 12,
LA ISLA EINKAUFSZENTRUM
TEL. 998/883-1401
Wenn die Bedienung die Spezialitäten des Hauses aufzählt, ist dies gerade mal die Hälfte der riesigen Karte. Grüne Papaya-Salat, frittierter Fisch, Pad Thai – die Auswahl fällt schwer. Im Aquarium der trendigen Bar schwimmen Delfine. Mit Blick über die Lagune, ist dies ein herrlicher, Platz (leider mit vielen Mücken), um den Sonnenuntergang zu genießen.
AE, MC, V

LA CASA DE LAS MARGARITAS
$$$
BLVD. KUKULKÁN KM 12,
LA ISLA SHOPPING VILLAGE,
ZONA HOTELERA
TEL. 998/883-3222
www.lacasadelasmargaritas.com
Geschützter Hof und Balkone im schwungvollen Haziendastil. Live-Musik und gut gewürzte mexikanische Gerichte.
AE, MC, V

CASA ROLANDI
$$
PLAZA CARACOL, BLVD.
KUKULKÁN KM 8.5, ZONA
HOTELERA
TEL. 998/883-2557
www.rolandi.com
Oberitalienische Küche wird in diesem hervorragenden Restaurant in elegantem, aber dennoch unauffälligem Ambiente serviert. Empfehlenswert sind hausgemachte Pasta und Carpaccio.
AE, MC, V

CHICHÉN ITZÁ

HACIENDA CHICHÉN
$$$
CARR. MÉRIDA–PUERTO JUÁREZ
KM 120
TEL. 985/851-0045
www.haciendachichen.com.mx
Die Cottages sind ländlich-elegant mit handgewebten Bettüberwürfen, schmiedeeisernen Bettgestellen und Luftentfeuchtern, aber ohne Telefon oder Fernsehen. In der alten Kapelle werden viele Paare getraut, und der riesige Pool lädt zum Schwimmen ein.
28 Alle gängigen Karten

COBÁ

VILLA COBÁ
$$
NAHE DEM EINGANG ZU DEN
RUINEN
TEL. 905/058 1527
www.villasarqueologicas.com.mx
Das ausgefallenste Gästehaus in Cobá steht unter der Leitung von Club Med. Die Zimmer sind etwas dunkel, aber das Open-Air-Restaurant hat einen Swimmingpool in seiner Mitte, der von rosa Bougainvilleen beschattet wird. Sehr gute Bibliothek sowie Souvenirshop.
43 AE, MC, V

COSTA MAYA

COSTA DE COCOS
$$
DOMICILIO CONOCIDO,
XCALAK PENINSULA, AN DER
CARRETERA 307
www.costadecocos.com
Die netten Cabanas mit Hängematte vor der Tür ziehen viele Schnorchler, Fliegenfischer und Taucher an. Der kleine Ort Xcalak ist gut zu Fuß erreichbar.
16 AE, MC, V

COZUMEL

PRESIDENTE INTERCONTINENTAL COZUMEL
$$$$
CARR. A CHANKANAAB KM 6,5

TEL. 987/872-9500
www.interconti.com
Magentarote und kobaltblaue Möbel vor weißen Wänden unterstreichen das tropische Ambiente in den Zimmern des Hotels. Tropische Fische schwimmen nahe am Ufer der Bucht unterhalb des Restaurants El-Caribeño, wo Gäste lange verweilen und dabei Honigmelonensaft und Fischsalate genießen. Wundervolle Gerichte gibt es auch im italienischen Restaurant Alfredo di Roma (nur abends geöffnet).
253
AE, MC, V

CONDUMEL
$$–$$$
COSTERA NORTE, NÖRDLICH DES BLVD. AEROPUERTO
TEL. 987/872-0892
Die Türen des Wohnzimmers führen direkt auf eine schöne Terrasse mit Hängematte. Kleine Wohnanlage im Besitz des führenden Tauchladenbesitzers der Insel. Voll ausgestattete Küchen, große Badewannen aus Marmor und weiche Betten bieten alles, was einen angenehmen Urlaub ausmacht.
10 MC, V

GUIDO'S
$$$
RAFAEL MELGAR 23
ZWISCHEN CALLE 6 & 8
TEL. 987/872-0946
www.guidoscozumel.com
Dieses Restaurant, vor allem der mit Wein bewachsene Patio, ist ein beliebtes Refugium für die Einheimischen und ein Muss für Besucher. Holzofenpizza, Gerichte mit Meeresfrüchten/Fisch, hausgemachtes Brot und Calzone garantieren ein vorzügliches Mahl.
So geschl. AE, MC, V

LA CHOZA
$$
R. SALAS 198 ECKE AV. 10 NORTE
TEL. 987/872-0958
www.lachozarestaurant.com
Authentische Gerichte aus Yucatán auf mexikanischem Geschirr unter Palmendächern. Vorzügliche Fischgerichte, *chiles rellenos* (gefüllte Chilis), mariniertes Schweinefleisch *(cochinita pibil)* und zum Abschluss des Essens einen Kaffee mit Zimt.
AE, MC, V

ISLA MUJERES

VILLA ROLANDI GOURMET AND BEACH CLUB
$$$$$
FRACC. LAGUNA MAR KM 7
TEL. 998/999-2000,
www.villarolandi.com
Die Preise dieser luxuriösen All-Suites-Anlage an einem Sandstrand enthalten den Transfer von Cancún und kontinentales Frühstück. Die Suiten, mit natürlichen Materialien ausgestattet und in hellen Farben gehalten, wirken modern; alle haben einen großen Balkon. Das Restaurant mit Meerblick bietet italienische Gerichte.
35 AE, MC, V

IZAMAL

MACANCHÉ
$
CALLE 22 NO. 305
ZWISCHEN CALLE 33 & 35
TEL. 988/954-0287
www.macanche.com
Einziges Öko-Hotel in Izamal. Üppig gedeihen die Pflanzen und Bäume, und nur gesunde Gerichte kommen im familienfreundlichen Restaurant auf den Tisch. Das Frühstück ist im Preis inbegriffen. *Temazcal*, Spa, Yoga.
13 Keine Kreditkarten

MÉRIDA

FIESTA AMERICANA MÉRIDA
$$–$$$
COLÓN 451 ECKE PASEO MONTEJO, 97000
TEL. 999/942-1111
www.fiestaamericana.com
Vermutlich das schönste große Hotel in Mérida. In dem noblen Viertel auf dem Paseo Montejo gelegen, bietet es eine elegante Lobby über einer Mini-Mall mit einem Busdepot, einigen Läden und dem bekannten Restaurant Los Almendros, das sich auf frische Speisen aus der Region spezialisiert hat.
350
AE, DC, MC, V

CASA DEL BALAM
$$
CALLE 60 NO. 488 ECKE CALLE 57
TEL. 999/924-8844
www.casadelbalam.com
Zentral gelegen und gut dimensioniert ist dieses Hotel. Stilvoll essen und trinken kann man im altmodischen offenen Hof. Aber auch in den überdachten Gängen vor den Zimmern lässt es sich angenehm verweilen. Die freundlichen Zimmer zeigen einen gelungenen Stilmix kolonialer und moderner Elemente bei der Einrichtung.
51
Alle gängigen Karten

LA CASA DE FRIDA
$$
CALLE 61 NO. 526
ZWISCHEN 66 & 66-A
TEL. 999/928-2311
www.lacasadefrida.com.mx
Mit den leichteren und moderneren Versionen der traditionellen mexikanischen Küche ist das Frida ebenso bekannt wie ihre Namensgeberin, die Künstlerin Frida Kahlo. Das restaurierte Haus bietet seinen Gästen zahlreiche Plätze auch im offenen Patio. Viele Pflanzen und jede Menge Bilder und sonstige Untensilien der Künstlerin sorgen für ein alternatives Ambiente.
So & M geschl. Keine Kreditkarten

PLAYA DEL CARMEN

SHANGRI-LA CARIBE
$$$$
CALLE 38 ZWISCHEN AV. 5 & STRAND
TEL. 984/803-2804
www.shangrilacaribe.net
Die komfortablen und attraktiven Bungalows sind über das Grundstück am Strand verteilt und alle mit Doppelhängematten auf der Veranda oder im Patio ausgestattet. Im Preis sind Frühstück und Abendessen enthalten.
107 P 2
Alle gängigen Karten

BÁSICO
$$$
AVE. 5 ECKE CALLE 10 NORTE
TEL. 984/879-4448
www.hotelbasico.com
Playas hippes Hotel bietet den Gästen WLAN und Fahrräder. Es gehört zur modernen Hotelgruppe Habita, besitzt eine Dachterrasse mit Blick aufs Meer und Gästezimmer mit minimalistischem Dekor. Thema der Deko könnte sein: Badeort trifft industriellen Schick. Die Zimmer haben ein Bad und einen DVD-Player. Zum Hotel gehört auch ein Fischrestaurant.
15 AE, MC, V

LUNA BLUE
$$
CALLE 26 NORTE ZWISCHEN AV. 5 & 10
TEL. 984/873-0090
www.lunabluehotel.com
Dieses freundliche Hotel liegt am Nordende der Stadt. Es gibt keinen Pool und kein Restaurant, doch Sie bekommen Snacks in der Bar oder können zum Strandclub ganz in der Nähe gehen. Alle Zimmer haben einen Balkon oder eine Terrasse, eine kleine Küche oder einen Kühlschrank, manche auch WLAN-Zugang. Keine Kinder.
18 Alle Karten

YAXCHE
$$–$$$
CALLE 8 ZWISCHEN AV 5 & 10
TEL. 984/873-2502
www.mayacuisine.com
Vielleicht die beste Yucatanische Küche der Küste. Empfehlenswert ist eines der regionalen Maya-Gerichte wie *Tikin Xic* (marinierter gegrillter Fisch) oder eine der Erfindungen des Küchenchefs wie *Chac Mool* (Shrimps mit einer schmackhaften Mandarinen-, Chili- und Tomatensauce). Zum Dessert gibt es flambierten Kaffee mit Eis.
MC, V

RIVIERA MAYA

MAROMA RESORT & SPA
$$$$$
MEX 307 KM 51
TEL. 998/872-8200
www.maromahotel.com
Inmitten eines 80 Hektar großen Dschungelreservats bietet das Maroma Privatsphäre, Luxus und ein großes Verwöhnprogramm. Spa mit esoterischen Angeboten. Das Haus überzeugt zudem mit einer großartigen mexikanisch-karibischen Küche. Die Zimmer sind künstlerisch die reinsten Wunderwerke.
65 P AE, MC, V

CABAÑAS PAAMUL
$$
CARRETERA 307 KM 85, XPUHA
TEL. 984/875-1051
www.paamul.com
Die einfachen Hütten ohne TV oder Telefon liegen an einem herrlichen Strand. Es gibt auch einen Taucherladen sowie Zelt- und Wohnmobilstellplätze.
20 P

TULUM

ANA Y JOSÉ HOTEL & SPA
$$$$
CARR. CANCUN-TULUM KM 7
TEL. 998/880-5629
www.anayjose.com
Diese Anlage im Cabana-Stil zählt immer noch zu den besten an der Küste. Ausgezeichnetes Restaurant. Einfache, aber komfortable Zimmer, einige ohne Meerblick. Mit zunehmender Bekanntheit von Tulum sind auch die Zimmerpreise gestiegen.
22 P AE, MC, V

UXMAL

VILLA UXMAL
$–$$
CARR. UXMAL KM 76
TEL. 997/974-6020
www.villasarqueologicas.com
Freundliches, persönliches Haus nahe der archäologischen Stätte. Komfortable Zimmer, aber interessanter sind die Außenanlagen und Aufenthaltsräume (mit Tennisplatz, Pool-Billard, Bibliothek, Souvenirshop). In keinem Zimmer gibt es einen Fernsehapparat. Restaurant mit gelungener Mischung aus regionaler und europäischer Küche.
43 P AE, MC, V

XPUJIL

CHICANNÁ ECOVILLAGE RESORT
$$
CARR. ESCÁRCEGA-CHETUMAL KM 144
TEL 981/811-9192
www.chicannaecovillageresort.com
Komfortable Bungalows, jedes mit einem Patio. Kommunikation mit der Außenwelt per Funk, aber TV in der Bibliothek.
42 P AE, MC, V

Einkaufen in Mexiko

Die Einkaufsmöglichkeiten variieren von Region zu Region. Oaxaca, Michoacán und Chiapas mit ihrer überwiegend indianischen Bevölkerung stellen hübsche Textilien und Tonwaren her. Auf der Halbinsel Yucatán können Sie hingegen farbenfrohe, bequeme Hängematten, qualitätvolle Panamahüte, reich bestickte Blusen sowie Korbwaren erstehen.

Boutiquen und Werksläden in Guadalajara, Michoacán und Guanajuato benutzen moderne Techniken (z. B. bleifreie Glasuren) in Verbindung mit traditionellen Formen und Mustern, um qualitativ hochwertiges Tischgeschirr und ein großes Angebot an Haushaltswaren herzustellen.

Lederwaren können im nördlichen Mexiko und in Zentralmexiko erstanden werden. Lederjacken, Gürtel, Koffer, Stiefel und Schuhe sind besonders günstig.

Größere Städte haben Shopping-Center mit großem Angebot. In Städten, die für ihr Kunsthandwerk berühmt sind, gibt es meist ein oder zwei Straßen mit entsprechenden Geschäften und Boutiquen. Fast jede Stadt und jedes Dorf hat entweder einen täglichen oder einen wöchentlichen Markt. In großen Städten findet man beides. Informieren Sie sich bei der Touristeninformation oder im Hotel, wo es den buntesten *mercado* (auch *tianguis*) gibt und wo Sie das kaufen können, was Sie suchen.

Sie können Produkte auch direkt vom Hersteller oder seiner Familie kaufen. So lernen Sie ländliche Gebiete kennen und unterstützen die dort ansässigen Handwerker und Frauen. Es ist ratsam, sich zuerst ein paar Geschäfte in der Stadt anzuschauen, um dann auf den kleinen Märkten ein Gefühl für Preise und Qualität zu bekommen. Handeln wird hier erwartet, obwohl einige Händler auch Festpreise angeben. Die Preise können oft auf bis zu ein Drittel des ursprünglichen Betrags heruntergehandelt werden.

Märkte und kleine Geschäfte verlangen keine Steuern, und die meisten akzeptieren keine Kreditkarten. Im Zeitalter der Geldautomaten sind Travellerchecks selten geworden und manche Verkäufer, vor allem abseits der Touristengebiete sind argwöhnisch. Wenn Sie große Mengen einer Ware einkaufen, sollten Sie eine Quittung verlangen, um Probleme mit dem Zoll zu vermeiden. Die großen Geschäfte und Ketten verlangen zwischen 12 und 15 Prozent Steuern. Der Export echter archäologischer Funde ist untersagt. Die meisten Stücke, die an den archäologischen Stätten angeboten werden, sind Fälschungen.

Die hier aufgeführten Geschäfte, Einkaufsstraßen und Märkte sind bekannt und renommiert.

BAJA CALIFORNIA

In Baja gibt es ein paar einheimische Kunsthandwerker. Die Geschäfte in den Touristengebieten – vornehmlich Tijuana, Rosarito, Ensenada und Los Cabos – verkaufen Kunst und Keramik vom Festland. Im Norden werden annehmbare Weine und Brandys produziert.

Einkaufsmöglichkeiten

Avenida Revolución, zwischen der 2. und 9. Straße und Calle 1 bis zur Grenze zu den USA, Tijuana, B.C. Eine bunte Mischung aus grellen Statuetten, leuchtenden Piñatas, Lederbrieftaschen und -börsen, Silber, Schachspielen aus Onyx und vieles mehr.

Kunsthandwerk

Artesanías la Antigua California, Av. Obregón 220, La Paz, B.C.S., Tel. 612/125-5230. Kunsthandwerk aus allen Teilen des Landes.

Einkaufszentren

Puerto Paraíso, am Yachthafen, Cabo San Lucas, B.C.S. Ein paar der schönsten Geschenke- und Kuriositätengeschäfte der Stadt.

DER NORDWESTEN

Kunsthandwerk

Casa de las Artesanías de Chihuahua, Av. Niños Heroes 1101, Chihuahua, Chih., Tel. 614/437-1292, So geschl. Regionales Kunsthandwerk wie Tarahumara-Puppen, Trommeln, Tontöpfe, und Pinienkörbe.

Casa de las Artesanías de Chihuahua, an der Westseite des Hauptplatzes, Creel, Chih. Tel. 635/456-0080. Eine Filiale des obigen Geschäfts.

Gallery Michael, Camarón Sábalo 19, Mazatlán, Sin., tel 669/916-7816, www.michaelgallerymexico.com Eine ziemlich große Auswahl an wunderbarem mexikanischen Kunsthandwerk. Es gibt noch einen zweiten Laden im Touristenviertel an der Av. de las Garzas, Tel. 669/916-5511.

Märkte

Mercado de Artesanías, Victoria 506 und Aldama, Chihuahua, Chih. Ein großes Geschäft mit Schmuck und regionalem Kunsthandwerk.

Mercado Central, zwischen Juárez und Serdán, Mazatlán, Sin. Riesiger Markt für Lebensmittel und Kunsthandwerk zu günstigen Preisen.

Mercado Municipal, zwischen Avs. 20 de Noviembre und 5 de Febrero sowie Calles Patoni and Pasteur, Durango, Dgo. Der Ort, um *sarapes* (Decken), Leder und regionale Süßwaren zu kaufen.

DER NORDOSTEN

Die Geschäfte hier verkaufen Cowboystiefel, Sättel, silberne

Gürtelschnallen, Lederjacken, Strohhüte und *Saltillos sarapes* (helle, gestreifte Decken). Im industriellen Monterrey gibt es moderne Einkaufsstraßen.

Kunsthandwerk

El Sarape de Saltillo, Hidalgo Sur 305, Saltillo, Coah., Tel. 844/ 412-4889. Viele Sarapes, auch Ponchos, Teppiche, Leder-, Silber-, Kupfer- und Töpferwaren.

Leder

Botas Recio, Allende Norte 929, Saltillo, Coah., Tel. 844/412-1237. Für Männer gibt es hier Schuhe, Gürtel, Stiefel und Brieftaschen aus exotischem Leder; Filz- und Strohhüte.

Einkaufszentren & Kaufhäuser

Plaza Fiesta San Agustín, Av. Real de San Agustín at Lázaro Cárdenas, Monterrey, N.L., www.plazafiestasagustin.com.mx Monterreys größtes Einkaufszentrum mit einem Sanborns Restaurant, einer Buchhandlung und einem Theater.

ZENTRALMEXIKO

Feines handwerkliches Geschick hat hier eine lange Tradition. Dolores Hidalgo ist bekannt für handbemalte Keramik und Kacheln, Guanajuato für seine Glaswaren und San Miguel de Allende für seine Haushaltswaren und Volkskunst. In San Luis Potosí kaufen Sie am besten feine Seidenschals *(rebozos)*.

Kunst/Schmuck/Haushaltwaren

Fabrica La Aurora, Camino a La Aurora s/n (Fortsetzung von Hidalgo), www.laaurora.com.mx San Miguel de Allende, Gto. In einer ehemaligen Baumwollfabrik bieten heute 49 verschiedene Läden ausgefallene Antiquitäten, zeitgenössische Kunst, elegante Möble und Schmuck an.

Kunsthandwerk

Casa del Conde, Carr. Guanajuato–Dolores Hidalgo Km 5, La Valenciana, Guanajuato, Gto., Tel. 473/732-2550. Erzeugnisse aus ganz Mexiko und individuell gefertigte Haushaltswaren aus Zinn, Kupfer und Neusilber.

Casa María Luisa, Canal 40, San Miguel de Allende, Gto., Tel. 415/152-0130. Ein großes Sortiment an Volkskunst, beschnitzten Möbeln und anderen Haushaltsaccessoires.

Schmuck

Joyería David, Calle Zacateros 53, San Miguel de Allende, Gto., Tel. 415/152-0056. Hier wird Gold- und Silberschmuck hergestellt. (Die Filiale in der Umarán 26 ist So 11–15 Uhr geöffnet).

DIE PAZIFIK-STAATEN

In Michoacán und Guerrero werden Textilien und Keramiken hergestellt. Auch in Jalisco gibt es Volkskunst, und in Puerto Vallarta sind viele Geschäfte für Kunst oder Kunsthandwerk ansässig. In Taxco gibt es Silberschmuck fast tonnenweise.

Einkaufsmöglichkeiten

Mercado de Artesanías Turístico, Calle 5 de Mayo, Ecke Paseo del Pescador, Zihuantanejo, Gro. Eine Reihe von Ständen mit Souvenirs, u. a. auch Keramik, sowie Silberschmuck.

Plaza Los Patios, Blvd. Ixtapa s/n, Ixtapa, Gro. Hier verkaufen einige Läden schöne Kunsthandwerksarbeiten.

Samstagsmarkt, Av. De los Plateros s/n, beim Flecha-Roja-Busbahnhof, Taxco. Achten Sie auf den 925-Stempel, der für Sterlingsilber steht.

Zona Romántica, Col. E. Zapata, Puerto Vallarta, Jal. Sehr viele Kunsthandwerksläden und Kunstgalerien. Auf der anderen Seite der Brücke liegt **el Centro,** mit schönen, doch vielfältigeren Läden.

Kunsthandwerk

Agustín Parra Diseño Barroco, Independencia 158, Tlaquepaque, Jal., Tel. 333/657-8530. 30-jährige Erfahrung in der Gestaltung von Möbeln, Accessoires, Bilderrahmen und anderen Dingen.

Casa de las Artesanías, Ex-Convento de San Francisco, Fray Juan de San Miguel Ecke Humboldt, Morelia, Mich. Zwei Stockwerke voll mit regionalem Kunsthandwerk, jeder Stand verkauft Arbeiten aus einem Dorf.

Casa de los Once Patios, Madrigal de las Altas Torres nahe Lerín, Pátzcuaro, Mich., Tel. 434/342-4753).

Galería Tanana, Av. del Palmar 8, Sayulita, Nay., Tel. 329/291-3889. Im gemeinnützigen Huichol Center for Cultural Survival (www.huicholcenter.org) demonstriert im kleinen Laden nahe beim Strand oft ein Kunsthandwerker die Herstellung von Bildern aus Garn und Arbeiten aus Schmuckperlen.

Plaza de Artesanías, Juárez 145, Tlaquepaque, Jal. Eine Ansammlung von Läden mit Volkskunst, Glasbläsereien und Töpferarbeiten aus der Region.

Einkaufszentren & Kaufhäuser

La Gran Plaza, Av. Vallarta 3959, Col. Don Bosco, Guadalajara, Jal., Tel. 33/3563-2900, www.lagranplazafashionmall.com Moderner Komplex im Westen der Stadt mit Sanborns, vielen Geschäften und Restaurants sowie einem Kino.

Plaza Bahía, Costera M. Alemán 125, Acapulco, Gro., Tel. 744/485-6939. Ein großes, klimatisiertes Einkaufszentrum mit Bowlingbahn und Geschäften.

Plaza del Sol, Avs. López Mateos Sur and Mariano Otero, Guadalajara, Jal., Tel. 33/3121-5950. Großes Einkaufszentrum mit einem Multiplex-Theater, einer Sanborns-Filiale sowie vielen anderen Boutiquen und Läden.

Märkte

Mercado de Artesanías Tonalá, Av. Tonaltecas Ecke Calle Benito Juárez und Straßen der Umgebung. Ein Töpfer- und Kunsthandwerksmarkt am Donnerstag und Sonntag.

Mercado de Dulces, Av. Farías Ecke Santiago Tapia, Morelia, Mich. Stände mit Süßwaren der Region.

MEXIKO-STADT

Kunstgalerien sind überall in der Stadt zu finden. Einen Führer durch aktuelle Ausstellungen findet man donnerstags unter *Tiempo Libre* in der Zeitung *La Jornada*. Das Einkaufen macht besonders auf den Märkten in Coyoacán und San Ángel Spaß.

Einkaufsmöglichkeiten

Bazar Sábado, Plaza San Jacinto 11, San Ángel, nur Sa,. Im zweistöckigen Haus und auf dem davor liegenden Platz außergewöhnliches Kunsthandwerk zu fairen Preisen.

Mercado de Artesanías Insurgentes, Londrés Ecke Amberes, Zona Rosa. Ein Gewirr von Kunsthandwerk an 225 Ständen.

Zona Rosa, begrenzt durch Reforma, Niza, Av. Chapultepec, und Florencia. Kleines Viertel mit vielen Geschäften für Schmuck, Leder, Antiquitäten und Kunst

Kunst & Antiquitäten

Jardín del Arte, Plaza Sullivan, Calle Sullivan nahe Reforma and Insurgentes. Samstags verkaufen in diesem Park mehr als 100 Künstler ihre Bilder und Skulpturen.

Kunsthandwerk

Centro Artesanal La Ciudadela, Plaza de la Ciudadela Ecke Balderas, Tel. 55/5510-1828. Mehr als 300 Läden verkaufen Kunsthandwerk aus ganz Mexiko.

Einkaufszentren & Kaufhäuser

Sanborns, Madero 4, Col. Madero, Tel. 55/5512-1331, www.sanborns.com.mx. Kaffeehaus mit internationalen Zeitschriften und Büchern, Parfums, frischem Gebäck, Schokolade und Geschenkartikeln.

Märkte

Mercado de Antigüedades La Lagunilla, Libertad zwischen República de Chile und Allende. Open-Air-Flohmarkt am Sonntag, zieht Antiquitätenjäger und Münzsammler

Mercado Xochimilco, Guerrero zwischen Morelos und 16 de Septiembre, Xochimilco. Schöner überdachter Markt, auf dem es insbesondere an Wochenenden weniger hektisch zugeht als auf den Märkten in der Innenstadt.

MEXIKO-STADT & UMGEBUNG

Einkaufsmöglichkeiten

La Calle de los Dulces, Puebla, Pue. Die Geschäfte verkaufen frisch zubereitete *camote* (Süßkartoffelleckerei) und andere regionale Köstlichkeiten.

Kunsthandwerk

Mercado de Artesanías El Parían, 2 Oriente Ecke 6 Norte, Puebla, Pue. Souvenirs, Süßwaren, Textilien und günstige Keramik.

Mercado de Artesanías, plaza principal, Tepoztlán, Mor. Auf dem Hauptplatz in der Innenstadt wird sonntags Kunsthandwerk aus der Region sowie aus dem zentralen und südlichen Mexiko angeboten.

Tianguis Sabado y Domingo, Plaza Xicotencatl, Morelos Ecke Independencia, Tlaxcala, Tlax. Volkskunstmarkt am Wochenende mit typischen Holzschnitzereien, bestickten Blusen, Masken sowie Pfirsich- und Birnenlikören.

Märkte

Mercado Cozme del Razo, Hidalgo at Calle 5 Norte, Cholula, Pue. Typischer, täglich stattfindender Markt mit Kunsthandwerk, Obst, Gemüse und Kleidung.

DIE GOLFKÜSTE

Obwohl weder Veracruz noch Tabasco bemerkenswertes Kunsthandwerk hervorbringen, gibt es in den Städten doch moderne Einkaufszentren. Typische Souvenirs der Region – wie Gegenstände aus Pflanzenfasern, Strohfächer und geschnitzte Kalebassen – werden hauptsächlich in Hotels und Museumsläden verkauft.

Einkaufsmöglichkeiten

Zona Luz, zwischen Calle 27 de Febrero, Zaragoza, 5 de Mayo und Madero, Villahermosa, Tab. Schöne Fußgängerzone mit Apotheken, Eisläden und Boutiquen.

Einkaufszentren & Kaufhäuser

Plaza Acuario, Blvd. Ávila Camacho s/n, Playón de Hornos, Veracruz, Ver., Tel. 229/932-8311. Klimatisiert und nahe dem Meer, mit Boutiquen und Banken.

Tabasco 2000, Municipio Libre 7 Ecke Prolongación Paseo Tabasco, Villahermosa, Tab. Geschäfts- und Einkaufszentrum mit Hotels und Restaurants.

OAXACA

Dieser Staat ist reich an hochwertiger Volkskunst, und die Stadt Oaxaca rühmt sich vieler guter Künstler und ausgezeichneter Galerien.

Einkaufsmöglichkeiten

(Siehe „Marktstädte", S. 271.)

Calle Alcalá, zwischen Avs. Independencia und Constitución, Oaxaca. Fußgängerzone mit vielen schönen Geschäften.

Kunst

La Mano Mágica, M. Alcalá 203, Oaxaca, Tel. 951/516-4275, www.lamanomagica.com. Wollteppiche aus Teotitlán del Valle, Ölbilder und hochwertiges Kunsthandwerk.

Quetzalli, Constitución 104, Oaxaca, Tel. 951/514-2606. Ausgezeichnete Bilder. Café/Bar.

Kunsthandwerk

Artesanías Chimalli, García Vigil 512, Oaxaca, Tel. 951/514-2101. Kleiner Laden mit gutem Kunsthandwerk; Versandservice.
MARO, Av. 5 de Mayo 204, Oaxaca, Tel. 951/516-0670. Frauen-Kooperative verkauft Bekleidung aus der Region, Meskal und maßgefertigte Textilien.

Mercado de Artesanías, Calle J.P. Garcia nahe Zaragoza, Oaxaca. Verkauf von Textilien und Kleidung, etwa bestickte Blusen, Schals und Produkte aus Tehuantepec.

Märkte

Mercado de Abastos, Periférico zwischen Trujano und Minas, Oaxaca. Der größte Markt des Staates ist ein Labyrinth aus Ständen.
Mercado Benito Juárez und Mercado 20 de Noviembre, Oaxaca. Siehe S. 256, 259.

CHIAPAS

Die Maya haben eine lange Tradition in der Web- und Brokatkunst, die in einigen Städten von einheimischen Frauen noch am Leben erhalten wird. Man findet hier auch Wollkleidung, Textilwaren, Holzpuppen und zahlreiche andere Dinge, vieles aus Guatemala.

Einkaufsmöglichkeiten

Amatenango del Valle, 32 Kilometer südlich von San Cristóbal de las Casas. In vielen der bescheidenen Häuser der Stadt werden schöne unglasierte Töpferwaren (u. a. tönerne Vögel) verkauft.

Bücher, Zeitschriften & Postkarten

La Pared, Av. Miguel Hidalgo 2, San Cristóbal de las Casas, Tel. 967/678-6367, Mo geschl. Neue und antiquarische Bücher, darunter klassische Literatur, mexikanische Geschichte und Kultur meist auf Englisch.
Taller Leñateros, Flavio A. Paniagua 54, San Cristóbal de las Casas, tel 967/678-5174, www.tallerlenateros.com. Handgemachte Schreibwaren, Visitenkarten und Bücher, die aus Natur- und Recyclingmaterialien hergestellt werden.

Kunsthandwerk

J'pas Joloviletik, Utrilla 43, San Cristóbal de las Casas. Kooperative mit Web-, Stick- und Brokatstoffen sowie Bekleidung.
Sna Jolobil, Ex-Convento de Santo Domingo, 20 de Noviembre s/n, San Cristóbal de las Casas, Tel. 967/678-2646. Die Frauen-Kooperative stellt Webarbeiten der Maya aus.

Schmuck

Museo del Ambar, Calle Diego de Mazariegos, bei La Merced, Tel. 967/678-9716. Hier gibt es schönen Bernsteinschmuck – garantiert keine Fälschungen.

Märkte

Mercado Municipal, Av. General Utrilla at Nicaragua, San Cristóbal de las Casas. Ein herrliches Durcheinander von Kerzen, Weihrauch, Lebensmitteln und fertigen Gerichten. Am besten samstags besuchen.

HALBINSEL YUCATÁN

In Yucatán (insbesondere im Staat Campeche) findet sich erstaunlich wenig Volkskunst. Beharrliche Käufer finden Hängematten, Panamahüte, bestickte *huipiles* (sackartige, leichte Frauenbekleidung), Kleider, Blusen und plissierte *guayabera,* bonbonfarbene Hemden für Männer. Am besten kauft man in Mérida und Cancún ein. In Cozumel gibt es für die Passagiere der Kreuzfahrtschiffe Kunsthandwerks- und Juwelierläden.

Bücher, Zeitschriften & Postkarten

Dante, Calle 17 No. 138-B Ecke Prolongación Paseo de Montejo, Mérida, Yuc., Tel. 999/927-7676. Eine gute Auswahl an Büchern und eine beliebte Kaffeebar.
Fama, Av. Tulúm 105, Cancún, Q.R., Tel. 998/884-6586. Bücher über die Halbinsel Yucatán sowie eine große Auswahl englischsprachiger Zeitschriften.

Kunsthandwerk

Arte Maya, Calle 23 No. 301, Ticul, Yuc., Tel. 997/972-1669. Teure, authentische Repliken von Mayafundstücken.
El Aguacate, Calle 58 Ecke Calle 63, Tel. 999/928-6429. Hängematten aus Nylon und Baumwolle in vielen Farben und Größen.

Schmuck & Kleidung

Guayaberas Jack, Calle 59 No. 507A, zwischen Calle 60 und 62, Tel. 999/928-6002, www.guayaberasjack.com.mx. Gute Auswahl an *guayaberas,* den plissierten Hemden für Männer. Hübsche Stücke für Damen und Accessoires.

Einkaufszentren & Kaufhäuser

La Isla Shopping Village, Blvd. Kukulkán Km 12.5, Cancún, Q.R., Tel. 998/883-5025. Mehr als 200 Läden sowie einige schöne Restaurants.
Plaza Kukulkán, Blvd. Kukulkán Km 13, Cancún, Q.R. Ein elegantes Einkaufszentrum mit Luxusläden wie UltraFemme, Louis Vuitton und Cartier.

Märkte

Mercado Municipal, Campeche, Camp, Calle 53 Ecke Baluartes Este. Campeches Hauptmarkt ist einer von Yucatáns am besten organisierten Märkte. Umgeben von verschiedenen Läden.

Unterhaltung & Freizeit

Mexikaner sind Sportfans. Stierkämpfe sind populär, und die meisten großen Städte verfügen über mindestens eine Kampfarena. Die Kämpfe finden zumeist an wichtigen Feiertagen oder im Rahmen von Festivals statt. *Charreadas* (mexikanische Rodeos) sind im Norden und in Zentralmexiko beliebt (siehe S. 155), während Fußball und Baseball landesweit Interesse finden. Auch religiöse Feiertage sind lebhafte Angelegenheiten mit Essen, Tanz und Feuerwerk.. Einige Feste sind typisch für die Region oder das Dorf, andere werden im ganzen Land gefeiert (siehe S. 18f.).

Bekannt für ihren Karneval sind vor allem die Städte Veracruz, Cozumel, Campeche und Mazatlán. Karneval wird auch in Guayamas (Sonora), San Juan Chamula (Chiapas) und vielen anderen Städten gefeiert. Ernst, aber sehr farbenfroh sind die Feierlichkeiten in der Semana Santa, der Karwoche. Orte mit besonderen Umzügen oder Bräuchen sind Oaxaca (Oaxaca), Taxco (Guerrero), Suchitlán (Colima), Real de Catorce und San Luis Potosí (San Luis Potosí), Zacatecas (Zacatecas), Zintzuntzan (Michoacán) sowie Zinacantán und San Juan Chamula (Chiapas).

Am **Día de Muertos** (Allerheiligen) verschmelzen Elemente des katholischen Glaubens mit lokalen Traditionen. Dieser Tag ist jedoch keine Trauerveranstaltung, sondern ein farbenprächtiges Fest zu Ehren der Toten. Familien errichten Altäre, schmücken das Familiengrab und backen Tamales, um die Verbindung zwischen den Lebenden und den Toten zu symbolisieren. Die Bundesstaaten Oaxaca und Michoacán sind für ihre Riten bekannt. Besucher kommen meist in die bekanntesten Städte (Oaxaca, Janitzio), doch auch unbekanntere Orte lohnen einen Besuch, siehe unter www.dayofthedead.com.

Die **Fiesta de la Virgen de Guadalupe** am 12. Dezember wird mit einer Messe, Umzügen, Musik, Tanz und Feuerwerk begangen, in der Regel in der Woche vor dem Feiertag. Gefeiert wird in Mexiko-Stadt, Tamazunchale (San Luis Potosí), Tuxtla Gutiérrez und San Cristóbal de las Casas (Chiapas) und anderen Städten. Fast jede Stadt und jedes Dorf feiert seinen Ortsheiligen (z. B. San Juan, San Miguel).

Die wichtigsten mexikanischen Festivals, Kulturzentren und Aktivitäten sind nach Regionen aufgeführt. Weil die Popularität von Nightclubs und Bars schwankt werden nur die interessantesten genannt.

BAJA CALIFORNIA

Bars

Hussong's Cantina, Av. Ruiz 113, Ensenada, B.C., Tel. 646/178-3210, www.cantinahussongs.com Seit mehr als hundert Jahren beliebt.

Weingüter

Siehe »Weinverkostung in Mexiko«, S. 37.

Charreadas

Tijuana Touristeninformation, Tel. 664/658-3117. An den meisten Wochenenden von Mai bis September an verschiedenen Orten.

Kulturzentren

Centro Cultural Tijuana, Paseo de los Heroes und Mina, Tijuana, B.C., Tel. 664/687-9600, www.cecut.gob.mx Museen für Geschichte, Anthropologie und Kunst, Theater, Souvenirshop und Restaurant.

Festivals

Fiesta de la Vendimia, Ensenada, B.C., Tel. 646/172-3022, www.fiestasdelavendimia.com Weinverkostung und Kulturveranstaltungen im Aug.

Fiesta de San Javier, Misión San Javier, B.C.S., 3. Dez.

Sportveranstaltungen

Bisbee's Black and Blue Marlin Tournament, Los Cabos, B.C.S., www.bisbees.com. Drei Tage im Okt. mit einem Millionen-Budget.

SCORE Baja 250, 500 and 1000, www.score-international.com Off-Road-Rennen im März, Mai/Juni oder Okt./Nov.

Newport Beach-Ensenada Sailing Regatta, www.nosa.org Die Regatta findet seit mehr als 60 Jahren im April statt.

Sportangeln

Weltklasse-Angeln in Bahía de Los Angeles, Los Cabos, am Ostkap, in La Paz, Loreto, Mulegé und San Felipe. Pazifik-Fischen in Ensenada und in der Bay von San Quitín,

Wassersport

Der Golf von Kalifornien eignet sich bestens zum **Kajakfahren,** insbesondere um Bahía de Concepción, Loreto, das Ostkap, La Paz, Cabo San Lucas und um die küstennahen Inseln herum. Beliebte Reviere der **Windsurfer** am Pazifik finden sich in Punta San Carlos, Punta Abreojos sowie in den Buchten von San Quintín, Magdalena, Santa Rosaliita und Almejas; Segelgebiete am Golf sind Bahía de Los Angeles, Punta Chivato, Loreto und das Ostkap.

Tauchen und **Schnorcheln** bietet sich in Cabo Pulmo und Cabo San Lucas an. **Surfen** ist auch weit verbreitet, aber es gibt selten einen Verleihservice.

Baja Expeditions, 2625 Garnet Ave. San Diego, CA, Tel. 858/581-3311 oder 800/843-6967, www.bajaex.com ist ein renommierter Anbieter von Kajak- und Tauchtouren sowie von Fahrten zur Tierbeobachtung.

Walbeobachtung
Wale sieht man am besten von Jan. bis Mitte April (siehe S. 68–69).

DER NORDWESTEN

Kulturzentren & Theater
Centro Cultural de Chihuahua, V. Carranza Ecke Aldama, Chihuahua, Chih., Tel. 614/429-3596. Musik, Tanz, Kunstausstellungen.
Teatro Angela Peralta, Carnaval 1024, Mazatlán, Sin. Folkloristische Tanzveranstaltungen, Konzerte, Theater und Kulturereignisse.

Festivals
La Feria de la Fundación de Durango und la Feria Agricola, Durango, Dur., Mitte Juli zwei Wochen. Stadtgründungsfest sowie Agrar- und Ranching-Messen. Folklore, Pferderennen und Charreadas.
Festival Cultural de Mazatlán. Zwei Monate ab Mitte Okt. gibt es kostenlose oder preiswerte Kulturveranstaltungen im Angela-Peralta-Theater und an anderen Veranstaltungsorten.
Fiesta de la Fundación del Pueblo, El Fuerte, Sin. Stadtgründungsfest am 20. Nov. mit Karnevalsumzügen, Rennen und Tanz.
Navy Day, Puerto Peñasco (Rocky Point) und Guaymas, Son., 1. Juni (sie Kasten S. 275).
Ortiz Tirado Music Festival, www.festivalortiztirado.com zwei Wochen Ende Januar. Klassische Musik in Alamos, Sonora.

Sportangeln
Mazatlán, Sin. Ganze Flotten von Sportangelbooten liegen im Hafen südlich der Stadt.

DER NORDOSTEN

Kulturzentren & Theater
Centro Cultural Teatro Garcia Carrillo, Allende Ecke Aldama, Saltillo, Coah. Konzerte und Kulturveranstaltungen in einem Gebäude aus dem Porfiriato.
Teatro de la Ciudad de Monterrey, Zuazua Ecke Matamoros, Monterrey, N.L., Tel. 81/8343-4424. Großes modernes Theater.

Festivals
Feria Cultural de Zacatecas, Zac.
Feria Nacional, Zacatecas, Zac. Drei Wochen im Sept.: Konzerte, Stierkämpfe, Charreadas und Prozessionen.
Fiesta de San Isidro Labrador. Dieser Feiertag am 15. Mai wird in Jalpán (Querétaro) mit Feuerwerk, Messe, Musik, Tanz und Prozession gefeiert.
Fiesta de San Roque, Querétaro, Qto., wird in Querétaro an den Tagen vor dem 16. Aug. mit Paraden, Feuerwerk und Tanz gefeiert.
La Morisma, Zacatecas, Zac., Ende August. Zum Festival gehören ein dreitägiges Nachspielen einer Schlacht zwischen Mauren und Christen, Theater und Volkstänze.

Angeln
Reiche Fischgründe für Barsch und Wels in Caballero, Méndez, Vicente Guerrero und anderen Seen. Brandungsangeln in vielen Lagunen entlang der Küste.

ZENTRALMEXIKO

Kulturzentren & Theater
Centro Cultural El Nigromante (oder Bellas Artes), Hernandez Macias 75, San Miguel de Allende, Gto., Tel. 415/152-0289. Unterricht im Kunsthandwerk, Events.
Instituto Allende, Ancha de San Antonio 20, San Miguel de Allende, Gto., Tel .415/152-0190, www.institutoallende.com.mx Galerien, Bibliothek und Theater; Kunst- und Sprachunterricht.
Teatro de la Paz, Villerías 205, Jardín del Carmen, San Luis Potosí, S.L.P., Tel. 444/812-2698. Elegantes Theater im Stadtzentrum.
Teatro Juárez, Calle de Sopena Ecke Jardín Unión, Guanajuato, Gto., Tel. 473/732-0183. Konzerte, Opern und mehr in einem wunderschönen Theater.

Festivals
Comparsas de San Martin Chalchicuautla, 130 Kilometer von Ciudad Valles an der MEX 85, San Luis Potosí, bei Tamazachale, Tel. 481/381-5735, 1. Nov. Umzüge und Volkstanzwettbewerbe. Themen: Mann zu Frau, Tod, Gut und Böse.
Feria del Queso y del Vino, Tequisquiapan, Qto., Tel. 414/273-0295, www.tequis.info Mai/Juni. Zweiwöchiges Wein- und Käsefestival mit Open-Air-Theater, folkloristischen Tänzen und Konzerten.
Feria de San Marcos, Aguascalientes, Ags., Tel. 449/910-2088, www.feriadesanmarcos.com Ältestes Volksfest des Landes mit Tänzen, Stierkämpfen und Feuerwerk.
Festival Cervantino, Guanajuato, Gto. (siehe Kasten S. 122), Herbst. Internationale Top-Interpreten.
Fiesta de San Miguel, San Miguel de Allende, Gto., Tel. 415/152-0900. Tänze, Stierkämpfe, Feuerwerk und Konzerte. Höhepunkt am 29. Sept. bei Tagesanbruch.

Natur
Sotano de las Golondrinas, außerhalb von Tancanhuitz, östlich von San Luis Potosí (264 km von Ciudad Valle), S.L.P. In der Höhle fliegen bei Sonnenaufgang Tausende von Halsbandseglern aus und bei Sonnenuntergang wieder ein.

DIE PAZIFIK-STAATEN

Schmetterlingswanderung
Millionen von Monarchfaltern überwintern in den Schutzgebieten der Wälder von Michoacán (siehe S. 176).

Kulturzentrum
Instituto Cultural Cabañas, Guadalajara, Jal., siehe S. 151.

Tanz & Shows

Ballet Folklórico, Teatro Dian (siehe S 150). Tänze der Region, aufgeführt von einer Studentengruppe.
Charreadas, Lienzo Charro de Jalisco, Av. Dr. R. Michel 577, Guadalajara, Jal., Tel. 33/3619-0315. Mariachi-Musik und hohe Reitkunst am Sonntagmittag.
Espectáculo de la Quebrada, Plazoleta de la Quebrada, Acapulco, Gro., Tel. 744/483-1400 oder 744/484-4416. Ganztägig Klippenspringen, abends bei Dinner, Tanz und Musik im Restaurant La Perla Mirador.
Salon Q, Av. Costera Alemán 3117, Col. Costa Azul, Acapulco, Gro., Tel. 744/481-0114. Mi bis So ab 22 Uhr Tanz zu Live-Musik.

Festivals

Día de San Blas, San Blas, Nay. Feb. 3. Die alte Statue des Ortsheiligen von San Blas begleitet eine Flotte von Einheimischen, wenn der Priester die Boote und die Fischer segnet. Feuerwerk.
Encuentro Internacional del Mariachi y la Charrería, Guadalajara, Jal., Ende Aug./Anfang Sept. Eine Woche voller *charro* und Mariachi-Musik.
Feria de la Guitarra, Paracho, Mich., www.feriadelaguitarra.com Aug. Wettbewerbe, Konzerte und Instrumentenschau.
Feria de Manzanillo, Colima, Ende April bis Mitte Mai. Feier des Stadtgeburtstags mit Tanz, Musik und Rodeos.
Feria de Michoacán, Morelia, Mich., erste Woche im Mai. Volksfest mit Pferdewettkämpfen, Ausstellungen, Kultur- und Musikveranstaltungen
Feria Nacional de la Cerámica. In der Regel Mitte Juni. Ausstellungen, Wettbewerbe und Verkauf von Keramik in Tlaquepaque, Jal., außerhalb von Guadalajara. Am 29. Juni findet **la Fiesta de San Pedro** statt.
Festival Internacional de Organo, Morelia, Mich., Tel. 443/317-8032, Mai. Seit mehr als 30 Jahren internationales Orgelfestival in der Kathedrale.
Fiesta de San Antonio Abad, 17. Jan., Taxco, Gro. Segnung der Heim- und Haustiere in der Iglesia de Santa Prisca.
Fiesta de la Virgen de la Salud & La Virgen de la Candelaria in Colima, Col. Bis zum 2. Feb. (Lichtmess) wird neun Tage lang gefeiert. Auch in Suchitlán, Col. außerhalb der Hauptstadt des Bundesstaates wird gefeiert, u. a. mit Maskentänzen.
Fiestas de Octubre, Guadalajara, Jal., Tel. 33/3585-9954, www.fiestasdeoctubre.com.mx im Okt. Mariachis und Charreadas, Opern, Symphoniekonzerte und Kunstausstellungen
Gründonnerstag, farbenprächtige Prozessionen in Tzintzuntzán, Mich.
Prozession der Virgen de Zapópan, Zapópan (Guadalajara), Jal., 12. Okt. Schon am Tag zuvor sammeln sich Hunderte von Wallfahrern an der Straße zur Basilika, in der sich der Schrein der Madonna befindet.
PV Gourmet Festival, Tel. 322/222-2247, www.festivalgourmet.com Zehn Tage lang werden in den Toprestaurants von PV Essen und Trinken gefeiert. Wein-, Schokolade- und Tequilaverkostungen, Kochvorführungen und –unterricht und jede Menge gutes Essen.
Restaurant Week, Mitte Mai. Zwei Wochen, in denen es in den Top-Restaurants der Gegend Drei- und Fünf-Gänge-Menüs zu reduzierten Preisen gibt.

MEXIKO-STADT

Tiempo Libre, www.tiempolibre.com.mx, erscheint am Do auf Spanisch in der Zeitung *Reforma* und führt ebenso aktuelle Veranstaltungen auf wie die englischsprachige *The News*.

Bars

La Guadalupana, Higuera 14, Coyoacán, Tel. 55/5554-6253, zieht vor allem männliche Gäste an.
L'Opera, Cinco de Mayo 10 Ecke Mata, Tel. 55/5512-8959. Beliebte, historische Cantina.

Kulturzentren & Theater

Auditorio Nacional, Paseo de la Reforma 50, Parque de Chapultepec, tel 55/9138-1350, www.auditorio.com.mx Hauptsächlich Musik und Theater.
Palacio de Bellas Artes, Av. Juárez und Eje Central, Alameda Park, www.bellasartes.gob.mx. Folkloreballett, Symphoniekonzerte, Opern und andere Veranstaltungen.
Sala Nezahualcoyotl, Insurgentes Sur 3000, Ciudad Universitaria, Tel. 55/5622-7113. Jede Art von Musik- oder Theaterveranstaltung.

Festivals

Segnung der Tiere, Coyoacán, 17. Jan. Mönche segnen Heim- und Haustiere.
Festival Centro Histórico. Dreiwöchiges Kulturfestival im April mit Musikveranstaltungen, Flamenco und Führungen zu weniger bekannten Sehenswürdigkeiten.
Fiesta de la Virgen del Carmen, San Ángel, 16. Juli. Feuerwerk, Tänze und Volksfest.

MEXIKO-STADT & UMGEBUNG

Kulturzentren

Centro Cultural de Hidalgo, Arista at Hidalgo, Pachuca, Hgo., Tel. 771/111-4150. Gebäude mit Stadttheater sowie Kunstschule, Museen, Gärten und Plazas.

Unterhaltung

Sonntagnachmittags kostenlose Open-Air-Band-Konzerte im Jardín Juárez, Cuernavaca, Mor.

Festivals

Cinco de Mayo, Puebla, Pue., 5. Mai. Feiern aus Anlass der siegreichen Schlacht gegen französische Eroberer..
Fiesta de la Virgen de la Asunción, Huamantla, Tlax., 15. Aug. Stier-

treiben durch die Stadt in der Noche que Nadie Duerme (die Nacht, in der niemand schläft).
Fiesta de Tepoztlán, Tepoztlán, Mor., 8. Sept. Festlichkeiten im Gedenken an die Konversion zum Katholizismus. Tepoztlán feiert auch Karneval mit El Brinco del Chinelo (dem „Hüpftanz") und anderen Traditionen.

Spas & Wasserparks

Der Bundesstaat Morelos ist bekannt für seine Thermalquellen, um die oft Wasserparks (siehe Las Estacas, S. 374) und Badeorte gewachsen sind.. Informationen gibt die Touristeninformation in Cuernavaca (Tel. 777/311 3872) oder www.morelostravel.com

DIE GOLFKÜSTE

Kultur

Folkloristisches Ballett und Konzerte des staatlichen Orchesters im **El Teatro del Estado,** Ignacio de la Llave Ecke Ávila Camacho, Xalapa, Ver., Tel. 228/842-1200.

Festivals

Carnaval, Veracruz, Ver., in der Woche vor Beginn der Fastenzeit. Paraden und Feiern, beginnend mit der „Verbrennung der schlechten Laune" und dauern bis Faschingsdienstag an.
Día de la Candelaria, Tlacotalpán, Ver., Anfang Feb. Lichtmess-Fest mit Stiertreiben und Bootprozessionen.
Fiesta de Corpus Cristi, Papantla, Ver., Fronleichnam. Feuerwerk, Paraden, Hahnenkämpfe und traditionelle Tänze.
Fiesta de Santiago Apóstle, Santiago Tuxtla, Ver., 25. Juli. Tänze und Fiestas zu Ehren des heiligen Johannes, des Stadtpatrons.

OAXACA

Bootsausflüge

Santa Cruz Bay, Bahías de Huatulco. Besuchen Sie die neun Buchten und machen Sie einen Trip zu den schönen Stränden.

Festivals

Fiesta de las Velas, Isthmus von Tehuantepec, Mai bis Sept. Feiern zu Ehren der einzelnen Stadtpatrone. Genaue Termine beim Oaxaca Touristenbüro
Guelaguetza, Cerro del Fortín, Oaxaca, meistens an den beiden Montagen nach dem 16. Juli. Traditionelle, folkloristische Tänze im Amphitheater.
La Noche de Rábanos, *zócalo*, Oaxaca, 23. Dez. Wettbewerb um die kompliziertesten Bilder aus geschnitztem Rettich.

Folkloretänze und Dinner Shows

Hotel Camino Real, Oaxaca. Folkloreshows in einem der Patios.

CHIAPAS

Festivals

Fiestas de Enero, Mitte Jan. zwei Wochen. In Chiapa de Corzo gibt es Umzüge mit Masken, Tanzveranstaltungen, Straßenfeste, eine Seeschlacht und Feuerwerke.
Zu den Festivals in Zinacantán gehört die **Fiesta de San Sebastian,** 20.–22. Jan. Weitere Feste freitags in der Fastenzeit.
San Juan Chamula bietet Fiestas zum Karneval, Ostern und zur Fiesta de San Juan (22.–24. Juni).

Folkloretänze & Dinner Shows

Las Pichanchas (siehe S. 378). Marimba-Shows und Folkloretänze.

Ausflüge

Unter der Leitung von einheimischen Führern Ausritte zu alten Dörfern außerhalb von San Cristóbal de las Casas.

HALBINSEL YUCATÁN

Kulturzentren

Casa de la Cultura, Prol. Av. Yaxchilán SM 25, Cancún, Q.R., Tel. 998/884-8364, www.casacultura cancun.gob.mx Fördert Theater- und Musikveranstaltungen, Konferenzen und andere Aktivitäten.
Teatro Peón Contreras, Calle 60 zwischen Calle 57 & 59, Mérida, Yuc., Tel. 999/924-9290. Musik- und Theaterveranstaltungen.

Tauchen

Aqua World, Blvd. Kukulcán Km 15,3, Cancún, Q.R., Tel. 998/848-8327. Aqua-Center mit weitreichenden Angeboten. Wettangeln, Tauchen, Partyschiffe.
Scuba-Diving-Cozumel, www.scuba-diving-cozumel.com Informationen zum Tauchen und Schnorcheln rund um das Palancar-Riff.

Unterhaltung

Noche Mexicana, Paseo Montejo Ecke Calle 47 und in der ganzen Innenstadt, Mérida, Yuc., Sa 19.30 bis 23 Uhr. Straßenfest mit Folklore, Musik, und Kunsthandwerk.
Ton-Licht-Shows, nach Einbruch der Dämmerung in Chichén Itzá, Uxmal und am Convento San Antonio de Padua, Izamal, Yuc.; ebenso in La Puerta de Tierra, Campeche und Edzná.

Festivals

Fiestas del Equinoxio, Templo de Kukulkán, Chichén Itzá, Yuc., am ersten Tag des Frühlings und des Herbstes. Zur Tagundnachtgleiche bildet der Schatten an der Pyramide eine Schlange, die zum steinernen Schlangenkopf hinunterkriecht.
Festival Internacional de Aves. Jedes Jahr im November finden in Mérida Veranstaltung zum Thema Vögel statt: Ausstellungen und Vorträge, Zählungen und natürlich Ausflüge zur Vogelbeobachtung.
Hanal Pixan, Mérida, Yuc., an den Tagen vor dem 2. Nov. Traditionelle Gerichte und Altäre anlässlich Allerseelen.
Otoño Cultural, Mérida, Yuc., in der letzten Woche des Okt. u. in den ersten zwei Wochen im Nov. Kulturfestival mit Musik , Tanz und Kunst.

Sprachführer

Allgemein
ja *sí*
nein *no*
bitte *por favor*
danke *gracias*
bitte sehr, keine Ursache *de nada*
Hallo! *hola*
Auf Wiedersehen! *adiós, hasta luego*
Guten Tag! *buenos días*
Guten Tag! (am Nachmittag) *buenas tardes*
Guten Abend!/Gute Nacht! *buenas noches*
In Ordnung *está bien/de acuerdo*
heute *hoy*
gestern *ayer*
morgen *mañana*
Sprechen Sie Deutsch/Englisch? *¿Habla usted alemán/inglés?*
Ich bin Deutscher/Österreicher/Schweizer *Soy alemán/austríaco/suizo.*
Ich verstehe nicht *No entiendo*
Bitte sprechen Sie langsamer. *Hable más despacio, por favor*
Wie heißen Sie? *¿Cómo se llama?*
Ich heiße ... *Yo me llamo ...*
Gehen wir! *Vamos*
Um wie viel Uhr? *¿A qué horas?*

Notfälle
Ich brauche einen Arzt/Zahnarzt *Necesito un médico/dentista*
Können Sie mir helfen? *¿Me puede ayudar?*
Wo ist ein Krankenhaus/eine Klinik? *¿Dónde hay un hospital/una clínica?*
Hilfe! *¡Socorro!*

Einkaufen
Ich möchte ... *Quisiera ...*
Wie viel kostet es? *¿Cuánto es?*
Das ist sehr teuer *Es muy caro*
Nehmen Sie Kreditkarten? *¿Acepta tarjetas de crédito?*
Größe *el talle*
Quittung *el recibo/la nota*
Bäckerei *la panadería*
Buchhandlung *la librería*
Markt *el mercado/tianguis*
Apotheke *la farmacia*
Einkaufszentrum *el centro comercial*
Supermarkt *el supermercado*

Besichtigungen
Touristeninformation *información turística*
geöffnet *abierto/a*
geschlossen *cerrado/a*
Kirche *la iglesia*
Kathedrale *la catedral*
Landgut *la hacienda*
Museum *el museo*
Tour *el tour*
Ort *el pueblo*
Stadt *la ciudad*

Im Hotel
Haben Sie ... ? Gibt es ...? *¿Hay ...?*
Einzelzimmer *una habitación sencilla*
Doppelzimmer *una habitación doble*
mit/ohne *con/sin*
Bad/Aussicht *baño/vista*

Im Restaurant
Speisekarte *el menú/la carta*
Frühstück *el desayuno*
Mittagessen (Hauptmahlzeit) *la comida*
Abendessen *la cena*
Rechnung *la cuenta*
zum Mitnehmen *para llevar*
Tagesmenü *el menú del día*
à la carte *a la carta*
vegetarische Kost *comida vegetariana*

Speisekarte

Siehe auch „Essen und Trinken", S. 34f.
Vorspeise *el antojito*
Brot *el pan*
Suppe *la sopa*
Cremesuppe *la crema*
Salat *la ensalada*
Hauptgericht *el plato principal*
Gemüse *verdura/vegetal*
Reis *(sopa de) arroz*
Bohnensuppe *sopa de frijol*
Bohnenpüree *frijoles refritos*
Dessert *el postre*
würzig *picante*
Bier *la cerveza*
Kaffee *el café*
mexikanischer Kaffee *café de olla*
Tee *el té*
Milch *la leche*
Mineralwasser *el agua mineral*
Eis *el hielo*
Gereinigtes Wasser *el agua purificado*
Softdrink *refresco*
Limonade/Orangensaft *limonada/naranjada*
Wein *vino*
Aperitif *aperitivo*
Prost! *¡Salud!*
Fleisch *la carne*
Rindfleisch *la carne de res*
Schwein *el puerco*
Ziege *la cabra/el chivo*
Pute *el guajolote/pavo*
Hähnchen *el pollo*
Fisch *el pescado*
Hummer *langosta*
Krake *pulpo*
Garnele *camarón*
Tintenfisch *calamar*

REGISTER

Seitenzahlen in **Fettdruck** verweisen auf Abbildungen, GROSSBUCHSTABEN auf übergeordnete Themen.

Bildnachweis

Umschlagvorderseite: (l) Images Colour Library; (or) Gettyone/Stone ; (ur) Larry Dunmire
Buchrücken: Richard Cummins/CORBIS
Umschlagrückseite: (von oben nach unten); Scott Cramer/iStockphoto.com; Alija/iStockphoto.com; LUNAMARINA/iStockphoto.com

2-3, Tomasz Tomaszewski/NGS Image Collection; 4, Robert Holmes; 9, Larry Dunmire/The Paradise Gallery; 11, Philip Enticknap/Travel Library; 12, Jeffrey Greenberg/Alamy; 13, Mireille Vautier; 15, Justin Guariglia/NationalGeographicStock.com; 16, Radius Images/Alamy; 19, Stuart Franklin/NGS Image Collection; 21, Richard H. Stewart/NGS Image Collection; 22, Gianni Dagli Orti/Corbis UK Ltd.; 25, Robert Frerck/Getty Images; 26, akg-images; 28-29, Louis S. Glanzman/NGS Image Collection; 30, Library of Congress, #LC-DIG-cph-3a10509; 33, Tomasz Tomaszewski/NGS Image Collection; 34, Brian McGilloway/Robert Holmes Photography; 36, Nik Wheeler/Corbis UK Ltd.; 39, Isabella Tree/Hutchison Library/Eye Ubiquitous; 40, Viesti Collection/Art Directors & Trip Photo Library; 42-43, PSHAW-PHOTO/Shutterstock; 44, Dave G. Houser/Corbis UK Ltd.; 47, Charles & Josette Lenars/Corbis UK Ltd.; 51, Danny Lehman/Corbis UK Ltd.; 53, James Davis/Eye Ubiquitous; 54, Tom Bean/Getty Images; 56, Edward Parker/Hutchison Library/Eye Ubiquitous; 58, Robert Holmes/AA Photo Library; 61, Robert Holmes; 62, Robert Holmes; 65, David Muench/Corbis UK Ltd.; 66, Mexico/Alamy; 68, Streano/Havens/Art Directors & Trip Photo Library; 69, Stuart Westmorland/Corbis UK Ltd.; 70, Inti St. Clair/Getty Images; 72, David Sanger; 75, Mireille Vautier; 78, Joanna Pinneo/NGS Image Collection; 80, Flavio Beltran/Shutterstock; 82, Wilbur E. Garrett/NGS Image Collection; 84, Patricio Robles Gil; 85, Lynsey Addario/Corbis; 86, Nik Wheeler; 88, Holger Mette/Shutterstock; 90, Alan Tobey/iStockphoto.com; 93, Macduff Everton/Corbis; 95, Ernesto Rios Lanz/Latinstock Mexico; 96, Robert Frerck/Getty Images; 98, Alan Tobey/iStockphoto.com; 103, Robert & Linda Mitchell; 104, James L. Stanfield/NGS Image Collection; 106, Rick Strange/AA Photo Library; 107, George Grall/NGS Image Collection; 108, Adalberto Rios Szalay/Latinstock Mexico; 112, Robert Francis/South American Pictures; 114, Scott L. Walker; 116, Robert Frerck/Odyssey/Chicago/Robert Harding Picture Library; 117, Bill Perry/Shutterstock; 120, Bill Perry/Shutterstock; 123, Richard Gunion/iStockphoto.com; 125, Danny Lehman/Corbis UK Ltd.; 128, Latinstock Mexico; 130, Rick Strange/AA Photo Library; 132, Adalberto Rios Szalay/Latinstock Mexico; 135, Peter Wilson/AA Photo Library; 137, Diana Dicker; 140, Danny Lehman/Corbis UK Ltd.; 141, Jon Arnold Images Ltd./Alamy; 143, Matthew D'Annunzio/Shutterstock; 144, James Davis/Eye Ubiquitous; 146, InStock/iStockphoto.com; 148, Adina Tovy Amsel/Eye Ubiquitous; 153, Carlos Sanchez Pereyra/Shutterstock; 155, Stuart Wasserman; 156, Roger Ressmeyer/Corbis UK Ltd.; 159, Robert & Linda Mitchell; 160, Rick Strange/AA Photo Library; 162, David Alan Harvey/NGS Image Collection; 165, Isabella Tree/Hutchison Library/Eye Ubiquitous; 166, Robert Frerck/Getty Images; 168, Larry Dunmire/The Paradise Gallery; 170, Kelly-Mooney Photography/Corbis UK Ltd.; 174, Eduardo Peynetti Ruiz/iStockphoto.com; 177, David Sanger; 181, Mireille Vautier; 182, Robert Frerck/Getty Images; 184, Bridgeman Art Library; 185, Bridgeman Art Library; 186, Nik Wheeler; 189, Rick Strange/AA Photo Library; 190, Guy Marks/Travel Ink Photo Library; 192, David Sanger; 194, Steven Allan/iStockphoto.com; 198, Robert Aberman; 200, Carlos Reyes-Manzo/Andes Press Agency; 203, Kelly-Mooney Photography/Corbis UK Ltd.; 204, Carlos Reyes-Manzo/Andes Press Agency; 207, M. Barlow/Art Directors & Trip Photo Library; 208, Nik Wheeler; 211, Robert Frerck/Getty Images; 212, John Mitchell/Alamy; 214, Alexandre Fagundes De Fagundes/Dreamstime.com; 216, John Lander/Alamy; 218, PSHAW-PHOTO/Shutterstock; 221, Stuart Wasserman; 223, Iain Pearson/South American Pictures; 225, Wendy Connett/Alamy; 226, Jonathan Blair/Corbis UK Ltd.; 228, Gary Yim/Shutterstock; 230, Rick Strange/AA Photo Library; 233, Kenneth Garrett/National Museum of Anthropology, Mexico City/NGS Image Collection; 235, Susan Kaye; 236, AM Corporation/Alamy; 238, Chris Sharp/South American Pictures; 240, Richard Gunion/Dreamstime.com; 245, Mireille Vautier; 246, Kenneth Garrett/NGS Image Collection; 248, John Elk III; 251, Charlie Munsey/Corbis; 253, Carlos Sanchez Pereyra/Shutterstock; 255, Kelly-Mooney Photography/Corbis UK Ltd.; 256, Radius Images/Alamy; 258, Gordon Sinclair/Alamy; 260, Robert Frerck/Getty Images; 262, Macduff Everton/Corbis UK Ltd.; 264, Michael Macintyre/Hutchison Library/Eye Ubiquitous; 267, Macduff Everton/Corbis UK Ltd.; 269, Danny Lehman/Corbis; 270, Mireille Vautier; 272, Courtesy Cocinar Mexicano; 273, Felipe González/Shutterstock; 276, David Alan Harvey/NGS Image Collection; 279, Robert Fried/Alamy; 281, Jeremy Horner/Hutchison Library/Eye Ubiquitous; 282, Mireille Vautier; 284, Rick Strange/AA Photo Library; 286, H. Elton/Axiom Photographic Agency Ltd.; 288, Robert Frerck/Robert Harding Picture Library; 290, Ales Liska/Shutterstock; 294, Danny Lehman/Corbis UK Ltd.; 296, Isabella Tree/Hutchison Library/Eye Ubiquitous; 298, Laguna de Montebello, Chiapas/Ricardo Espinosa Orozco/CPTM; 300, Otis Imboden/NGS Image Collection; 302, Fabienne Fossez/ffotograff; 304, Charles & Josette Lenars/Corbis UK Ltd.; 307, Adalberto Rios Szalay/Latinstock Mexico; 308, Larry Dunmire/The Paradise Gallery; 310, Mike Liu/Shutterstock; 312, Susan Kaye; 315, Alison Wright/Corbis UK Ltd.; 317, Irene Chan/Alamy; 318, Mauritius/Photoshot; 318-319, Ann Winterbotham; 321, Chris Caldicott/Axiom Photographic Agency Ltd.; 323, Robert Frerck/Getty Images; 327, Roger Sieber/iStockphoto.com; 328, Robert & Linda Mitchell; 331, Mireille Vautier; 332, Richard A. Cooke III/Getty Images; 335, Larry Dunmire/The Paradise Gallery; 337, Macduff Everton/Corbis UK Ltd.; 339, Larry Dunmire/The Paradise Gallery; 340, Mireille Vautier; 343, Mireille Vautier; 346, Mireille Vautier; 347, Sergio Dorantes/Corbis UK Ltd.